私法研究

PRIVATE LAW REVIEW VOL.27

第27卷

主编 麻昌华

Editor-in-Chief : Ma Changhua

副主编 李俊 陈晓敏 夏昊晗

Vice Editor-in-Chief : Li Jun Chen Xiaomin Xia Haohan

中文社会科学引文索引(CSSCI)来源集刊

法律出版社
LAW PRESS · CHINA
北京

图书在版编目(CIP)数据

私法研究. 第27卷 / 麻昌华主编. -- 北京 : 法律出版社, 2022

ISBN 978-7-5197-7466-0

Ⅰ. ①私… Ⅱ. ①麻… Ⅲ. ①私法-研究 Ⅳ. ①D90

中国国家版本馆CIP数据核字(2023)第002090号

私法研究(第27卷)
SIFA YANJIU (DI-27 JUAN)

麻昌华 主编

责任编辑 郑怡萍 宋丽娜
装帧设计 鲍龙卉

出版发行 法律出版社
编辑统筹 教育出版分社
责任校对 王 丰
责任印制 刘晓伟
经　　销 新华书店

开本 710毫米×1000毫米 1/16
印张 19.25 **字数** 343千
版本 2022年12月第1版
印次 2022年12月第1次印刷
印刷 唐山玺诚印务有限公司

地址:北京市丰台区莲花池西里7号(100073)
网址:www.lawpress.com.cn
投稿邮箱:info@lawpress.com.cn
举报盗版邮箱:jbwq@lawpress.com.cn

销售电话:010-83938349
客服电话:010-83938350
咨询电话:010-63939796

书号:ISBN 978-7-5197-7466-0
定价:45.00元

卷首语

随着《民法典》的颁布实施，我国正式进入民法典时代。而后总则编、物权编、婚姻家庭编、继承编的司法解释随之发布，关于合同编通则司法解释征求意见稿的讨论也在如火如荼地进行中。由此，我国民法学研究的重点从立法论转向解释论。同时《民法典》的颁布对其他法律的适用也产生了重要影响，如2020年12月最高人民法院修改了《保险法》相关的司法解释。可见，通过解释论构建各法律法规、司法解释间的融通体系意义重大。本卷《私法研究》以民商事基础理论为主，以《民法典》解释论为中心，辅以《保险法》《反垄断法》等相关主题，共计18篇佳作。

第一篇是潘运华副教授的《无效民事法律行为转换的适用范围》一文。民事法律行为转换以其无效为适用前提，转换理论原则上适用于所有无效民事法律行为的类型。具体而言，既包括由于欠缺必备的形式要件、违反法律强制性规定或者违反公序良俗等因素而自始无效的情形，也包括由于意思表示错误、欺诈或者胁迫等因素被表意人嗣后予以撤销而变为无效的情形，还包括由于未被他人予以追认或者未经登记等因素而最终无效的情形。不过，在具体的个案适用过程中，并非所有无效民事法律行为都能适用转换。如果转换之适用违反法律规定民事法律行为无效之宗旨，或者殆无实益，或者有违私法自治理念，则无转换适用之空间。

第二篇是李伟平博士的《物权行为无因性的"因"到底是什么？——一个原因理论的追问》一文。如何理解物权行为无因性理论的"因"，学说上一直存在"基础关系说"和"给与目的说”两种不同的观点,“基础关系说”在我国居于通说地位。“基础关系说”的产生有一定的历史背景,但有很多难以自圆其说的问题。相反,“给与目的说”可以更好地发挥物权行为无因性的功能,并具有解释上的一贯性。物权行为不是无目的的行为,只不过是由于法技术的考虑将“给与目的”独立于物权行为之外,不使其成为影响物权行为效力的要素,仅使其作为保有给付的正当性效力而存在。“给与目的”“给付目的”本质上是同一概念,均为原因理论在法律行为中的体现,只是两者的使用语境不同:“给与目的”多是在讨论包括物权行为的物权变动的正当性而使用;“给付目的”则更多是作为给付型不当得利的发生原因时使用,矫正物权行为“给付目的”不存在、不能实现或者发生错误,在不影响物权行为效力的基础上,将引发给付型不当得利与非债清偿对物权行为引发的给付效果进行纠偏。

第三篇是丁朋超博士的《规则体系、诉讼体系与解法典化》一文。我国《民法典》在遵从私法自治的内在体系下,在形式体系上进行了扩张,由此带来诉讼体系在内容、理论及规范要件上的变化。在遵循动态体系论的前提下,规范体系通过要件事实实现了在实践中的投影;在请求权基础扩张的前提下,调和诉讼标的争论最好的办法是选择相对说;在规范多元导致诉讼请求呈现层次性的语境下,立法应容忍当事人提出不同的诉讼策略,其应对的方法是变更诉讼标的争点;在诉讼体系的涵摄下,应对解法典化的策略应包括凝聚重叠共识、优化案例指导制度等要点。

第四篇是崔玲玲博士的《被遗忘权的多重属性及制度构建》一文。文章通过从正当属性、价值属性、权益属性层面对被遗忘权的属性进行剖析界定,寻找我国法律语境下被遗忘权法律属性的最优解,对具体制度构建提供理论支撑并提出建议。被遗忘权是蕴含了劳动价值的权利人的意志,本身具有正当性;同时,被遗忘权所具备的价值属性与时代需求密切相关;综合各界对被遗忘权权益属性的不同观点,权益属性与当下的立法现状及司法实践最为契合,以此为基础,探索被遗忘权的制度构建,着重讨论特殊主体的权利行使、被遗忘权客体之争、权利内容和保护。

第五篇是张瑞博士的《格式条款纳入规制法律后果研究——以〈民法典〉第496条第2款为对象》一文。就格式条款纳入规制法律后果,《民法典》第496条第2款规定为“对方可以主张该条款不成为合同组成部分”。据此在接受方提出主张之前,争议格式条款是否订入合同模棱两可。同时因主张提出期限缺位,又引发了新的交易关系不确定风险。再者当争议格式条款不成为合同组成部分时,对其他合同关联条款的影响其也未作任何说明,据此所实施之纳入规制忽视了对整体合同关系的影响。应重思第496条第2款第2句,即“提供格式条款的一方未履行提示或者说明义务,致使对方没有注意或者理解与其有重大利害关系的条款的,对方可以主张该条款不成为合同的内容”。另外,还应增加第3款与第4款,前者规定前举追认权需自合同生效之日起十五日内“行使”;后者规定当格式条款纳入失败时,其他合同关联条款原则上继续有效,但无法继续履行,或继续履行会导致提供方遭受重大不公平或导致接受方遭受不公平的除外。

第六篇是肖伟志教授、李奕的《信用评价条款解释论——〈民法典〉第1029条与〈电子商务法〉第39条之关系研究》一文。目前,仅有《民法典》和《电子商务法》两部法律使用“信用评价”一词。《民法典》第1029条赋予了民事主体信用评价异议权。《电子商务法》第39条和第70条规范了平台内和平台外两个层级的信用评价机制。有别于传统商事信用评价,平台内信用评价主要是指电商消费者评价。《民法典》第1029条的规定是否可以适用于此种平台内信用评价需要解释论上的澄清。从文义解释出发,《民法典》第1029条与《电子商务法》第39条中的“信用评价”有语义重叠性,电商经营者可以根据第1029条就消费者对其商品和服务作出的评价提出异议、请求更正或删除。依体系解释,《民法典》有关名誉权保护的规定可以发挥为消费者评价自由划界的功能,《电子商务法》则具有为信用利益保护划界的功能,两者具有功能互补性。通过立法目的阐明,《民法典》第1029条的适用不会悖逆《电子商务法》第39条保护消费者评价利益之目的,并对实现塑造良好电子商务市场运行秩序的最终目的有促进意义。《电子商务法》第39条确立消费者评价自由的价值优先性,这为《民法典》第1024条、第1029条的解释适用提供了根本的价值支撑,也为《民法典》第1165条、第1195条、第1196条、第1197条适用限制提供解释论依据。

第七篇是蒋军洲副教授的《我国〈民法典〉的要物合同规范路径:罗马法传统的延续与断裂》一文。我国《民法典》一方面吸收罗马法传统,规定自然人之间的借款、无偿保管原则上是要物的,并贯彻自古典罗马法以来就凝结在保管合同中的合同利益原则,将未获得合同利益的债务人的合同责任减轻;另一方面与罗马法传统作出切割,将虚胖的要物合同瘦身,将本属市场交换的合同类型从要物合同的范畴中剥离出去,实现了富有意义的制度革新。但就无偿保管人的责任,由于《民法典》仅规定其止步于“重大过失”却未规定以何种注意标准评估该重大过失,仍需反溯罗马法寻得法律适用的启示。

第八篇是冉克平教授、刘文华博士研究生的《应急防控体系下急危重症患者的法律保障》一文。在新冠疫情防控趋紧背景下,疫情依法防控和疾病救治之间的平衡关系引发思考,其他患有非新冠肺炎的危急患者之保护与救助缺乏合理关注。应当指明的是,医院的强制缔约义务不能排除疫情防控的政策性规定,但危急患者的生命权,身体权,健康权的保障紧迫性凸显了医疗机构强制缔约义务遵循的必要性。在此价值二元冲突与平衡协调的双向互动中，应当厘清医疗机构与患者之间的法律关系，医疗机构在强制缔约义务支配下应当承担违反义务造成他人损害的缔约过失责任。义务内容的细化规定与责任承担的平衡处理促进以患者为中心的医学人文关怀与《民法典》人文关怀协调联动，促进对人民群众生命安全的切实维护。

第九篇是李金镂博士的《数人侵权下连带责任扩张论——以乘客开门致人损害责任认定为切入点》一文。将过失共同侵权纳入共同加害行为，必须检验案件是否具备构成过失共同侵权之限定要件，以区分共同加害行为与由《民法典》第1170条所调整的共同危险行为。《民法典》保留了在无意思联络数人侵权中检验单个行为是否足以导致全部损害的认定标准，依旧将在世界多数国家和地区通行认定承担连带责任的共同因果关系多数侵权人规定为适用按份责任，然而基于共同因果关系不同于部分因果关系，又考虑被侵权人利益之必要保护与其赔偿权利的保障实现，共同因果关系下数人侵权应考虑连带责任的扩张适用。

第十篇是李雨佳博士、李国强教授的《我国集体土地征收制度的体系建构之思——评〈集体土地征收法制改革研究法理反思与制度重构〉》一文。《集体土地征收法制改革研究法理反思与制度重构》一书对于集体土地征收中的公共利益的认定的规范方式、集体土地征收程序、集体土地征收补偿程序进行了精细构建。集体土地征收问题涉及面广、矛盾突出、法律关系复杂。正如该文作者所指出的，目前我国的集体土地征收法律规定较为零散且缺乏体系性，而相关制度的构建还处于发展的过程中。经由该文作者所进行的理论体系建构，集体土地征收制度设计可以在此基础上逐步完善。

第十一篇是滕佳一博士的《〈民法典〉时代宅基地利用的私法架构与规范配置》一文。我国农村宅基地"超标占用"以及宅基地（农房）闲置问题，在私法上可以通过实行宅基地"三权分置"得到解决。宅基地使用权设立包括农户作为集体成员基于分配的无偿取得和特定条件下非集体成员、"超标户"的有偿取得两种类型。新型经营主体利用农户闲置宅基地（农房）从事经营活动，成立宅基地租赁，而农户仍维持与宅基地所有权人（农民集体）的物权关系。为实现盘活利用农村闲置宅基地（农房），拓宽农民增收渠道，《民法典》物权编和《土地管理法》应基于自身不同之功能定位进行规范配置。鉴于农村宅基地制度改革仍在推进，正在起草的《农村宅基地使用条例》将承担配置宅基地实体法规范的功能，使得《民法典》物权编有关规则的法律地位被弱化。

第十二篇是叶罗荣博士研究生的《商业秘密保护禁令中劳资双方的利益冲突与协调》一文。商业秘密保护是企业竞争制胜的重要工具，当面临商业秘密纠纷时,企业可以从事前、事中、事后不同的阶段采取多种保护措施。就纠纷发生之后的法律救济阶段而言,由于禁令可以及时止损,是法律救济中比较经济和高效的措施。要解决商业秘密保护禁令中劳资双方的利益冲突问题,首先,要弄清禁令在商业秘密保护中的具体适用,经过研究,禁令应当属于民事保全措施中的行为保全,禁令制度应当为一种程序法规范。而禁令措施,从特点上看,则具有紧急性、临时性和即执性,禁令的发布也需满足一定的要求。其次,要解决商业秘密保护禁令中劳资双方的利益冲突,需要弄清商业秘密保护禁令引发的劳资双方利益冲突的内容,双方的利益冲突主要有两种类型:一类为针对商业秘密披露的利益冲突;另一类为针对商业秘密侵权行为发布禁令的利益冲突。最后,为了协调商业秘密保护禁令中劳资双方不同的利益,建议可以从禁令适用的规范性、禁令裁判中举证规则的完善及丰富商业秘密保护法律救济的手段角度予以改进,以促进劳资双方利益的相对平衡。

第十三篇是陈灿祁副教授的《违反〈反垄断法〉中强制性规定的合同效力研究》一文。合同违反不同类型的强制性规定,效力应该各异。然而在我国反垄断司法实践中,法院易受国家本位主义、公法优先私法理念的影响,一概将违反《反垄断法》的合同认定为无效,进而对合同无效的法律后果作出裁判。此种裁判擅用了效力性强制性规定,埋下了误导裁判的隐患。虽然《反垄断法》规范多为强制性规范,但是在对违反《反垄断法》规范的合同效力进行认定时,关键仍在于区分所违反的规范属于效力性强制规定抑或管理性强制规定。通过提炼司法实践中的经验、困惑与争议,采用类型化方式对反垄断规范进行识别有助于对不同合同效力进行认定。在识别出效力性强制规定这一关键步骤后,还需要结合公法规范目的、公序良俗与交易安全对个案中合同的私法效力进行具体判定。

第十四篇是朱正远博士研究生的《罗马法中的妇女涉监护权益研究——以〈巴巴塔档案〉为文本》一文。在古典罗马法中,妇女被视作永久的被监护人。随着永久监护的废除,妇女在满足相应的条件后,可以担任子女的监护人。基于对奴隶社会中妇女屈从地位的狭隘理解,人们可能认为:处在永久监护之下的古罗马妇女没有监护权,对其子女的监护事务心有余而力不足,《巴巴塔档案》能够刷新我们在女性涉监护权益问题上的认知。由于巴巴塔仍然处于监护之下,她与真正的监护人仍然有区别,但她可以用自己的财产向监护人提供担保允诺,从而获得管理其子女财产的权限,事实上代替监护人履行事务管理的职责。此外,作为母亲,她与被监护人子女之间存在紧密联系,在监护的设立,监护人的职责确定以及监护的监督方面都发挥着重要作用。这些内容,让"古罗马女性处于屈从地位"传统观点不攻自破。与此同时,女性能够通过提供财产担保获得财产管理权,这让罗马法中的女性财产权益保护制度不证自明。从本质上来说,对妇女权益的保护获得彰显了古代的人文主义,它意味着妇女在法律上和经济上地位的不断提高,它为后世妇女人权的发展和进步奠定了相应的基础。

第十五篇是樊启荣教授的《论损失填补保险与定额给付保险之界限》一文。我国现行《保险法》关于保险之分类,系以"人身/财产"作二元区隔,分为"人身保险"与"财产保险"。此种分类方式有其优点,但却也造成在法律上权利义务关系有所混淆,致使人身保险可否重复保险、能否适用保险代位等问题,在学说与判例上见解分歧。故主要国家保险立法例及其新兴学说主张以损失填补保险与定额给付保险作为保险法上的保险分类方式,以期清晰地厘清损失填补原则是否适用于各类保险契约。不过,损失填补保险与定额给付保险在其界定上仍存在模糊空间,而该模糊空间则存在于医疗保险。鉴于此,该文拟讨论损失填补保险与定额给付保险之界限,期能对我国正在拟议中的《保险法》第三次修改有所裨益。

第十六篇是汪君博士的《论〈保险法〉格式条款规制规则的完善——以〈民法典〉最新规则为鉴》一文。《保险法》第 17 条、第 19 条、第 30 条,系保险格式条款规制规则。《合同法》第 39 条、第 40 条、第 41 条,系一般合同格式条款规制规则。前者于立法时对后者多有借鉴,且司法实践中亦以后者为裁判说理之依托。保险法学界,亦视二者于格式条款规制上"同气连理"。《民法典》第 496 条、第 497 条对《合同法》第 39 条、第 40 条已作更新。显要之处,一是于第 496 条即格式条款信息规制规则中,明确违反提示说明义务之后果为"不成为合同的内容",一改先前司法解释之"可撤销"观点;二是在第 497 条及格式条款内容控制规则之第 2 款中,于无效格式条款类型前加一"不合理地"之状语,使得"免除或者减轻其责任、加重对方责任、限制对方主要权利"的条款不再如《合同法》第 40 条一律无效。两处调整,看似轻微,实则多有考量。《保险法》第 17 条及第 19 条,于学界素有批评,实践中又多见乱象。以《民法典》新规为鉴,求《保险法》完善之道,正当其时。

第十七篇是周志博士的《论保险利益原则于团体保险中的适用与改进——我国〈保险法〉第 31 条、第 34 条之缺失与补正》一文。我国《保险法》以列举的方式明文拟制保险利益,虽然解决了企业—员工型团体保险的保险利益缺失之隐忧问题,却难免留下挂一漏万的缺陷,不利于新类型团体对其成员是否具有保险利益的认定,进而影响团体保险业务范围的开拓。弥补这一缺陷的可行路径,就是在我国《保险法》第 31 条中增订团体保险利益认定的兜底条款,确立以团体对其成员的生命安全是否具有法律上承认的责任或义务作为判断保险利益有无的依据。同时,通过细化完善投保团体的资格要件,对意定责任类型下的团体资格作更为严格之要求,助力保险利益实现防范赌博和道德危险之功能。另外,基于我国《保险法》对团体保险受益人范围的限定,若再将我国《保险法》第 34 条确立的被保险人同意规则适用于团体保险,从功能发挥上及商业效率上都显得过于烦琐。在立法修改之前,可从解释论的角度对被保险人同意做扩大解释。但更值得期待的应当是,从立法论的角度,即在将来修法之时,能够尊重团体保险的特殊性,顺应国外近年来之立法趋势,确立团体保险被保险人同意规则排除适用制度。

第十八篇是郭梦圆博士研究生的《保险消费者保护理念之形成与发展——基于保险业发展趋势分析之视角》一文。我国《保险法》之规定,未能于总则明文指出保险消费者保护之重要性,实为一大遗憾。对于保险消费者保护之研究,学界似乎对具体语境下之保险消费者保护更加青睐,对互联网保险消费者保护、保险人明确说明义务等领域着墨许多,对保险消费者保护理念在保险业及保险法学说中如何形成与发展之讨论却少之又少。但对此基础性问题之探讨不可谓不重要,其关乎消费者保护思潮是如何在保险领域兴起与发展此一不可回避之重要议题,亦可为保险法相关法律对保险消费者保护作出具体规定起到提纲挈领之作用。该文将以保险业百余年之发展脉络为视角,从保险业发展之三个维度,探讨传统保险业与现代保险业规范重点之流变,侧面阐述保险消费者保护之正当性及必要性,以期在保险业高速发展之今天,对保险消费者保护理念之具体适用有所助益,对于我国在立法层面完善消费者保护规则有所参酌。

目 录

Contents

私法研究 27 第二十七卷

无效民事法律行为转换的适用范围*

潘运华**

目　次

一、引言

无效民事法律行为转换是指一项无效的民事法律行为若具备另外一项民事法律行为的要件，按其情形可以认为当事人若知其无效而愿意缔结另外一项民事法律行为的，则可以将该无效民事法律行为转换为另外一项民事法律行为的制度。[1] 虽然我国《民法典》未对其予以明确规定，但在我国司法实践中早

---

* 本文系福建省社科规划基金重点项目“无效民事法律行为转换理论研究”（FJ2018MGCA001）的阶段性成果。

** 潘运华，福州大学法学院副教授，法学博士。

[1] 参见史尚宽：《民法总论》，中国政法大学出版社 2000 年版，第 579-580 页；杨代雄：《民法典第 142 条中意思表示解释的边界》，载《东方法学》2020 年第 5 期。

已大量出现法官直接援引无效民事法律行为转换理论做出的裁判。〔1〕 最高人民法院《全国法院民商事审判工作会议纪要》(法〔2019〕254号)第54条也明确提及了“无效民事法律行为转换”,认为银行或者非银行金融机构之外的当事人开立的无效独立保函能够被转换为有效的从属性担保。

综观我国司法实务审判,无效民事法律行为转换理论在适用过程中存在诸多争议,主要表现为适用转换的构成要件、适用转换的范围以及转换与解释等相关制度之间的关系三个层面。〔2〕 关于适用转换的构成要件以及转换与解释等相关制度之间的关系,笔者拟专门另外撰文予以讨论,本文仅探讨无效民事法律行为转换的适用范围问题,即追问该转换理论到底适用于哪些效力瑕疵型民事法律行为。所谓效力瑕疵型民事法律行为,在民法理论上无非包括无效型、可撤销型和效力待定型三大类型,笔者接下来将深入讨论转换理论对这三种类型民事法律行为的适用空间,以期能够对最大限度地发挥无效民事法律行为转换理论的功能并对鼓励社会经济交易有所裨益。

二、转换理论对无效民事法律行为的适用

根据前述转换理论的内涵可知,其构成要件之一是存在一项无效的民事法律行为。据此,转换理论必然能够适用于无效民事法律行为。至于导致民事法律行为无效的理由何在,原则上并不重要。〔3〕 值得注意的是并非所有无效民事法律行为都能适用转换。例如,《民法典》第144条规定:“无民事行为能力人实施的民事法律行为无效。”这是立法者对完全没有民事行为能力之人实施民事法律行为之效果做出的统一否定性评价,无论其实施的何种民事法律行为,在立法者看来都应无效。既如此,在民事主体不具备民事行为能力的情形下,将一项无效的民事法律行为转换为另一项无效的民事法律行为,殆无实益,也与无效民事法律行为转换理论的适用宗旨不相吻合,显然无适用转换理论之必要。又如,在当事人通过借用他人名义购买经济适用房的情形下,借名人根本不具备购买经济适用房的资格,若认为其能作为经济适用房的最终所有者,将明显违反我国《经济适用房住房管理办法》保障城市

---

〔1〕 参见最高人民法院民事裁定书,(2015)民申字第2354号;吉林省高级人民法院民事裁定书,(2017)吉民申1967号;河北省邯郸市中级人民法院民事判决书,(2018)冀04民终6425号;湖北省荆州市中级人民法院民事判决书,(2019)鄂10民终1579号。

〔2〕 参见陈历幸:《论无效法律行为的补正和转换》,载《政治与法律》2006年第6期;孙蕾、房绍坤:《论无效民事行为转换的适用要件》,载《政法论丛》2013年第5期;常鹏翱:《无效行为转换的法官裁量标准》,载《法学》2016年第2期。

〔3〕 Vgl. Münchkomm/Busche(2006), § 140 Rn. 13.

低收入住房困难家庭有房供应的宗旨,从而损害城市普遍低收入家庭的住房利益和经济适用房交易秩序。鉴于此,应根据《民法典》第 153 条第 2 款的规定,认为借名人与出名人之间签订的借名买房合同因违反公序良俗而无效。同理,在当事人通过"借名买房"的方式规避国家限购政策的情形下,根据最高人民法院最新的裁判观点,借名人与出名人之间签订的借名买房合同也因违反公序良俗而无效。[1] 对于此类违反公序良俗的借名买房合同,学界通说认为不能将其转换为其他有效的合同,[2] 否则将使理应享有经济适用房的主体之利益无法得到有效保护,国家房地产宏观调控政策无法落实,从而影响经济社会协调发展,损害社会公共秩序,并最终违背"因违反公序良俗而无效"之规定的立法宗旨。

在个案的具体适用中,笔者认为一项无效民事法律行为能否被转换为另外一项有效民事法律行为,关键是要看法律规定为无效的目的之所在。若适用转换违背了法律规定的目的,则不能转换,否则,应允许适用转换。[3] 例如,甲、乙之间签订房屋租赁合同,约定每月 1 日甲向乙支付租金,但未约定期限。5 个月后,甲发现租赁房屋从事酒店经营的收入不如预期,遂以《民法典》第 147 条规定的重大误解为由撤销房屋租赁合同。乙抗辩称甲对酒店经营的收入预期属于无关紧要的动机错误,不能撤销。对此,根据意思表示错误理论,乙之抗辩有理有据,甲对酒店营运的收入预期确实不构成《民法典》第 147 条规定重大误解,否则将会强加给乙不必要的合同履行风险,故甲主张撤销房屋租赁合同之意思表示(民事法律行为)无效。不过,针对该种不定期的房屋租赁合同,根据《民法典》第 730 条的规定,出租人或者承租人只要在合理期限之前通知对方的,均有权单方解除合同。鉴于此,能将甲之无效的撤销行为转换为甲之有效的解除行为。该转换符合《民法典》第 730 条对不定期租赁情形下租赁双方予以灵活保护的宗旨,也没有违背《民法典》第 147 条禁止因无关紧要的动机错误而撤销之目的。一言以蔽之,针对无效民事法律行为而言,只要将其转换其他民事法律行为不违背法律规定为无效之目的,则具备适用转换的空间。

此外,民事法律行为无效与民事法律行为不成立,在最后的法效果上并无区别,在司法实践中,两者的法律效果往往被等同视之。[4] 鉴于此,有争议的是转换理论能否被适用于一项不成立的民事法律行为?关于这一问题,有学者认为存在一项民

---

[1] 参见最高人民法院民事判决书,(2020)最高法民再 328 号。不过,在该判决做出之前,最高人民法院曾经认为房地产限购政策并不影响借名买房合同的法律效力,具体说理参见最高人民法院民事裁定书,(2020)最高法民申 4797 号。

[2] Vgl. Staudinger/Roth(2003), § 140 Rn. 32.

[3] Vgl. Brox/Walker, Allgemeiner Teil des BGB, 36. Aufl., 2012, S. 164.

[4] 参见王泽鉴:《民法总则》(增订版),中国政法大学出版社 2001 年版,第 253-254 页。

事法律行为是转换理论适用的根基,在一项民事法律行为压根不成立的情形下,将不存在转换理论适用之基础,当然不能对其适用转换。[1] 在笔者看来,这种观点过于绝对,应区分造成民事法律行为不成立的原因而做出不同判定。只有在当事人根本没有发出意思表示或者双方意思表示没有形成合意的情形下,才能被认定为民事法律行为真正不成立,此时才不存在转换理论得以适用的根基,德国学者弗卢梅正是在这个意义上才谈及转换不能适用于不成立的民事法律行为。[2] 相反,针对仅仅未使用法律规定之书面形式的民事法律行为而言,若当事人发出了意思表示或者双方当事人之意思表示形成了实质合意的,尽管未使用法定的书面形式,也不宜认为民事法律行为完全不成立,而是应该认定其无效。正因如此,《德国民法典》第125 条规定:"不使用法律所规定的形式的法律行为,无效。不使用法律行为所定的形式,有疑义时,同样导致无效。"显然该第 125 条并未规定民事法律行为因违反法定的形式要件而不成立。此时,根据德国民法学界几乎一致的学说,原则上不应排除转换对违反形式要件而无效之民事法律行为的适用。[3]

然而,针对违反形式要件的民事法律行为而言,我国《民法典》第 490 条第 2 款[4]采取了不同于《德国民法典》第 125 条的立法规范。根据我国《民法典》第 490 条第 2 款的规定,在当事人未采用书面形式订立合同的情形下,只有当一方已经履行主要义务且对方接受的,合同才成立。据此可知,当一方并没有履行主要义务,或者说一方履行主要义务但对方不接受的,未采用书面形式的合同则不成立,即书面形式为合同之成立要件。不过,即便如此,笔者依然认为只要当事人在单方民事法律行为中发出了有效的意思表示,或者在双方民事法律行为中达成了一致的意思表示,则不宜认为此时的民事法律行为完全不成立。从我国学界对《民法典》第 490 条第 2 款(完全源于原《合同法》第 36 条)的解释观点来看,要么将书面形式解释为合同的特别成立要件,要么解释为合同的特别生效要件,甚至解释为只具有证据层面的效力。[5] 对于后两种解释而言,显然未将书面形式作为合同之成立要件。即便采第一种解释的观点,书面形式也只是合同的特别成立要件而已,并非合同的基本成立要件,这意味着缺乏书面形式要件并不必然导致合同不成立。可见,我国《民法

---

[1] 参见常鹏翱:《无效行为转换的法官裁量标准》,载《法学》2016 年第 2 期。

[2] Vgl. Werner Flume, Allgemeiner Teil des bürgerlichen Rechts, Band 2, 4. Aufl., 1992, S. 593.

[3] Vgl. Staudinger/Roth(2003), § 140 Rn. 30.

[4] 《民法典》第 490 条第 2 款规定:"法律、行政法规规定或者当事人约定合同应当采用书面形式订立,当事人未采用书面形式但是一方已经履行主要义务,对方接受时,该合同成立。"

[5] 关于这一问题的深入分析参见杨代雄:《合同的形式瑕疵及其补正——〈合同法〉第 36 条的解释与完善》,载《上海财经大学学报》2011 年第 6 期。

典》第490条第2款虽然与《德国民法典》第125条采取不同的立法例，但是前者规定的“不成立”与后者规定的“无效”并没有实质上的差别，故针对因为违反书面形式而不成立的民事法律行为而言，转换理论对其依然具有适用的空间。

同理，针对要物合同类民事法律行为而言，虽然法律规定交付标的物为其成立要件，但是在当事人发出了意思表示或者双方当事人之意思表示形成了实质合意的情形下，即便未交付标的物，也不宜认为要物合同类民事法律行为完全不成立，而是应该认为其无效。而且，从学理上看，“物之交付”究竟为要物合同类民事法律行为之成立要件抑或生效要件，本就存有较大争论。[1] 尽管要物合同等民事法律行为以物之交付作为其成立要件，具有一定的警告等功能，但是这些功能往往能够被形式要件等规定予以替代，何况在追求意思自治的当代民事交易体系之下，民事法律行为之“要物性”越来越失去了其当初的功能和价值。对此，王泽鉴教授更是明确地指出，要物合同作为法制史上的残留物，在当今实无必要，已不再具有实质意义，对于财产性合同而言，均应予以“诺成化”。[2] 从我国《民法典》第890条的规定来看，也在一定程度上体现了该种要物合同“诺成化”的思想。该第890条规定：“保管合同自保管物交付时成立，但是当事人另有约定的除外。”据此，至少可以看出立法者赋予了当事人选择以“诺成”的方式订立保管合同，即保管合同之成立并非以交付保管物为必备要件。依循此种法理，针对因缺乏物之交付而不成立的民事法律行为而言，不应认为其完全不成立，充其量只是无效而已。对此，转换理论当应有适用的空间。就保管合同而言，即使在当事人没有另外约定的情形下，寄存人未将保管物交付给保管人的，若为有偿保管，依然可能将该（非完全）不成立的保管合同转换为有效的仓储合同。

三、转换理论对可撤销民事法律行为的适用

针对可撤销的民事法律行为而言，在未被表意人撤销的情形下为有效，此时按照民事法律行为的内容发生法律效力，转换理论当无对其适用之可能。与之相反，在最终被表意人撤销的情形下，能否被转换为另一民事法律行为？学界对此存有争议，归纳起来有三种不同的观点。第一种观点认为可以被转换，因为可撤销的民事法律行为被撤销之后，并不意味着撤销之前的民事法律行为完全不成立，而是由可撤销的民事法律行为变为了无效的民事法律行为。[3] 第二种观点认为不能被转

---

[1] 参见王泽鉴：《债法原理》（第1册），中国政法大学出版社2001年版，第123页。

[2] 参见王泽鉴：《债法原理》（第1册），中国政法大学出版社2001年版，第126页。

[3] Vgl. Erman/Arnold(2011), § 140 Rn. 10; Staudinger/Roth(2003), § 140 Rn. 15.

换,因为一旦民事法律行为被撤销,意味着撤销之前的民事法律行为不复存在,此时作为另一替代民事法律行为的基础则消失了。〔1〕持该种观点的有些学者进一步认为当事人撤销民事法律行为,足以表明该民事法律行为并非当事人最优的选择。换言之,当事人认为撤销使其无效比维持其效力更好,否则其并不会选择撤销。既如此,若将撤销后无效的民事法律行为再转换为另一民事法律行为,使之发生或者部分发生原无效民事法律行为之效力,不符合当事人的意愿,转换因此而不得适用。〔2〕第三种观点认为虽然原则上不能被转换,但在个别情形下依然具有转换的可能性。〔3〕

在笔者看来,上述第一种观点更为合理,第二种观点过于绝对且说理不足,第三种观点虽然承认了个别情形下转换对可撤销民事法律行为的适用空间,但是实质上很接近第二种观点,依然有待改进。实际上,一项民事法律行为被撤销之后,更多的是从法律的价值评价层面被归于无效。虽然当事人撤销其实施的民事法律行为之后,表面上看似乎完全消灭了该民事法律行为,犹如从一开始则未成立民事法律行为一般,但现实并非真的如此,不可能从事实层面上彻底消失。毕竟该民事法律行为在撤销前完全有效,当事人要么正在期待对方之履行,要么已经接受了对方之履行。基于此,在当事人撤销之后,客观上无法恢复到该民事法律行为从一开始就完全不成立的法律状态。从法律效果层面看,一项从一开始就不成立的民事法律行为在法律交易层面上对当事人没有任何约束力,当事人无须履行,也无须承担非缔约过失上的损害赔偿。然而,一项民事法律行为被撤销之后,根据《民法典》第157条〔4〕的规定,其发生的并非民事法律行为不成立而是无效的法律效果,即当事人之间根据不同情形需要返还财产或者折价补偿,甚至赔偿损失。可见,撤销之后的法律效果显然不同于一开始就不成立之民事法律行为的情形。撤销之后的民事法律行为并非真的什么都不是,依然可以从中推测出一个理性当事人愿意为转换的意思。〔5〕

当事人选择撤销民事法律行为使之无效,虽然不想按照原先的民事法律行为内

---

〔1〕 Vgl. Dieter Medicus, Allgemeiner Teil des BGB, 10. Aufl., 2010, S. 214; Werner Flume, Allgemeiner Teil des bürgerlichen Rechts, Band 2, 4. Aufl., 1992, S. 592f.

〔2〕 参见常鹏翱:《无效行为转换的法官裁量标准》,载《法学》2016年第2期。

〔3〕 Vgl. Münchkomm/Busche(2006), § 140 Rn. 14.

〔4〕 《民法典》第157条规定:“民事法律行为无效、被撤销或者确定不发生效力后,行为人因该行为取得的财产,应当予以返还;不能返还或者没有必要返还的,应当折价补偿。有过错的一方应当赔偿对方由此所受到的损失;各方都有过错的,应当各自承担相应的责任。法律另有规定的,依照其规定。”

〔5〕 Vgl. Staudinger/Roth(2003), § 140 Rn. 15.

容发生效力,但是并不代表其不愿发生任何法律效力,不排除当事人因不知转换理论而未主张对其适用之可能。比如,以当事人受到欺诈而实施的民事法律行为为例,甲向乙购买一辆二手车,在磋商期间,乙故意隐瞒该车的发动机曾经泡过水之事宜,使得甲愿意花费 8 万元购买,双方签订车辆买卖合同并均以履行。事后,甲发现被乙欺骗,该二手车的发动机因泡过水而有较大的瑕疵,各方面性能较差,其价值实际只有 3 万元左右。对此,如果甲非常厌恶乙之欺诈行为,不想购买该泡水车辆,通过撤销买卖合同而使之完全无效的,转换理论当无适用之可能。反之,虽然甲受到了欺诈,但是其内心能够以 3 万元的价款接受该泡水车辆的,应允许在撤销之后将原先以 8 万元价款为内容的无效车辆买卖合同转换为以 3 万元价款为内容的车辆买卖合同。而且,从诚实信用的角度出发,转换后的车辆买卖合同以 3 万元价款为内容,符合乙出卖该车辆所享有的市场价值,在客观层面上没有损害乙的利益,不必考虑恶意之乙是否同意转换的主观意愿。同理,如果甲受到了乙的胁迫,必须以 8 万元价款购买乙之价值仅为 3 万元的泡水车辆,当甲撤销该买卖合同的,应与欺诈的情形一样判定转换对其有无适用的空间。

由上可知,无论是欺诈还是胁迫,作为欺诈人或胁迫人的相对人具有较大的主观恶意,在客观上不损害相对人利益的前提下,能否转换只需考虑撤销人之可推测的理性人意思即可,无须考虑恶意相对人之主观意愿。与之相比,在乘人之危导致民事法律行为显失公平的情形下,[1]相对人的主观恶意相对较小,当事人撤销民事法律行为的,此时在转换的判定上是否依然同于欺诈与胁迫的情形?对此,笔者认为宜加以同等对待。比如,甲的妻子因为病重入院抢救,需要一大笔医疗费用,甲的家庭经济不宽裕,为了给妻子治病,到处借款但远未凑齐昂贵的医疗费用,遂打算将准备留给儿子结婚用的一小套拆迁安置房紧急出卖。此时,邻居乙听闻之后立即找上门来,欲以低于市场价不少的价格购买甲的房屋,甲虽然内心深处不想以该低价出卖,但是如果按照市场价正常出卖,短时间内无法成功卖出,而医院向甲告知其妻子需要马上动大手术,否则将错过治疗时间而带来无法挽回的后果,甲因急需这笔钱而不得已将房屋低价出售给乙。在该案中,虽然乙并没有积极地对甲实施欺诈或者胁迫等具有较大主观恶意的行为,但是乙利用甲的危困处境,在甲毫无选择而被迫无奈之时将房屋以低价向其出卖的,也不能忽视其主观上的恶性。乙在客观上虽然没有积极实施恶意行为,但是在主观上也不乏要挟之意,且旨在牟取不正当利益。从意思表示理论层面考察,与欺诈和胁迫的情形一样,也是由于相对人的原因而导

---

〔1〕《德国民法典》第 138 条第 2 款直接将该情形规定为无效,而非可撤销,其作为民事法律行为无效的情形之一,原则上当有适用转换之可能。Vgl. Münchkomm/Busche(2006), § 140 Rn. 13.

致了表意人的意思表示不自由,侵犯了表意人决定交易内容的自由。可见,相比欺诈和胁迫而言,乘人之危导致显失公平的情形在适用转换理论层面上没有被区别对待的理由。事后甲以乘人之危导致显失公平为由撤销该房屋买卖合同的,由于甲欲将该房屋作为其儿子的婚房使用,主观上显无真正出卖的意愿,此时即便乙愿意以市场价格购买甲之房屋,在客观层面上对甲的利益没有损害,也无适用转换之可能。换言之,此时不应考虑恶意之乙的主观需要,即使乙愿意以高于市场价格购买甲之房屋,依然不得转换。反之,如果甲将房屋卖给乙之后,若甲的儿子买彩票意外地中了大奖,有足够的资金去购买新的房屋,不再需要将该涉案房屋作为其婚房使用,那么甲在撤销显失公平的房屋买卖合同之后,很可能愿意将房屋予以出卖,此时可以根据甲的意愿将其转换为以市场价格为内容的房屋买卖合同。

在上述可撤销的民事法律行为中,当事人的意思表示不自由,即受到了他人意志的干涉。除此之外,民事法律行为可撤销的原因还可能是由于表意人的意思表示错误,此时当事人的意思表示虽然完全自由,但是发生了意思与表示不一致,[1]而且该种情形在民事交易中颇为常见。当事人发生意思表示错误与他人的意志无关,是由于自己的原因发生了内容错误或者表达错误所致,相对人对此没有任何可归责性,主观上完全善意。正因如此,当事人撤销民事法律行为的,需要向善意的相对人承担信赖损害赔偿责任,而在上述欺诈等情形中,当事人撤销民事法律行为之后无须向对方赔偿损害。[2] 依循此法理,在当事人因意思表示错误而撤销民事法律行为的情形下,能否转换为其他民事法律行为,需要同时结合表意人和相对人的主观意愿而判定,甚至更需要考虑相对人的利益。比如,甲将一枚戒指以900元的价格出卖给乙,甲认为该枚戒指只是镀金的,但实际上这是一枚纯金的戒指。倘若甲知道该事实,那么肯定不会以900元的价格出卖,他会选择要么不卖要么至少向乙要价5000元。对此,当甲撤销戒指买卖合同,若其不愿意出卖该纯金戒指,则无适用转换之可能,从而只能选择向善意之乙赔偿信赖损害。若甲愿意出卖该纯金戒指,其主观上显然愿意将原先以900元价款为内容的戒指买卖合同转换为以5000元价款为内容的戒指买卖合同。不过,是否应该承认该转换之适用,还须顾及乙的主观意愿,若乙根本不想花更高的价款购买该戒指,则不能违背乙的意愿而加以转换。否则,将会对乙构成强迫交易,有悖于民事交易中意思自治的理念。反之,若乙愿意花更高的价款购买该戒指,对此适用转换并非对乙构成任何不利,则可借助于转换理论在甲、乙之间成立一份以5000元价款为内容的戒指买卖合同,从而方便而快捷

---

〔1〕 参见王泽鉴:《民法总则》(增订版),中国政法大学出版社2001年版,第355页。

〔2〕 Vgl. Brox/Walker, Allgemeiner Teil des BGB, 36. Aufl., 2012, S. 200.

地保护甲、乙之间的法律交易。

四、转换理论对效力待定民事法律行为的适用

效力待定的民事法律行为在我国民法中往往是指限制民事行为能力人实施的民事法律行为、无权代理情形下的代理行为和无权处分情形下的处分行为这三种典型类型，这些行为在得到法定代理人、被代理人和有处分权人的追认之前，其效力处于一种未确定的状态，若最终被追认的，将成为完全有效的民事法律行为，转换理论对其当无适用之可能。然而，若最终未被追认的，将成为完全无效的民事法律行为，此时能否被转换为另一民事法律行为？对此，学界存有两种截然相反的观点：一种观点认为虽然导致民事法律行为无效的原因不影响转换理论的适用，但不包括效力待定民事法律行为未被追认而无效的情形。在追认人拒绝追认的情形下，表明该民事法律行为对其而言并非作为一种最优的交易安排，转换后的另一民事法律行为自然不会在追认人的选择范围之内，可见表意人在主观上不愿为转换，自应无法适用转换理论。[1] 另一种观点认为"无效"并非仅包括法律明确规定的狭义无效之情形，还包括从起初悬而未决的不生效力到最终无效的情形，效力待定的民事法律行为被拒绝追认后的无效属于该种情形之一。[2] 持这一观点的学者甚至更加明确地指出，被转换的民事法律行为不能被过于强调为"无效"，而是应该突出其"不生效力"之内涵。[3] 相比较而言，笔者更赞同第二种观点，一项效力待定的民事法律行为被他人拒绝追认之后，只是从效力上阻却了被追认人做出的意思表示，该被拒绝追认的效力待定民事法律行为不可能从事实层面上消失，这与上述可撤销的情形相比，其在事实层面上的"存在度"要强得多，可谓仅是从法律的价值评价层面被归于无效而已。

追认人对效力待定民事法律行为的拒绝追认使之无效，虽然表明其不愿意按照原先的民事法律行为内容发生效力，但是并不意味着追认人不想发生任何法律效力，不排除当事人因不知转换理论而未主张对其适用之可能。以限制民事行为能力人实施的民事法律行为为例，比如 15 周岁的甲向乙购买一台二手电脑，价值为 3000 元，甲的父亲丙拒绝追认甲之购买行为的，该电脑买卖合同最终无效。此时，假如丙

---

〔1〕 参见王泽鉴：《民法总则》（增订版），中国政法大学出版社 2001 年版，第 491 页；常鹏翱：《无效行为转换的法官裁量标准》，载《法学》2016 年第 2 期。

〔2〕 Vgl. Staudinger/Roth(2003), § 140 Rn. 14; Münchkomm/Busche(2006), § 140 Rn. 13.

〔3〕 Vgl. Erman/Arnold(2011), § 140 Rn. 8.

的内心里一直对二手货物有很强的偏见,排斥购买二手货物,即便该二手电脑货真价实,对甲而言没有任何不利,也应完全尊重丙的意愿使得该电脑买卖合同最终无效,对此不存在转换适用的可能。相反,假如丙的内心里并不排斥购买二手货物,对该二手电脑的质量能够接受,只是觉得乙对二手电脑的要价偏高,认为其市场价值只有 2000 元,此时如果乙愿意将价格降低到 2000 元出卖给甲,丙将会同意甲之购买行为。此时,在丙拒绝追认该价款为 3000 元的电脑买卖合同之后,若乙的要价确实偏高但乐意降低到 2000 元出卖给甲的,则依然能够将原先以 3000 元价款为内容的电脑买卖合同转换为以 2000 元价款为内容的电脑买卖合同。

同理,在无权代理的情形下,从理论层面看亦有转换的空间。例如,甲擅自以销售商丙的名义向乙出售一部华为手机,价值为 4000 元。当丙对甲之无权代理行为拒绝追认的,丙、乙之间的手机买卖合同无效。此时若丙已经将该部手机以 4500 元的价格与第三人订立了买卖合同,显然不愿再将该部手机出卖给乙,则无适用转换理论之可能。反之,若该部手机未被丙出卖给第三人,丙欲想以 4500 元的价格出卖且乙也同意购买的,则能通过转换使得丙乙之间成立以 4500 元的价格为内容的手机买卖合同。不过,尽管如此,在我国民事立法框架下,此例中的相对人乙一般不会轻易同意适用无效民事行为转换理论。因为《民法典》第 171 条第 3 款规定:“行为人实施的行为未被追认的,善意相对人有权请求行为人履行债务或者就其受到的损害请求行为人赔偿。但是,赔偿的范围不得超过被代理人追认时相对人所能获得的利益。”据此,在丙拒绝追认的情形下,作为善意之乙可以选择向甲请求给付手机,然后支付给甲 4000 元价款,此时在法律效果上相当于甲以自己的名义与乙签订了以 4000 元的价格为内容的手机买卖合同。此外,善意之乙也可以直接选择向甲请求损害赔偿,赔偿的范围不得超过丙追认时乙能够获得的利益,即不能超过乙获得丙向其交付手机时的履行利益,从经济效益上看乙依然是以 4000 元为对价换取丙之手机的经济价值。与之相比,如果适用转换,乙必须以 4500 元的价格从丙处换取同等价值的手机,导致乙将多支出 500 元价款。可见,根据《民法典》第 171 条第 3 款的规定,无论乙选择何种救济方式,都比适用转换能够更好地保护乙的利益,所以转换绝非乙的首选救济方案。当然,乙若根据《民法典》第 171 条第 3 款无法得到有效救济,即在甲根本没有能力向乙交付手机或者赔偿损失的情形下,也会同意通过转换理论与丙订立以 4500 元的价格为内容的手机买卖合同。

在无权处分的情形下,与前述两种效力待定的民事法律行为种类有所不同。根据负担行为与处分行为的二分原理,前者中效力待定的是处分行为,而负担行为依然有效，后者中效力待定的是负担行为，处分行为往往因具有瑕疵同一性而同样处于效力待定状态。[1] 可见，该情形下适用转换的对象为处分行为，而并非前述两种情形中适用转换的对象为负担行为。这种不同在很大程度上影响了转换的适用空间。以出卖人无权处分他人之物为例，例如，甲将其自行车寄存在乙处，乙擅自以1000元的价格与丙签订自行车买卖合同。事后若甲拒绝追认的，乙与丙之间转移自行车所有权的合意无效，即处分行为无效，乙因未取得处分权而无法将自行车的所有权转移给丙。针对该无效的处分行为，笔者认为不存在适用转换的空间，因为这里的处分行为只涉及单纯的所有权转让合意与否，不涉及负担行为中诸如价款等具体的合同内容。在该无权处分自行车的案例中，假设甲拒绝追认的理由是由于乙擅自转让的价款1000元偏低，若乙擅自以1500元的价格转让给丙，甲将追认乙之处分行为。即使如此，也不能将原先以1000元价格为内容的自行车买卖合同转换为以1500元价格为内容的自行车买卖合同。[2] 因为根据《民法典》第597条第1款[3]的规定，乙、丙之间以1000元价格为内容的自行车买卖合同本来就是完全有效的，而转换理论适用的根本前提就是存在无效的民事法律行为，故不能将一个有效的负担行为转换另一个有效的负担行为。与之相反的是，在前述限制民事行为能力人实施的民事法律行为和无权代理两种情形中，都是将一个无效的负担行为转换另一个有效的负担行为，与无权处分情形不可同日而语。可见，此时丙只能径直根据《民法典》第597条第1款的规定解除其与乙之间签订的自行车买卖合同而向乙主张违约责任。当然，若丙能够善意取得的，则无须考虑乙之处分行为的效力待定之情形，乙、丙之间根据善意取得之特殊规则而发生完全有效的买卖交易，自不存在转换理论之适用空间。

除了上述三种典型的效力待定民事法律行为类型之外，还存在一些民事法律行为由于未登记等因素而暂时不生效的情形，其效力处于一种悬而未决的状态，这实际上也是属于效力待定的民事法律行为。如根据原《担保法》第41条的规定，不动产抵押合同自登记之日起生效。据此可知，在未经登记的情形下，不动产抵押合同的效力待定。对此，最高人民法院在“新疆石河子农村合作银行与刘某瑞、步某华借款合同纠纷案”中认为该未履行登记手续的不动产抵押合同并非确定无效，对此除

[1] 有关负担行为与处分行为的区分及其若干理论问题不属于本文探讨的范围，在此略去。关于这些问题的详细论述，参见王泽鉴：《民法总则》（增订版），中国政法大学出版社2001年版，第261-273页；Dieter Medicus, Allgemeiner Teil des BGB, 10. Aufl., 2010, S. 93ff。

[2] 若甲非常喜欢该辆自行车，无论乙以多高的价格转让，甲也不愿意出卖的，更是无转换之适用。

[3] 《民法典》第597条第1款规定：“因出卖人未取得处分权致使标的物所有权不能转移的，买受人可以解除合同并请求出卖人承担违约责任。”

了能够通过补办登记手续而使其最终生效之外,还能通过转换理论之适用,将其转换为有效的其他担保行为,以节约交易成本,促进交易发展。[1] 虽然该裁判运用转换理论较为灵活地解决了该个案中存在的争议,但是在方法论上并不妥当。转换理论旨在使得民事法律行为从效力上“起死回生”,效力待定的民事法律行为尚未在效力上真正“死亡”,自然无须“回生”。[2] 针对效力待定的民事法律行为而言,只有在求助于所有手段而依然无效之后,才能适用转换。在该“新疆石河子农村合作银行与刘某瑞、步某华借款合同纠纷案”中,应该通过补办登记手续使得不动产抵押合同发生法律效力,[3]而不能径直根据转换理论使其成为另一担保行为,否则将违反无效民事法律行为转换理论得以适用的根本前提。

五、结语

无效民事法律行为转换理论源远流长,其作为一种制度的形成对贯彻私法自治原则、维护交易安全和促进社会经济交易发展发挥了重要作用。该转换理论在我国具体的司法实践中呈现诸多困惑,首当其冲的是不少裁判对转换的适用范围界定不清,乃至随意扩大转换理论的适用空间之情形时而有之,理论界对此亦存在不少争议。鉴于此,本文对无效民事法律行为转换的适用范围加以详细考察,认为转换理论只能适用于确定无效的民事法律行为,既包括自始违反法律规定或者欠缺形式要件等因素而无效的情形,也包括嗣后被撤销或者未被追认等因素而最终无效的情形。同时,法官在适用无效民事法律行为转换理论的过程中,不能一概认定所有无效民事法律行为均能适用转换,而是应该充分考虑法律规定民事法律行为无效的宗旨以及私法自治等多个因素而谨慎适用。

(责任编辑:李俊)

---

[1] 参见最高人民法院民事裁定书,(2015)民申字第2354号。

[2] 参见杨代雄:《抵押合同作为负担行为的双重效果》,载《中外法学》2019年第3期。

[3] 当然,根据《民法典》第215条(原《物权法》第15条)和第402条(原《物权法》第187条)的规定,登记不再作为不动产抵押合同之生效要件,未经登记的不动产抵押合同完全有效,只是无法有效设立抵押权而已。

私法研究 27 第二十七卷

物权行为无因性的“因”到底是什么？

——一个原因理论的追问*

李伟平**

目　次

一、问题的提出

物权行为理论自萨维尼创立以来，在大陆法系民法上产生了深远的影响。我国民法学界一直存在关于我国物权法制中是否已承认并规定物权行为理论的争论，究竟物权行为无因性理

* 本文系司法部国家法治与法学理论研究项目“第三人履行与债务承担之认定研究”(19SFB3036)的阶段性成果。

** 李伟平，法学博士，青岛大学法学院讲师，硕士生导师。

论是逻辑的必然还是价值考量的结果亦难有共识。〔1〕通过笔者的考察研究,可以发现学说上不但对于是否要规定抽象性的物权行为理论存有争议,就连物权行为无因性这里的“因”是什么也存在模糊的认识。根据梅迪库斯、拉伦茨等法学巨擘的见解,应将其理解成先于物权行为的基础关系(负担行为),即“基础关系说”;甚至构造出有因行为的“因”为“给与目的”、无因行为的“因”为“基础行为”这一非具同质性的“原因”理论。〔2〕那么,为何要将同属于给与行为(Zuwendungsgeschäfte)下的且位于同一种属概念的有因行为、无因行为构造出两者不同的解释方案?这样做的理由与运作机制到底为何?是否可将无因行为像有因行为那样解释成法律目的对行为的影响?凡此种种问题之解决,都离不开作为前提条件的概念的界定,即对于物权行为无因性的“因”的理解。“法学的进步与成长系对传统见解的反省,包括重新诠释或修正检讨。”〔3〕对以往物权行为无因性理论学说和立法中基本理论的探讨,能帮助我们排除表面的论述,公开隐蔽的价值理念,认清无因性之“因”的应有“样貌”,以对学说见解与司法实践进行必要的批评和修正。王泽鉴先生曾说,实务的继受通常系先由学说铺路,预为准备,提供理论基础。《民法典》业已实施,对《民法典》的解释适用在未来很长时间内当属学界与实务界最热的话题。物权行为理论将关涉《民法典》中债法与物法诸多制度的解释适用,对其正确理解不容有失。因此,笔者试图通过本文对物权行为无因性的“原因”给出自己的看法,以求教于方家。

二、罗马法上“交付”的“原因”:所有权移转的效力根源

(一)罗马法所有权的移转方式

在罗马法两种所有权取得方式中,与原因理论有关的只有继受取得,故在这里我们不讨论所有权的原始取得问题,仅讨论罗马法上三种所有权继受取得方式:要式买卖、拟诉弃权和交付三种形式。

---

〔1〕在这一问题上,主流观点认为物权行为的抽象性乃物权行为理论的逻辑必然,只要按照物权行为理论构建法律行为制度,那么物权行为必然是抽象的和无因的。但也有不同的声音,如学者吴一鸣认为物权行为之无因,是立法者基于政策之考虑,有意将原因从特定的法律行为中抽离的结果……“既然是立法者的价值判断,那么就意味着可以采纳也可不采纳。这个将留待立法者作出取舍。”参见吴一鸣:《物权行为无因性:逻辑的必然还是价值的衡量》,载《政治与法律》2009年第4期。娄爱华副教授亦指出,“物权行为发展至今,物权行为的抽象性已经不具备必然性”。参见娄爱华:《大陆法系民法中原因理论的应用模式研究》,中国政法大学出版社2012年版,第156页。

〔2〕有即因行为以自身的法律目的为原因,无因行为以独立的基础行为为原因。参见张强:《有因行为、无因行为之再思考——以行为之“原因”为突破点》,载《法学论坛》2007年第4期。

〔3〕王泽鉴:《人格权法——法释义学、比较法、案例研究》,北京大学出版社2013年版,第8页。

1. 要式买卖

要式买卖(mancipatio)自《十二铜表法》中即对其进行了规定，是一种在形式上类似于口头契约的一种所有权转移方式，通过特定仪式表明当事人之间所有权的转移。[1] 要式买卖是典型的铜衡式交易，在五个或以上成年罗马市民面前，由一名司秤手持一把铜秤，购买者递上一块铜，庄严宣布物是他的，他已经用那块铜和那把秤将其买下。随后，司秤以铜击秤，并将铜块递交给让与人，好像是交付价款。[2] 早期的要式买卖需要确实称量和移转铜块，发展到后期称量和移转铜块的过程被省略了。要式买卖中，为什么要进行交换是法律无须理会的，要式买卖的程式本身，已经表明的移转所有权的企图。

2. 拟诉弃权

拟诉弃权(in iure cessio)也是一种所有权的要式移转。即对于要求让与财产的返还诉中，面对着执行官转让者(虚拟的请求人)在诉讼中不提出异议，因而虚拟的诉讼在"法律审"中完结。[3] 拟诉弃权与要式买卖一样，实际上是很严肃的公开方式转让所有权，其效力独立于其原因或基础的有效性，因此是抽象的。可能是执法官这一公权力的介入，强化了拟诉弃权的公示作用。[4]

3. 交付

交付(traditio)，在很多罗马法著作中也称其为"让渡"(tradizione)，是一种重要的所有权让渡方式。在前古典法和古典法中，交付仅适用于略式物，后古典法中，要式买卖与拟诉弃权消失，交付成为所有权转移的唯一方式。

要式买卖、拟诉弃权与交付的区分同罗马法上的要式物与略式物的区分有关，优士丁尼《法学阶梯》之前，要式物和略式物的区分便对应着不同的所有权移转方式。要式物适用要式转移，如拟诉弃权、要式买卖；略式转移方式指的就是交付。[5] 所谓"要式物"，在盖尤斯看来是"具有较大价值的物"，如指的是意大利疆土内的土地、奴隶以及负重的牲畜(如马、牛、骡子和驴)，除此之外，还有乡村地役权和用水地役权。[6] 从上述列举我们可以看出，这些物都是与农业生产有关，是原始农业社会

---

[1] 参见田士永：《物权行为理论研究》，中国政法大学出版社2002年版，第36页。

[2] 参见[意]彼得罗·彭梵得：《罗马法教科书》(2005年修订版)，黄风译，中国政法大学出版社2005年版，第162页。

[3] 参见[意]彼得罗·彭梵得：《罗马法教科书》(2005年修订版)，黄风译，中国政法大学出版社2005年版，第162页。

[4] Vgl. Kaser Max, Eigentum und Besitz im älteren römischen Recht, 2 Aufl, 1956, S. 200.

[5] 参见[古罗马]盖尤斯：《盖尤斯法学阶梯》，黄风译，中国政法大学出版社2008年版，第84页。

[6] 参见[意]彼得罗·彭梵得：《罗马法教科书》(2005年修订版)，黄风译，中国政法大学出版社2005年版，第145-146页。

很重要的物品。法律将这些具有重大价值的商品从商品名录中拿出来,将其归为一类,并采用高度复杂的形式转移所有权的方式,凸显对这些劳动要素的特殊保护。并且越向早期法回溯,这种区分就越是深刻。物的要式转移不禁使我们将要式契约联系在一起,两者在某种程度上是相同的,即在这两种不同的范畴下(一个是契约成立方式,另一个是所有权变动方式),形式就是一切。即形式是所有权转移的最重要的和核心的要件,其他根本不重要,因此可以说,要式物所有权的转移是“无因”的。

而对于略式物来说,表现为占有的转移或者让渡,即单纯的“交付”即可转移所有权,这种形式是自由和简单的。要式物的种类或目录是固定的,而人类对物质自然不断地征服就带来了新的物的产生,这些新物自然地被划归到略式物之中。在经济发展水平较低,交易也较少的罗马法早期,经济活动的范围基本上限于相对较小的罗马社会内部,仪式虽然不具有永存性,但其一方面可以在相当范围内昭示当时相对狭小的罗马社会的市民,另一方面严格依法进行的仪式存在于证人记忆之中,基本能起到权利公示的效果,[1]这是物的所有权的要式和非要式二元移转方式在古典时期内得以维持的基本理由。但随着罗马法上交易范围的扩大与交易的频繁,效率的要求使得烦琐的形式主义不能适用经济发展的需要,形式要件逐渐被放弃。于是要式买卖、拟诉弃权被废除,交付成了唯一的所有权转移方式。这就印证了梅因——罗马“财产法”的历史就是“要式交易物”和“非要式交易物”同化的历史[2]的论断。

(二)罗马法“交付”转移所有权的效力根据探析

随着罗马法上要式买卖、拟诉弃权的被废除,仅存的转移所有权的方式就剩下交付了。在罗马法交付导致所有权转移这项制度中,是什么对所有权的移转发生了决定性作用则是一个千百年来存有争议的问题。换言之,交付在罗马法上到底是什么?它究竟是一个脱离当事人意志的客观事实行为,还是包含主观转移所有权意思的法律行为?

1.“交付”的性质

由于罗马法重实践轻理论的务实倾向,很多概念没有得到高度的抽象与体系的构建,而是具体地就事论事地加以讨论。关于“交付”的概念亦没有对其进行清晰界定。罗马法没有法律行为概念的构建,因而这里不能指称罗马法交付是否为法律行为,只能将问题转换为罗马法中交付是否含有所有权转移的物权合意在内。

---

〔1〕 参见李富成:《无因性法理及其体系》,载孙宪忠主编:《制定科学的民法典:中德民法典立法研讨会文集》第21卷,法律出版社2003年版,第125页。

〔2〕 参见[英]亨利·梅因:《古代法》,沈景一译,商务印书馆1959年版,第177页。

从学者的通说观点来看，基本持有事实行为说。正如彼得罗所指出的，让渡的实际行为，它不是形式，而是对占有的单纯的实现。转让和取得的意图应当是实际拥有，用罗马法的术语来说，是指占有而非所有。[1] 罗马法上的交付是一种“无色”的行为，行为实施的具体情况赋予其法律上的意义：当交付是为了质押或租赁时，转移的是占有；当交付是为了买卖时，转移的是所有权。[2] “交付”本身并没有任何的权利意义。即究竟交付转移的是什么样的权利，通过交付本身并不能确定，它仅仅是转移占有，因而是无色的。是“原因”将其颜色涂上去的。娄爱华副教授亦认为罗马法上交付只是一个单纯的给的行为，并不掺杂任何的意思成分。[3]

刘家安教授表达了同样的看法，他认为赋予交付转移所有权的意思是后世的“发明”，探究其本身内涵的意思因素不符合罗马法的历史真实。[4] 罗马法中的交付仅是占有转移的方式，真正使得交付产生转移所有权的性质和功用是交付与其“原因”产生的联系。罗马法是通过对“原因”的要求来控制所有权移转的效果。[5] 只有具有正当原因的交付才能引起所有权的变动。此“正当原因”即就“为何交付和接受”达成的一致。[6]

笔者赞同上述学者的认识，即在罗马法上的交付并不是转移所有权的决定性方式，它仅仅是一种不代表任何权利特征的转移占有方式，真正决定交付的性质（转移所有权，还是使用权等）是交付就“为何交付和接受”所达成的一致，这种一致并非之前存在的买卖契约或者租赁契约中的“合意”，而是在交付时就交付代表什么达成的一致，这种一致的达成完全可以不同于之前的契约。这就是所谓的“原因”。笔者进而认为，在古典罗马法上，交付是一种事实行为，仅代表占有移转。将“占有”改造成为具有物权行为性质的法律行为，是萨维尼等近代法学家的功绩。

2.“交付”的“原因”

（1）所有权通过“交付”变动“原因”的几种学说

根据上文分析，古典罗马法中“交付”仅是一个事实行为，仅是占有转移的方式，因此不足以合理解释为什么让渡有效，故我们必须要探究交付之外存在的使所有权

---

〔1〕 参见［意］彼得罗·彭梵得：《罗马法教科书》（2005 年修订版），黄风译，中国政法大学出版社 2005 年版，第 160 页。

〔2〕 参见［英］巴里·尼古拉斯：《罗马法概论》（第 2 版），黄风译，法律出版社 2004 年版，第 128 页。

〔3〕 参见娄爱华：《大陆法系民法中原因理论的应用模式研究》，中国政法大学出版社 2012 年版，第 56 页。

〔4〕 参见刘家安：《交付的法律性质》，载《法学研究》2004 年第 1 期。

〔5〕 参见［奥］马·卡泽尔：《论交付的正当原因》，田士永译，载米健主编：《中德法学学术论文集》第 1 辑，法律出版社 2003 年版，第 201 页。转引自刘家安：《交付的法律性质》，载《法学研究》2004 年第 1 期。

〔6〕 参见刘家安：《交付的法律性质》，载《法学研究》2004 年第 1 期。

发生变动的效力依据。根据学者的普遍见解,在考察了罗马法文本后,人们将这个物权变动的效力根源锁定在了"原因"或者说"正当原因"。这是对《十二铜表法》传统的遵循,从下述罗马法学说片段可以看到保罗、盖尤斯、优士丁尼等学者也都遵循了这一传统。真正使得交付产生转移所有权之功能是"交付"与其"原因"产生的联系。

保罗:《论告示》第31卷。D,41,1,31,pr.

> 单纯交付,永远不会使所有权移转。若现有出卖或其他正当原因而后据此为交付,则会使所有权移转。

盖尤斯《法学阶梯》Gai. 2,20:

> 因此,如果我把一件衣服、一块金子或者一块银子以买卖、赠与或者任何其他名义让渡给你,该物就立即变为你的,只要我是物的所有主。[1]

优士丁尼《法学阶梯》I. 2,1,41:

> 但如果确实根据赠与或嫁资的原因,或根据任何其他原因作了交付,无疑发生所有权转移。[2]

以上是赞同要因说的几个片段,同样,罗马法学者也有持非要因说的[3]。正如刘家安教授所言,罗马法中既有支持交付要因的文献,也有支持交付抽象的文献,究

---

〔1〕 Itaque si tibi uestem uel aurum uel argentum tradidero siue ex uenditionis causa siue ex donationis siue quauis alia ex causa, statim tua fit ea res, si modo ego eius dominus sim.

〔2〕 参见[古罗马]优士丁尼:《法学阶梯》(第2版),徐国栋译,中国政法大学出版社2005年版,第133-135页。

〔3〕 尤里安《学说汇纂》第13卷。D. 41,1,36:假如我们就交付之标的物具有合意,但是就交付之原因却存在歧见,在这种情况中,我无法理解,为什么交付应当无效。比如,我相信我是基于遗嘱而承担将某块土地交付给你的义务,但你却认为我是基于要式口约而承担此项债务。再如,我基于赠与的意思将一笔钱款交付给你,而你将这笔钱款当作消费借贷金额来接受,那么可以确定的是,所有权仍然已经移转给你,我们就给与和受让之原因不具有合意不会对此构成任何阻碍。盖尤斯《法学阶梯》Gai. 2,84. 中也谈道:"因而,如果某一债务人向未成年人实行了清偿,他则使钱款成为该未成年人的,但他自己并不摆脱债务,因为未成年人在未经监护人准可的情况下不能解除任何债,实际上未经监护人准可他不得转让任何物品。但是,如果他获得了这些钱款,同时又提出清偿的要求,其要求则可能因诈欺抗辩而被驳回。"

竟罗马法中的交付是要因的还是抽象的，完全是不同法学家基于不同原始文献予以论证的结果。可见，两种学说的争议在于对所有权的转移除了交付之外，是否还需要有正当原因（iusta causa）。对此毫无争议的是，双方都不否定交付原因的存在，只是对交付原因的要求有所不同。

而对于这里"原因"该如何理解，学界持有不同的见解。而对于"原因"的不同定位也直接导致对要因主义、不要因主义的不同理解。

第一，法律关系说。该说认为，原因关系+交付导致所有权的转移。如萨维尼认为"交付的正当原因（justa traditionis causa）必须是某种债务关系，某个行为，通过它，所有权根据所有权人的意思被转移"。〔1〕再如古斯塔夫·胡果认为，物权的取得，需要一个合法的"名义"与取得方式两方面的要求，前者即合法的原因，后者则一种事实行为，"这个法律上的原因叫作名义""比如，我在书店买一本书，并且这本书被交付给我……名义就是我和书商签订的买卖合同……取得方式就是交付"。〔2〕胡果所论述的观点又被称为所有权移转的"名义和取得方式"理论。胡果不是这一理论的发明人，相反，他是这一理论的批判者。这里引用胡果的话是其对"名义和取得方式"理论的说明。该理论所谓的"名义"即指买卖合同等法律关系，即原因，也属法律关系说。国内赞同此说的如刘家安教授、沈建峰教授。他们均认为罗马法上"交付"加上"特定的原因关系"〔3〕才导致所有权的变动。

第二，主观目的说。英国法学家尼古拉斯认为，在技术语言上，让渡的效力取决于它的"原因"。这种"原因"是指当事人在进行让渡时所约定的目的：如果我是在出卖我的戒指，让渡的原因就是完成买卖，转让所有权的其他原因还有：偿还债务、实行赠与、消费借贷。如果当事人只有转移所有权的共同愿望，但没有就这样做的"原因"达成一致意见，这仍然是不够的，例如，我向你交付一笔钱，打算实行消费借贷，但你接过钱时以为是在实行赠与。在这种情况下，我们两个人实际上都有转移所有权的愿望，但没有就转移所有权的原因达成协议，因此，让渡只能转移占有。〔4〕国内如李永军教授，认为"正当原因"是控制交付转移所有权的因素，即使交付者与

〔1〕 Wilhelm Felgentraeger, Friedrich Carl von Savignys Einflußauf die Übereigungslehre, 1927, S. 29. 转引自柯伟才：《物权合同的发现：从尤里安到萨维尼》，载《比较法研究》2016年第6期。

〔2〕 Gustav Hugo, Civilistisches Magazin, Band. I. Berlin 1791, S. 83-84. 转引自柯伟才：《物权合同的发现：从尤里安到萨维尼》，载《比较法研究》2016年第6期。

〔3〕 参见刘家安：《交付的法律性质》，载《法学研究》2004年第1期。

〔4〕 参见［英］巴里·尼古拉斯：《罗马法概论》（第2版），黄风译，法律出版社2004年版，第128页。

接受者在为何交付问题上达成协议(有原因)。[1] 此外,娄爱华副教授亦认为原因是“当事人就交付的目的达成的协议”,“该词依拉丁词语法,应是当事人的一种主观状态……指的是与交付同时发生的当事人的意图”。[2] 可以说,学者们在此问题上各执一端,难有统一的认识。而罗马法原始文献中原因含义的不明确更是给予了学者广泛畅想的空间。

(2)“主观目的”作为交付移转所有权的“原因”

我们不应抛弃史料而想当然地去寻找一般规则,正确的方法应该是从各种所有权变动的具体情形入手,重现罗马人的思维过程,把握罗马人的思维模式。[3] 罗马法上交付的正当原因概念是罗马市民法不断扩张干涉领域和罗马法学家进行理论总结的结果,表现为通过交付移转所有权的正当原因不断增加。在最开始的《十二铜表法》第7表第11条只规定了买卖,及至盖尤斯《法学阶梯》2,20则至少增加了一个赠与。而根据卡泽尔(Kaser)的总结,在罗马法成熟期,交付的正当原因包括买卖、消费借贷、赠与、设立嫁资、清偿、为了某目的的给与。[4]

笔者赞同主观目的说。即原因是一种目的,用以说明给予的正当性,是行为人主观目的的合意带给交付变动所有权的效力。卡泽(Kaser)分析原因的词义时认为,并非任何动机均能使物的交付成为所有权转移行为,原因是伴随物的交付的目的确定(Zwecksetzung),该目的确定具有说明所有权转移正当性的性质。[5] 下面我们分别来看这几种交易方式中的所有权变动:

在要式买卖中,需要通过“给”来履行通过要式口约缔结的所有权转移之债。要想实现所有权的移转,必须是债务人在交付时怀有清偿前述要式口约之债的意图,并且受领人知晓债务人的“给”是为清偿上述债务,双方就清偿要式口约之债达成协议……这一就清偿转让所有权之债达成了协议,便使所有权发生移转,而非要式口

---

〔1〕 参见李永军:《从契约自由原则的基础看其在现代合同法上的地位》,载《比较法研究》2002年第4期。

〔2〕 娄爱华:《大陆法系民法中原因理论的应用模式研究》,中国政法大学出版社2012年版,第59页;娄爱华:《论罗马法中的交付原因问题》,载《湘江法律评论》2015年第1辑。

〔3〕 参见娄爱华:《大陆法系民法中原因理论的应用模式研究》,中国政法大学出版社2012年版,自序第1页。

〔4〕 Cfr. Robin Jones, Geoffrey D. Maccormack, *Iusta Causa Traditionis*, in Peter Briks ed. New Perspective in Roman Law of Property, Clarendon Press, 1989, p. 99.

〔5〕 参见[奥]马·卡泽尔:《论交付的正当原因》,田士永译,载《中德法学学术论文集》第1辑,法律出版社2003年版,第201页。

约本身的效果。[1] 因而让渡导致的所有权转移结果与在先的导致债的法律事实并没有直接的关系。

设立嫁资情形中亦是一样。婚姻缔结前设立的嫁资,尽管是以婚姻的缔结为目的,但其仅在交付时所有权发生移转。罗马法规定若之后未缔结婚姻,那么嫁资设立人可以不当得利诉请返还。所有权在此之前已经发生移转,即说明这一移转效果是不受婚姻这个"原因"关系所牵连的。[2] 因此,设立嫁资所有权转移的原因不应理解为之前的设立嫁资的法律关系。在消费借贷[3]中也是一样,它作为一种要物合同,在交付物时才转移所有权。在此过程中,单纯的给的行为(交付)不能导致所有权的转移,交付之所以最终导致了所有权移转效果的发生,是因为当事人之间存在的为实现消费借贷之债而交付的协议,即目的合意。[4] 也就是说,赋予交付转让所有权之内容的,就是清偿。赠与可以被归结为赠与的原因(causa donandi),即在交付时抱有的赠与的心态,并因此而转移所有权。清偿,是为了清偿某转移所有权之债而为的交付,强调交付时当事人具有清偿的意图;为了某目的的给,则是指为了某一目的在将来实现而原因转移物的所有权。[5] 这些都与交付在先的基础关系没什么联系。

之所以产生以上两种截然不同的交付"原因"的认识,笔者认为与罗马法债之概念的发展有关。在人类社会发展的早期,当只有物物交易的时候,义务观念是不存在的,此时给付和契约以及物权转移是一体的;他们将这两个权利的成立、生效放在一个仪式中进行:未完成法定仪式前,契约不具有法律效力,所有权也不发生移转;完成法定仪式后,契约生效,同时所有权也随之移转。在这个阶段,物权行为和债权行为是同时进行的。随着义务、债务观念的产生,交付和契约发生分离,先设立债,后通过交付履行债,使所有权转移之结果发生。契约的成立和所有权的转移不再同时进行。此时的原因就是客观的原因(法律关系)。合同和所有权转移日益分离带来了"原因"理论适用的余地与重新诠释。无因论者将罗马法上的原因作了主观化处理,放弃以产生所有权移转义务的法律关系作为原因的认识,取而代之地,是当事

---

[1] 参见娄爱华:《大陆法系民法中原因理论的应用模式研究》,中国政法大学出版社 2012 年版,第 71 页;娄爱华:《论罗马法中的交付原因问题》,载《湘江法律评论》2015 年第 1 辑。

[2] 参见刘家安:《交付的法律性质》,载《法学研究》2004 年第 1 期。

[3] 消费借贷是指给出特定数额的种类物,日后得以索回同等数额之种类物的契约。

[4] 参见娄爱华:《论正当名义》,载费安玲主编:《从罗马法走来:斯奇巴尼教授七十寿辰贺文》,中国政法大学出版社 2010 年版,第 57 页。

[5] 参见娄爱华:《论正当名义》,载费安玲主编:《从罗马法走来:斯奇巴尼教授七十寿辰贺文》,中国政法大学出版社 2010 年版,第 54 页。

人的移转所有权的意思。[1] 通过这种解释方法,在这种原因意义上的所谓“要因行为”实际上就进入了无因行为的范畴。[2] 我们应该承认在古典法中由客观的债的关系构成原因的理论已经受到以当事人的主观意思作为原因的理论的挑战。当当事人间只有转移所有权的共同愿望,而没有就这样做的“原因”达成一致意见时,所有权是不能发生移转的。此时给付还未发展到被当作法律行为看待的阶段,但这种将给付原因由客观债之关系向主观给付目的的转向,具有重大的历史意义。优士丁尼法上给付原因自此走上了主观化的道路,而此也表达了一种给付效果独立化的倾向。[3]

三、物权行为理论的“原因”:作为所有权移转效力根源的“给与目的”

(一)物权行为理论的形成及其抽象性质

除合意模式的兴起使合同原因理论降格为一种可有可无的东西这一原因外,德国民法合同制度之所以与罗马法的原貌、法国法的延续发生截然不同的改变,还与物权行为理论的产生改变了法律行为正当性的论证结构有关。

同样受自然法的影响,在历史法学派产生之前,德国法在所有权变动方面,与合同对原因的要求一样,贯彻的是一种有因的所有权变动理论,即物权变动的“名义加形式”理论。[4] 在德国普通法学者格鲁克(C. F. Gluck)看来,一方要取得标的物的所有权,除作为事实行为的占有移转交付外,还需要有先期存在的“正当原因”。而后者,按照格鲁克的理解,即买卖契约等债权债务关系。格鲁克构建的理论已经对债权和物权有了明显的区分,这也反映了当时法学家的普遍认识。这与法国法体系不区分债权与物权、不区分物权变动与债权变动根据的做法已经有了巨大的差别。[5]

及至历史法学派时期,作为物权行为理论的先驱——胡果,在其《民法学课程教科书》(Lehrbuch eines civilistischen Cursus)一书中首创了“法律行为”概念,并认为

---

〔1〕 参见刘家安:《交付的法律性质》,载《法学研究》2004年第1期。

〔2〕 参见刘家安:《交付的法律性质》,载《法学研究》2004年第1期。

〔3〕 参见沈建峰:《论罗马法上的原因理论及其在德国法上的变迁》,中国政法大学2006年硕士学位论文,第23页。

〔4〕 格鲁克认为:“要想通过交付而取得某物的所有权,以让与标的物为目的的‘债权’(obligatio)需要先期存在……所谓交付,是所有人或保有让与权利的人,依债权债务关系而把物的占有移转给我的事实,称为取得方式、取得行为或取得形态。只有事实了该交付,受让人才能取得所意欲取得的物权。基于权源而享有债权,只不过被赋予了可以请求义务履行交付的‘人的权利’。”转引自陈华彬:《物权法研究》,香港金桥文化出版有限公司2001年版,第107页。

〔5〕 参见孙宪忠:《中国物权法总论》,法律出版社2003年版,第263页。

罗马法上已经有了关于债法和物法的区分，故债权请求权自然也就与所有权变动无关。他认为“名义加形式”的模式必须纠正，这一模式中的“名义”应当是“转移所有权的意图”，而非买卖等法律事实。[1] 转让所有权的意图是独立于在先的法律行为的单独意思表示，它可能存在于先前的债权行为中，也可能自己构成一个法律行为，并构成了自然之债。[2] 但胡果尚未将这一“变动所有权的意图（合意）”抽象为物权合同或物权合意。

萨维尼在胡果研究的基础上进一步发展了法律行为理论，并将其进一步精细化地构建了法律行为的内部框架。在基于法律行为的所有权变动方面，萨维尼最初也受到格鲁克“名义加形式”理论的影响，后来他通过路人向乞丐施舍金钱的例子，发现了独立的物权契约即转移所有权的合意，始走到了“名义加形式”理论的对立面。[3]

在批判“名义加形式”理论的基础上，萨维尼提出了自己关于正当原因的理解——物权合同理论。在此，萨维尼把交付的原因解释为所有权转移的合意。在他看来，“名义加形式”理论的“先期的债权契约”不是交付的正当原因，促使所有权转移的意思是始终蕴含于作为物权契约的交付中的。由于现实情况下仅依照交付行为本身，常常不能判明所有权的转移情况，故“先期的债权契约”只不过是用来判定内蕴于交付中的当事人的意思的“资料”。[4] 此外，萨维尼在《当代罗马法体系》第3卷中论述了关于错误不影响交付效力的见解。其认为基础行为错误属于动机错误，不影响物权行为的效力。[5] 上述萨维尼的思想直接反映到《德国民法典》之中，《德国民法典立法理由书》是这样批判“名义加形式”所有权取得方式的：“……如果

---

[1] 参见[德]霍尔斯特·海因里希·雅科布斯：《十九世纪德国民法科学与立法》，王娜译，法律出版社2003年版，第184页。

[2] 参见娄爱华：《大陆法系民法中原因理论的应用模式研究》，中国政法大学出版社2012年版，第116页。

[3] 萨维尼是这样理解物权转移的：“某人给与乞丐一枚金币时，从何处能找到其正当的原因呢？这里存在的只是唯一的事实，即金币的交付，此处再无其他的事实。在这里无论契约还是别的其他东西都是没有先于交付的行为而存在的……受赠人即乞丐只使用权成为金币的所有人，在于赠与人的意图，而不是别的什么原因。因而我们称之为正当的原因的，是打算依交付而移转金币的所有权的所有人的意图……交付，就其性质而言，是一个真正的契约。正当的原因，不折不扣地指这个契约。但它不是债权契约，而是物权契约，即物权法上的契约。”参见 Wilhelm Felgentraeger，Friedrich Carl V. Savigny，Einflub auf die Libereignungslehre，1927，S. 31。转引自陈华彬：《物权法研究》，香港金桥文化出版有限公司2001年版，第109页。另参见张康林：《物权行为无因性理论研究》，中国政法大学出版社2009年版，第39页。

[4] 参见张康林：《物权行为无因性理论研究》，中国政法大学出版社2009年版，第39-40页。

[5] 参见张康林：《物权行为无因性理论研究》，中国政法大学出版社2009年版，第43页。

立法不想冒险遮掩法律关系的本质并因此而危及交易安全,立法就应将其废止。"[1]

言归正题,萨维尼的功绩是将交付改造成一项合同,"每一项交付本质上都说一项真正的合同,正当原因正是这种合同的表达"。[2] 就此,萨维尼提出交付是一个真正的契约,并提出物权行为理论,认为物权行为是意思表示决定法律效果的见解在物权法领域的延伸。这与萨维尼对私法自治理念的贯彻是密不可分的。在萨维尼生活的年代,德国法中已经有成熟的物权与债权的区分理论,萨维尼受康德的自由意志的影响,通过对交付——物权契约的制度设计,将意思表示理论延伸到物权法领域,从而使意思自治原则真正贯彻整个私法领域。

对于抽象物权行为理论的产生缘由,学者持有不同的观点。有学者认为,物权行为无因性,是德国民法肯定物权行为独立性后的必然逻辑结论。[3] 亦有人认为,抽象物权行为理论是立法者基于交易安全等价值判断作出的选择。雅各布斯认为,萨维尼是在对罗马法各种请求之诉尤其是其中的非债清偿的请求给付之诉的解读中才"发现"了抽象的物权行为理论[4]……而不是物权行为理论的逻辑结论。至于学者们所争论保护交易安全等价值的考量,都是后世学者根据其见解进行分析的结果。[5]

(二)无因性物权行为理论下的"原因"内涵

1. 物权行为的"原因":独立于物权合意的给与目的合意

在萨维尼构建的无因行为理论中,债权行为与物权行为被严格区分,并将物权行为原因自物权行为抽离而使之成为抽象行为。物权行为的效力不受债权行为及其内涵的原因的影响。所谓"无因"或"抽象",是指此类法律行为的合法成立,不依赖于其权源或原因,后者非前者之构成要件。的确,就所有权的移转而言,如果绝对要求需要交付的债权债务关系及其原因,则将有悖于生活实际。但将"原因"抽离,并非"原因"不存在,只不过是无因行为不以此种"原因"为要素,"原因"不影响行为

[1] Motive Zudem Entwurfe eines Bürgerlicen Gesetzbuches für das Deutsche Reich, Band 3, Verlag von J. Guttentag, 1888, S. 6.

[2] Wilhelm Felgentraeger, Friedrich Carl V. Savignys Einfluβ auf die Übereigungslehre, 1927, S. 29,转引自柯伟才:《物权合同的发现:从尤里安到萨维尼》,载《比较法研究》2016年第6期。

[3] 参见陈华彬:《物权法研究》,香港金桥文化出版有限公司2001年版,第109页;田士永:《物权行为理论研究——以中国法和德国法中所有权变动的比较为中心》,中国政法大学出版社2002年版,第334-335页。

[4] 参见[德]霍尔斯特·海因里希·雅科布斯:《十九世纪德国民法科学与立法》,王娜译,法律出版社2003年版,第195页。

[5] 参见徐涤宇:《原因理论研究》,中国政法大学出版社2005年版,第260页。

的效力。正如法国学者Captiant指出的那样，当事人实施法律行为皆以某种可能的、合法的原因的实现为其目的，故所有法律行为都是有原因的。在无因行为中，也存在原因，只是原因独立于其构成要件，行为效力也不因原因不存在而受到影响，在无原因时，得产生债法上的不当得利请求权。〔1〕

德国民法学者根据对意思表示构成要素的划分，区分法律行为中的给与合意以及给与原因合意，前者是关于给与本身法律效果的合意，决定法律行为发生债法效果还是物权法效果，是有因行为与无因行为均有的构成要素；而原因合意则决定给与行为产生的在原因方面的法律效果：是取得效果、清偿效果还是赠与效果。〔2〕在有因行为中两者皆是作为法律行为的要素与构成要件存在的，不可或缺；而在无因行为中，由于私法自治理念的贯彻与法技术操作的考虑，仅将给与合意作为不可或缺的要素与构成要件，将“原因合意”从无因行为中剥离，不作为无因行为的构成要件，游离于无因性为之外并为其提供权利变动的正当性说明。原因达成合意并实现的，给与是正当的，受益人并有权保有给付；若原因合意未达成或嗣后未实现，则给与是无“正当原因”的、是“不当”的，给付人可依照不当得利进行追索。

换言之，有因性行为中“原因”所承载之财产变动公平性问题的解释，在无因行为理论下交给不当得利制度去加以解决。而原因理论下的取得原因、赠与原因、清偿原因等类型化原因被内化为不当得利制度中的“法律上的原因”。也就是说，不同于要因说不区分债法意思表示与物法意思表示的做法，抽象说要求转移标的物所有权需有独立的物权合意，交付中当事人有所有权转让与取得的意思表示一致，尊重该意思表示，发生所有权转让。至于交付转让所有权的结果是否正当，抽象说通过不当得利制度予以解决：即取得标的物所有权之人缺乏保有取得利益的正当性，应予返还标的物所有权。“由于原因不影响抽象行为效力，因此，原因合意应有的效力，不能在抽象行为本身获得说明，而只能在其他方面表现出来。不当得利制度恰恰能够表现出原因合意的效力：给与是否有目的并且该目的是否已经达到或实现？从而，抽象行为中给与正当性通过不当得利制度获得说明：原因瑕疵通过不当得利制度予以救济，法律关于不当得利规定‘乃是抽象给与制度的必要补充’。”〔3〕

不当得利制度是对得利后事实状况的评价，而非对导致得利的行为的评价。不

---

〔1〕 参见陈自强：《无因债权契约论》，中国政法大学2002年版，第2页。从这点上分析，“不要因”的表述方式较之于“无因”的表述方式更为妥当。

〔2〕 参见田士永：《物权行为理论研究——以中国法和德国法中所有权变动的比较为中心》，中国政法大学出版社2002年版，第297-298页。

〔3〕 田士永：《物权行为理论研究——以中国法和德国法中所有权变动的比较为中心》，中国政法大学出版社2002年版，第306页。

当得利非统一说学者认为,某人向他人为给付时,[1]乃有意识地具有某种特定目的(清偿原因、赠与原因、与信原因),如果该目的(合意)不达或受挫,则给付欠缺法律基础,[2]给付人可受不当得利制度追索。给付应有目的因素,于是不当得利制度与"原因"产生了联系。给付目的就是给付原因。给付原因说明了给付人减损自己的财产利益与受益人获益的正当性。欠缺"原因"支撑的给付,是欠缺给付正当性说明的给付,是"不当"的给付。德国学理上还对不当得利原因学说发展出诸多理论,较为典型的如主观给付原因与客观给付原因二元理论。[3] 在给付不当得利返还依据方面,学说上也出现了以给付目的为返还依据的学说,与以原因关系作为返还依据的法律关系说形成分庭抗礼之势。[4]

因此,我们说在德国抽象性法律行为理论的影响下,"原因"逸出无因行为的构成要件,成为无因行为意思表示之外用以说明给与正当性的制度。无因行为本身不需要"原因"提供效力发生的正当性说明,而使"原因"用以说明给与效果的正当性说明,否则就要引发不当得利的追究。也可以这样说,不当得利的返还,是对给与行为本身缺乏原因的反面说明或者救济,不当得利实际上也起着证明缺乏客观原因的作用。也正是受抽象行为在德国法上占据着半壁江山,且"原因"也不是抽象行为的构成要件,决定了立法者不能在总则部分对法律行为的"原因"进行一般性的规定,这容易造成抽象行为溢出法律行为的一般规定而独立存在,与潘德克顿法学体系化的要求不符。而不当得利中"原因"不涉及这一问题,因而可以直接给予规定,于是就呈现了前述立法上与学说上反映截然不同的原因理论体系。

根据我们之前的讨论,要因行为与无因行为中的"因"一般指的原因理论的客观方面(给与目的),原因理论的主观方面(动机)仅在违法或背俗时才有讨论的意义。

---

[1] 通常情况下是给与行为,不当得利的给付还包括一些事实行为,在此仅讨论给与行为下的给付,事实性的给付不再本文的讨论范围之内。

[2] See Reinhard Zimmermann, *The Law of Obligations: Roman Foundations of the Civilian Tradition*, Oxford University Press, 1996, p. 889.

[3] 其中主观原因是从给与人与受领人的主观目的角度进行的分析,乃是指一种给付目的的合意;而客观给与原因则是从主观目的客观实现的角度进行分析,乃给付目的的合意是否达到或实现,进而说明保有该得利是否正当。参见田士永:《物权行为理论研究——以中国法和德国法中所有权变动的比较为中心》,中国政法大学出版社2002年版,第284-285页。

[4] 在这一问题上,德国学说分为两大阵营,一派以原因关系为返还依据,代表学者及作品有:Stephan Lorenz, in: Staudinger BGB, 15. Auflage, 2007 § 812 Rn. 41 ff.; Wendehorst, in: BeckOK BGB, § 812 Rn. 182, 201ff. 另一派以给付目的为返还依据,代表学者及作品有:Reuter/Martinek, Ungerechtfertigte Bereicherung, 1983, Mohr Siebeck, S. 109ff.; Schnauder, Grundfragen zur Leistungskondiktion bei Drittbeziehungen, 1981, S. 124ff. 转引自赵文杰:《给付不当得利返还之客观原因说批判——以德国的理论与实践为借鉴》,载《私法研究》2016年第2期。

之所以说给与行为“有因”或“无因”，并非指该给与行为不存在“原因”，而是出于法技术的考虑，将“原因”设置于不同的逻辑层次：在要因给与行为，作为行为构成要件的给与原因合意为行为本身提供法律上的原因，不再需要其他外在于该要因行为之外的原因提供正当性说明。而无因行为，由于抽象性或无因性原则的存在，使得无因行为不以“原因(合意)”为构成要素，原因合意便成了外在于无因行为的成分，虽不因原因合意不成立或无效而影响无因行为的效力，但原因合意仍为行为的法律效果提供正当性说明。正如图勒所言：“大多数处分行为以及某些负担行为中，出于法技术的原因……不再将原因约定作为(给与)的组成部分而是在给与之外存在的辅助行为，这一类给与，人们称之为‘抽象的’(abstrakt)。”〔1〕在无因行为中，若外在于无因行为的“原因合意”不成立或不能实现，则通过不当得利制度予以纠正。但须注意的是不当得利制度并不为其提供正当性说明，其正当性还是通过“原因”来加以说明。〔2〕 表1反映了“原因”在有因行为与无因行为中的行为构成与法律效果的差异。

表1 “原因”在有因与无因行为中的行为构成与法律效果的差异

差异要素	有因行为(以债权行为为例)	无因行为(以物权行为为例)
“原因合意”是否为构成要件	是	否
给与行为本身的效力正当性说明	内在于有因行为的“原因合意”	不需要
导致给与行为法律效果的事由	有因行为的效果意思	无因行为的效果意思
给与行为法律效果正当性说明	内在于有因行为的“原因合意”	外在于无因行为的“原因合意”(“原因合意”不成立或不能实现，则通过不当得利制度予以纠正)

2. 无因性物权行为理论的抽象原则：给与目的的抽象性

对于无因行为分离原则与抽象原则的理解，我国学者对其理解多有不同，这也导致了人们对于物权行为理论理解上的分歧，甚至在我国现有制度是否已规定、民法典要不要规定物权行为理论等问题上语境都是不一致的。因此，正确理解无因性

〔1〕 Tuhr, Andreas von, Das Allgemeine Teil des Deutschen Bürgerlichen Rechts, Band 2, 1957, S. 81. 转引自田士永：《物权行为理论研究》，中国政法大学出版社2002年版，第303页。

〔2〕 参见周俊霖：《物债二分体系解读——以法律行为为切入点》，中国政法大学2009年硕士学位论文，第36页。

理论的分离原则与抽象原则是首位的、基础性的问题。

我们首先来看分离原则。对于分离原则是什么与什么相分离?有学者认为是给与行为与给与原因相分离,而有的学者认为是给与行为与其原因行为相分离,[1]甚至还有理解是物权变动的原因与物权变动的结果相分离等,[2]不一而足。笔者认为,分离原则应该指物权行为与其他因素相互分离而独立存在。与物权行为相分离的,可以是债权行为,也可以是负担行为,也可以是原因。如果强调法律行为的法律效果,就可认为分离原则指的是物权行为与债权行为相互分离而独立存在;如果强调的物权行为包含处分因素,就可以认为分离原则指的是处分行为与负担行为相分离而独立存在;如果强调物权行为中包含给与因素,这就可以认为分离原则是物权行为与其原因相分离而独立存在。[3]

而所谓抽象原则(无因原则)包括广义说和狭义说两种,广义说所要解决的问题是,“物权行为是否需要一个原因性的目的规定(‘内容无因性’),以及物权行为之效力,是否取决于义务负担行为之效力(‘外部的无因性’)”。[4] 而狭义说仅指外在无因性。“内容无因性”即内部抽象性问题,是关于原因与物权行为的抽象,是指原因不是处分行为的构成要素;“外部的无因性”即外在抽象性问题,是指债权行为和物权行为在效力上的抽象,作为原因的债权行为与物权行为在效力上的互不连接。[5] 我们平时在教学与学习中基本仅注重其外在抽象性,而忽视其内在无因性。诸如王泽鉴等民法权威学者也都认为物权行为的无因性乃将物权行为从其原因行

---

[1] 该种观点认为:“所谓独立性,指的是发生物权变动法律效果的法律行为独立于作为变动基础的法律行为而存在。”参见苏永钦:《物权行为的独立性与无因性》,载《固有法制与当代民事法学:戴东雄教授六秩华诞祝寿论文集》,台北,三民书局 1997 年版,第 296 页。类似观点参见王利明:《物权行为若干问题探讨》,载《中国法学》1997 年第 3 期。

[2] 该观点认为:“所谓区分原则,即在发生物权变动时,物权变动的原因与物权变动的结果作为两个法律事实,他们的成立生效依据不同的法律原则。”参见孙宪忠:《物权变动的原因与结果的区分原则》,载《法学研究》1999 年第 5 期。该观点与“物权行为债权行为区分说”不同之处在于是否承认物权行为独立存在是不明确的。参见田士永:《物权行为理论研究》,中国政法大学出版社 2002 年版,第 311 页。

[3] 参见田士永:《物权行为理论研究》,中国政法大学出版社 2002 年版,第 317-318 页。

[4] [德]鲍尔、施蒂尔纳:《德国物权法》(上),张双根译,法律出版社 2004 年版,第 92 页;韩伟、赵晓耕:《中国传统契约“原因条款”研究——兼与欧陆民法原因理论之比较》,载《北方法学》2014 年第 6 期。

[5] 参见赵冀韬:《负担行为和处分行为的区分——以德国法为考察对象》,法律出版社 2006 年版,第 151-153 页。

为(基础行为)相抽离,不以原因行为之欠缺或不存在,致物权行为受其影响。[1] 但依笔者理解,物权行为的抽象性应该包括内在抽象与外在抽象两方面。其中,外在抽象性讲的是物权行为在特定场合下(如买卖、互易等涉及所有权转让的行为)与债权行为的关系问题。即物权行为作为一个法律行为,就像我们无法在理论上将两个独立的债权契约的效力相联系一样,我们也不应将一个物权行为和一个债权行为的效力相联系。[2] 而第二个方面,即所谓的内在抽象性实际上讲的是物权行为本身的性质问题,即物权行为本身在内容上不同于债权行为,其目的意思不是物权行为的构成要件,物权行为的当事人无须就物权行为的目的达成一致。故我们应该明确抽象性的两层含义,前者指无因行为的效力和其基础行为的效力互不牵连,后者指无因行为本身构成上的无"目的性"。

申言之,抽象性原则实际上解决了无因行为两方面的问题:一是无因行为效力不受其原因合意的影响(目的意思被从意思表示中抽离);二是无因行为效力不受其之前的基础行为(又称"原因行为")的影响,物权之变动不依赖于债权行为之效力,而是物权行为之结果,物权法律关系亦不受债权行为效力之影响。但凡是给与行为都要有原因(给与目的)作为其正当性基础,无因行为作为给与行为之门类,"原因"亦是客观存在的。"无因"主要是指其效力不受"原因"不存在的影响,但可以引发不当得利请求权。[3]

四、物权行为"原因"的缺失:给付型不当得利的返还依据

(一)物权行为无因性与给付型不当得利的关系

物权行为无因性尽管存在不利于处分行为人的弊端而在制度层面频繁发生争议,但是其在促进交易、增强财富流通性的价值等方面具有得天独厚的优势,最大限度地保证了法律行为的发生与存续,使法律行为能够在更为宽松与自由的环境中得以最大限度地发挥功用。[4] 而其更大方面的贡献,笔者认为是激活了不当得利(尤其是给付型不当得利)在民法中的价值。在采取物权行为无因性理论的法制下,外

---

〔1〕 参见王泽鉴:《物权行为无因性理论之检讨》,载《民法学说与判例研究》第 1 册,台北,作者自版,1982 年,第 281 页;王维拉:《论物权行为的无因性》,中国社会科学院 2003 年硕士学位论文,第 4 页。

〔2〕 参见沈建峰:《论罗马法上的原因理论及其在德国法上的变迁——以原因理论的历史考察为中心》,中国政法大学 2006 年硕士学位论文,第 34 页。

〔3〕 参见陈自强:《无因债权契约论》,中国政法大学出版社 2002 年版,第 2 页。

〔4〕 参见张强:《有因行为、无因行为之再思考——以行为之"原因"为突破点》,载《法学论坛》2007 年第 4 期。

在于物权行为的物权行为之"原因"成为受让人保有所取得权益的依据,物权行为的"原因"不成立或不能实现,则受让人缺乏保有利益的正当性,因而引发不当得利请求权的追究。故无因性理论与给付型不当得利制度有着密切的关系。

1. 物权行为无因性提高了给付型不当得利的地位。在不承认物权行为无因性理论的法制上,义务负担与所有权转移都是合同的结果,在合同被撤销或无效时,所有权自动回复至给与人,给与人可行使所有物返还请求权,不当得利无适用余地。因此,不当得利制度不免沦为物上请求权的辅助性救济措施,不当得利的适用范围与功能被极大地限制。"近年来因受德国法学之影响,学者力倡废弃辅助性理论,并重新检讨不当得利请求权之理论基础及构成要件",〔1〕承认物权行为无因性理论,受让人基于交付此物权行为取得标的物的所有权,给与人基于给付行为而受有损害,受让人取得利益又欠缺法律上的原因,故负有不当得利的返还义务。如此,给付不当得利的构成要件在理论上获得了圆满的解释,也使不当得利制度在债法中的地位和功能得到应有的肯定。〔2〕 在高效率的市场经济条件下,系争的利益更多地通过价值形态而非原来的实物形态予以实现,不当得利的适用范围扩张是不争之实。但如无物权行为无因性的支撑,不当得利的适用范围仍会大大缩减。

2. 给付型不当得利制度对无因性原则的补充。无因性原则的最大价值是通过将过程与结果的分离而使得第三人不必对基础法律行为与给付目的进行考察,从而保护了交易安全,保证财富持续地向下游流转。〔3〕 在采纳无因性原则的法制下,所有具有财产性质的物与权利获得了前所未有的流通性。〔4〕 但是物权行为效力与其原因分离可能会引发物权变动的不公平性问题,因给付原因不存在或原因不达的物权行为发生效力而使一方发生缺乏法律上原因的得利情形,不符合法律所要求的公平正义。而不当得利制度却可用来解决这一问题。即基于无因给与行为的给与,无论其标的为物权、债权抑或是其他财产权,若欠缺法律上的原因,则发生无法律上原因的财产上损益变动关系,给付人可依不当得利的规定,向受领给付人请求返还其所受领的利益,以尽可能恢复到给与行为之前的财产状态。〔5〕 此种场合下,不当得利制度即成为无因给与行为共通的实定法基础,并治疗"民法因采物权行为无因性

---

〔1〕 王泽鉴:《不当得利》,北京大学出版社2009年版,第7页。

〔2〕 参见王维拉:《论物权行为的无因性》,中国社会科学院2003年硕士学位论文,第27页。

〔3〕 参见张强:《有因行为、无因行为之再思考——以行为之"原因"为突破点》,载《法学论坛》2007年第4期。

〔4〕 参见张强:《有因行为、无因行为之再思考——以行为之"原因"为突破点》,载《法学论坛》2007年第4期。

〔5〕 参见徐涤宇:《无因性原则之考古》,载《法律科学(西北政法大学学报)》2005年第3期。

自创之伤痕"。[1]

(二)作为给付型不当得利返还依据的"法律关系"之不足

1. 无法作为未成年人为不当给付时的返还依据

按照"基础关系说",给付被看作一种事实行为,如将雇用一个未成年人看护宠物的合同中的看护行为看作事实行为,则依据事实的给付实现说,未成年人可以完成履行,消灭债务。[2] 而按照我们应有的民法认识,限制行为能力人的看护行为是否属于债的清偿还需要根据其意思表示确定,而该意思表示需要由法定代理人做出或追认。如果不予追认,则该行为不构成清偿。赋予法定代理人决定限制行为能力人的事实行为是否是清偿的权限,在法律上是有意义的,因为法定代理人可能不知道该看护行为是限制行为能力人在履行对他人的债务,而以为仅仅是出于嗜好而看养自己的宠物。因此,一旦法定代理人作出否认清偿的意思表示,那么看护宠物的行为便不构成给付,而是误信管理。委托人可以因未清偿免负酬劳,同时承担相应的不当得利责任,向限制行为能力人的监护人支付劳务的客观价值;如限制行为能力人的监护人是善意的,仅需返还现存利益,即只返还宠物本身,至于因疏于管理而至宠物生病等,限制行为能力人不需要对此承担责任。[3] 而"基础关系说"则无力实现此种"防火墙"的法律效果。

2. 无法合理确定多方给付关系中的返还义务人

如在债权让与中,按照法律的要求,债权人将债权让与受让人后,债务人应向受让人给付,而不得向债权人再行给付。但在债权人与债务人之间转让债权的原因关系无效时,依照"基础关系说",清算仅可在各自的合同关系内进行,适用指示给付的规则。即对于已经向受让人完成的给付,债务人不能直接向受让人主张返还,而仅可向原债权人主张不当得利返还。[4] 这样的做法不能不说是存在问题的。如有学者提出,给付型不当得利是因给付而产生的,那么为何不从这个给付关系中进行纠偏,而是要舍近求远,从先前的合同关系中去寻找解决办法呢?[5] "基础关系说"并没有对以上疑问给出解释。

---

[1] Dernburg, Das Bürgerliche Recht, Die Schuldverhältnisse Bd. Ⅱ/2, 4. Aulf. 1878, S. 77. 转引自王泽鉴:《不当得利》(第2版),北京大学出版社2015年版,第48页。

[2] 参见冯洁语:《论原因在给付关系中的功能》,载《华东政法大学学报》2014年第3期。

[3] 参见赵文杰:《给付概念和不当得利返还》,载《政治与法律》2012年第6期。

[4] Canaris, Der Bereicherun gasausgleich im Dreipersonenverhaltnis, Festchrift fur karl Laren2, S. 834f. 转引自赵文杰:《给付不当得利返还之客观原因说批判——以德国的理论与实践为借鉴》,载《私法研究》2016年第2期。

[5] 参见赵文杰:《给付不当得利返还之客观原因说批判——以德国的理论与实践为借鉴》,载《私法研究》2016年第2期。

3. 无法为所有的第三人非债清偿提供解释力

实践中常常有第三人基于各种各样的原因而替债务人偿还债务的情形。但时常发生的情况是:债务人对债权人的债务已经偿清或者根本不存在债务,第三人误认为债务人欠债权人一定之债务而代为偿还,并已经向“假想”债权人给付后发现债务并不存在,那么此时第三人得向何人主张返还?根据“基础关系说”,需要找寻第三人与债务人之间的基础关系,看双方之间是否存在债务关系等。但现实中,第三人常常可能是基于友情、亲情甚至是同情而替债务人清偿,并不一定存在基础关系,因而“基础关系说”对此是无适用性的。在此种情况下,“基础关系说”不能为非债清偿这一不当得利类型进行说明。

(三)将“给付目的”作为给付型不当得利返还依据

相对于“基础关系说”在解释给付型不当得利返还依据的不足,“给付目的说”能很好地提供解决方案。前述反对“基础关系说”的三种情形,“给付目的说”都能较为圆满地完成其使命。如在第一种情形中,“基础关系说”下,当基础关系存在,未经法定代理人同意或追认,限制行为能力人受领给付时,同时也可以为对待给付,不会发生不当得利。这种解释的方式毫无疑问违背了保护限制行为能力人的法律目的。[1] 而“给付目的说”视给付行为为一个法律行为,在未经法定代理人同意或追认受领给付时,限制行为能力人因行为能力受限制,无法完成给付行为,给付人因给付目的未实现而得请求不当得利返还,在纠正财货不当变动的同时也保护了限制行为能力人。

在债权让与的情形中,在债权人与债务人之间转让债权的原因关系无效时,“给付目的说”认为,债权已经转让,债务人对受让人的给付构成对原有债务的清偿;在债务人与债权人间原债务合同出现瑕疵时,对于已向受让人发生的给付,债务人可直接向受让人主张返还不当得利。[2] 与“基础关系说”下“让当事人在各自的合同关系内清算、债务人只能对债权人主张不当得利返还”不同,笔者认为,“给付目的说”比前者更具优势,它一方面将评价的焦点集中于当事人给付时的意思表示,更符合意思自治原则的要求。况且在现实中确实债务人是在受让人的催促下向其作出的给付,债务人对受让人的给付不仅是为了清偿其与债权人的债权,更内含着清偿自己与受让人之间债务的目的;即使我们认为债务人存在清偿债权人与受让人之间债务的目的,此一清偿目的亦应不同于指示给付的情形。另一方面在债务人与原债

---

〔1〕 参见赵文杰:《给付概念和不当得利返还》,载《政治与法律》2012年第6期。

〔2〕 参见赵文杰:《给付不当得利返还之客观原因说批判——以德国的理论与实践为借鉴》,载《私法研究》2016年第2期。

权人之间合同无效时，对于已对受让人所为的给付，债务人不必跨过受让人而向原债权人清偿，因为两者之间并不存在实质债务关系了。

在第三人（代债务人）的非债清偿时，“基础关系说”常常因第三人与债务人间无基础关系而无法适用。“给付目的说”则有所不同，它借助给付目的，解释上认为第三人的行为并非服从债务人指示而给予，债权人也不可能将第三人视为债务人的履行辅助人，故在此情况下第三人应该是自己对债权人的给付，其目的是消灭债务人之债务，随着给付的是第三人清偿他人债务的目的，且是独立的清偿目的。故当发现债务不存在时，该清偿目的落空，第三人可向“假想债权人”主张不当得利返还。[1]

总结一下，在物权行为无因性的认识下，应区分合同的订立与合同的履行，合同的履行是一种物权行为，物权行为的“给与原因”连接着给付型不当得利的“法律上原因”，包括清偿目的、赠与目的、与信目的三种，含义上与合同“原因”一致，但与先前债务负担合同的“原因”是两个不同阶段的“原因”，虽可含义相同但亦应区分。合同履行部分的给付目的体现的是清偿目的，一旦给付行为的给付目的不存在、落空或无法实现，给付行为的正当性即告丧失，受领给付人不能保有给付，从而引发不当得利请求权。而物权行为的给付目的实现便具有正当原因，可以排除不当得利请求权。[2]

五、物权行为“原因”的错误：非债清偿的制度依据

（一）非债清偿的性质定位

1. 明晰非债清偿定位的重要性

非债清偿，是由罗马法上的“非债清偿返还诉”演变而来，它指在债务不存在的情况下，当事人以清偿为目的而进行一定之给付，[3]然受领人之受领无法律上理由，因而无权保有给付，成立不当得利。因其是由给付而产生，故属给付型不当得利，是不当得利制度规范的主要对象之一。[4]

无论是我国原《民法总则》还是原《民法通则》，不当得利的规定都极其简单与笼统，我国《民法典》准合同编虽增加了有关不当得利的规定，但仍有可操作性的不

---

〔1〕 Erman/Westermann, § 812, Rn 28. 转引自赵文杰：《给付不当得利返还之客观原因说批判——以德国的理论与实践为借鉴》，载《私法研究》2016 年第 2 期。

〔2〕 参见赵文杰：《给付概念和不当得利返还》，载《政治与法律》2012 年第 6 期。

〔3〕 参见史尚宽：《债法总论》，中国政法大学出版社 2000 年版，第 83 页；洪学军：《非债清偿的构成及其法律效果研究》，载《政法论丛》2004 年第 4 期。

〔4〕 参见洪学军：《非债清偿的构成及其法律效果研究》，载《政法论丛》2004 年第 4 期。

足,非债清偿这一具体的不当得利类型更是未有提及。由于欠缺具体明确的规范,故在司法实践中使得类似的问题难有统一一致的见解与处理方式,因而同案不同判的现象时有发生。因而明确其制度定位与解决方式及其解释路径,对于我国当下阶段的司法实践与学说体系尤为重要。

2. 非债清偿的性质——基于清偿的物权行为性质

在前面的讨论中,我们基于物权行为无因性的认识,将合同的订立与合同的履行作了区分,合同的履行即债的清偿,是一种物权行为,物权行为的"给与原因"联通着给付型不当得利的"法律上原因",包括清偿目的、赠与目的、与信目的三种,含义上与合同"原因"一致,但与先前债务负担合同的"原因"是两个不同阶段的"原因",虽可含义相同但亦应区分。在采取物权行为无因性理论的法制下,外在于物权行为的物权行为之"原因"成了受让人保有所取得权益的依据,物权行为的"原因"不成立或不能实现,则受让人缺乏保有利益的正当性,因而引发不当得利请求权的追究。债的清偿,体现的是清偿目的,一旦给付行为的给付目的落空或无法实现,其行为之正当性不复存在,受领人欠缺保有给付的权能,从而引发不当得利请求权。而物权行为的给付目的实现便具有正当原因,可以排除不当得利请求权。〔1〕

在非债清偿的不当得利返还中,需同时满足"无债务存在""须为清偿(目的)而给付""错误地认为存在债务""相对人善意受领给付"等要件。〔2〕 四个要件缺一不可。若债务现实存在,则不是"非债";若不是"以清偿为目的给付",如以赠与的目的而为给付,则更不可能构成非债清偿;"错误地认为存在债务"此一要件是使非债清偿发生不当得利返还的重要条件,若不存在此点,而是"给付明知无给付义务而给付"则在各国的规定中是排除不当得利请求权的。〔3〕

故笔者认为,非债清偿的制度定位应该是物权行为的给付目的错误,即错误地认为存在债务而基于清偿目的而为进行清偿,只要是基于此种目的错误使得原本清偿的目的没有实现,统一适用于基于契约的履行而为的清偿以及没有契约要素的情况。〔4〕

---

〔1〕 参见赵文杰:《给付概念和不当得利返还》,载《政治与法律》2012年第6期。

〔2〕 参见周枏:《罗马法原论》,商务印书馆1994年版,第831-832页。

〔3〕 学理上认为这种明知无债务而仍然给付的行为,浪费司法资源,且违反"矛盾行为之禁止"原则,因而给付人不应被法律保护。参见 Larenz/Canaris, Lehrbuch des Schuldrechts, Band Ⅱ. Halbband 2, Besonderer Teil, 13. Aufl., 1994。

〔4〕 参见[英]巴里·尼古拉斯:《罗马法概论》,黄风译,法律出版社2000年版,第241页。

（二）非债清偿的立法模式——兼与不当得利之间的关系

1. 比较法上非债清偿的立法例

罗马法中，非债清偿与不当得利关系密切，非债清偿构成不当得利的典型形态。〔1〕古罗马法学家都对于非债清偿有特别的论述。〔2〕正是由于非债清偿的重要性，故罗马法学家在不当得利制度之侧，特别规定了非债清偿返还诉（condictio indebiti）。

罗马法以后，大陆法系国家对于非债清偿的规定不外乎以下几种：第一，无不当得利之一般规范，仅规定非债清偿，如法国。由于法国法没有不当得利的一般规定，仅规定了非债清偿与无因管理这两种“准契约”，将非债清偿以外的不当得利交由被扩大化了的无因管理制度进行调整。面对非债清偿，法国法实际上是将其设计成“借贷”之一种，将错债清偿的返还视为准出借物（quasi-prêt）的返还，其中接受不当清偿的人被视为借用人，而清偿人视为出借人。〔3〕故在“准合同”一章规定：“误认为自己负有债务而进行清偿者，有权请求债权人返还之”（第1377条）。

第二，如德国法，虽没有直接规定非债清偿，但通过对《德国民法典》第812条的解读中，可以看出，“非债清偿的返还”亦为该条所囊括。在德国法族中，基于债的清偿而发生物权行为的原因都是清偿原因，它突破了原因理论仅适用于债法的框架。例如，在买卖情形，出卖人为了履行标的物所有权移转的债务而实施移转所有权的物权行为，该原因就是清偿原因。〔4〕可以说，德国法实际上是通过将原因理论适用于不当得利制度，并通过“清偿原因”来解释非债清偿返还的合理性。英美法中其实也是将非债清偿放在不当得利制度之下予以考虑的。如英国普通法确立的五种不当得利类型中其中之一即“错误付款返还”〔5〕（restitution of the mistaken payment）其实就是大陆法上的非债清偿。

第三，即将不当得利与非债清偿并行规定的，如《意大利民法典》，将非债清偿与不当得利、无因管理作了并行的规定，未明确不当得利对非债清偿的统领地位，似乎认为两者是并行不悖的制度。

---

〔1〕 参见洪学军：《不当得利制度研究》，西南政法大学2003年博士学位论文，第165页。

〔2〕 如保罗在其《论普拉蒂》第17编中指出“不当得利不仅是指那些根本不应清偿的情况，也是指负了这个人的债而向另外一个人清偿债务的情况……”参见［意］桑德罗·斯奇巴尼：《契约之债与准契约之债》，丁玫译，中国政法大学出版社1998年版，第305页。

〔3〕 参见徐涤宇：《原因理论研究》，中国政法大学出版社2003年版，第151页，注119。

〔4〕 参见田士永：《物权行为理论研究》，中国政法大学出版社2002年版，第293页。

〔5〕 参见范雪飞：《半掩于救济的债因：美国不当得利法发展简史》，载《北方法学》2015年第1期。

2. 对非债清偿应作的制度设计与体例安排

正如洪学军教授所言,非债清偿与不当得利在法典中的构造不同,主要受法典中内容的不同所影响,准确地说受不同物权变动模式的影响。[1] 笔者赞同之。《法国民法典》不承认物权行为,认为物权变动是债权行为的结果,债权行为无效物权即回复到变动之前的状态,仅需以所有权返还请求权要求标的物的返还即可,这也极大地限制了不当得利的适用范围。《意大利民法典》《阿尔及民法典》亦因不承认物权行为的独立性与无因性,因而被摒弃的理由应与法国法同。

在采纳物权行为理论的《德国民法典》下,物权行为引发物权变动,其效力不受债权行为是否存在的影响。虽然债务不存在,但已经交付的动产(或已经变更登记的不动产),所有权已经发生变动。受领人无合法的受领原因,构成不当得利。因而,这类非债清偿当然归入不当得利制度之中,受不当得利制度所调整。[2]

德国法的做法具有一定的启示性。在我国《民法典》的解释适用中,应确立物权行为无因性与独立性理论,物权行为效力不受债权行为及其原因所影响。并且,根据笔者前文的分析,应正确理解这里"无法律上的原因"的"原因"是什么。正确的认识是不能再秉持将负担行为(或称"基础行为""基础关系")作为不当得利法上"法律上的原因"的错误观点,正确的见解应采非统一说,区别于给付型不当得利与非给付型不当得利,前者应当以给付行为中的给付目的是否成立与实现作为是否存在不当得利法上"法律上的原因"的认定依据,不能以再将负担行为或负担行为的"原因"看作是不当得利法上的"原因"。给付型不当得利法上"法律上原因"是物权行为的"原因",不是债权行为、负担行为的"原因",虽然两者在很多情况下是重合的,但仅仅是一种巧合,两者绝不是一回事。

(三)将"给付目的"作为非债清偿的返还依据

以原因理论解释给付目的,将非债清偿纳入以原因理论为基础的给付型不当得利制度之下,将非债清偿解释为无原因的清偿,使清偿的结果不发生效力。非债清偿构成给付型不当得利的一种样态,这里欠缺的"法律上原因"即给付目的的缺失。此种解释路径不同于以"债权行为"为依据的"基础关系说",后者需要找寻第三人与债务人之间的基础关系,看双方之间是否存在债务关系等。但在现实中由于第三人经常是基于友情、亲情甚至是同情而替债务人清偿,并不一定存在基础关系,而"基础关系说"对此是无适用性的,申言之,"基础关系说"不能适用于所有的非债清

---

[1] 参见洪学军:《不当得利制度研究》,西南政法大学2003年博士学位论文,第167页。

[2] 参见洪学军:《非债清偿的构成及其法律效果研究》,载《政法论丛》2004年第4期。

偿样态。而以原因理论来解释非债清偿则不存在这样的问题,无论清偿人与受领人间是否存在债务关系,都可用给付目的是否为清偿目的进行判断,进而根据给付目的发生于何者之间而进行返还。

（责任编辑:麻昌华）

私法研究 27 第二十七卷

规则体系、诉讼体系与解法典化*

丁朋超**

目　　次

我国《民法典》已于2020年5月28日通过。《民法典》作为我国首部以"法典"命名的法律，从宏观上看，其具有完善中国特色社会主义法律体系，促进国家治理体系和治理能力现代化，推动社会规范和法律适用科学化等一系列重要意义。虽然，我国《民法典》的颁行依然延续了无立法理由书的通常做法，但并不妨碍我们通过对《民法典》体系的整合、条文的解读和内容的教义学解释，透析这部法典所体现出的规则体系，以及在规则体系涵摄下的诉讼体系的拓展与使用之道。此外，作为保证实体规范和实施效果的重要方法，法解释或者立法方法的动态体系论已越来越受到国内学者的关注。〔1〕所谓动态体系论，是这样一种思考方法，"特定在一定的法律领域发挥作用的诸'要素'，通

---

* 本文系广东省哲学社会科学"十三五"规划学科共建项目"互联网法院庭审制度优化研究"(GD20XFX08)的阶段性研究成果。

** 丁朋超，广东财经大学法学院讲师，法治与经济发展研究所研究人员，硕士生导师，法学博士后，研究方向为：诉讼法学、司法制度。

〔1〕笔者以"动态体系论"作为参考文献关键词，在中国知网进行模糊检索，所得文献超过80篇。最后检索时间：2021年3月30日。

过‘与要素的数量和强度相对应的协动作用’来说明、正当化法律规范或者法律效果”。[1] 该方法论体系发端于 20 世纪的奥地利，且由于《欧洲侵权法原则》(PETL)在制定时直接采用了该动态体系论的方法，[2] 致使该体系论一时名声大噪。[3] 在动态体系论的涵摄下，讨论要件事实、争点整理和请求权基础显然是适当的且必要的。此外，在有民法典的国家均存在“解法典化”的问题，层出不穷的法律特别规范造成传统民法的内外体系逐步分解的现象，其根源在于以自由至上主义为核心的传统民法无法完全适应现代社会经济结构和组织关系的巨大调整。[4] 我国《民法典》是否也存在类似于其他国家的“解法典化”的可能，以及应采用何种策略迎接“解法典化”的挑战，这些均值得我们关注。本文即在《民法典》的现有语境下，讨论规则体系、诉讼体系与解法典化的有关问题，以求教于大方。

一、《民法典》中体系规范的遵从及扩张

我国《民法典》由七编构成，虽然囊括了原《民法通则》《物权法》《合同法》等原有的制定法，但并非采用无序的方式进行汇编，而是遵循了一定的法典化体系，这一体系就是“由具有内在逻辑联系的制度和规范所构成的，由具有内在一致性的价值所组合的体系结构”。[5] 同时，“民法典的制定乃基于法典化的理念，即将涉及民众生活的私法关系，在一定原则之下作通盘完整的规范”，[6] 由此《民法典》也被大家称之为“社会生活百科全书”。实际上，这一规则体系的构成仍然遵循了以私法自治为基础的内在体系，但在形式体系上又有所扩张。

(一)以私法自治为基础的内在体系

私法自治历来为大陆法系民法典所遵循的价值体系。所谓私法自治，是指民事主体依法享有的在法定范围之内的行动自由，其可根据自己的自由意志产生、变更、

---

〔1〕 [日]山本敬三:《民法中的动态系统论》，解亘译，载梁慧星主编:《民商法论丛》第 23 卷，金桥文化出版有限公司 2003 年版，第 172 页以下。

〔2〕 例如，《欧洲侵权法原则》无论在保护利益的范围(第 2:102 条)、注意义务的认定(第 4:102 条)上，还是在责任范围(第 3:201 条)的规范设计上，均采取了动态体系化的模式。可参见欧洲侵权法小组:《欧洲侵权法原则:文本与评注》，于敏、谢鸿飞译，法律出版社 2009 年版，第 177 页。

〔3〕 依据解亘教授的观察，《欧洲侵权法原则》之所以采用动态体系论这一模式进行立法，一个重要原因是起草小组的核心人物、奥地利著名民法学家考茨欧(Helmut Koziol)就是动态体系论的主要承继者和鼓吹者。参见解亘、班天可:《被误解和被高估的动态体系论》，载《法学研究》2017 年第 2 期。

〔4〕 参见陆青:《论中国民法中的“解法典化”现象》，载《中外法学》2014 年第 6 期。

〔5〕 王利明:《体系创新:中国民法典的特色与贡献》，载《比较法研究》2020 年第 4 期。

〔6〕 王泽鉴:《民法总则》，中国政法大学出版社 2001 年版，第 9 页。

消灭民事法律关系。私主体的行为只要不触犯公法所禁止的要件即可自由为之,也即“法无禁止即自由”。一般认为,我国《民法典》既在内在体系上坚持私法自治原则,又实际增添了人文主义的精神。例如,随着科技的不断进步,民法的人文价值得到进一步彰显,尊重和保护人权已经成为世界范围内的共同命题,人格权和侵权行为无疑成为民法关注的重要极点,在此背景下,我国《民法典》从保障人格尊严的角度,分六章分别对生命权、肖像权和健康权等内容进行了规定。此外,在侵权责任编增加了对网络侵权行为的规制方法以及责任承担方式,完善了科技时代权利的保护体系及方法。〔1〕

(二)体现中国特色的形式体系的扩张

形式体系是指“民法典的各编以及各编的制度、规则体系”。〔2〕简言之,形式体系即是民法典应包括哪些内容以及由几编构成。通过与域外民法典的简单对比我们不难发现,我国《民法典》在形式体系上并非与域外国家保持一致,而是有所取舍。

大陆法国家有两种具有代表性的民法典体系,即罗马民法体系和德国民法体系。罗马民法体系将民法分为人法、物法和诉讼法。〔3〕随后,该编撰体系被法国全盘吸纳,只是法国在制定《法国民法典》时,将诉讼法进行剔除,将物法区分为财产权和财产取得权两类,从而将民法典分为人法、财产法、财产权取得法三编。瑞士、比利时、意大利等欧洲大陆国家民法采纳此种模式。〔4〕与之相对的是,德国民法体系虽然来源于罗马法,但其按照《学说汇纂》体例进行编撰,由此形成总则、债法、物权、亲属、继承五编。就逻辑体系而言,《德国民法典》构建了完整的近代民法体系。〔5〕值得注意的是,虽然罗马及德国式的民法典作为代表性编撰体例,但其后制定民法典的国家并未遵循统一的立法体系进行法典的编撰,例如,1912年颁行的《瑞士民法典》首次创立了“民商合一”的立法体例,但该立法未规定总则编。《荷兰民法典》《魁北克民法典》的立法体例也与德国、法国不同,《荷兰民法典》单独设运输编,《魁北克民法典》则规定了优先权和抵押权编。〔6〕由此可见,民法典的编撰体例并非一成不变,而是应符合本国的社会发展实际。

我国《民法典》显然没有采纳大陆法系国家经典的“三编制”或“五编制”的体

---

〔1〕参见张新宝:《侵权责任编:在承继中完善和创新》,载《中国法学》2020年第4期。

〔2〕王利明:《体系创新:中国民法典的特色与贡献》,载《比较法研究》2020年第4期。

〔3〕参见周枏:《罗马法原论》(上),商务印书馆2014年版,第3页。

〔4〕参见郑玉波:《民法总则》,中国政法大学出版社2003年版,第40页。

〔5〕参见[德]K. 茨威格特、H. 克茨:《比较法总论》(上),潘汉典等译,法律出版社2003年版,第220页。

〔6〕参见苏永钦:《只恐双溪舴艋舟　载不动许多愁——从法典学的角度评价和展望中国大陆的民法典》,载《月旦民商法杂志》第69期(2020年)。

系，而是在继受的基础上，将《民法典》体系扩展为七编，实现了形式体系的扩张。具体而言，我国《民法典》并未设立债法总则，而是增设了人格权编与侵权责任编，显然已经突破德国式法典体例的范畴。同时，虽然人格权编存在争论，但《民法典》仍然采用了人格权制度独立成编的编撰体例。此外，《民法典》设计了独特的合同中心主义、以民事权利为红线构建民法典体系、采取从确权到权利救济的结构等，这都是我国《民法典》的体系创新，实现了形式体系的扩张，为世界民法典体例的编撰贡献了中国经验。〔1〕

（三）形式体系扩张与诉讼体系变化

前已提及，《民法典》形式体系的扩张不仅为世界带来新的编撰体例，而且其扩张已内化成某些诉讼元素并投射至诉讼过程，进而对诉讼体系产生了较大影响。此处所谓的诉讼体系，是指“为了及时、公正、有效地解决各种法律争端和排解社会冲突，积极回应社会发展对公正有效法律制度环境的迫切需要，在学界和实务界的推动下，由国际和国内以及同一国内不同地区、不同诉讼类型、不同诉讼专门制度之间所逐步形成的，运转协调、衔接完整、动态发展的法律救济保障系统”。〔2〕诉讼体系依据不同诉讼类型又可划分为民事诉讼体系、刑事诉讼体系和行政诉讼体系，倘若将某类“元素”注入其中，则又可区分为多元化的诉讼体系或多层次的诉讼体系，〔3〕本文限于篇幅，仅在民事诉讼体系下展开讨论。笔者认为，形式体系扩张导致的诉讼体系的变化至少表现在如下三个方面：

1. 形式体系扩张导致诉讼体系的充实。我国将《民法典》体系扩展为七编，其中争议最具代表性且也是争议最大的是人格权的独立成编。但无论如何，人格权编在《民法典》中成为独立编章已成为不可否定的事实。因应人格权编的出现，诉讼体系中关于保障因侵犯人格权而提起诉讼的内容显然增多。例如，倘若行为人触犯《民法典》第1033条关于侵犯个人隐私权的禁止实施行为的规定，则被侵权人可以第1033条作为请求权基础，要求法院判决被告因侵犯隐私权而承担责任。此外，还需注意的是，假设被告因取证等原因实施第1033条所规定的禁止行为，则对该行为的评价又必将涉及民事非法证据的认定及排除标准问题。〔4〕可见，不论从当事人请求权基

〔1〕参见王利明：《体系创新：中国民法典的特色与贡献》，载《比较法研究》2020年第4期。

〔2〕樊崇义：《诉讼原理》，法律出版社2003年版，第527页。

〔3〕参见杨永浩等：《多层次诉讼体系》，载《检察日报》2017年8月9日。

〔4〕最高人民法院《关于适用〈中华人民共和国民事诉讼法〉的解释》第106条规定，对以严重侵害他人合法权益、违反法律禁止性规定或者严重违背公序良俗的方法形成或者获取的证据，不得作为认定案件事实的根据。关于对民事非法证据界定标准之理解及可能存在的争议，参见周翠：《民事非法证据排除的规范解释与实务观察》，载《中国法学》2020年第3期；张立平：《中国民事诉讼不宜实行非法证据排除规则》，载《中国法学》2014年第1期。

础之增多还是从涉及实体要件和诉讼要件之衔接上,均能够表现出诉讼体系内容之充实。

2. 形式体系扩张愈加凸显民事实质诉讼规范之重要性。所谓民事实质诉讼法,是指“调整民事争讼法律关系的诉讼规范,也是有关民事法律关系的诉讼形成之诉讼规范”。[1] 虽然民事诉讼法在走向独立化之过程当中,逐步实现了实质诉讼法与实体私法的离缘,但仍呈现不独立之特性,甚至在实质诉讼法脱私法化最为彻底的《德国民法典》中,至今也保有不少实质诉讼规范。[2] 我国《民法典》同样保有实质诉讼法之色彩,例如,侵权责任编第1179条关于损害赔偿请求范围之规定、第1167条关于侵权责任选择之规定、人格权编第1000条关于侵犯人格权之行为人的给付行为责任等。可见,形式体系的扩张无疑在实体法之范畴内,加速了实质诉讼法之非纯粹化样态,这显然是诉讼法学界需要直面的问题。令人遗憾的是,目前只有少部分学者注意到该问题。《民法典》的颁布与其说是民事权利义务之“休止符”,不如说是民事实质诉讼规范研究之“新起点”。

3. 形式体系扩张引发民事诉讼体系基础理论之变动。依据目前通说的观点,我国民事诉讼模式已由职权主义模式转换至当事人主义模式。[3] 然而,值得我们注意的是,我国学者在讨论当事人主义模式时,并未将其与辩论主义进行实质的区分,潜意识里还认为当事人主义等同于辩论主义。至于辩论主义的发展阶段和各自的特征价值,[4]讨论得更少。反观《民法典》的规定,其已经为自然人、法人和非法人组织制定了一系列的权利义务之规范,权利之处分(让渡或舍弃与否)在实践当中必然大量且常态性的发生,也就意味着民事诉讼当事人模式得到愈加的信奉。但是,在实然诉讼过程中,倘若我们只坚守当事人模式,而忽略因《民法典》颁行已经发生的当事人对权利之处分(投射到诉讼过程中即是争点的协议简化问题)、准备程序之发展(书状先行之利用、准备性言词辩论期日之践行等)、庭审模式之转换(由法庭

---

[1] 陈刚:《民事实质诉讼法论》,载《法学研究》2018年第6期。

[2] 例如,《德国民法典》第1004条第2款、第315条、第319条有关依判决指定给付的规定,第343条有关依判决减少违约金的规定,第917条有关判决确定通道方向和使用权范围的规定,等等。转引自陈刚:《民事实质诉讼法论》,载《法学研究》2018年第6期。

[3] 参见张卫平:《民事诉讼法》(第5版),法律出版社2019年版,第197页。

[4] 辩论主义可划分为古典的辩论主义,修正的辩论主义和协同主义。古典辩论主义三命题主要从约束法官或法院的角度展开,而由于诉讼爆炸等现实问题的挤压,辩论主义开始向着注重案件管理、法官积极以及协同式的方向发展。但笔者注意到,有些学者在讨论修正的辩论主义时,使用的是“修正的辩论主义(协同主义)”表达方式,可见学者在使用修正的辩论主义和协同主义时,并未将其区分开来。可参见姜世明:《修正辩论主义与协同主义之时代论争》,台北,新学林出版有限公司2017年版。

调查和法庭辩论两阶段划分方法到法庭调查和法庭辩论合并进行)等,则民事诉讼法必然因无法适用《民法典》之实施而呈现离心之样态。重视基础理论的更新与变动(包括但不限于模式问题、主义问题)、构建与之相对应的程序制度(集中审理制度的设立、争点整理程序的完善)、更新程序理念(集中审理之理念、突袭性裁判防止之理念的树立)显然已是《民法典》为民事诉讼法提出的现实命题。

二、《民法典》在诉讼体系的投影与对接机制

本文引言已提出,动态体系论作为一种法学方法论,其是关于法解释或者立法方法的理论体系。动态体系论讲求法要素,并通过析离"要素数量"和"强度",从而实现法规范的效果。作为规范社会制序[1](social institution)的重要法典,《民法典》也遵循社会秩序的本质与生发机制。同样,《民法典》呈现的社会制序演进还呈现出尼古拉·哈特曼所主张的规范层次论的内容,[2]并对诉讼权利的体系进行了重新整合。其中,《民法典》作为私权利义务的规范,多数法条可将其看作权利要素或义务要素的规范构成,那么动态体系论如何通过这种权利或义务要素的析离和强化,从而体现其在《民法典》体系中的解释力,则是我们要回答的问题。

(一)作为沟通规范和事实桥梁的要件事实

1. 规范的生发机制与制度抽象

作为社会制序的规范并非从来有之,而是遵循了一定的生发机制。依照韦森的观点,规范是"从习惯(usage)到习俗(custom)、从习俗到惯例(convention)、从惯例到制序(度)化(institutionalization)的动态逻辑演进行程"。[3] 以下案例可以清楚地勾画出规范的生发过程:

> 英国约克郡海岸线的一个小渔村,在每次大风暴后,总是有些漂流木材留在海岸上。因此,每次大风暴之后,村民们就竞相奔到海岸去捡木材。

---

〔1〕 英文 institutions 与 regimes 在中文均有"制度"的意义,但在英文语境下,两者的侧重不同。institutions 在中文语境下更多体现出"制度"和"秩序"的叠加。与之相关的是 social order,其所对应的德文词 Gesellschaftordnung 也通常被翻译为中文的"社会制度"。这也从一个侧面说明,在西方诸文字中,social orders 和 institutions 两个词的含义有许多交叉和重叠之处。此处,采用"社会制序"的表述是对"制度"和"秩序"掐头去尾的缩写。具体区分点可参见韦森:《习俗的本质与生发机制探源》,载《中国社会科学》2000 年第 5 期。

〔2〕 层次理论包括价值本质论、价值关系论、价值发现论、价值理想论和价值原则论等五组范畴。See Nicolai Hartmann, *Ethics—Volumel*: *Moral Phenomena*, translated by Stanton, The Mac Millan Company, 1931.

〔3〕 韦森:《习俗的本质与生发机制探源》,载《中国社会科学》2000 年第 5 期。

许多年来,村民们遵守一种"先到者得"的习俗,即最先奔到海岸者可以任意捡漂流木,然后把捡到的木材堆积在海岸边的高处,并在木堆上放上两块石头,以表示这是他自己的所有物。他可以把这堆木材留在海岸边两天。在这两天之内,别的村民会尊重他的这种产权。如果过了两天,这种产权就不再存在。据说,在这个小渔村中,没有人知道这种"先到者得"的规则是什么时候形成的,以及如何形成的。但每个村民都遵守这种习俗,并且遵守得那么自然,那么有序。〔1〕

我们将以上案例所呈现的法律规范称为占有。但显然,作为占有的权利义务规范来源于该地区固有的习俗,只是立法者通过立法技术,将占有的要件进行抽离,采用法条的方式予以呈现而已。我国《民法典》第二编第五分编通过规定占有的产生要件、占有的排除要件以及占有返还要件等勾画出了对占有制度的规范表述。通过该描述我们即可发现,立法者所规定的占用制度是对习惯的抽离,这种抽离带来的直接后果是将立法条文与生活事实进行了人为的割裂,使法规范变得抽象。倘若占有人的占有权利遭受侵害而到法院寻求救济之时,如何将占有被侵害的事实翻译成占有制度的构成要件,仅凭"应依据法律进行主张"显然是不够的。换言之,依据动态体系论的主张,"要素"已经呈现(已有立法规范),但如何实现事实和法律的粘合,也即达到"强度"的规范表达以实现法效果则不无疑问。

2. 为实现法效果的要件事实

法规范的抽象属性决定了对权利规范要件只能做抽象的处理,但如何实现评价生活事实与规范事实的高度重叠,进而实现法规范的适用,法官通常的做法即是采取三段论方法进行事实和法律适用的勾连。实际上,无论是大陆法系还是英美法系国家的法官,其在案件审判过程中,都必须要面对事实认定和法律适用的判断问题,"眼光应往返流连于法律和事实之间"。民事诉讼的裁判目的在于解决民事纠纷,为贯彻这一目的,法官必须在正确认定事实的前提下,做出精准的法律判断。而这一过程被实体法学者表述为"司法裁判三段论"的推理过程。也即,如果法官采用法律规范(T)作为大前提,以待决事实(S)作为小前提,那么,必然会导出法律效果的精准判定(S)。关于三段论的逻辑推论可以如下〔2〕表示:

〔1〕 韦森:《社会制序的经济分析导论》,上海三联书店2001年版,第206页。

〔2〕 参见许可:《民事审判方法》,法律出版社2009年版,第2页。

T　R(具备 T 构成要件者应适用 R 法律效果)

S=T(待决案件事实符合 T 的构成要件)

S　R(待决事实应适用 R 的法律效果)

三段论作为司法裁判的具体方法,任何诉讼体制下的法官都会自觉不自觉的运用这一套方法应无异议。显然,在三段论方式的推演下,待决事实(S)的特征及内容实际上决定了是否适用法律效果(R),而待决事实(S)实际上源于当事人提交的诉讼材料以及一定情况下法院对事证资料的收集。因此,当事人的争执范围一定集中体现在对待决事实(S)的争执,而待决事实(S)实际上又由许多碎片化的事证构成,由此不难推断,当事人的争执实际上是分散在这种碎片化的事证内容当中。

那么,如何保证这种事证内容与法律规范进行贴合,三段论并没有给出解答,而要件事实则是弥补三段论事实证成方面的有益探索。所谓要件事实就是指产生法律效果所必要的实体法(作为裁判规范的民法)要件对应的该当具体事实。[1] 易言之,即用于判断权利的发生、变更和消灭之法律效果的直接必要事实。要件事实理论就是关于要件事实的一套完整的理论体系。[2]

3. 要件事实的执行与争点整理的凸显

以我国《民法典》第 569 条[3]为例,我们可以把其中的事实(要件)肢解成如图 1 所示碎片化的状态。

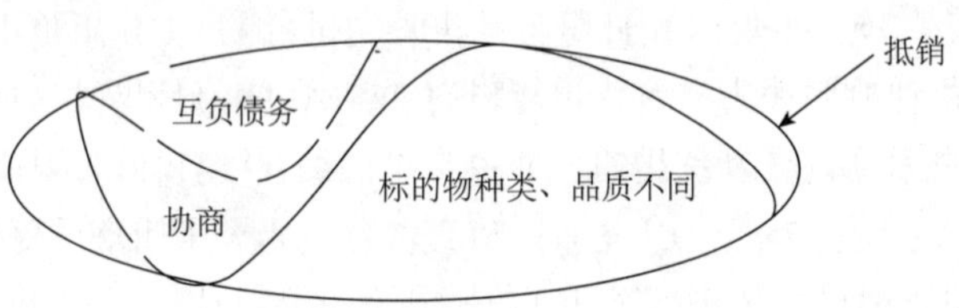

图 1　合意抵销要件的肢解形态

从民事实体法角度分析,《民法典》第 569 条分解出来的规范要件构成了法官在判定是否适用合同抵销的前提,也即,当事人必须在相关要件的前提下寻找并充实相应的事证资料予以证明。而对于提交的事证资料,当事人出于寻求自身利益的考量,对同一份事证资料可能呈现两种截然不同的认识,此时要件事实引领下的争点

[1] [日]伊藤滋夫:《要件事实的基础》,有斐阁 2000 年版,第 14 页。

[2] 参见曾培芳、段文波:《要件事实论与民事判决书改革》,载《学海》2007 年第 1 期。

[3] 《民法典》第 569 条规定:"当事人互负债务,标的物种类、品质不相同的,经双方协商一致,也可以抵销。"

就会产生。

在我国现有《民事诉讼法》及司法解释的规定[1]下,法官或者法官助理[2]应在开庭审理之前组织双方当事人进行本案争议焦点的归纳以及争点协议简化。[3]同时,当事人在开庭审理过程中应围绕业已确定的争点进行举证、质证和辩论。这一方面能够实现案件原本事实与实体法要件的勾连,促使当事人在提证阶段即有意识、有目的地收集和提出证据;另一方面能够实现法官的裁判结果与当事人对本案裁判结果的预期的重叠性,避免突袭性裁判[4]的发生。

(二)请求权基础和诉讼标的的调和

1. 请求权基础的逻辑证成与案例体现

前文大致描绘了当事人如何向法院提起诉讼的一般逻辑。那么,我们需要进一步追问的是:当事人在向法院起诉之前,是依据什么要求法院保护自身的权利,用以撬动程序运转的基石?也即,这种碎片化的事实能不能作为当事人寻求法院救济的依据?答案是肯定的。因为,这些碎片化的事实实际上有一个前提的"导火索"——请求权基础(Anspruchsgrundlage)。法官在接触案件之始,首先会问原告:你的请求权基础是什么。此时,法官的潜台词就是:你所追求的法律效果是什么。

这实际上又导入了两个实体法上的概念:法律事实和法律效果。按照通说的解释,法律事实是指依法能够引起法律关系产生、变更、消灭的客观情况。以合同为例,买方和卖方达成对某物的买卖合意时,买卖合同成立,这种合意的意思表示就是指法律事实;而买卖合同成立,由此导致的买方交付价款、卖方让渡物品的所有权即是法律效果。这种对实体法的划分直接影响了我国民事实体法理论的研究和教学:随便翻看一本杂志,就会发现很多冠以"论……的成立要件""论……的解除要件";在大学教育阶段,学生在学习实体法时(以侵权法为例),使用的教程以及教师上课

---

[1] 《民事诉讼法》第136条第4项规定:"需要开庭审理的,通过要求当事人交换证据等方式,明确争议焦点。"同时,最高人民法院在考虑第133条第4项欠缺具体争点整理措施的基础上,在最高人民法院《关于适用〈中华人民共和国民事诉讼法〉的解释》第224-226条、第228-230条就争点整理的具体方法、开庭审理过程等进行了具体规定。

[2] 2019年修正的《法官法》第67条规定:"人民法院的法官助理在法官指导下负责审查案件材料、草拟法律文书等审判辅助事务。"在司法改革试点过程中,多数省份均规定了法官助理应在庭前进行争点整理等工作。

[3] 关于争点协议简化的具体内容,可参见丁朋超:《论争点整理程序对司法裁判的影响》,载《法律方法》2020年第1期。

[4] 参见杨严炎:《论民事诉讼突袭性裁判的防止:以现代庭审理论的应用为中心》,载《中国法学》2016年第4期。

使用的 PPT 章节也多冠以"饲养动物致人损害要件"[1]、"医疗损害要件"等。王泽鉴教授推崇将请求权基础理论体系应用到民法领域,这对民法的研究产生了重要影响。而所谓请求权基础(Anspruchsnormengrundlage),是指可供支持一方当事人得向他方当事人有所主张的法律规范,而请求权基础理论(Anspruchsmenthode)则是将请求权基础作为处理实例的出发点的理论。这里所谓的"实例",按照王泽鉴先生的解释,即"经过出题者深思熟虑,为学习或测验之目的而设计的案例"。[2]

为方便对请求权基础理论的实际操作规范的直观认识,笔者试举一例(见图2)。[3]

A 于 3 月 1 日向 B 购买其珍藏的明代书画,价金为 10 万元,约定 3 月 4 日交付。A 于 3 月 3 日将该明代字画出卖给 C,价金为 12 万元,约定 3 月 5 日交付。由于 B 不会开车,于是 3 月 4 日叮嘱其弟弟 F 驾车将字画送往 A 处,但 F 在送货途中被人追尾,致使字画焚毁。问:A 能否向 B 请求转售所得的 2 万元利益?

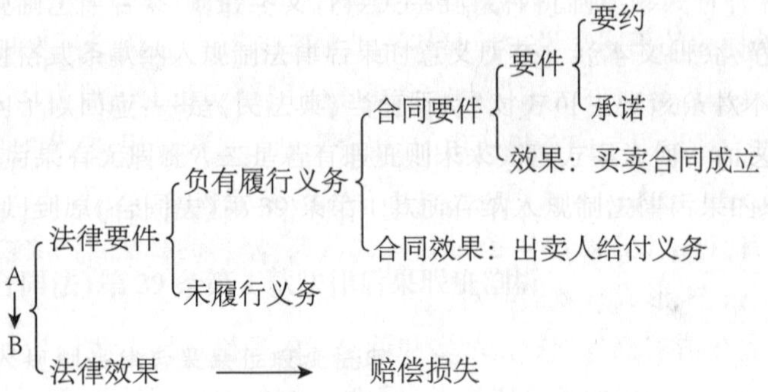

图 2 A 损害赔偿请求权基础示意

从上述案例请求权基础的分析可以看出,民事请求权基础理论坚持的是将法律效果和法律要件进行明确划分,从而方便当事人依据法律的指引,向法院递交符合法律要件的事证资料的"阶梯化"指引路径。在这种阶梯化的指引过程中,当事人在法官的引导和阐明下,逐步实现对自身证明责任(主观的证明责任)的履行,以期获得胜诉的判决。

---

〔1〕 我国学者存在动物侵权损害要件的争论,具体可参见袁中华:《规范说之本质缺陷及其克服》,载《法学研究》2014 年第 6 期;吴泽勇:《规范说与侵权责任法第 79 条的适用——与袁中华博士商榷》,载《法学研究》2016 年第 5 期。

〔2〕 王泽鉴:《法律思维与民法实例》,中国政法大学出版社 2001 年版,第 42-50 页。

〔3〕 该案例援引自王泽鉴:《法律思维与民法实例:请求权基础理论体系》,中国政法大学出版社 2001 年版,第 61 页(稍有改动)。

2. 请求权基础与诉讼标的学说之界定

依照王泽鉴教授的观点,请求权基础即是当事人向法院所主张立基之法规定。那么,在诉讼法的语境下,当事人向法院展示的首要即是诉讼标的。关于诉讼标的所指涉的问题是:在具体案件中,当事人的诉讼对象和法官的审理对象是什么?诉讼的主题是什么?显然,诉讼标的不明,则当事人的攻击、防御以及法院的审理都将会失去方向。因此,只有当标的确定时,有秩序的程序才可想象。〔1〕倘若依据旧诉讼标的理论,诉讼标的是诉讼构成的要素之一,是指当事人之间因发生争议,而请求人民法院作出裁判的法律关系,这也是实务当中通常采用的学说,亦是绝大多数大陆法系国家立法者和司法者所采用的学说。〔2〕

依据严仁群教授的考证,"我国司法实务在标的说上呈纷乱状态,至少有三条路径并存。因为国内法院普遍排斥竞合合并、预备合并,现行法苛待诉的变更,多数当事人系本人诉讼,故我国目前不具备采新说、事件说和相对论的条件,采旧说是我国无奈的选择"。〔3〕与之相对的是,陈杭平副教授认为,"民诉法学界一直尝试从大陆法系关于诉讼标的的不同学说中择取其一作为基准,统一且固定不变地适用于诉讼程序各领域,并用以解决诉讼法学上的诸多重大问题实质上已成为屠龙术",〔4〕进而倡导一种可为理论界与实务界所用的、用以限制裁量权滥用的"相对的诉讼标的"理论框架。上述争论无疑对我国诉讼标的学说的推进和澄清有所裨益。但问题是,无论我们坚持何种学说,似乎均无法解释《民法典》坚持的私法自治之内在体系以及形式体系之扩张,未形成有效的应对。

那么,到底在请求权基础数量增多和诉讼标的理论选择上我们应如何选择?笔者认为,虽然统一诉讼标的理论依然占据不容忽视的地位,但随着《民法典》的颁布、协同主义理念的提出和纠纷一次性解决原则的确立,采用统一的诉讼标的理论似乎已经不太符合争点整理程序的要求。因为,在协同主义理念下,法官和当事人在某一案件审理过程中共同协作,能够实现案件的真正解决。若一味地坚持统一诉讼标的理念,若当事人选择了错误的请求权基础,其很可能需要面临数次的诉累,这在追求效率的现代社会显然已不太适合。另外,由于缺乏法律的专业训练,在没有聘请律师的场合,当事人往往并不能完整的提出诉讼主张,即使案件进行了争点整理,当事人可能因为没有增加或变更诉讼请求的机会而对裁判结果心生不满,纷争事实群

〔1〕 参见[德]尧厄尼希:《民事诉讼法》,周翠译,法律出版社2003年版,第197页。

〔2〕 当今大陆法系只有德国采用二分肢说,日本、法国仍然采取旧实体法说。

〔3〕 严仁群:《诉讼标的之本土路径》,载《法学研究》2013年第3期。

〔4〕 陈杭平:《诉讼标的理论的新范式——"相对化"与我国民事审判实务》,载《法学研究》2016年第4期。

也可能被随之扩大。如果采用相对的诉讼标的理念,以当事人提出的纷争事实作为对象,不刻意找寻与实体法上权利的对接,尽可能的扩大诉讼标的的涵摄范围,这反而有利于该纷争事实的解决。从域外的制度发展来看,在争点整理程序下坚持一种相对的诉讼标的立场也是具有现实可能的。〔1〕

(三)请求的层次论与诉讼标的争点的变更

层次理论包括价值本质论、价值关系论、价值发现论、价值理想论和价值原则论等五组范畴,但层次论需要置于相应的体系之中,哲学上寓意外化成的系统,以此满足逻辑连贯性、系统性和经验可证伪性。〔2〕诉讼请求作为当事人向法院提出的要求或者主张,其同样需要满足请求层次论的要求。倘若当事人提出的诉讼请求太多单一,难免给人一种"将所有鸡蛋置于一个篮子"的感觉。一旦该诉讼请求被驳回,当事人所需承受的不仅是程序再来一遍的痛苦,还很可能导致企业破产、执行不能等现实的困境。在《民法典》颁布后,诉讼标的竞合的学理范例只会更多而不会更少,那么,也就意味着如何在坚持请求层次的基础上实现当事人起诉成本、法官审理成本的双重降低则是我们需要考量的重点。笔者认为,具体到诉讼过程中,请求层次论的要求需与诉讼标的争点的变更有关,与之相关的,预备合并、选择合并、重叠合并等均是当事人行使请求层次论的一般方法,也是《民法典》赋予当事人的权利。《民法典》语境下的请求层次论自然也就应聚焦于对请求合并与争点变更的讨论。

1. 预备合并形态下的诉讼标的争点变更

> 案例一:原告甲将乙作为被告向法院提起诉讼,甲声明:依据票款债权(A)请求判令乙支付100万元。乙声明驳回甲的诉讼请求。法官在审理后向甲阐明其提出的证据可能不足以支撑其诉讼请求,原告甲遂在诉讼中向法院进一步主张,若法官认为不能支持其诉讼请求,则提出以原因债权(B)请求判令乙支付100万元。

该案例中,原告甲在诉讼前阶段向法院主张的诉讼标的可界定为"基于票据债权返还的票据纠纷",经过法官释明之后,甲又将诉讼标的变更为"基于原因债权的票据纷争",原告的这种方式被称为诉之预备合并。所谓诉的预备合并(或称假定之

---

〔1〕 无论是英美法系还是大陆法系的代表性国家,都开始抛弃统一的诉讼标的理念而转向通过"纠纷事实"这一内涵广阔的相对诉讼标的理念,美国、欧盟、德国和日本均体现出这种理论的发展动向,具体可参见陈杭平:《诉讼标的理论的新范式》,载《法学研究》2016年第4期。

〔2〕 参见邓正来:《研究与反思》,辽宁大学出版社1998年,第13页。

合并),系指“原告预防其提起之此一诉讼无理由,而同时提起不能并存之他诉,以备先位之诉无理由时,可就后位之诉获得有理由之判决之诉之合并而言。”〔1〕诉之预备合并的表现形态为,“原告起诉时,表明要将两个以上之诉讼上请求,排成先位及备位,纵然不是互相排斥的复请求,只要当事人有实体上及程序上之利益,应该许可。法官只能在先位请求无理由时,才能审理备位请求”。〔2〕显然,A、B请求并不互相排斥,但甲请求先就票款来审理,依处分权主义,当然应当被予以准许,法院应受当事人定审理顺序的拘束,而不宜完全任由法院来定审理顺序(实务上将此归为重叠合并或选择合并)。对原告提出备位诉讼请求的原因解析可以看到,原告甲实际上在法官进行了阐明之后,对依据票据债权返还的诉讼主张是存在疑问的,为了能够方便纠纷的一次性解决,防免不必要的时间和劳费付出,从而采用了有目标但又给诉讼留有后路这一双向性的诉讼策略,这也应当是被认为符合法律要求的。对原告的诉讼材料进行审视,我们也会发现,虽然两个诉讼标的的称谓并不相同,但两者所依据的诉讼材料其实都是相同的,法官依据原告提出的诉讼材料完全可以适用于对备位诉讼请求的审理,并不会花费过多的时间和精力,裁判所满足的当事人诉讼利益也存在一致性,因此法官应当同意原告追加诉讼请求。当然,这其中又涉及法官如何审理和裁判的问题。笔者认为,法院应依原告所定顺位审判,先就先位请求审判;如原告之先位请求无理由时,始得就备位请求为判决;如就先位请求判决原告胜诉时,即不必就备位请求为判决。如就备位请求裁判,则为诉外裁判。

2. 选择合并形态下的诉讼标的争点变更

> 案例二:原告甲请求被告乙返还100万元,甲在诉之声明中称:被告乙应返还原告甲100万元。同时,甲在诉状中基于两个事由予以叙明:借款返还请求权:基于乙向甲借用100万元已届履行期,尚未返还;同时又主张不当得利返还请求权:即使该消费借贷契约为无效或未成立,甲对乙有不当得利返还请求权。(相排斥请求之选择合并)

> 案例三:原告甲请求被告乙返还100万元,声明为被告乙应返还原告甲100万元。在诉讼请求中,原告甲的诉讼请求略为:基于借贷关系中的返还请求权和合同关系中的价金给付请求权要求乙支付上述金额。(无关联复请求之选择合并)

〔1〕 李磊:《客观预备合并之诉研究》,西南政法大学2014年博士学位论文,第49页。

〔2〕 沈冠伶:《诉客观合并之类型论》,载《月旦法学杂志》第254期(2015年)。

在上述两个案例当中,当事人向法院提起的都是选择合并之诉。所谓选择合并之诉,是指“原告在同一个诉讼程序上主张两个以上诉讼上请求,但委诸法院审理之结果,只要法院审判其中一个为有理由,就另一个请求即不请求法院裁判。”〔1〕亦即,同顺位、并列的要求法院审判,而以其中任一个请求获得胜诉为解除条件,法院若认其中之一项请求应予以支持,就可以判原告胜诉,其他诉讼请求不需要再行审理。

根据以上两个案例我们发现,根据选择合并的形态,还可对选择合并细分为相排斥请求之选择合并和无关联复请求之选择合并两种形态。在案例二中,原告同时主张借款返还请求权和不当得利返还请求权,显然,这种两种主张存在互相排斥的特征,也即法院支持原告的任意一项主张,另外一项主张则不会得到法院的支持。那么,为达成迅速而经济的裁判,在对被告未造成防御上不便及未加重法院负担之范围内,依处分权主义尊重原告之意思,应承认原告可就相排斥之两请求权,为择一的合并。如果判决支持原告其中的一项请求,原告即应做出撤回其余请求之意思,不一定非提起预备合并不可。

在案例三中,原告同时主张借款返还请求权和价金支付请求权,显然,这两种诉讼请求不存在互相排斥的特征,属于无关联复请求之选择合并。在这种情况下,由于支持原告借款返还请求权和价金支付请求权的要件事实并不相同,请求权基础也不唯一,也就使得诉讼材料不可能一致。在该种情况下,即使容许当事人可以提出无关联复请求的选择合并之诉,也不一定能够使纠纷一次性解决,此时,法院应当要求当事人就不同的法律关系分别起诉,是否合并审理则由法院决定。

同时,一个值得讨论的问题是,选择之债是否可以作为选择合并之诉的一种形态呢?以《民法典》第577条为例,“当事人一方不履行合同义务或者履行合同义务不符合约定的,应当承担继续履行、采取补救措施或者赔偿损失等违约责任”。〔2〕那么,当事人在向法院提起诉讼时,其诉讼请求能否直接将上述几种违约后果全部列明而向法院主张?

关于该问题,否定说(目前为通说)认为,《民法典》第577条的选择债权与选择合并无关,因为该法律拟制项下的纠纷仅为一个诉讼标的,当事人仅有选择何种方式作为诉讼请求的权利,故无法为选择合并。〔3〕

肯定说则认为《民法典》第577条构成诉的选择合并。在肯定论中,又区分如下

〔1〕 李磊:《客观预备合并之诉研究》,西南政法大学2014年博士学位论文,第26页。

〔2〕 此外,需要说明的是,选择之债的法条还有《民法典》第582条。

〔3〕 参见陆青:《合同解除效果与违约责任》,载《北方法学》2012年第6期。

两种认识:第一种见解认为,选择合并即在处理选择之债(有二个请求,二个诉讼标的)的请求。第二种见解则认为,选择之债仅有一个诉讼标的,但是,在声明的部分,仍然可以选择合并的方式为之,例如,原告主张一为被告应交付A地,主张二为被告应交付B屋;或者,原告仅主张被告应选择交付甲地或乙屋给原告。那么显然,这种诉之主张并非选择合并,不属于诉之选择合并的形态。笔者赞同肯定说。当事人在诉之声明中,其不可能知晓被告到底采取哪一种方式予以履行或者抗辩,因此,准许原告将这几种方式都予以主张,有利于纠纷的一次性解决。一旦原告主张的一项诉讼请求被法院支持,对其他的诉讼请求也就不需要再予以审理。当然,在争点整理过程中,仍然应当注意争点的先后顺序,如果当事人双方就继续履行达成了协议,也就无须再对后两种争点进行整理。

3. 重叠合并形态下的诉讼标的争点变更

> 案例四:原告甲将乙作为被告向法院提起诉讼,甲在诉状中声明,乙在2016年10月购买汽车时,向其借款100万元,并约定了银行同期利率作为利息标准,约定2017年10月底归还,乙在归还期截止时并未归还借款,请求法院判令乙偿还借款100万元。同时,甲还主张,如果法院判定乙应当偿还款项,则乙也应同时支付约定的利息。

在案例四中,原告甲向法院提起的诉讼属于典型的重叠合并。也就是先声明一个诉讼请求,如果诉讼请求可以期待得到法院的支持,那么,其再主张依据前诉讼请求可以自然推导出另一诉讼请求;如果前诉讼请求被法院驳回,则后位请求就不再声明。所谓重叠合并,是指"原告在诉讼要件的设定上,以先位请求有理由时,再请求法院对后位请求进行裁判,如果先位请求被驳回,则不请求法院就后位请求进行裁判,而已先位请求受驳回判决确定作为解除条件,待条件成就时,后位请求的诉讼系属溯及的消灭"。[1] 例如,先位声明请求确认雇佣关系存在,后位声明请求给付工资若干元;先位声明请求确认租赁关系存在,后位声明请求确认系争租赁物上的优先购买权的存在;在承认一部请求的前提下,也可以进行这种合并请求,亦不宜将请求权竞合的情形,径自认为应就诉讼标的择一或全部裁判,而全然无视原告的意思表示。当然,在请求权竞合的情形下,原告能否请求法院就各个诉讼标的都进行裁判予以保护的必要,则是属于法院对各诉审查有没有诉的利益的问题,不应当与

〔1〕 沈冠伶:《诉客观合并之类型论》,载《月旦法学杂志》第254期(2016年)。

客观合并的许可性问题混为一谈。

与之相关的是,如果存在请求权竞合的情况,那么在同一诉讼程序上,当事人就相竞合的二个以上请求权皆提出主张,当作诉讼标的,而其诉之声明为单一。实务上将重叠合并与竞合合并等同。在实务中,此类诉讼请求的提出,一般考虑当事人诉讼主张的一贯性,法官应对该诉讼请求进行全面性的审查,采用在一次程序中,尽可能解决当事人两个甚至多个纠纷,实现了诉讼效率的提升。[1] 显然,对竞合合并的处理方式,仍然是遵循了纠纷的一次性解决的要求,防免当事人不必要的时间和劳费付出。这同样也符合争点整理的程序要求。

当然,承认重叠合并的诉讼标的提出,我们仍然需要讨论如下问题,也就是被法官驳回的部分是否会发生既判力?笔者认为,在重叠合并的诉讼形态下,对法官驳回部分是否会发生既判力这一问题应当做区分的处理。其一,其中一个有理由,对其他诉讼请求没有进行判断,那么,此时重叠合并和选择合并是比较接近的,法官此时可以任何选择其一进行判决,其他不需要进行判决,因此也就不发生既判力。其二,如果是逐一审理,法官必然会对没有理由的部分进行判决。此时,对后位的诉讼请求当然产生既判力。当然,这还是要取决于当事人是否选择适用重叠合并还是选择合并,应给予当事人相关程序的选择权。如果原告不清楚如何选择,则法官应予以阐明。

4. 竞合合并形态下的诉讼标的争点变更

> 案例五:原告甲将公交公司乙作为被告向法院提起诉讼,甲在诉状中声明其在2017年10月6日国庆节期间乘坐乙公司的公交车上街购物,在行驶到五角场公交车站时,司机丙急刹车致使其从座位上跌落,腿骨骨折,请求法院判定要求公交公司乙赔偿其人民币10万元。

在案例五中,原告甲向法院提起的诉讼请求是两个不同(请求权基础是基于侵权损害赔偿责任的请求和基于客运合同中未履行安全送达义务的请求)但存在竞合的请求权,这是典型的诉讼请求的竞合合并。所谓诉讼请求的竞合合并,是指"当事人之声明单一,主张两个以上不同且互相竞合之请求权,并要求法院就每一请求均

---

〔1〕 当然,也有学者质疑,法官对诉讼标的逐一加以审理则似应属于单纯合并的诉讼形态。笔者认为,这种逐一审查方式的前提仍然是依据当事人的诉讼请求为前提进行审查,即在诉讼标的统摄下的程序选择方式罢了。其与单纯合并诉讼形态的前提并不相同。与其说是对纠纷形态的区分审查,不如说是对纠纷一次性解决的追求。

加以审判”。[1] 需要明确的是,竞合合并与单纯合并不相同,单纯合并系就各个诉讼标的皆各有一个声明,而竞合合并仅仅是提出了一个单一的声明。竞合合并是基于旧诉讼标的理论而产生的诉讼难题。如果是采用新的诉讼标的理论或者相对诉讼标的理论,则不存在竞合合并的形态。

在上述例子中,原告向法院主张所依据的请求权基础可能并不明确。此时,法官应当在审理中对原告进行阐明,要求其明确到底是选择哪种法律关系作为请求权基础。一旦当事人做出了选择,法官只需要对该请求权基础项下的法律事实进行审理即可,更替后的诉讼标的形态最多算得上是诉讼标的的进一步明确和具体,这在现有程序理论架构下应当被允许。经当事人选择确定的诉讼请求实际上也就只剩下单一的诉讼请求,依据单一诉讼请求下的审判形态予以解决即可。但需要明确的是,在请求权竞合之情形,除可提起竞合合并外,如有值得保护之实体利益与程序利益时,亦可提起预备合并与选择合并。

> 案例六:甲将乙列为被告,起诉请求给付人民币5万元。其事实及理由如下:乙于2017年3月1日在金光大厦门口开车撞伤甲,双方成立和解,约定乙应赔偿甲5万元,乙当场向甲开具了5万元的支票。但该支票未被银行兑付,故请求乙给付上述金额。乙则抗辩:该和解系在胁迫下所成立,应无效,将和解无效列为诉讼标的进行追加。

在案例六中,实际上暗含了请求权基础竞合的情况,只是原告甲选择了基于票据支付作为请求权基础予以主张。而被告乙则可能面临如下危险:如果甲根据现有的请求权基础的主张被法院判定败诉,则其还可能基于其他的法律关系向法院主张,乙则可能面临两次甚至多次的诉讼。因此,在该种情形下,法官应当充分考虑被告的程序利益,允许其提出增加诉讼标的,从而能够保证被告能够在一次性的诉讼中进行充分的攻击防御,避免被告无端劳力费用的浪费。并且,法官应尽到释明义务,向原告阐明并建议对被告的诉讼请求进行攻击与防御。如果原告拒绝增加诉讼标的,则“应当基于赋予被告程序权益的观点,建议被告可以以反诉的方式请求确认在人身损害赔偿法律关系中存在胁迫等可撤销事由,据此减少赔偿金额”。[2] 当然,如果被告在上一诉讼中进行了反诉,则法院对反诉的判断具有既判力效力,被告

---

[1] 许士宦:《从重叠合并到选择合并》,载《台湾本土法学杂志》第131期(2009年)。
[2] 黄国昌:《民事诉讼理论之新展开》,北京大学出版社2008年版,第353页。

则不能再就反诉的法律关系向法院起诉。

三、《民法典》语境下的解法典化与应对策略

(一)解法典化之述要与表征

"解法典化",是指"在有民法典的国家,层出不穷的法律特别规范造成传统民法的内外体系逐步分解的现象,其根源在于,以自由至上主义为核心的传统民法无法完全适应现代社会经济结构和组织关系的巨大调整"。[1] 解法典化作为现象学意义上的存在,代表着立法史上的一个阶段:"层出不穷的特别规范和例外规则,法典内外不断确立的一般原则,政府职能在经济阶层和社会团体斗争中的日益分解。"作为方法论上的意义,它体现了对前述历史阶段的一种真切质疑:"是否'特殊性'赋予了新的不同含义,是否在一些领域和一些案件类型中,法典简单扮演着'边缘规则'的角色,是否类推适用可以从特别规范的丰富内涵中汲取营养,是否需要重新审视法律人的语言和职能,是否需要从模糊和非理性中对潜藏的体系进行整合。"[2] 目前我国已有体现中国特色的《民法典》,但我国也和大陆法系一样面临解法典化之困境,并且不存在理论意义上的"超稳定结构",[3] 这就需要我们在检讨诉讼体系时对此一并讨论和应对。

(二)我国存在解法典化现象

随着社会的极速发展,原有的被人们认为是成熟的法律体系正在被解构,"大陆法系国家19世纪模式的法律体系正在变革和转型,随着民法典作用的衰微和宪法权威的树立,'非法典化'的趋势已成定局"。[4] 那些原本为《民法典》所涵盖的领域,却正因为"产生了众多具有重大意义的微观法律制度,诸如城市土地租赁、耕地租赁、知识产权、公司行为、公司证券的上市与交易等",[5] 从而使这些单行法律存在的价值不仅是为了补充法典之不足,还通常呈现为与法典并驾齐驱的状态。

随着科技创新的不断发展,制定法所普遍面临的僵硬性、滞后性和模糊性等短板正日益被放大。例如,虽然《民法典》人格权编专章规定了"隐私权和个人信息保护",但是其并不足以支撑起对个人信息的有效保护。正是基于此,才有《个人信息

---

〔1〕[意]那塔利诺·伊尔蒂:《解法典化的时代》,薛军译,载徐国栋主编:《罗马法与现代民法》第4卷,中国人民大学出版社2004年版,第80页。

〔2〕[意]纳塔利诺·伊尔蒂:《〈解法典的时代〉:二十年后》,徐铁英译,载《苏州大学学报(法学版)》2018年第2期。

〔3〕参见金观涛、刘青峰:《兴盛与危机——论中国社会超稳定结构》,法律出版社2011年版,第7-22页。

〔4〕[美]梅利曼:《大陆法系》,顾培东等译,法律出版社2004年版,第158页。

〔5〕[美]梅利曼:《大陆法系》,顾培东等译,法律出版社2004年版,第159页。

保护法》的颁行。

由于特别立法对原属于《民法典》调整的法律领域进行专门规范,并且以此重构了"微观法律制度",形成一种"微观系统",其结构、思维方式和方法论诸方面,都有异于原民法典。因此,必然产生解法典化的趋向,我国也不例外。

(三)诉讼体系下的解法典化应对方法

针对解法典化存在多种的应对方法,限于本文篇幅,笔者无意将其置于一个极为宏大的框架叙事之中,而仅是诉讼体系出发,对解法典化的应对方法提出如下要点:

1. 注重解法典化过程中重叠共识的凝聚。罗尔斯认为,公共理性意味着公民在那些事关支配自己社会立场的基本学说之间达成了"重叠共识"。这种重叠体现在:该理性是公民的公共精神的表现;目标在于实现公共善和根本的社会正义;其本质和内容具有公共性。相对地,由于个人理性带有较强的道德学说或宗教教义,其不具有社会的公共性,这也反过来论证了公共理性排斥直接从某种整全性学说出发,推导出若干种政治原则与价值的特殊属性。[1]

前已述及,解法典化之过程乃是社会、科技极速发展的冲击所致,在冲击所形成的秩序动荡中,倘若不划定一种消弭动荡的阻阈,那么司法和守法就会沦为天方夜谭。也就意味着,在解法典化过程中,我们从微观系统制定微观法律制度时,需要收集并考量社会存在的重叠共识,至于如何实现这种重叠共识,我们可以借助哈贝马斯的交互理论,凸显主体间的商谈理性,坚守交往实现正义的正当法律程序。[2]

2. 重视并优化案例指导制度。2010 年 11 月最高人民法院建立了案例指导制度,把大各级人民法院的案例经过选择、提炼成为指导性案例,以指导类似之后续案件之审判工作,确保法律的统一适用。以互联网法院指导性案例为例,虽然最高人民法院已发布了几个互联网法院的指导性案例,[3]但该批指导性案例在凝聚社会共识角度仍存不足,主要体现是指导性案例仍在原有法律框架内展开,对新型涉互联网之纠纷案件审理尚缺乏前瞻性,例如,淘宝刷单契约是否有效,对网络主播打赏是否构成赠与等新型案件均缺乏指导意义。涉互联网法院之案例指导制度应以吸纳社会共识为突破口,不局限于现有法律框架下之解释,在协调现有法律规定(法典化)和普遍社会共识之角度(解法典化)对该制度进行优化。

---

[1] 参见[美]约翰·罗尔斯:《政治自由主义》,万俊人译,译林出版社 2000 年版,第 225-226 页。

[2] 参见吴英姿:《论诉权的人权属性——以历史演进为视角》,载《中国社会科学》2015 年第 6 期。

[3] 参见《最高人民法院发布第一批涉互联网典型案例》,载最高人民法院官网 2018 年 8 月 16 日,http://www.court.gov.cn/zixun-xiangqing-112611.html。

四、结语

规则体系、诉讼体系与解法典化并非大而空洞之概念划分，而有其内在的逻辑性。《民法典》在坚持内在的私法体系的基础上，结合我国具体的社会发展需求创造性地实现了形式体系的扩充，并为诉讼体系的发展注入了丰富的养分，推动了诉讼理论与实质诉讼规范体系的发展。当然，诉讼体系涵摄下的规范体系运行需考虑规范的生成逻辑、要件的沟通逻辑以及请求层次论等问题。而对于法典化国家共同面临的解法典化问题，我国应在重叠共识凝聚以及优化案例指导制度方向努力进行应对。

（责任编辑：陈晓敏）

私法研究 27 第二十七卷

被遗忘权的多重属性及制度构建

崔玲玲*

目　次

一、引言:历史演变中被遗忘权属性探寻

"被遗忘权"是指公民在其个人数据信息不再有合法之需时要求将其删除或不再使用的权利,如当时使用其数据信息是基于该公民的同意,而此时事后撤回了同意或储存期限已到,则其可以要求删除或不再使用该数据信息。[1] 这一概念兴起于对隐私的重视,学术界对此有长期大量的研究。最具代表性的是沃伦与布兰戴斯所著的《隐私权》,开创性地提出了"不受干涉的权利"概念,由个人决定是否将自己的东西交给公众。[2] 1989年,弗莱尔首次提到数字世界中与隐私数据有关的被遗忘

---

* 崔玲玲,中山大学民商法学博士研究生。

〔1〕 参见欧盟委员会网,https://data.consilium.europa.eu/doc/document/ST-9565-2015-INIT/en/pdf,2022年11月12日访问。

〔2〕 Samuel D. Warren & Louis D. Brandeis, *The Right to Privacy*, 4 Haward Law Review 193, 199(1890).

权,被认为是有关被遗忘权的最早文献记载。[1] 在司法领域中第一次提到被遗忘权则出现于刑事领域。[2] 一般认为,被遗忘权源于法国法中被称为 ledroitàl' oubli 的权利——允许被定罪的犯罪在服刑改造期满后要求被定罪和监禁的相关事实不被公开。[3]

随着互联网技术的不断发展,欧盟各国开始意识到了数据保护的重要性。最早如 1977 年《德国数据保护法》第 26 条、1978 年《法国数据保护法》第 36 条中的删除权和更正权、1984 年《英国数据保护法》第 24 条的修改和删除权、1989 年《荷兰数据保护法》第 33 条的删除权,这些法案条文奠定了被遗忘权的制度基础。[4] 随后,欧盟于 2002 年通过了《关于隐私与电子通信的指令》[5],2006 年通过了《数据留存指令》[6],2009 年有法国议员提出了关于被遗忘权的议案。[7]

遗忘权的议题在很多国家和地区受到关注。2012 年 3 月 29 日,美国联邦贸易委员会发布《快速变革时代消费者隐私保护:针对企业界和政策制定者的建议》,提出了授予消费者有限的数字遗忘权,即赋予消费者有要求公司删除其不再需要的消费者数据的权利,并允许消费者可以获取本人数据和在适当情况下隐瞒和删除本人数据。[8] 同年,韩国在修订后的《信息通讯网络的促进利用与信息保护法》中也增加了"被遗忘权"规定——用户在一定期间未使用信息和通信服务的,服务提供商应完全删除其使用的个人信息。[9] 2012 年 11 月,欧盟提出《关于规定欧洲议会和欧盟理事会保护个人数据处理和数据自由流动的提案(一般数据保护条例)》(2012 年 GDPR),确定了"被遗忘和删除权"。这是被遗忘权首次真正出现在欧盟法律文件中,并在之后被其立法确认一项基本数据权利。随后,欧盟 2016 年《统一数据保护条例》(2016 GDPR)正式出台。该条例 17 条正式确立了被遗忘权,使被遗忘权成为数据主体的一项基本的数据保护权利,具有了法律拘束力。

---

[1] 郑远民、李志春:《被遗忘权的概念分析》,载《长春师范大学学报》2015 年第 1 期。

[2] 郑曦:《"被遗忘"的权利:刑事司法视野下被遗忘权的适用》,载《学习与探索》2016 年第 4 期。

[3] ROSEN J. ,*The Right to be Forgotten*. 64 Stanford Law Review 88(2012).

[4] 李扬、林浩然:《我国应当移植被遗忘权吗?》,载《知识产权》2021 年第 6 期。

[5] Directive on privacy and electronic communications,02/58,art. 95,2002,OJ(L201),p. 37.

[6] Retention of data generated or processed in connection with the provision of publicly available electronic communications services or of public communications networks and amending Directive,06/24,2006,OJ (L105),p. 54.

[7] 郑曦:《"被遗忘"的权利:刑事司法视野下被遗忘权的适用》,载《学习与探索》2016 年第 4 期。

[8] 参见文档之家:《被遗忘权:大数据时代的新问题、新趋势》,载文档之家,http://m. doczj. com/doc/3bc1a385aeaad1f346933f7b. html。

[9] 李扬、林浩然:《我国应当移植被遗忘权吗?》,载《知识产权》2021 年第 6 期。

我国对于个人数据的利用与保护也在不断深入。2005年6月,《中华人民共和国个人信息保护法示范法草案学者建议稿》最早将“删除”上升为一项权利,规定在个人信息被非法储存以及当信息处理主体执行职责已无知悉该个人信息的必要时,该个人信息应当被删除。〔1〕 此后,2013年2月1日,《信息安全技术公共及商用服务信息系统个人信息保护指南》正式实施,规定当个人信息主体有正当理由要求删除其个人信息时,个人信息处理者应及时对相关个人信息进行删除。〔2〕 2017年6月1日,《网络安全法》开始正式实施,规定了公民个人信息保护的基本法律制度〔3〕,再到《民法典》第1037条第2款所规定的信息清除权,在出现法律规定或者当事人约定不应继续保留个人信息的情形时,个人信息权人有权请求信息收集(控制)者及时删除。〔4〕 2021年《个人信息保护法》的颁布,被认为是最具标志性的事件。其规定,在处理目的已实现、无法实现或为实现处理目的不再需要等情形下,个人信息处理者应当主动删除个人信息;个人信息处理者未删除的,个人有权请求删除。〔5〕

通过上述历史发展进程,我们注意到,被遗忘权的概念在国内法中并未被明确提出,而是以个人信息处理者负有删除义务的面目出现。问题在于,被遗忘权作为一种概念或者说权利形态被提出,必然要探讨其是否具备正当性基础,是否具有价值意义,应然存在的权利形态是什么,权利、权能还是权益?进一步来讲,在被遗忘权成立的基础之上,能否在现有制度体系中有效构建,法律适用内在逻辑是什么?正如王利明教授所言,要在法律上具体列举某项权利,必须要有确定的利益形态、特定的权利内容,尤其是要确定某一类权利与另一类权利的边界。〔6〕 那么,我们应如何理解被遗忘权的属性和内涵意义?本文拟对上述问题进行剖析,以期为被遗忘权价值的实现及保护提供些许思考。

二、被遗忘权的正当属性

理解被遗忘权的正当属性,就是要寻求制度建立内在逻辑,即为什么要在法律框架下构建被遗忘权制度,让其成为个人信息保护的重要议题,产生个人权利价值

---

〔1〕 参见齐爱民:《中华人民共和国个人信息保护法示范法草案学者建议稿》,载《河北法学》2005年第6期。

〔2〕 参见《信息安全技术公共及商用服务信息系统个人信息保护指南》5.5“删除阶段”。

〔3〕 参见《网络安全法》第四章“网络信息安全”。

〔4〕 参见《民法典》第1037条。

〔5〕 参见《个人信息保护法》第47条。

〔6〕 参见王利明:《人格权法研究》(第2版),中国人民大学出版社2012年版,第153页。

的实现效果。对此,从权利正当性的法哲学层面考虑,洛克的"劳动价值"理论、黑格尔的"财产人格"理论以及边沁的"功利主义"视角,均可从不同维度对权利(权益)形态进行正当性论证。

(一)劳动价值视角下的被遗忘权

从洛克的劳动价值理论出发,个人信息中蕴含的私人劳动赋予其受保护的正当性。洛克认为"法律的作用就在于使人们更好地享受自然权利,或者说行使正当的自由。他认为的自由主要内容是财产的自由支配"。[1] 提出财产的取得,是在公共物品上赋予了劳动。洛克在《政府论》中提到:"劳动是劳动者无可争议的所有物,那么对于这一有所增益的东西,除他以外就没有人能够享有权利,至少在还留有足够的同样好的东西其他人所共有的情况下,事情就是如此。"[2]当公有领域之物,掺进私人劳动这种劳动者毫无争议的所有物之后,劳动者将其归为己用便有了合理性基础,即劳动产生了财产权。

个人信息是个人劳动与公有领域之物交融的产物,独立的社会个体是个人信息产生的源头之水,没有个体日复一日的社会实践,个人信息则无从产生,其后续被存储以及使用获益更是无从谈起,应当肯定信息主体对其产生的个人信息至少存在一定的控制力。通过对私人信息和公共信息进行区分,被遗忘权可以在维护权利人个人利益的同时兼顾他人利益和社会利益,也即财产价值理论所要求的"获得财产权的前提是个人在共有物中留有足够多且同样好的东西给其他共有人"[3]。

私人信息是指与公共利益无直接关系、仅仅反映私人身份及其他方面的信息,权利人可以对该信息享有财产权;而公共信息,则是指那些处于公共领域,攸关公共利益,反映社会政治、宗教、经济、文化等领域的,与特定的个人没有直接利益关系的信息,这些信息就归于社会,不得影响社会的信息传播和共享。[4] 以 1995 年欧盟指令为代表,这类立法将个人信息分为敏感个人信息与琐碎个人信息。针对前者,除非获得主体的明确同意或基于法定的情形,否则禁止对其收集、加工、传播或使用;对于后者则相对宽松。同时,该类立法也规定了数据主体的基本权利,包括知情权、进入权、反对权等。[5] 在欧盟法院裁判中,被遗忘权适用于"不当的,不相关的,过时的"信息。通过个人信息与公共信息的区分,赋予被遗忘权财产属性可以兼顾

---

[1] 严存生主编:《西方法律思想史》,法律出版社 2004 年版,第 153 页。

[2] [英]洛克:《政府论》(下篇),叶启芳、瞿菊农译,商务印书馆 1996 年版,第 19 页。

[3] 崔国斌:《专利法原理与案例》(第 2 版),北京大学出版社,第 9 页。

[4] 刘德良:《个人信息财产权保护》,载《法学研究》2007 年第 3 期。

[5] EC Directive, art, 10, 11, 12, 14, 15. 转引自:刘德良《个人信息财产权保护》,载《法学研究》2007 年第 3 期。

对公共利益的尊重,意味着对其保护可以具有正当性基础。

（二）财产人格属性视角下被遗忘权

在黑格尔的人格财产理论下,个人信息可被解释为权利人的意志的外部定在,是人格和财产的体现,同样可为被遗忘权的正当性提供论证。黑格尔的《法哲学原理》阐述的所有权的规则主要包括两个环节:第一,关于财产的取得占有。对于物的占有方式“有的是直接的身体把握,有的是给物以定型,有时是单纯的标志”。[1] 在这里,他将意志自由与所有权的取得相联系。个人信息具有指示性,它明显的“标志性”暗示着意志的占有,即我把我的意志体现在该物内,取得了对个人信息的支配权,进而排斥他人。在个人主体意志的支配下,个人信息也可以作为私人财产。第二,财产的转让。因财产上附加着意志,便可以对该财产进行任意处理,包括抛弃。个人将其信息主动或被动的放置在互联网中,并不意味个人信息所附属的权利皆被抛弃或转让,仅是赋予信息网络控制者收集和有限度的处理权利。意志的规制不仅意味着应保护权利人对个人信息的控制不受外部的侵害,也意味着以其获取财产性收益有其合理性,比如授予他人使用获得收益等。这为被遗忘权作为财产权利的合理性提供了哲学依据。

（三）功利主义视角下的被遗忘权

边沁将功利定义为:它按照势必增大或减小利益有关者的幸福的倾向,亦即促进或妨碍此种幸福的倾向,来赞成或非难任何一项行动。该类行动既包括个人的行动,也包括政府的各类措施。[2] 遗忘是人类漫长文明长河中的常态,但在互联网、数字化存储技术完备的大数据时代,欲实现这种常态反倒会陷入极度的困境:

首先,信息天然流动,个人信息主体难以对其进行有效控制。通常的有效控制要求社会个体的所有权以占有之形式展现权利外观,并可有效排除他人对物的干涉。在通常的所有权的样例中,即使没有法律确权或其他力量辅助的情形下,自力控制仍可存在。而对于信息,个人的控制和干预十分有限。较之于有体物,信息控制缺少天然的权利外观,即便肯定控制信息主体控制个人信息的正当性,信息主体也是难以自主实现控制。在缺乏记忆的媒介和手段的时代,自然的遗忘和有限的记录构建了公众知情权和个人信息权益间的微妙平衡,而存储技术和传播技术的进步彻底将这一平衡颠覆:公众的知情权占据上风,而个人信息的过度记忆将信息主体带向了前所未有的弱势地位。

其次,信息和资本的集中使得信息处理者开始成为“主宰者”,而分散的个人信

---

〔1〕 刘德良:《个人信息财产权保护》,载《法学研究》2007年第3期。

〔2〕 [英]边沁:《道德与立法原理导论》,时殷弘译,商务印书馆2000年版,第58页。

息主体不具备谈判的能力。最为典型的处理者是政府机构和企业:政府机构拥有国家强制力做背书,其对个人信息存储、处理的力度与方式难以被监管;企业拥有技术和资金,数据存储集中化使得个人对信息权益的主张存在举证困难,维权成本极高。个人信息主体难以在"单打独斗"中实现合理遗忘的诉求,更为有效的机制亟待探索与确立。

在此现状下,人们对被遗忘权的诉求难以实现,导致人们的幸福感降低。被遗忘权是承认个体个人信息的利益,通过删除的手段,达到有效的个人保护,促进个人幸福以及整体社会稳定,便可从功利主义获取合法性。

三、被遗忘权的价值属性

一项制度的建立,在具有正当属性的同时,还要考虑制度本身的价值属性,思考其产生多元价值体系。唯有此,在法律适用过程,才能通过构建价值位阶,平衡价值利益,实现价值保护。可以说,任何值得被称为法律制度的制度,必须关注某些超越特定社会结构和经济结构相对性的基本价值。[1] 同样,被遗忘权益制度同其他法律制度相比,具备多元化的价值内涵。笔者认为,制度化的被遗忘权既有一般制度的价值内涵,又有其个性化的价值表达,如保障信息主体的行为自由、营造信息主体同个人信息处理者之间的权利平等,以及协调个人权利与公共利益之间的关系。

(一)价值位阶一:保障行为自由

数字化存储技术的使用让人类住进了"数字圆形监狱"[2]。客观上,被遗忘权益起到的作用在于,帮助个体找回数字存储技术高度发展前相对自由生活状态。具体而言,被遗忘权益保障行为自由的价值内涵主要表现为如下两个维度:

1. 消除数字记忆过度造成的行为顾虑。互联网拥有着庞大的用户群体,面对互联网技术及其衍生服务的,个体认知因背景、环境、志趣的不同,呈现多元化的样态。当下,全民互联已成为常态,每位参与者都不可避免地留下自己永久的数字烙印。永久存储的痕迹如同一颗颗深埋的"地雷",通过网络页面的呈现,通过搜索引擎的抓取,为个体带来超出承受限度的代价。随技术的不断迭代日益强化,个人信息处理技术具有多样性和复杂性,个人信息长时间存储的衍生后果越发难以预测。

被遗忘权制度允许信息主体对其产生的特定范围数字烙印主张删除。"被遗忘

---

〔1〕[美]E. 博登海默:《法理学——法律哲学与法律方法》,邓正来译,中国政法大学出版社 2017 年版,作者致中文版前言。

〔2〕[美]E. 博登海默:《法理学——法律哲学与法律方法》,邓正来译,中国政法大学出版社 2017 年版,第 18 页。

权保护的,不仅是展现自己(to be oneself)的权利,更是展现现时自己(to be present self)的权利。"[1]自由价值是被遗忘权益制度中的核心要义,即通过制度赋予信息主体一种相对的行为自由,使用互联网技术时,处于基本的任意性行为状态,能从数字存储化时期,回归到之前的常态遗忘时期。

2. 保留信息主体必要的心理预期。当前阶段,被遗忘权益所要追求的是尽量寻找数字时代信息主体所失去的遗忘常态,而绝非赋予其一种相较过去更甚的超额遗忘。被遗忘的权利不等于重写或删除历史[2]。保留信息主体对自身行为衍生后果必要心理预期,数字记忆高度发展前是如此,嗣后亦当如此。若信息主体实施不当行为,对行为预期威慑被过分淡化甚至抹除,即允许定向删除自身负面信息,则容易导致信息主体肆意妄为。换言之,被遗忘权保护的是一种利益平衡视角下相对自由。在制度运行的各个环节,均应审慎控制权能辐射范围,保留信息主体对行为潜在不利后果的必要预期。

(二)价值位阶二:信息权利平等

在信息主体与个人信息处理者之间的博弈中,被遗忘权制度为无疑是一个重要筹码,其试图构建双方于博弈阶段地位的平等化,为信息主体的被遗忘诉求得到有效回应奠定基础。有学者认为,"信息主体和个人信息处理者间存在持续性的信息不平等信息关系,此为个人信息保护的适用前提和法益基础"。[3] 就被遗忘诉求的提出与响应而言,若信息主体的主张缺乏相对具体的法源依据作为保障,作为处在强势地位的个人信息处理者,容易无视信息主体的主张。信息主体与个人信息处理者分列天平的两端,信息主体通常是独立、零星的个体,同高度组织化、集中化的个人信息处理者相比,处于弱势地位,无法具备交涉谈判资本。正是基于自力救济的困境,信息权利平等就成为遗忘权制度的核心价值所在。

首先,被遗忘权益使信息主体主张的被遗忘诉求具备制度支撑。个人信息处理者被要求对信息主体的主张予以及时、有效的回应,否则将会承担不利后果。当下,这种数字存储技术衍生出的负面产物,已经实质性或近乎实质性的损害信息主体的人格尊严。当信息主体注意到被遗忘诉求的合理性和重要性,且难以自力救济时,作为"想象共同体"的国家机器,则必然需要回应个体的诉求,制度的设立将为其诉

[1] 满洪杰:《被遗忘权的解析与构建:作为网络时代信息价值纠偏机制的研究》,载《法制与社会发展》2018 年第 2 期。

[2] European Commission, *Stronger data protection rules for Europe*, European Commission (June. 15, 2015), https://ec. europa. eu/commission/presscorner/detail/en/memo_15_5170.

[3] 参见丁晓东:《个人信息权利的反思与重塑——论个人信息保护的适用前提与法益基础》,载《中外法学》2020 年第 2 期。

求的满足提供必要的基础。

其次,行政机关的监督职能为信息主体提供间接帮助。信息网络行政管理机关从外部监督被遗忘诉求的审查及响应情况,能够为个人信息处理者作出反馈的及时性和适当性增添保障。在权利保障体系下,监管机制不同于司法机制,具有一定主动性。执法措施也更加灵活,更加及时,具有不同于司法机制的优点。要确实权利平等之价值实现,行政监管机制衡平性难以忽视。

可以说,制度化的被遗忘权益,通过在博弈天平信息主体的一侧添加"及时响应义务"、"行政监督"及"司法最终解决"的筹码,平衡当事人双方谈判能力,从而实现权利平等之价值。

(三)价值位阶三:公共利益限制

无论权利,抑或权益,都要受到公共利益的限制,这是民事权利制度的通用规则。比如,作为有形的所有权限制,以看似拥有绝对控制权的不动产为例,不动产权利人在公共利益面前也需要受到限制。相邻权便是表现形式之一,要求在相互毗邻的不动产的所有人或者使用人之间,当相邻方为了合理行使其权利时,权利人便需要受到一定程度的限制,包括但不限于提供必要通行便利、不得妨碍相邻建筑物的采光、通风和日照。〔1〕在以无形财产为客体的知识产权制度中,出于公共利益考量,对于权利行使进行限制的例子则更多。版权法中,基于对作品的正当利用,保障公众自由,促进知识传播,提升整体社会福利,规定了以个人学习、研究、欣赏为例的一系列"合理使用"行为。〔2〕专利制度中,出于公共健康目的,对于取得专利权的药品,设置了强制许可制度。〔3〕

个人信息的保护也遵循了这一原则。对此,《民法典》提出了原则性指引,为维护公共利益而合理实施行为,信息处理者无须承担责任;〔4〕《个人信息保护法》中同样明确肯定了公共利益的价值位阶优先性,规定为公共利益实施新闻报道、舆论监督等行为,信息处理者可以在合理范围内处理个人信息。〔5〕被遗忘权作为个人信息权利体系中一种形态,也概莫能外。虽然我国在立法层面尚未明确规定,但在司法实务中已经出现对于相关问题的裁判。如梁某冰与北京汇法正信科技有限公司网络侵权责任纠纷案,对于转载已公开判决书是否构成侵权,涉及司法文书公开的公共利益与个人信息权益的衡量问题。法院认为,"如果经司法公开的数据,社会

〔1〕参见《民法典》第288-296条。

〔2〕参见《著作权法》第24条。

〔3〕参见《专利法》第55条。

〔4〕参见《民法典》第1036条。

〔5〕参见《个人信息保护法》第13条。

其他主体不得再度转载、利用,一方面将损害司法公开制度,损害公众因该制度所受保护的知情权、监督权等公共利益。关于个人信息利益,梁某冰虽称被控侵权行为对其生活带来困扰,但其比前述公共利益更为迫切需要保护的重大利益或合理理由并为充分阐述"。[1]

问题在于,如何理解公共利益的内涵?当公共利益与其他权利行使发生冲突时,原则上公共利益应处于优先地位,由于其具备的优势地位,在适用公共利益优先理论时,我们更需注意对公共利益概念的合理限制。若肆意扩大解释公共利益,则会对权利人权利行使造成损害,甚至将权利架空。就公共利益范围的界定,以及和其他权利价值之间的衡量,则需结合各种因素个案综合判断。在被遗忘权的语境下,数字存储技术高度发展的当下,记忆的常态化与遗忘的去常态化现实给予原本相对稳定的社会秩序一记"重拳",如何衡量这一新兴权益与公共利益孰轻孰重更具有不确定性。个人信息保护观念是一个常谈常新的"老"话题。被遗忘权益于个人信息传播的限制,是立法者基于信息主体与社会治理的新需求等现实状况作出一系列应对所导致的结果。个人信息、数据相关的法律制度是一套相对完整的体系,而被遗忘权益仅为其中一隅,各项制度间互有分工,共同构筑起链条式的工作合力。

"虚拟化的网络社会既是现实社会的当代创新,又是现实社会的历史延续。"[2]被遗忘权益负责规制网络社会的一个具体侧面,同各种类型的个人信息、数据保护规则相互协作,勾勒出专属于当前数字时代的新型社会秩序。原则上,在个人信息保护与社会公共利益发生冲突时,应将公共利益处于优先位阶,同时要注意不能对社会公共利益进行不合理对扩张解释以对被遗忘权权利人造成不合理限制,甚至架空被遗忘权制度。尤其是在权利内容、保护路径及免责事由均无明确规定,法院只能结合个案,综合各种因素,进行利益衡量。

综上所述,我们可以看出"被遗忘权"制度在保障公民行为自由具有重要意义,一定程度上将广大互联网用户从无孔不入的数据留痕中解救出来,消除行为主体在作出行为前由于互联网过度记忆而产生的后顾之忧。同时需要强调的是,对自由的保障虽为被遗忘权制度的核心要义,但绝不意味着任何行为都可以被遗忘,"被记住"这一客观压力对不良行为的威慑作用同样不能被忽视。在个人信息所有者与个人信息处理者话语权、谈判能力极不对等的社会现实下,被遗忘权制度为二者的平等沟通提供了制度保障,让其变得可能。被遗忘权制度固然具有重要价值属性,但

---

〔1〕 参见北京市第四中级人民法院民事判决书,(2021)京04民终71号。

〔2〕 参见龚振黔:《网络社会与现实社会内在关系的哲学审视》,载《贵州大学学报(社会科学版)》2019年第6期。

并不意味着其行使是毫无限制的，至少在与公共利益发生冲突时，公共利益应处于优先保障的位阶。被遗忘权具有不可忽视的价值属性。

四、被遗忘权的权益属性

如前所述，被遗忘权作为一种制度形态，究竟是一项独立的权利，还是权益，抑或一项具体的权能？在现实语境下，探讨被遗忘权的属性，需要审视被遗忘权之权利观、权能观和权益观，探寻在被遗忘权法律属性的最优解。

（一）权利视角下的被遗忘权

当前，很多学者从权利层面展开对被遗忘权的研究，预设了其权利属性。虽然在最初借鉴“被遗忘权”概念的《欧盟通用数据保护条例》（General Data Protection Regulation，GDPR）中，明确的使用了“权利”一词，将其称为“被遗忘的权利”[1]，但笔者认为，以权利观为切入点保护被遗忘权，不仅会陷入“新兴权利”的理论误区，还会产生重视用户之数据私益保护，轻视个人信息处理者之数据公益利用的不对等后果。

首先，被遗忘权并不符合权利的产生机制。法益是现实利益向法定权利转化的中间状态，利益转变为法益需要得到法律的认可，而法益跃升为权利则需要具备权利的构成要件。凡是法律上没有明确规定的利益诉求，按照权利法定原则的逻辑来看都属于未上升为权利的利益，不能将它们定性为权利。[2]“新兴权利”本就是个伪命题，新兴的并非权利，而是法益。德国法学家李斯特指出：“所有的法益无论是个人利益，或者共同社会的利益，都是生活利益。这些利益的存在不是法秩序的产物，而是社会生活本身。但是，法律的保护把生活利益上升为法益。”[3]权利这一概念究完全是法秩序的产物，脱离法律认定的权利是不存在的。

其次，被遗忘权之权利观，形成了单向的“权利—救济”路径，既无法满足解决个人信息与数据利益冲突的现实需求，也会阻碍数据市场的自由竞争与公益价值的实现。目前，关于被遗忘权主要有两种保护模式：一是以 GDPR 为核心的保护模式（以下简称欧盟模式），二是以数据权利保护消费者权利的美国模式（以下简称美国模式）。欧盟模式体现为一种私法定位，强调数据立法应当以数据私权保护为立足点。

---

[1] 在欧盟 GDPR 中，立法者在规定“删除权（被遗忘权）”时明确使用了“right”一词，详见 GDPR 第 17 条第 1 款。

[2] 参见孙山：《从新兴权利到新兴法益——新兴权利研究的理论原点变换》，载《学习与探索》2019 年第 6 期；周赟：《新兴权利的逻辑基础》，载《江汉论坛》2017 年第 5 期。

[3] 参见郭栋磊：《形式的法益之理论基础、功能及其解释效力——从形式的法益与实质的法益之关系中展开》，载《中国政法大学学报》2021 年第 1 期。

美国模式则主张数据主体相对于互联网企业而言处于弱势地位,应当进行倾斜性保护。但无论是欧盟模式还是美国模式,被遗忘权的保护都体现为"从用户指向个人信息处理者的单向权利"和"由弱势方指向强势方的单向权利"的运作逻辑,进而形成以"保护用户私益"为中心的单边保护框架,在一定程度上忽略了对个人信息处理者利益的保护。这种倾斜的保护架构必然不利于平衡用户私益与数据公益之间的关系。

最后,被遗忘权的权利观有明显的滞后性。被遗忘权的行使场景复杂多样,与个体相关的任何信息都有可能以任何样态呈现在网络世界中。面对日益复杂的数据冲突表现形式,若采用权利观保护,就需要对被遗忘权的权利属性进行扩充解释,不断创设特定的权利类型和与之相对应的责任形式。一方面,法院需要通过大量的判例确立不同类型被遗忘权的保护方式,通过司法救济推动新兴权利的司法确认;另一方面,扩充解释被遗忘权的权利概念极易将其他利益诉求归之于权利诉求,可能出现对于制定法传统的违反。被遗忘权保护的利益涉及用户私益、个人信息处理者利益和社会公益,被遗忘权之权利观无法实现数据利益进行平衡保护的目标。

综合来看,如果将被遗忘权的保护范围禁锢在私权保障的视域之下,形成单向度的"权利—救济"保护路径,将会忽视个人信息处理者、使用者以及整个数据产业的发展利益,阻碍数据的市场自由竞争与公益价值的实现。

(二)权能视角下的被遗忘权

权能,即权利之所能。权能是构成权利的基本要素,是权利主体为实现自身利益而采取的具体实现手段。[1] 基于现行个人信息保护立法,被遗忘权容易被认为是隐私权或个人信息权项下的一项具体权能。申言之,被遗忘权是隐私权在信息时代的延伸,属于隐私权项下的个人信息控制与保守权能范畴。或者说,被遗忘权也属于个人信息权下的一项具体权能。

笔者认为,被遗忘权的权能观是狭窄的。被遗忘权并非依附于其他权利的某项具体权能,而应被视为包含独立权能内容的一项人格权益。从民法典的规定来看,删除权是个人信息权下的一项具体权能。信息主体发现信息处理者违反法律、行政法规的规定或者双方的约定处理其个人信息时,有权请求信息处理者及时删除。[2] 此处作为个人信息权的一项具体权能的"删除权",从法律文本原意上看是狭义的删

---

〔1〕 参见蔡立东:《从"权能分离"到"权利行使"》,载《中国社会科学》2021年第4期。

〔2〕 参见《民法典》第1037条规定:"自然人可以依法向信息处理者查阅或者复制其个人信息;发现信息有错误的,有权提出异议并请求及时采取更正等必要措施。自然人发现信息处理者违反法律、行政法规的规定或者双方的约定处理其个人信息的,有权请求信息处理者及时删除。"

除,即信息处理者通过技术手段将有关的个人信息予以删除的权利。从这个意义上说,被遗忘权与删除权不能完全画等号。[1] 虽然在司法实践中,行使删除权是被遗忘权的主要实现形式,但并不唯一。实际上,根据权利人欲删除信息性质和表现形式不同,可以要求个人信息处理者采取不同的手段,以此抹除个人信息在互联网上的痕迹。例如,个人信息处理者可以通过限制访问、去身份化或是断开链接等方式实现个人信息被遗忘的效果。简言之,被遗忘权不能简单理解删除权一样的权能,有其独立的保护对象和价值目标,并非其他权利的实现手段。

(三)权益视角下的遗忘权

权益与权利是两个完全不同的概念。所谓权益,是指经由法律确认但没有明文规定的并受法律保护的公民、法人和其他组织所享有的一定利益。维护合法利益是法律调整的出发点和目的。笔者认为,被遗忘权被定性为一项权益,不仅符合司法实践的现状,也有利于实现被遗忘权对用户、个人信息处理者和社会公众三方的平衡保护。

被遗忘权的权益观与立法现状与司法实践相契合。当前,现行法律体系尚未规定被遗忘权,立法层面的空白使被遗忘权难以以权利身份自居。相比权利而言,权益强调的是未被法律明确规定的特定利益。目前,法院对被遗忘权纠纷的态度,恰恰也体现了权益保护的属性。如早在2015年的任某玉诉百度案中,原告因为前任东家陶氏教育公司名声不好,遂将百度网讯科技有限公司告上法庭,要求其删除与前任就职教育机构相关的搜索关键词和链接,并赔礼道歉,赔偿经济损失。[2] 法院认为,任某玉在本案中主张的应"被遗忘"信息的利益与其具有直接的利益相关性,而且对这部分网络上个人信息的利益指向并不能归入我国现有类型化的人格权保护范畴,只能从一般人格权的角度寻求保护,但由于任某玉主张的该利益不具有正当性和受法律保护的必要性,不应成为侵权保护的正当法益,故判决驳回了任某玉的全部诉讼请求。

笔者认为,法院未承认被遗忘权的独立权利属性,却认为被遗忘权具有法律未明确规定的特定利益,为探索被遗忘权的相关问题提供了一个重要的分析样本。该

[1] 需要解释的是,本文所指的"删除权"是我国民法典中的那个"删除权",笔者在此并非要谈论GDPR中的"删除权",也即被遗忘权。在GDPR中,欧盟立法者已经默认将被遗忘权与删除权作为同义语使用,笔者认同此处的"删除权"是一个广义的删除权概念。但是对我国而言,在从欧盟法中引进"被遗忘权"的概念时不宜将"被遗忘权"与"删除权"视为同义语,一方面是因为囿于中西语言差异会给我们带来理解上的误区,另一方面是因为欧盟法上的"删除权"与我国法律中普遍规定的"删除权"概念相去甚远。

[2] 参见北京市第一中级人民法院民事判决书,(2015)一中民终字第09558号。

判决为被遗忘权在我国现行法律体系下通过一般人格权加以保护打通了路径，通过对该权利法律性质的分析，确立了保护的条件和标准，其提出的“非类型化权利涵盖利益”、“利益正当性”和“保护必要性”三大裁判规则，为我国网络时代个人信息相关利益进行司法保护提供了有益借鉴。同时，权益观侧重“益”的保护，能够更加全面地兼顾三方利益的平衡。被遗忘权的权益观与被遗忘权的利益平衡保护目标相统一，采权益观更有利于保护数据主体和个人信息处理者及社会公众三方利益的平衡。应当说，权利、权益与权能是以权利为中心而展开的，权利重点强调“权”，权益重点强调“益”，也即为法律所保护之利益。被遗忘权不仅要保护公民掌控个人信息的控制力，还要兼顾互联网平台等个人信息处理者的产业利益以及整个社会的公共利益。

此外，承认被遗忘权的权益属性还有利于对死者的保护。权利与权益的另一个区别在于两者的主体有所不同。一般而言，权利享有者只能是具有民事权利能力的自然人、法人或者其他组织；然而权益的享有人还可以包括死者。近年来，在滴滴空姐遇害案〔1〕、保姆纵火案〔2〕等案件中，与死者有关的信息被网民大量扒出，并不断转载，给死者名誉及其家属的心理都造成二次伤害。我们应当允许死者家属向相关平台申请账号注销或屏蔽服务，赋予死者应有的被遗忘权。因此，承认被遗忘权的权益属性，也能为死者的权益保护提供解释上的便利。

五、被遗忘权的制度构建

在充分讨论了被遗忘权的正当属性、价值属性以及权益属性后，笔者认为，被遗忘权有其存在的正当性基础，对于自由、平等、社会公共利益的提升等人类社会共同追求，有着不可忽视的价值。权利价值是灵魂，权利内容则是骨架和血肉，被遗忘权价值的实现，终究离不开对权利内容的剖析。那么，被遗忘权的制度构建应如何开展？通常而言，一种制度构建是由主体、客体，权利内容、权利保护而构成。同样，被遗忘权也应遵循上述逻辑，从主客体、权利内容与权利保护层面构建。在此，笔者无意在引呈现教科式的内容，更在意的是，如何在构建制度中把握核心要件，回应制度构建的相关争议，提供有价值的制度构建观点。

(一)特殊主体类型的被遗忘权制度构建

任何一项权利的制度构建，首先面临的问题便是权利主体是谁，何人可以享有

〔1〕《8·24乐清女孩乘车遇害案》，载百度百科2021年4月21日，https://baike.baidu.com/item/8·24乐清女孩乘车遇害案/22835678？fr=aladdin。

〔2〕《6·22杭州小区纵火案》，载百度百科2022年6月30日，https://baike.baidu.com/item/6·22杭州小区纵火案/21497234？fr=aladdin。

相关权利或权益？被遗忘权的权利主体是指作为自然人的具有身份可识别性的信息主体。其人格权属性决定了信息主体仅限于自然人，而不包括法人或其他组织。法人或其他组织的信息资料在受到侵害时可通过知识产权法、反不正当竞争法进行保护，并不涉及被遗忘权的适用情形。[1] 在此，笔者不去过多探讨一般主体的保护问题，而是针对有争议性的特殊主体，观察被遗忘权制度构建的特定安排。

1. 公众人物

公众人物是指在社会生活的某一范围或时段内，被广为人知或对其所在社会领域有重要影响的人物，如国家主要官员、演艺体育明星、科学家及社会活动家等。[2] “公众人物”在我国并非法律概念，它是西方国家在司法审查的过程中提出的概念。在“《纽约时报》公司诉沙利文案”中，美国联邦法院确立了这样一个指导原则：“禁止公共官员因为他们的公务受到了破坏名誉的错误议论而获得赔偿”，除非他能证明“批评人是出于实际恶意即明知不对或不顾事实与否的轻率心理状态”。[3]

对于公众人物的行为记录、评判谈论与公众言论自由、知情权之间关系紧密。被遗忘权被提出时，就有人担心，该制度可能成为有劣迹的公众人物用来抹去不光彩历史的工具。为平衡公众人物权利保护与公众知情权的关系，赋予公众人物以“被遗忘权”同时，应对其进行适当限制。一方面，公众人物作为一般的民事主体，享有民事主体的民事权利；另一方面，公众人物又不同于一般公众，占有相对多的社会资源，他们从社会取得利益的同时，应当考虑到自己应该承担相对多的社会责任，这样才可以做到权利义务的均衡。但需要注意的是，公众人物之间也存在不同，不同类型的公众人物，同样要区别看待，其享有的被遗忘权也应有所区别。[4] 在此，不再赘述。

2. 罪犯

罪犯既可以指被人民法院生效的刑事判决定罪量刑且刑罚尚未执行完毕的人，

---

[1] 张建文、高完成：《被遗忘权的本体论及本土化研究》，载《吉首大学学报（社会科学版）》2016 年第 3 期。

[2] 贺光辉：《辩证地对待公众人物的隐私权》，载《法学杂志》2006 年第 3 期。

[3] New York Times Co. v. Sullivan, 376 U. S. 254, 305 (1964). 1960 年 3 月，《纽约时报》登载了一条支持马丁·路德·金的民权广告，该广告谴责南方几个地区对黑人民权运动的压制。这版广告攻击和指出的问题是真实的，但也存在不少的出入。警官萨利文在看到报纸后，认为文章对当地警察局的行动报道是虚假的和诽谤性的，于是向亚拉巴马州蒙哥马利郡巡回法院提起诉讼，要求赔偿 50 万美元。一审萨利文胜诉，二审也获得了亚拉巴马州高等法院的支持。《纽约时报》不服两级法院的判决，上诉到联邦最高法院，1964 年 3 月 9 日，联邦法院以 9∶0 的投票结果撤销了亚拉巴马州的判决。

[4] 薛亚君：《数字时代个人信息的被遗忘权》，载《情报理论与实践》2015 年第 4 期。

也可以指被判处自由刑并在监狱中服刑的罪犯。[1] 罪犯的一部分权利被依法剥夺,较一般主体而言,罪犯的权利范围显然要狭窄。但罪犯作为社会上的一个特殊群体,其人权也是社会人权的重要组成部分。当前,现行制度既严格维护罪犯在服刑期间的人权,更着眼于罪犯刑满后能自立于社会,重视保护罪犯刑满释放回归社会后的权利。《监狱法》第38条规定,"刑满释放人员依法享有与其他公民平等的权利",这就从法律上保障了罪犯刑满回归社会后,能够与普通公民一样享有宪法和法律规定的权利。[2]

被遗忘权本身就肇始于刑事领域,犯罪事实能否作为罪犯的个人信息而成为被遗忘权的内容呢?不同国家和地区的制度对此采取了截然不同的态度,欧盟国家更重视罪犯的隐私保护,服刑完毕的罪犯有权淡出公众视野,媒体不得再旧事重提。而在美国,联邦法院确立了一项规则,即新闻媒体有责任报道政府的活动(包括司法程序),披露真实犯罪记录的行为受到其宪法第一修正案的保护,除非原告能证明存在比言论自由更高的利益。[3]

笔者认为,虽然被判刑的罪犯有权回归社会,但依旧需要根据其犯罪严重性来考虑适用被遗忘权的具体情形。而根据"利益均衡"原则,为了解决信息主体行使被遗忘权与新闻自由的冲突,二者难免需要妥协和退让。不宜将被遗忘权在刑事领域中全面推广,而应谨慎适用。[4] 比如,对恋童癖者或性犯罪的罪犯,被遗忘权不应该适用,从价值位阶上,受害者或未成年人的利益高于罪犯被遗忘的权利。[5] 这也是公共利益限制被遗忘权的例证体现。

3. 未成年人

未成年人同样具有身份的特殊性,应当受到优待。孩子们在自我反思之前往往就已先自我展现,这些错误可能伴随一生,无论走到哪儿,其网络痕迹都会如影随形。[6] 互联网中未成年人群体发展迅速,且思想尚不成熟,他们在披露自己的个人信息时,往往处于理性弱者的地位,也导致了未成年人是"被遗忘"的需求最为明显的群体之一。对此,美国加利福尼亚州率先出台了于2015年1月1日正式生效的

---

〔1〕 冯建仓、陈文彬:《国际人权公约与中国监狱罪犯人权保障》,中国检察出版社2006年版,第2页。

〔2〕 杨殿升:《罪犯人权的法律保障》,载《中国法学》1995年第6期。

〔3〕 See Jasmine E. McNealy, *The Emerging Conflict Between Newsworthiness and The Right to Be Forgotten*, 39 Northern Kentucky Law Review 119, 119-123(2012).

〔4〕 蔡士林:《被遗忘权在刑事领域中的展开》,载《华侨大学学报(哲学社会科学版)》2018年第4期。

〔5〕 郑志峰:《网络社会的被遗忘权研究》,载《法商研究》2015年第6期。

〔6〕 薛前强:《论大数据时代未成年人被遗忘权的法律构建——兼评美国加州第568号法案》,载《中国青年社会科学》2015年第9期。

"橡皮擦"法案,便要求社交媒体巨头应允许未成年人擦除自己的上网痕迹,避免因缺乏网络防范意识而不得不在今后面临"网络痕迹"带来的诸多困扰。[1] 同样,我国被遗忘权制度构建,也应借鉴这一做法。

4. 死者

关于死者人格利益受法律保护的必要性,学界已形成广泛共识,但在死者人格利益受到侵害时,哪些主体有权向行为人提出请求则存在一定争议。按照直接保护模式,在死者人格利益遭受侵害的情形下,有权提出请求的应当是死者本人,而死者的近亲属等主体实际上充当的是死者保护人的角色。而间接保护模式,指自然人死亡后,其民事权利能力终止,并不享有人格权,在死者人格利益遭受侵害的情形下,法律通过保护死者近亲属等主体利益的方式间接保护死者人格利益。[2]

从我国司法实践来看,死者人格利益保护经历了从直接保护模式向间接保护模式的转变,在死者人格利益遭受侵害的情形下,有权提出请求的主体主要是死者的近亲属。[3] 被遗忘权与人格利益之间有着密不可分、千丝万缕的联系,对人格利益的保护思路可以为被遗忘权的制度建设提供参考借鉴。但需要注意的是,近亲属行使死者的被遗忘权时,需要避免对第三人隐私权的侵害。如死者在生前通过电子邮箱或者即时通信工具等与他人产生各种社会交往,相当一部分也将涉及他人的隐私。而同时,他们通过电子方式进行的通信也属于通信秘密,受到宪法和法律的保护。不做任何限制的由死者的近亲属行使个人信息处理中的权利,也不利于保护第三人的隐私权。[4]

(二)"人身利益"还是"个人数据":被遗忘权客体之争

所谓客体是权利义务是指向的对象。在民事权利体系中,以权利客体为标准,通常物权、债权、人身权等。被遗忘权指向的客体究竟是满足被遗忘要求的个人数据,还是直接指向个人信息所有者的人格利益,存在争议。在商标制度和反不正当竞争法领域中对公众人物的姓名权、肖像权之争,追根溯源也是一样的问题,即权利客体究竟是人格,还是人身利益,抑或是财产权。例如,《民法典》人格权编的姓名权条款首次规定,自然人有"许可他人使用自己的姓名"的权利。[5] 可视为突破姓名权的人身权范畴,使其兼具人身属性和财产属性。

---

[1] 袁梦倩:《"被遗忘权"之争:大数据时代的数字化记忆与隐私边界》,载《学海》2015 年第 4 期。

[2] 魏振瀛:《侵害名誉权的认定》,载《中外法学》1990 年第 1 期。

[3] 参见《民法典》第 994 条。

[4] 《中美欧个人信息保护法比较——以中国个人信息保护法、欧盟 GDPR,美国加州 CCPA&CPRA 为样本》,载腾讯研究院 2021 年 8 月 27 日,https://www.tisi.org/19493。

[5] 参见《民法典》第 993 条。

对遗忘权而言,同样兼具人身权属性和财产属性。具体而言:一方面,被遗忘权权利客体指向人身利益。正如在被遗忘权的价值属性章节所述,被遗忘权在保护自由、促进平等、维护个人尊严等方面具有显著价值,“自由”更是被遗忘权制度的核心要义。而个人信息自然与人身权益之间密不可分,被遗忘权不仅强调信息主体对其个人信息享有的决定权和控制权,更强调对个人信息处理者规定更多的义务以减轻在信息扩散环节中对信息主体造成的潜在伤害。因此,被遗忘权的权利和义务之对象,应是人身利益。另一方面,被遗忘权权利客体指向个人数据。被遗忘权作为适用网络信息领域的一项权利,其针对的便是已发布在网络上的,可为一般人可见的特定信息。〔1〕 从范围上看,个人数据应当是与“任何一个已被识别的或可被识别的数据主体”产生联系、相匹配的数据。从性质上看,被遗忘权的客体可被概括为互联网上涉及自身“不当的、不相关的、过时的”信息。“个人数据”这一载体为个人自由、个人尊严等抽象人身权益能够获得具体而切实的保护提供了载体。

综上所述,遗忘权的客体是人身利益还是个人数据,并不冲突,所谓“横看成岭侧成峰”,只是不同视角下的不同结论罢了。申言之,被遗忘权的客体人身与财产属性,不会动摇其制度构建。认为两者存在冲突的观点,不过是概念法学影响而生的伪命题。“人身利益”是被遗忘权制度的保护内核,“个人数据”则是保护载体,二者并存,构成被遗忘权制度建设的重要一环。

(三)被遗忘权VS.删除权:被遗忘权权益的独立性

被遗忘权固然有其存在正当性以及存在价值,但是否有单独存在的必要,特别是,被遗忘权和删除权是何种关系,是被遗忘权权益独立性最核心的命题。以欧盟制度沿革为例,2012年,欧盟通过GDPR草案,第17条的规定命名为“被遗忘权和删除权”(right to be forgotten and to erasure)。后来,该草案在2014年3月进行了一次修订,第17条的标题变为“删除权”,去掉了“被遗忘权”的说法。欧盟于2016年4月正式通过了GDPR,此次修改的最终文本将“被遗忘权”放在“删除权”之后并以括号的形式标出。〔2〕 从GDPR的修改历程来看,这种在“被遗忘权”和“删除权”名称之间的辗转选用似乎是要告诉我们被遗忘权与删除权是两个可以同义替换的术语。有学者据此认为被遗忘权最终是以“删除”作为实现手段的,因为被遗忘权是以删除权为基础而建构起来的一项权利,两者内涵差异并不显著。〔3〕 此外,还有一种观点

---

〔1〕 杨立新、韩煦:《被遗忘权的中国本土化及法律适用》,载《法学论坛》2015年第2期。

〔2〕 夏燕:《“被遗忘权”之争——基于欧盟个人信息保护立法改革的考察》,载《北京理工大学学报(社会科学版)》2015年第2期。

〔3〕 参见王琰、赵婕:《大数据时代被遗忘权的现实逻辑与本土建构》,载《南昌大学学报(人文社会科学版)》2020年第6期。

认为二者内涵不同。其中,有学者认为被遗忘权是删除权的子概念;也有学者认为被遗忘权包含删除权;还有观点认为被二者相互独立,不存在包含关系。

笔者认为,被遗忘权不能简单等同于删除权。删除权是指当约定或法定的事由发生时,信息主体得以请求信息管理者删除其个人信息的权利。而被遗忘权是指当已公开的个人信息丧失时效性和可识别性时,信息主体可以通过删除等手段让相关信息被社会遗忘的权利。将被遗忘权与删除权进行比较,可见二者在性质、适用范围和实现方式上存在区别。

第一,被遗忘权和删除权的性质和功能有所不同。从性质上看,被遗忘权属于事前防御性权利,而删除权则更多表现为一种事后救济性权利。被遗忘权是信息主体在认为其个人尊严和自由将会遭受侵害时,积极主动地在获得法律救济之前要求个人信息处理者删除相关个人信息的权利;而删除权则是在信息主体已经受到实质性损害时,为防止损害进一步扩大而采取的被动应对手段。被遗忘权的行使机制依赖于信息主体主动按下触发按钮。也就是说,信息主体首先要产生使其信息被遗忘的念头,才会有要求个人信息处理者删除相关信息的行为。但是,删除权则是先有个人信息处理者实施侵权行为,信息主体才采取措施,通知个人信息处理者删除相关个人信息。从功能上看,被遗忘权的主要作用是确保信息主体能够实现对个人信息的自我控制权。删除权的作用则是有效遏制个人信息处理者收集、抓取和处理用户信息的不法行为,从而保障信息主体的信息安全。

第二,被遗忘权和删除权适用的个人信息范围不同。被遗忘权适用于具有合法性基础,但基于各种原因使原本合法的信息丧失时效性和可识别性,变得不恰当、过时的个人信息。删除权则适用于原本就缺乏合法性基础的个人信息,通常表现为违反法律法规或双方约定的个人信息。

第三,被遗忘权和删除权的行使条件不同。对被遗忘权而言,因为个人信息处理者最初对信息的处理、使用具有合法性,因此必须对被遗忘权与表达自由、公众知情权等相关权益进行利益衡量。对删除权而言,由于本就缺乏合法基础,所以无须考虑与其他权利的利益冲突,可以根据相关法律法规直接行使,较少受到其他权利的制约。

第四,被遗忘权和删除权的实现方式不同。删除权通常就只有"删除"这一种实现手段,即通知个人信息处理者将有关的个人信息从系统中删除。而被遗忘权的实现方式是多样的,除删除外,屏蔽、断开链接等手段同样也能达到被遗忘的效果。实际上,行使被遗忘权只能达到使个人信息不能被轻易识别或检索到的"间接被遗忘"效果。面对不同性质和存在形式的个人信息,如果只采取删除这一种方式,其效果有限,同时会给个人信息处理者带来操作难度,增加制度成本。应该根据个人信息的性质特点和表现形式,采取限制传播、隐藏链接、断开链接、隐匿身份、追加注解和删除等多元化的措施来达到相关信息被遗忘的效果。

因此,被遗忘权不等同于删除权。在制度构建时,引入被遗忘权的概念,不能照搬欧盟模式,将被遗忘权与删除权用作同义语。虽然被遗忘权可能与删除权等权利存在重叠的情形,但被遗忘权有其存在的独立价值。相较于删除权,现行语境下并用两个概念可能会让被遗忘权变得更加模糊。因此,应重视制度构建中被遗忘权的独立性。

(四)以"通知—必要措施"规则构建被遗忘权保护制度

正如上文所述,被遗忘权是互联网信息时代的特殊产物,网络服务提供商是个人信息处理者的重要主体。因此,在构建被遗忘权的权利保护制度时,作为网络服务商责任的重要规则的"通知—必要措施"规则可以为制度构建提供重要参考和支撑。"通知—必要措施"规则是互联网法律规制领域中最基础、最重要的制度之一,最早适用于版权制度,随着科技发展时代更迭,已经在更多互联网领域发挥作用,在"被遗忘权"制度领域同样具有适用可能性以及重要价值。

问题在于,在构建被遗忘权的保护制度时,应如何理解"通知—必要措施"规则。笔者认为,对于必要措施的理解,应根据网络服务提供者提供服务的性质、技术水平、信息管理能力、用户的侵权方式、效果及实现目的等诸多因素作出个案判断。网络服务者的管理能力越强,其承担的注意义务越高。同时,网络服务提供者的运营模式是否依赖直接侵权活动,是否从用户内容直接获取收益,也是判断其承担注意义务的一个重要标准。正如在"深圳市腾讯计算机系统有限公司、腾讯科技(北京)有限公司、重庆腾讯信息技术有限公司与北京微播视界科技有限公司、重庆天极魅客科技有限公司申请诉前停止侵害著作权"案中法院的观点,必要措施的内容并非固定的、不变的、机械的,而是动态的、可变的与发展的,必须兼顾技术发展现状及当事人之间利益格局的变化。[1] 由于信息处理者面对形式多样的海量信息,在个人信息权利人提供有效通知的情况下,赋予个人信息处理者采取删除、屏蔽链接、去身份化等"必要措施"是目前技术水平下较为合理且经济的制度构建模式。

但正如《个人信息保护法》中所规定的,在特定情况下,个人信息处理者应当主动删除个人信息。这便是由于个人信息具备的特殊的"人身属性"而赋予信息处理者更为积极主动的义务。比如,针对基于各种原因使原本合法的信息丧失时效性和可识别性,变得不恰当、过时的个人信息时,或者个人已经撤回同意时,信息处理者

[1] 重庆市第一中级人民法院民事判决书,(2021)渝01行保1号。

都需要承担主动让个人信息所有者"被遗忘"的责任。个人信息所有者的通知并不构成个人信息处理者采取必要措施的前提,更不能成为信息处理者怠于采取措施、逃避责任承担的理由。举轻以明重,在上述特定情况下,个人信息所有者要求处理者采取必要措施使其"被遗忘",个人信息处理者更需作出行为。

六、结语

正当属性、价值属性及其权益属性是被遗忘权属性的三个维度。在正当属性的层面,被遗忘权内在蕴含了劳动价值,亦为权利人意志的外部定在,给予其作为财产性质被赋予正当性的可能;同时在功利主义视角下,被遗忘权满足个人在网络空间留存个人痕迹基于个人意愿被合理遗忘的需求,促进个人幸福以及整体社会稳定的目的。

在价值属性层面,被遗忘权具备丰富的价值内涵,在自由、平等、公正及秩序等一般法律制度的价值内涵项下,顺应于网络时代的发展繁荣,有保障行为自由、营造博弈平等和公共利益优先的价值取向,无疑与当下的时代社会诉求紧密相连。在权益属性层面,权利视角的观点与权利法定之原则难免龃龉,亦无法满足解决个人信息与数据利益冲突的现实需求。权能视角的观点有过于狭隘之虞,被遗忘权有其独立的保护对象和价值目标,是目的而非手段。以权益视角理解被遗忘权,最为契合于我国的立法现状及司法实践,也更有利于保护数据主体和个人信息处理者及社会公众三方利益的平衡。被遗忘权与以删除权为代表的其他权益并非包含或等同关系。综合来看,被遗忘权其性质应属权益,有其独立价值,进而有赋予其独立地位之意义。

正当属性、价值属性及其权益属性的讨论,奠定了被遗忘权制度构建的前提和基础。被遗忘权的制度构建,应遵循主体、客体、权利内容与权利保护的逻辑主线。在主体方面,被遗忘权应重视公众人物、罪犯、未成年人及死者的利益保护;在客体方面,被遗忘权的客体人身与财产属性兼有,不要拘泥于概念法学的理解;在权利内容方面,遗忘权有着独立价值,不能简单等同于删除权;在权利保护方面,作为网络条件下权利保护制度,以"通知—必要措施"规则为核心构建保护体系。

(责任编辑:李俊)

私法研究 27 第二十七卷

格式条款纳入规制法律后果研究*

——以《民法典》第 496 条第 2 款为对象

张　瑞**

目　次

一、问题的提出

2020 年 5 月 28 日，我国首部《民法典》经全国人大审议通过，并于 2021 年 1 月 1 日起生效。其中，聚焦人民群众日常关心的“霸王条款”问题，《民法典》第 496 条第 2 款重构了格式条款纳入规制规则。依照其规定：“采用格式条款订立合同的，提供格式条款的一方应当遵循公平原则确定当事人之间的权利和义务，并采取合理的方式提示对方注意免除或者减轻其责任等与对方有重大利害关系的条款，按照对方的要求，对该条款予以说明。提供格式条款的一方未履行提示或者说明义务，致使对方没有注意或者理解与其有重大利害关系的条款的，对方可以主

---

* 本文系湖北省教育厅 2021 年哲学社会科学项目“使用泛社会化趋势下格式条款规制研究”（2IQ215）的阶段性研究成果。

** 张瑞，湖北经济学院法学院讲师，法学博士。

张该条款不成为合同的内容。"与原《合同法》第39条第1款相比,本款规定主要有两大修改点值得关注:一是经由"重大利害关系"要素的引入而拓展了格式条款纳入规制对象范畴,二是借助"对方可主张该条款不成为合同组成部分"而补足了格式条款纳入规制法律后果。进一步就这两处修改而言,后者又更加夺人眼球,概因其系"由无到有"式质变。然"对方可以主张该条款不成为合同的内容"法律后果是否已臻于完善?未来还有无进一步校正的必要与空间?在《民法典》出台后的民法典解释时代,当探讨格式条款法律规制议题时,此处值得理论研究者进一步深思。

鉴于此,以《民法典》第496条第2款为研究对象,本文拟对格式条款纳入规制法律后果展开探讨。所谓纳入规制,"即判断格式条款是否以及在什么条件下被订入了单一合同之中的制度,这是对格式条款进行司法审查的前提"。〔1〕立足于格式条款法律规制体系视角审视,纳入规制堪称"底层机制":"判断格式条款是否订入合同、是否成为合同的内容就成为对格式条款加以规制的第一道'防线'。"〔2〕而选择何种纳入规制法律后果,则最终又直接关系到该种机制能够发挥何种规制功效,此系当前探讨格式条款纳入规制法律后果时意义所在。经本文研究,笔者旨在对如下两方面疑问予以回应:一是《民法典》当前所持"对方可主张该条款不成为合同组成部分"法律后果有无瑕疵?二是若有瑕疵则未来完善方案为何?而这一切研究的起点,则需回归到原《合同法》第39条第1款所存纳入规制法律后果的瑕疵上。

二、原《合同法》第39条第1款法律后果瑕疵剖析

(一)纳入规制法律后果缺位瑕疵梳理

国内学者很早便已注意到原《合同法》第39条第1款存在的缺陷,就此有研究者指出"其属于不完全法条,缺少法律效果部分"。〔3〕也即该规范虽然规定提供格式条款的一方负有"提示说明义务",但却并未规定这一义务被违反时的法律后果。"法律规范作为一种行为规则,为了实现其功能,应当具有完整的逻辑结构——行为模式和法律后果……遗憾的是,原《合同法》第39条是一项只有行为模式而没有法律后果的法律规范。"〔4〕由此可见,法律后果的缺失使得本款规定成为"不完整规范"。且当初立法者设计该款规定的本意是希望其能发挥纳入规制效果,也即借由

〔1〕参见范雪飞:《论不公平条款制度——兼论我国显示公平制度之于格式条款》,载《法律科学(西北政法大学学报)》2014年第6期。

〔2〕参见张友连:《格式条款司法规制的逻辑分析——以〈最高人民法院公报〉案例为对象》,载《河北法学》2017年第3期。

〔3〕参见贺栩栩:《〈合同法〉第40条后段(格式条款效力审查)评注》,载《法学家》2018年第6期。

〔4〕参见苏号鹏:《格式合同条款研究》,中国人民大学出版社2004年版,第188页。

程序性方面提示说明义务的设定来防止格式条款滥用,然法律后果的缺位使得这种期待不具有现实可行性。同时也因法律后果的缺位,该规范最终沦落为一种法律上的"道义号召",在格式条款使用人趋利动机映衬下,此种号召无疑显得十分苍白无力。

针对原《合同法》第39条第1款存在的法律后果缺位瑕疵,有学者指出:"从体系化视角而言,《合同法》第40条必定是对第39条的完善性规定。否则,第39条根本没有意义而无从适用。"〔1〕然这一观点值得商榷,即使从体系化角度进行揣度,我们似乎也无法笃定地认为当初立法者设置原《合同法》第40条的目的包含完善第39条第1款的旨意。原《合同法》第40条规定:"格式条款具有本法第五十二条和第五十三条规定情形的,或者提供格式条款一方免除其责任、加重对方责任、排除对方主要权利的,该条款无效。"在本条中,"免除其责任"的情形被单独绝对性地认定为无效。在此种格式条款情形下,原《合同法》第40条与其第39条第1款发生了重叠。如果认为原《合同法》第40条系为了完善第39条第1款之规定,也即立法者意在通过第40条的引入而将"免责格式条款"认定为无效,进而通过合同效力渠道而将其彻底排除在合同之外,由此间接实现纳入规制效果,这未免有些牵强附会。因为若对原《合同法》第40条立法意旨作如此解释,则该法第39条第1款的存在将毫无意义:既然原《合同法》第40条已经通过否定性的效力评价而将"免责格式条款"排除在合同之外,那么法律又何必再针对此种格式条款设置提示说明义务?鉴于此,原《合同法》第40条不能被认定为是对该法第39条第1款的完善。追溯立法本意应认为,这两条规定"各自为政":各有各的规范属性,各有各的功能机制,各有各的规范目的。〔2〕既如此,原《合同法》第40条既然不能从体系化角度理解为对该法第39条第1款的完善,则当前两者之间存在的抵牾也自然不得被视为是一种"完善失败",而仅仅只是一种单纯的立法上矛盾。就此梁慧星教授曾指出:"按照第39条第一款的规定,格式合同中的免责条款,如果履行了提示义务和说明义务就有效。法律通过时在第40条加上'免除其责任'五字,导致依该条免责条款应绝对无效,因而与第39条和第53条的规定矛盾。"〔3〕梁教授所说"如果履行了提示义务和说明

---

〔1〕参见周清林:《论格式免责条款的效力层次——兼谈〈合同法〉及其司法解释之间的矛盾及其协调》,载《现代法学》2011年第4期。

〔2〕原《合同法》第39条第1款属于纳入规制规范,第40条属于内容控制规范;第39条第1款通过提示说明义务的设定来防止格式条款被滥用性订入合同中,第40条通过效力评价来将已订入合同中的不公平格式条款剔除到合同之外;第39条的目的在于保障缔约时格式条款上保留有最基本的意思一致,第40条的目的在于确保包含格式条款的合同在内容上符合法律所期待的公平。

〔3〕参见梁慧星:《统一合同法:成功与不足》,载《中国法学》1993年第3期。

义务就有效"虽失之偏颇，因为条款有效与否端赖于原《合同法》第40条之内容公平性评价，然其揭示出的原《合同法》第39条第1款与第40条之间的冲突却是客观存在的。当然需予明确的是，原《合同法》第39条第1款与第40条之间冲突的发生，虽然有前者欠缺法律后果之责任，同时这也源于后者内容过于单一之弊端：原《合同法》第40条将免责格式条款一概认定为无效，其既没有认识到格式条款在现实生活中的功能多样性，也没有顾及不同格式条款接受方对免责条款的容忍态度。例如在某些高风险交易领域中，免责条款的存在是降低资本进入顾忌的有效手段，最典型当属金融行业；同时对于某些购买力低的市场参与者而言，为了获取急需的交易机会，免责条款也并非绝对不能为其所接受，这一点我们或许可以从当前大火的购物App"拼多多"上找到启示。[1] 由此可见，未注意到免责格式条款功效的多样性，且未体察到格式条款接受方心理层次的丰富性，进而一概将免责格式条款认定为无效系原《合同法》第40条存在的典型弊端，而这也在一定程度上造成了与该法第39条第1款之间的冲突。故严格地讲，上举原《合同法》第39条第1款与第40条之间冲突的化解，一方面有赖于第39条第1款纳入规制法律后果的补足，另一方面还有赖于第40条中"免责格式条款"效力的多层次设计。[2]

因纳入规制法律后果缺位瑕疵的存在，原《合同法》第39条第1款除引发上述与该法第40条之间冲突外，其还与之后出台的最高人民法院《关于适用〈中华人民共和国合同法〉若干问题的解释（二）》（以下简称《合同法司法解释二》）第9条及第10条存在矛盾。《合同法司法解释二》第9条规定："提供格式条款的一方当事人违反合同法第三十九条第一款关于提示和说明义务的规定，导致对方没有注意免除或者限制其责任的条款，对方当事人申请撤销该格式条款的，人民法院应当予以支持。"第10条规定："提供格式条款的一方当事人违反合同法第三十九第一款的规定，并具有合同法第四十条规定的情形之一的，人民法院应当认定该格式条款无

---

〔1〕根据拼多多2022年第一季报数据，截至2022年3月31日，其平均活跃用户达到7.513亿人，同比增长4%。该数据恰好表明，目前仍有许多购买者愿意在其购买力范围内接受"劣质"以换取"交易机会"。而这种消费心理，在他们面对免责格式条款时又何尝不会产生？

〔2〕此次《民法典》第497条已作了此方面完善，其通过"不合理要素"的引入，从而将无效免责格式条款进一步限定为"不合理地免除或减轻其责任"情形，由此释放了一部分免责格式条款，而作为纳入规制规范的《民法典》496条第2款便有了对这些被释放的免责格式条款实施纳入规制的机会。如此一来，作为纳入规制规范的《民法典》第496条第2款与作为内容控制规范的第497条在规制任务上便呈现如下分工：首先所有免责格式条款均应受第496条第2款之纳入规制，使用人因此需履行提示及说明义务；其次通过纳入规制审查的免责格式条款还应承受第497条的内容控制检验，其中被认定为不合理的免责及减责格式条款将被认定为无效，而那些合理的免责格式条款便得以保留在合同中。

效。”如此一来,即引发了如下司法解释内部规范之间、司法解释与原《合同法》之间的冲突:“司法解释第 9 条规定违反提示和说明义务的他方当事人享有撤销权,而第 10 条却规定违反上述义务且落入《合同法》第 40 条的 5 种情形时无效。显然,司法解释第 9 条和第 10 条之间在效力种类的规定上存在严重冲突……司法解释第 9 条规定违反《合同法》第 39 条规定者可撤销,但《合同法》第 40 条规定的却是无效,即使按照司法解释第 10 条这些情形的无效也必须附加违反 39 条之条件,因此司法解释与合同法的规定实则大相径庭。”〔1〕上述《合同法司法解释二》第 9 条与第 10 条的出台表明,最高人民法院已经注意到了原《合同法》第 39 条所存在的纳入规制法律后果缺位瑕疵,并试图加以补救。然其补救行动却终告失败,其不仅未彻底澄清第 39 条应有法律后果形态,甚至还将这一问题拖入了更为混乱的迷津之中。

(二)纳入规制法律后果缺位瑕疵评析

经上文简要梳理可知,原《合同法》第 39 条第 1 款为不完全规范,其仅有行为模式而无法律后果。如此,首先导致该款规定所承担的纳入规制期待落空,其次也在一定程度上造成了其与该法第 40 条之间的矛盾,最后为了对其法律后果加以补足,《合同法司法解释二》却又弄巧成拙。概言之,正因原《合同法》第 39 条第 1 款纳入规制法律后果的缺位,“纳入规制功效虚弱”与“规范之间冲突”成为我国当前格式条款法律规制体系中的典型病症。

综上所述,欲化解上举病症,除了要对原《合同法》第 40 条加以完善,以及将不恰当司法解释规范摒除之外,更重要的是应在原《合同法》第 39 条第 1 款中嵌入契合格式条款纳入规制机制法理要求的法律后果。对此有学者已指出:“从内容上看,第 39 条以不公平格式条款的成立为规范对象,侧重于程序上的规制,而第 40 条以不公平格式条款的效力为规范对象,侧重于实体方面的规制。”〔2〕进言之,“倘若违反第 39 条规定的义务,那这样的格式条款根本未成立,自然不存在生效与否的问题。至于第 40 条则是涉及效力评价,因而两者隶属于两个不同的领域,不能认定它们之间存在矛盾”。〔3〕 立足于合同成立与合同效力分野角度,以保障意思一致为纳入规制机制运行机理的核心要旨,由此将原《合同法》第 39 条第 1 款所欠缺的法律后果实实在在往“纳入”一词上靠近,这既是过去某些学者研究所供给的有价值结论,也是某些域外法例可兹参酌的经验。以此为鉴,此次《民法典》第 496 条第 2 款

〔1〕 参见周清林:《论格式免责条款的效力层次——兼谈〈合同法〉及其司法解释之间的矛盾及其协调》,载《现代法学》2011 年第 4 期。

〔2〕 参见王宏军:《论格式条款的无效情形》,载《云南财贸学院学报》2004 年第 6 期。

〔3〕 参见周清林:《论格式免责条款的效力层次——兼谈〈合同法〉及其司法解释之间的矛盾及其协调》,载《现代法学》2011 年第 4 期。

也正是循着这一思路而对原《合同法》第 39 条第 1 款加以修订，并据此而引入了“对方可以主张该条款不成为合同组成部分”之纳入规制法律后果。

三、《民法典》第 496 条第 2 款法律后果补足评析

（一）《民法典》第 496 条第 2 款之理论继承与域外法借鉴

针对上文指出的原《合同法》第 39 条第 1 款所存在的纳入规制法律后果缺位瑕疵，以往学者从不同角度提出了斟酌意见。争鸣至眼下，学术界关于这一议题的观点已基本统一，即通常认为应当从合同成立的角度审视格式条款纳入规制法律后果。亦即“如果订约人违反该义务而使对方当事人没有注意到格式条款的存在，则对该条款并不能形成合意，因此在不提请注意的情况下，就不发生格式条款纳入合同的效果”。[1]

例如，梁慧星教授主持撰写的《中国民法典草案建议稿附理由 · 合同编》第 890 条第 1 款规定：“格式条款未以合同书形式或者作为合同书附件等类似形式表现的，提供者应向对方明示其内容。未明示的，对方可以主张该条款不构成合同的内容。”[2]另外，由王利明教授主持撰写的《中国民法典学者建议稿及立法理由 · 债法》第 1308 条第 2 款规定：“采用格式条款订立合同的，提供格式条款的一方应当遵循公平原则确定当事人之间的权利和义务；应采取合理的方式提请对方注意格式条款，并按照对方的要求对格式条款予以说明。未提请对方注意或应对方要求予以说明的，视为该条款未订入合同。”[3]细较之下，这两则规定虽有差异，但却均持“不成为合同组成部分”的纳入规制法律后果观点。只不过按照梁稿意见，这需要格式条款接受方自己主张；而根据王稿观点，则似乎是被径直认定为不纳入合同。笔者更赞成梁稿意见，即“对方可以主张该条款不构成合同的内容。”因为由当事人自己选择是否主张争议格式条款不纳入合同，这与意思自治精神更为契合。而且比之于法律径直规定争议格式条款不成为合同组成部分，此种方案将法律后果的最终决定权交给了合同当事人，由此避免了法律家长主义的过分干预。

目前来看，以未纳入合同作为格式条款提供方未履行提示或说明义务的法律后果是恰当的。因为本质上而言，此时当事人之间就争议格式条款欠缺必要的意思合意，故而并不因提供方的单方行为而径直订入合同之中。循此思路设计格式条款纳

---

〔1〕 参见王利明：《合同法研究（第一卷）》（第 3 版），中国人民大学出版社 2015 年版，第 413、416 页。

〔2〕 参见梁慧星：《中国民法典草案建议稿附理由. 合同编》（上册），法律出版社 2013 年版，第 74 页。

〔3〕 参见王利明：《中国民法典学者建议稿及立法理由 · 债法总则编 · 合同编》，法律出版社 2005 年版，第 231 页。

入规制法律后果,确实最契合合同是当事人意思表示一致产物这一契约法基本法理。毫无疑问,此次《民法典》第496条第2款第2句所引入的"对方可以主张该条款不成为合同组成部分"法律后果,显然继承了以往学者研究共识。并且其也将选择权赋予给格式条款接受方,具体应由该方当事人提出主张才可认定争议格式条款未纳入合同,而并未径直规定格式条款不成为合同组成部分。

除对既有理论研究成果加以继承外,此次我国《民法典》第496条第2款也同时借鉴了域外法相关范例。例如《德国民法典》第305条第(2)款规定:"仅在使用人于合同订立时有下列情形,且合同当事人另一方赞同适用一般交易条款时,一般交易条款才成为合同的组成部分:1. 向合同当事人另一方明示地提示一般交易条款,或者,因合同订立的种类,唯克服过巨困难始可能明示地提示时,以在合同订立地明显可见的招贴提示一般交易条款的;且2. 使合同当事人另一方有可能以可合理期待的方式知悉一般交易条款的内容,而该方式也适当考虑了使用人可看出的合同当事人另一方身体上的残疾。"[1]依照这一规定,若一般交易条款(我国法上格式条款)提供方未依此规定恰当履行提示义务,则该一般交易条款不可成为合同组成部分。显然此次我国《民法典》第496条第2款所设计的纳入规制法律后果,与上举《德国民法典》之规定有共通之处。但需注意的是,上陈《德国民法典》第305条第(2)款尚存在如下瑕疵,即当提供方未履行提示义务时,一般交易条款不成为合同组成部分系由法律直接规定,由此剥夺了格式条款接受方的选择自由,同时也忽视了现实交易活动的多样性。毕竟不排除在有些场合下,即使提供方未履行提示义务,但接受方仍基于自身某些客观权衡而选择将该一般交易条款纳入合同中。由此可见,比之于《德国民法典》第305条第(2)款,此次我国《民法典》第496条第2款规定更富有弹性,也更契合格式条款使用实践。

(二)《民法典》第496条第2款典型缺陷归纳

如上所述,就格式条款纳入规制法律后果而言,相对于原《合同法》第39条第1款规定,此次《民法典》第496条第2款确有诸多进步之处。然百密难免一疏,《民法典》第496条第2款所构思之格式条款纳入规制法律后果仍存在如下典型缺陷:

首先,"对方可以主张该条款不成为合同组成部分"并非立法旨意的最佳表达。按照《民法典》第496条第2款第2句规定,若提供格式条款一方当事人未依法履行提示或说明义务,则接受方可以主张该争议格式条款不成为合同组成部分。那么此

---

[1] 参见陈卫佐:《德国民法典》,法律出版社2006年版,第100页。

时必有一疑问,即在接受方提出主张之前该格式条款状态如何?[1] 一方面,此时明显不能推断认为其未成为合同组成部分,否则《民法典》第496条第2款第2句便属画蛇添足[2];另一方面,此时也显然不能推断认定其已成为合同组成部分,否则这将直接与合同作为意思表示一致产物的契约法客观法理冲突。由此可见,按照《民法典》第496条第2款第2句所设计"对方可主张该条款不成为合同组成部分"规定,在对方实际提出该主张之前,争议格式条款的状态是模糊不清的。而且在我国民事法律行为制度体系中,我们似乎也找不到类似"效力待定"这样一种称谓来指称此种不确定状态。毕竟就格式条款纳入而言,其本质上系争议格式条款订入合同中这样一种纯粹客观的事实问题。订入抑或未订入,这直接取决于当事人意思是否达成一致,而后者本质上也必然是一种客观确定的事实,归根结底并不存在模棱两可的状况。[3] 由此可见,《民法典》第496条第2款第2句虽欲从意思表示一致角度设计格式条款纳入规制法律后果,同时还想从意思自治角度赋予当事人选择权,但在具体草拟该规范时却犯了立法技术性错误。或者说,《民法典》第496条第2款第2句并不是制定者真实意旨的最佳表述。若现实交易中接受方因各种原因迟迟不提出此种主张,则前述纳入法律后果模糊状态也将持续存在。于交易关系的稳定而言,这无疑是一种持续潜伏的风险。且在格式条款被大规模适用的今天,这种交易风险的市场体量又极有可能被无限放大。

其次,格式条款接受方提出主张的期限不明确。此次《民法典》第496条第2款第2句虽然赋予格式条款接受方提出主张的权利,但并未规定其行使此种权利的期限。在民事法律制度中,与人身有关的权利通常是相对永久性的,如此意在给人身利益以最高尊重;与财产归属及支配有关的权利往往具有较长存续期限,目的在于保障财产的稳定状态;然与交易活动相关的权利却通常被课以较短期限限制,如此以防止交易阻滞,涤除交易不确定风险。鉴于此,类似于诉讼时效、除斥期间等期间制度在契约法领域中颇为常见。这些期间制度一方面可促进交易关系的及时确定,避免因权利人久拖不决所带来的交易等待成本;另一方面还可尽力防止交易外第三

---

[1] 此时接受方也许是暂时的未提出该主张,也许是从内心已经放弃提出该主张。但无论为何种情形,在接受方现实地提出该主张之前,上文所述疑问都是客观存在的。

[2] 既然在法律上已确定不成为合同组成部分,那么又何必再规定"对方可以主张该条款不成为合同组成部分"?此时后一定规定无疑是画蛇添足或者说同义反复,且更重要的是,此时虽规定对方"可以"主张条款不成为合同组成部分,但实质上其根本无选择权,由此该规定亦缺乏灵活张力。

[3] 诚然在现实中常常会围绕当事人意思一致是否达成发生争议,但此种争议实质上属于证据性争议。只要证据足够充分,该争议的结论便必然是客观确定的,要么已达成要么未达成,绝对不存在人为选择的余地,由此也不会存在模棱两可的状态。

人产生错误信赖,避免不特定第三人的信赖利益"裸露在法律的保护之外,从而动摇民事主体进行民事交往的基础和前提"。[1] 可以说,期间制度的设计,乃是市场规则制定者在交易灵活性与交易稳定性之间寻求平衡的惯用手段。尤其是从市场整体利益格局方面审视,期间制度之所以能在契约法领域中被广泛采纳,一个重要原因就在于其"具有维持既定社会秩序稳定,维护社会公共利益的功能"。[2] 相应地,在格式条款使用已呈现"泛社会化"趋势的当下,虽然对格式条款接受方提供救济具有无比充分的正当性,然从另一侧面而言,避免因倾斜救济之"过度供给"而导致的新交易风险,这也应是构建格式条款法律规制时应予留心的要点。持此理念再来审视《民法典》第496条第2款第2句便会发现,因其未规定格式条款接受方提出主张的期限,由此使得涉格式条款交易关系存在不稳定风险:通过选择权的赋予,虽然使得涉格式条款交易关系更具灵活性,但主张期限的空缺也造成了交易关系的不稳定。诚然格式条款提供方负有依照诚实信用使用格式条款的义务,但享有选择权的格式条款接受方也有尽快促进交易关系落实的职责。此次《民法典》第496条第2款第2句将选择权赋予格式条款接受方,这虽然表明了法律对其弱势地位的救济,但在格式条款被大规模、高频次使用的时代,接受方行使选择权无期限限制将导致众多涉格式条款交易关系处于不确定状态,由此孕育新的、巨大的市场不稳定风险。

最后,当格式条款接受方主张格式条款不成为合同组成部分时,彼时对合同中其他关联条款的影响后果不明确。作为合同中的构成部分,各条款之间存在关联性十分常见,即使格式条款亦是如此。若某格式条款的存续会影响到其他合同条款的履行,那么当该条款因接受方的主张而被排除在合同之外,则余下其他合同条款应如何处理?按照我国合同法惯常原理,在"尽可能保全合同存续"理念指引下,此时首要念头当是竭力保存其他合同条款,就此《民法典》第156条民事法律行为部分无效规则再次重申了这一理念。而且在涉格式条款关系中,"对格式条款的规制更多的时候可能仅仅涉及个别条款本身的效力,不危及整个合同的效力"。[3] 然这种想法过于原则,其并未料想到现实交易场合下的特殊情形。例如,当排除争议格式条款后,其他合同条款因此无法继续履行当如何?或者其他合同条款虽可继续履行,但会导致交易不公平又当如何?类似疑问在此次《民法典》第496条第2款第2句中均未作规定,由此设计出的格式条款纳入规制法律后果规范难言缜密。

---

[1] 参见王轶:《民法总则之期间立法研究》,载《法学家》2016年第5期。

[2] 参见王轶:《物权请求权与诉讼时效制度的适用》,载《当代法学》2006年第1期。

[3] 参见解亘:《格式条款内容规制的规范体系》,载《法学研究》2013年第2期。

四、《民法典》格式条款纳入规制法律后果完善思考

综合上文分析可知,此次《民法典》第 496 条在补足格式条款纳入规制法律后果方面确实有所改进,但亦还存在各种瑕疵。鉴于此,本文接下来试对本次《民法典》第 496 条加以重述,借此作为本文研究落脚点。而本文所重述之《民法典》第 496 条,亦呈现了笔者对未来我国《民法典》中格式条款纳入规制法律后果规范的完善构想。

第四百九十六条　格式条款是当事人为反复使用预先拟定,并在订立合同时未与对方协商的条款。

采用格式条款订立合同的,提供格式条款的一方应采取合理方式提请对方注意其使用的格式条款,并按照对方要求予以说明。提供格式条款的一方未履行提示或者说明义务,致使对方没有注意或者理解合同中格式条款的,相关条款不成为合同组成部分,但对方当事人追认同意除外。

格式条款因未获追认而未成为合同组成部分,且不影响其他合同条款效力的,其他合同条款继续有效。但如下情形除外:

(一)其他合同条款无法继续履行;

(二)其他合同条款继续履行会导致提供格式条款一方遭受重大不公平,或者将导致格式条款对方当事人遭受不公平。

相比于现行《民法典》第 496 条,上陈重述之第 496 条第 1 款继续保留了格式条款的定义规定,主要修订之处在于重写了前者第 2 款,同时新增了第 3 款及第 4 款。在重写第 2 款第 1 句时,笔者删除了现行《民法典》第 496 条中的"公平原则"与"重大利害关系"。就这两点调整,因并不直接关涉作为本文研究主题之纳入规制法律后果,故此处简要叙述即可。

首先,就"公平原则"而言,其并不适宜被安置在纳入规制规范中。依照现行《民法典》第 496 条第 2 款第 1 句要求,"采用格式条款订立合同的,提供格式条款的一方应当遵循公平原则确定当事人之间的权利和义务。"该项规定与原《合同法》第 39 条第 1 款第 1 句如出一辙,均将本属于格式条款内容控制规范的内容误插到了纳入规制规范中。如此一来便会引发如下困惑,即该项内容究竟"是订立规则,还是效力规则",不无疑问。对此本文也认为其属于效力判断规则(内容控制规则),因为就"遵循公平原则确定当事人之间的权利和义务"规定而言,其乃是针对合同内容的公平性所提要求,属于典型的格式条款内容控制。而作为一种程序性控制机制,纳入规制"不对合同条款进行直接的实质性评价,而是为了使合同条款有效或者具有

可执行性,要求其遵守某些形式上的规则”。〔1〕既如此就“公平原则要求”而言,其本质上与原《合同法》第39条第1款以及现行《民法典》第496条第2款之纳入规范属性不吻合。将该项内容置于这两款规范中实属异类,破坏了这两款规范的纯粹性,故应将其剔除。至于其“收容之所”,现行《民法典》第497条或可被考虑。〔2〕

其次,就“重大利害关系”来讲,作为格式条款法律规制第一道“阀门”,纳入规制的对象理应覆盖任何格式条款,法律自身不应确立所谓“有重大利害关系”这样的价值前提。概因在实践中,一项格式条款于接受方而言是否有重大利害关系,根本上应由接受方自己决策之,唯接受方自己才是重大利害关系是否存在的唯一判定者。而此项判断的做出,则又必然以接受方知晓且能够理解相关格式条款内容为前提,也即以提供方恰当履行提示说明义务为前提。由此可见,“提供方提示说明义务的履行”系“接受方重大利害关系判定”的前提,现行《民法典》第496条第2款第1句将“有重大利害关系”作为“提示说明义务”发生的前提条件可谓本末倒置。故现行《民法典》第496条第2款第1句虽通过“有重大利害关系”的引入而拓展了格式条款纳入规制对象范畴,但却又造成了立法逻辑上的混乱,其实质上是将“重大利害关系”的判断权由格式条款接受方转移到了立法者手中,在实践中则是完全转移到了法官手中。若从作为契约法之根本精神的意思自治角度而言,这无疑是对格式条款接受方意思自决的褫夺。与此同时,因“重大利害关系”内涵存在极大不确定性,这亦使得以之为依据而实施的纳入规制也存在极大确定性。以笔者愚见,此次《民法典》虽欲对原《合同法》第39条第1款狭窄缺陷加以完善,但最佳完善当为不加任何限定以及不作任何列举,而统一规定为“提供格式条款的一方应提请对方注意,并按对方要求予以说明。”就此做法,现行《保险法》第17条即已有先例可循。〔3〕即使

---

〔1〕张良:《论不公平格式条款的形式性规制》,载《河南大学学报(社会科学版)》2013年第3期。

〔2〕《民法典》第497条规定:“有下列情形之一的,该格式条款无效:(一)具有本法第一编第六章第三节和本法第五百零六条规定的无效情形;(二)提供格式条款一方不合理地免除或者减轻其责任、加重对方责任、限制对方主要权利;(三)提供格式条款一方排除对方主要权利。”该条无疑为格式条款内容控制规范,所作规定之核心要义是为了矫正因格式条款的存在而导致的合同内容不公平。既如此,“提供格式条款的一方应当遵循公平原则确定当事人之间的权利义务”可谓是这一要旨的反向表达。将其嵌入到该第497条中,或可表述为:“提供格式条款的一方应当遵循公平原则确定当事人之间的权利和义务,有下列情形之一的,该格式条款无效:……”

〔3〕《保险法》第17条规定:“订立保险合同,采用保险人提供的格式条款的,保险人向投保人提供的投保单应当附格式条款,保险人应当向投保人说明合同的内容。对保险合同中免除保险人责任的条款,保险人在订立合同时应当在投保单、保险单或者其他保险凭证上做出足以引起投保人注意的提示,并对该条款的内容以书面或者口头形式向投保人做出明确说明;未作提示或者明确说明的,该条款不产生效力。”相比于二审稿第288条第2款第1句,以及《消费者权益保护法》第26条第1句,此处《保险法》第17条规定更为可取。

欲对免责格式条款行非常之监控,则也仅仅是对其课以更严标准的提示说明义务而已,也即"任何格式条款都必须要有条款的制作人向相对人提请注意,只不过是对格式化的免责条款,条款的制作人应当尽到更高的提请注意的义务"。[1] 就这一思路,依然可在前举《保险法》第17条中寻得踪迹。

综上所述,就现行《民法典》第496条第2款第1句,建议作上陈改进。接下来笔者将重点围绕格式条款纳入规制法律后果议题,就本文前面所重述之第496条第2款第2句、第3款以及第4款予以注疏。

(一)"原则性排除+例外性纳入"法律后果解读

据前文所重述之第496条第2款第2句规定,提供格式条款的一方未履行提示或说明义务,导致对方当事人未注意或者未理解相关格式条款的,该格式条款原则上即自动不成为合同组成部分。但若对方在法定期限内容追认同意其纳入的,则该格式条款仍可成为合同组成部分。与现行《民法典》第496条第2款第2句相比,本文所重述之第496条第2款第2句呈现如下两点变动:一是格式条款提出方未妥当履行提示或说明义务时,争议格式条款原则性地被排除在合同之外;二是经相对人依法追认同意,争议格式条款仍可例外性地被纳入合同其中。

之所以将"不成为合同组成部分"规定为纳入规制的原则性法律后果,此系由纳入规制的基本原理所决定。诚如前文所述,纳入规制本身系立足于意思表示一致角度,而从合同订立层面管控格式条款使用行为。既如此若格式条款提供方未妥当履行提示或说明义务,此时接受方将因对该格式条款欠缺必要意思而无法与提供方达成意思表示一致,故其自然也无法成为合同组成部分。而"相对人追认同意"则在这一原则性排除法律后果上开了一道口子,其通过选择权的赋予而允许相对人在例外情形下根据自身需求而同意纳入格式条款。毫无疑问,前述原则性排除法律后果系紧扣合同缔结客观法理所作规定,而例外性纳入法律后果则主要体现了格式条款纳入规制机制的救济性关怀。

此外,上陈"原则性排除+例外性纳入"法律后果亦有其他范例可供参酌,例如,我国台湾地区的"消费者保护法实施细则"第12条规定:"定型化契约条款因字体,印刷或其他情事,致难以注意其存在或辨识者,该条款不构成契约之内容。但消费者得主张该条款仍构成契约之内容。"[2] 按照此规定,定型化契约条款(我国法上格式条款)因外观瑕疵而导致消费者未注意其内容时,也将引发定型化契约条款提供方未履行提示及说明义务的事实,由此该细则第12条即规定"该条款不构成契约

[1] 参见王利明:《合同法研究(第一卷)》(第3版),中国人民大学出版社2015年版,第416页。

[2] 参见梁慧星:《中国民法典草案建议稿附理由·合同编》(上册),法律出版社2013年版,第78页。

之内容”,此系原则性排除法律后果。然彼时消费者依旧还可继续主张“该条款仍构成契约之内容”,如此一来即发生例外性纳入法律后果。毫无疑问,该规定所持纳入规制法律后果设计思路与本文重述之第496条第2款第2句一致。除此之外,《国际商事合同通则》第2.1.20条也值得参照。依其规定:“如果标准条款中某个条款是对方不能合理预见的,则该条款无效,除非对方明确地表示接受。”〔1〕此种规范有一个专属名词,即“意外性条款排除规则”,此时其同样也采纳了“原则性排除+例外性纳入”法律后果设计思路。但此处要指出的是,此处《国际商事合同通则》第2.1.20条存在一个令人难以理解的要点,即存在意外性缺陷的标准条款原则上是“无效”的。就此疑惑,只要将其与《德国民法典》第305c条第(1)款稍加对比即可知晓:“根据情况,特别是根据合同外观,一般交易条款中的条款如此不同寻常,以致使用人的合同相对人无须予以考虑的,不成为合同的组成部分。”〔2〕此处《国际商事合同通则》之“标准条款”与《德国民法典》之“一般交易条款”均指格式条款,且均是存在意外性缺陷的格式条款:该格式条款因外观、名实不符、所处位置等情形而过于令人意外,以致显非一般交易人惯常理性所能预料,而这本质上也属于提供方未履行提示及说明义务情形。在这种情形下,《国际商事合同通则》原则上规定为无效,而《德国民法典》规定为不成为合同组成部分。比较而言,笔者更赞同《德国民法典》的选择。因为当格式条款存在意外性缺陷时,其导致的实际结果是当事人双方就争议格式条款无法达成一致意思表示,由此属于合同缔结层面的纳入规制问题。《国际商事合同通则》第2.1.20条选择“无效”这一法律价值层面的内容控制后果,实在匪夷所思。但无论如何,《国际商事合同通则》第2.1.20条原则上仍旨在将存在意外性缺陷的格式条款摒除于合同拘束力之外,由此其实际效果又与《德国民法典》第305c条第(1)款相仿。而且相比于后者,《国际商事合同通则》第2.1.20条在做出前述原则性法律后果规定之后,也如上文我国台湾地区“消费者保护法实施细则”第12条一样,例外性允许格式条款相对人实施追认同意,这一点较之于《德国民法典》第305c条第(1)款无疑又更加完备。

综上所述,本文前面重述之第496条第2款第2句以“原则性排除+例外性纳入”形式设计格式条款纳入规制法律后果,其比起现行《民法典》第496条第2款第2句显然更为完善。其首先遵守了合同缔结的客观法理(意思表示一致),同时也兼顾了对相对人的灵活救济(选择权赋予)。前文所述现行《民法典》第496条第2款第2句所引发的法律后果模棱两可瑕疵,在此处重述规范中荡然无存,由此在保障

---

〔1〕 参见梁慧星:《中国民法典草案建议稿附理由·合同编》(上册),法律出版社2013年版,第78页。
〔2〕 参见陈卫佐:《德国民法典》,法律出版社2006年版,第101页。

交易安定性方面，本文重述之第496条第2款第2句也更胜一筹。

（二）未纳入时对其他合同关联条款影响性分析

若格式条款因接受方明确拒绝而不成为合同组成部分，或者因接受方在追认期限内未作追认表示而不成为合同组成部分，则对于其他与之存在关联性的合同条款应如何处理？就此本文重述之第496条第4款规定："格式条款因未获追认而未成为合同组成部分，且不影响其他合同条款效力的，其他合同条款继续有效。但如下情形除外：（一）其他合同条款无法继续履行；（二）其他合同条款继续履行会导致提供格式条款一方遭受重大不公平，或者将导致格式条款对方当事人遭受不公平。"

首先，继承《民法典》第156条之精神，"民事法律行为部分无效，不影响其他部分效力的，其他部分仍然有效"。故当争议格式条款未成为合同组成部分时，若其他关联条款的效力并不因此受影响，则应当允许其继续有效，如此能尽可能发挥合同的交易促成功能。

其次，上述论断也并非绝对，至少存在如下两种情形时，争议格式条款纳入失败会同时导致其他关联条款的失效：其一，若其他关联条款因争议格式条款被剔除而无法继续履行，则此时继续维持有效并无实际意义，故其也应当随之失效；其二，若其他关联条款在争议格式条款被剔除情形下虽仍可有效，且仍可继续履行，但继续履行会导致提供方遭受重大不公平或者接受方遭受不公平时，则从合同内容公平性角度考量也不宜使之继续有效，故其也应随争议格式条款的剔除而失效。

总之，当争议格式条款未成为合同组成部分时，其他关联条款原则上应继续有效，但在存在履行不能的客观障碍以及履行不公平的价值障碍时为例外。此处略有疑问的是，虽均同样导致关联条款随之失效法律后果，但为何上陈重述之第496条第4款第2项将提供方遭受的不公平限定为"重大"，而接受方遭受的不公平却无此要求？对此，笔者理由在于，一方面，若格式条款提供方仅仅遭受一般不公平便可导致关联条款随之失效，这将削弱格式条款纳入规制机制的督促效果，也即会抵销本文重述之第496条第2款的警示功效。此时若将关联条款随之失效的标准抬高至"重大"不公平，则那些一般不公平关联条款的继续有效将对格式条款提供方造成"压力"，如此也能间接督促其恰当履行提示及说明义务。另一方面，若格式条款接受方只有在遭受重大不公平时才可使关联条款随之失效，则其必然会面临如下选择困境：不排除争议格式条款，则其将继续受该条款束缚；排除争议格式条款，其又可能继续受其他一般性不公平关联条款的束缚。毫无疑问，此种困境不恰当增加了格式条款接受方的选择压力，与纳入规制规范所持救济意旨背道而驰。故此时将关联条款随之失效的标准降低至"一般性"不公平，也即在接受方遭受不公平时便可导致关联条款随之失效，这无疑是恰当且必要的。总之，对于其他合同关联条款，"如果按照诚实信用原则之一般合同法学说,继续有效将过于严厉时”,[1]则应当认定其随争议格式条款的不纳入而失效。只不过在认定是否“过于严厉”时,指向格式条款提供方的尺度要比指向格式条款接受方的尺度更严格。

五、结论

通过“对方可以主张该条款不成为合同组成部分”法律后果的引入,《民法典》第496条第2款补足了原《合同法》第39条第1款的缺陷,由此在形式上拟制出了较为完整的格式条款纳入规制规范。而且借助于选择权的赋予,其实现了意思自治理念向纳入规制法律后果发生过程的渗透,进而与纳入规制机制的谦抑秉性暗自契合。

然“对方可以主张该条款不成为合同组成部分”之规定却并非立法旨意的最佳表述,在此规范语境下,争议格式条款的法律状态在接受方提出主张之前模棱两可。就此应更换表述,具体为“提供格式条款的一方未履行提示或者说明义务,致使对方没有注意或者理解合同中格式条款的,相关条款不成为合同组成部分,但对方当事人追认同意除外”。之后再以此为基础,进一步将前述追认权行使期限规定为“自合同生效之日起十五内”,由此避免提供救济时矫枉过正。最后基于争议格式条款与其他合同关联条款关系的把握,在争议格式条款纳入失败时针对关联条款的后续处理设计专门规范,由此将格式条款纳入规制过程置于合同关系整体格局中。如此一来,格式条款纳入规制不再只是一种局部的孤立活动,而成为合同法律规制这一更为宏观层面的组成部分。

(责任编辑:陈晓敏)

---

[1] 欧洲民法典研究组、欧洲现行私法研究组:《欧洲私法的原则、定义与示范规则:欧洲示范民法典草案(全译本)》(第1、2、3卷),高圣平等译,法律出版社2014年版,第566页。

私法研究 27 第二十七卷

信用评价条款解释论*

——《民法典》第 1029 条与《电子商务法》第 39 条之关系研究

肖伟志　李　奕**

目　次

一、问题的提出

20 世纪 90 年代末，国内学者开始关注民事主体的信用利益保护。在 2002 年《民法典（草案）》中，“信用权”作为一项独立的

---

* 本文是国家社科基金重大项目“完善诚信建设长效机制的立法研究”（20ZDA056）、国家发展和改革委员会财政金融与信用建设司立项课题“信用立法基本理论问题研究”（2018）的阶段性成果。

** 肖伟志，湘潭大学信用风险管理学院教授，博士生导师，法学博士；李奕，岳阳职业技术学院教师，湘潭大学信用风险管理学院 2022 届信用法务硕士。

具体人格权被列入第四编“人格权法”中。[1] 但该“草案”最终被搁置。2014年11月,党的十八届四中全会明确提出编纂民法典。“信用”或“信用权”能否“入典”、如何“入典”的问题,再次成为备受社会各界关注的议题。《民法典》有三个条文使用“信用”一词,均在第四编“人格权”第五章“名誉权和荣誉权”中。其中,第1024条第2款将“信用”作为“社会评价”的一个方面,与民事主体的“品德、声望、才能”并列,纳入“名誉”的定义之中。第1029条规定了民事主体依法查询自己的信用评价的权利,在发现信用评价不当时,民事主体有权向信用评价人提出异议,并请求采取更正、删除等必要措施。依第1030条,民事主体与征信机构等信用信息处理者之间的关系不适用《民法典》“人格权”编第五章的规定,而应适用“人格权”编有关个人信息保护的规定和其他法律、行政法规的有关规定。

《民法典》并不是使用“信用评价”一词的唯一法律。在全国人大和全国人大常委制定的法律中,《电子商务法》第39条和第70条都使用了“信用评价”一词。《电子商务法》第39条要求电商平台经营者“建立健全信用评价制度,公示信用评价规则,为消费者提供对平台内销售的商品或者提供的服务进行评价的途径”,并规定“电子商务平台经营者不得删除消费者对其平台内销售的商品或者提供的服务的评价”。第70条规定:“国家支持依法设立的信用评价机构开展电子商务信用评价,向社会提供电子商务信用评价服务。”

目前,也只有这两部法律使用“信用评价”一词。有学者指出,《电子商务法》第39条规定“信用评价”指的是平台内评价,第70条则是指向平台外第三方评价机构的信用评价。[2] 这两个法条意欲构建电子商务领域两个不同层级的信用评价机制,第70条所指“依法设立的信用评价机构”是第三方专业服务机构,此种机构从事的信用评价活动适用《民法典》第1029条的规定,应无疑义。《电子商务法》第39条中的“信用评价”是电商消费者信用评价,评价主体是消费者,评价对象是“平台内

[1] “2002年《民法典(草案)》关于信用权的条款有5条,将信用权单列,明确信用权作为非典型的人格权立法保护模式,主要内容包括:明确信用权的人格权法律属性,规定了信用权保护对象、客体以及内容,还规定了公民的信用信息保存和使用等内容,将信用权单列为一种独立民事权利,是开创我国信用权的立法先河。”胡万一、胡大武:《信用权保护立法研究》,载《现代法学》2008年第2期。

[2] 参见阎维博:《〈电子商务法〉中的信用评价:运行逻辑与实施路径》,载《中国流通经济》2020年第10期。

销售的商品或者提供的服务”。〔1〕 这种信用评价是否适用《民法典》第1029条,需要解释论上的澄清。这种澄清直接影响到以下三个问题的回答:电商经营者可以就消费者对其商品和服务作出的评价提出异议、请求更正或删除吗?消费者有权基于《电子商务法》第39条的规定拒绝删除吗?让消费者负担《民法典》第1029条规定“核查”和“采取必要措施”的潜在义务,是否构成对消费者评价自由的过分限制,导致消费者“不敢言”“不想言”,悖逆《电子商务法》第39条的立法目的呢?

本文分别从文义解释、体系解释、目的解释的角度,揭示《民法典》第1029条和《电子商务法》第39条(以下简称两个信用评价条款)所确立的信用评价规则的语义重叠性、功能互补性和价值相容性,以回答上述三个问题,并澄清两者关系,为我国信用评价活动法律规制的理论研究作一铺垫。

二、文义解释:两个信用评价条款的语义重叠性

“法律解释必须在文义所及的范围内为之”,此为“法律解释之文义的范围性”,是“将被思考过的事情,再继续思考到底”。〔2〕 作为一种继续思考的法律解释,从语义出发,是必然的逻辑起点。文义解释有划定法律解释范围之功能。文字是法律意旨的依附所在,也是法律解释活动的最大范围,因此,着手解释法律的时候,首先便须去确定文义涵盖的范围。〔3〕 为文义解释时,一般须按照词句之通常意义解释。〔4〕 “信用”和“信用评价”都不是法律实务或法学研究中的专用概念,其通常意义,既来源于一般日常生活中的语言使用,也来自其他专业性社会经济活动中的术语使用。信用的内涵揭示有不同角度、多种方式,信用评价在社会经济生活中的实践也呈丰富多样的形态。法律规范信用评价活动可能有着不同的规范意旨。信用评价在形式、内容上的多样性,也给准确把握法律条文的适用范围带来挑战。但是,

---

〔1〕 《电子商务法》第9条分别定义了电子商务经营者(以下简称电商经营者)、电子商务平台经营者(以下简称电商平台经营者)和平台内经营者。电商经营者包括电商平台经营者、平台内经营者以及通过自建网站、其他网络服务销售商品或者提供服务的电商经营者。语义上,“平台内销售的商品和提供的服务”不包括通过自建网站、其他网络服务销售的商品和提供的服务。根据最高人民法院《关于审理网络消费纠纷案件适用法律若干问题的规定(一)》(2022年2月15日最高人民法院审判委员会第1864次会议通过,自2022年3月15日起施行)第4条的规定,电商平台经营者以标记自营业务方式或者虽未标记自营但实际开展自营业务所销售的商品或者提供的服务,或者虽非实际开展自营业务,但其所作标识等足以误导消费者使消费者相信系电商平台经营者自营的,应承担商品销售者或者服务提供者的责任。因此,自营电商在其平台内销售的商品和提供的服务也属于消费者评价的对象。

〔2〕 黄茂荣:《法学方法与现代民法》,中国政法大学出版社2001年版,第259-260页。

〔3〕 参见黄茂荣:《法学方法与现代民法》,中国政法大学出版社2001年版,第274-276页。

〔4〕 梁慧星:《民法解释学》,法律出版社2009年版,第216页。

无论是从评价客体的角度,还是从行为特征、主体范围的角度,《民法典》第1029条和《电子商务法》第39条中的“信用评价”,在语义理解上具有重叠性,后者是前者的一种特殊表现。

(一)信用评价客体角度的分析

语义上,信用评价是评价主体对被评价主体之“信用状况”的评价。《民法典》第1029条规定的“信用评价”,与《电子商务法》第39条规定的“信用评价”,是否都能从评价客体的角度解释两者的一致性,从根本上决定了两者是否具有语义上的重叠性。

1.“信用”的内涵:从狭义到广义的扩展

“言必行,行必果”,“与朋友交,言而有信”,“内诚于心,外信于行”。在我国古代汉语中,“诚”与“信”可以互通。在最广泛的意义上,信用与诚信并无本质的区别。然而,由于“信用”一词的专业化特征,即主要被用来指代货币资金的借贷关系的特征,与“诚信”一词在使用领域上出现分野。我国社会信用体系建设的最终目的是“提升全社会的诚信意识和信用水平”。正是在这一背景下,“信用”的内涵发生了从狭义到广义的扩展。

马克思主义政治经济学对“信用”的经典理解,出现在《资本论》(第3卷)中,亦即“信用,在它最简单的表现上,是一种适当或不适当的信任,它使一个人把一定的资本额,以货币形式或以估计为一定货币价值的商品形式,委托给另一个人,这个资本额到期一定要偿还”。〔1〕这种“最简单的表现”的“信用”,即以“资本额”的借贷关系中表现出来的信用,可以说是最狭义的信用,仅指金融交易关系领域中的信用。《辞海》对“信用”一词的第三种解释,即“以偿还为条件的价值运动的特殊形式,多产生于货币借贷和商品交易的赊销和预付之中,主要形式包括国家信用、银行信用、商业信用和消费信用”。〔2〕商品交易中的赊销和预付,虽然都是“以偿还为条件的价值运动”形式,但又有着明显的区别。在商品预付关系中,购买者支付价款之时,出卖人尚未交付商品,出卖人将来是否愿意、是否能够履行他的承诺,即交付商品,是不确定的,购买者之所以愿意在这种情形下支付价款,是基于对出卖人将来能够履行他的承诺的意愿和能力的信任。这种信任关系,突破了以“货币资金之偿还”为唯一表现的最狭义“信用”的内涵,扩张到一切以未来履行特定承诺为条件的商品交易。

---

〔1〕马克思:《资本论》(第3卷),人民出版社1975年版,第102页。

〔2〕中国《辞海》对“信用”的前两种解释分别是:“信任使用”和“遵守诺言,实践成约,从而取得别人对他的信任”。

从金融交易领域,扩展到几乎所有的商品交易或市场交易的领域,信用的内涵发生了变化,但这个变化,并未从根本上触动“信用”作为一个经济范畴的本质性理解。

全国信用标准化技术工作组提出的推荐性国家标准《信用基本术语》(中华人民共和国国家标准 GB/T 22117—2018)于 2008 年发布,“信用”(credit)一词被定义为“建立在信任基础上,不用立即付款或担保就可获得资金、物资或服务的能力。这种能力以在约定期限内偿还的承诺为条件”。这种理解,与《辞海》对信用的第三种解释,如出一辙,将“信用”限制在经济交易领域。2018 年,全国信用标准化技术工作组对《信用基本术语》进行了重大的修改。最重要的修改就反映在它对“信用”词条的定义上。

2018 年《信用基本术语》重新界定了“信用”的含义,即“个人或组织履行承诺的意愿和能力”,而且,此处的“承诺”,“包括法律法规和强制性标准规定的、合同条款等契约约定的、社会合理期望等社会责任的内容”。《信用基本术语》还界定了“守信”和“失信”,守信就是信用主体履行承诺的行为;失信就是信用主体未履行承诺的行为。这一定义模式,大大扩展了“信用”的内涵。遵守“法律法规和强制性标准规定”的承诺,就是“守法的承诺”,不守法就是违法,违法就是未履行“守法的承诺”,违法就是“失信”。违反“合同条款等契约约定的”承诺,即违约,也即失信。不承担“社会合理期望等社会责任”,也是“未履行承诺”,亦属于“失信”。

2018 年《信用基本术语》中,“信用”词条还特别区分“经济领域”和“社会领域”。经济领域中的信用,“等同于交易信用,是指交易各方在信任基础上,不用立即付款或担保就可获得资金、物资或服务的能力。这种能力以在约定期限内履约为条件,并可以使用货币单位直接度量。”社会领域中的“信用”,也是“信用”,只不过“难以用货币度量”。

2008 年的《信用基本术语》在“信用”词条加了一个注释:“广义的信用指诚信原则在社会上的广泛应用。”十年后,2018 年的《信用基本术语》将“诚信原则在社会上的广泛应用”这个脚注变成了“信用”的基本定义!这种定义模式下,“信用”的内涵,不仅突破“货币资金”的媒介限制,而且突破了经济交易的领域限制,扩展至经济生活、社会生活中一切以“信任”——对信用主体未来能够履行承诺的信任——为前提的交往关系。这就是“广义信用”。

2.《民法典》中的“信用”应采广义的理解

法律领域中的信用,“与社会经济活动中的信用并无实质的差异,它只是将现实生活中的信用概念内化为法律概念”。[1] 在信用活动日益普遍化的背景下,民商法

---

[1] 赵旭东:《商事信用的界定与制度构成》,载《浙江工商大学学报》2019 年第 5 期。

领域的许多学者开始关注和讨论民事主体的信用以及基于信用而产生的权益。学者们大多以经济能力为侧重点对信用概念进行了剖析,认为:“信用是在社会上与其经济能力相应的经济评价”;〔1〕“信用是指民事主体所具有的经济能力在社会上获得的相应的信赖与评价”;〔2〕“民法的信用是为社会一般人对于某人之经济的行为意思或能力的评价和信赖”。〔3〕 然而,这种以经济能力或意愿评价为内核的“信用”理解,与前述广义信用理解,存在显著的差异。民商法学者所理解的“信用”并不能涵盖《信用基本术语》所界定的“社会领域中的信用”。于是,《民法典》第 1024 条第 2 款中,与“品德、声望、才能”并列的“信用”,究竟应该从狭义还是广义的角度来理解呢?

名誉是“他人(社会)对名誉主体人格、个人特征等方面的内容作出的一种评价”。〔4〕 保护名誉的法律,“预设了一幅社会环境中人与人是怎么被联系在一起的,或者应该怎样联系在一起的图景”。〔5〕 名誉的含义界定和名誉权的边界划定,取决于保护名誉的法律所欲调整的社会关系类型。名誉定义条款使用的“信用”一词,指向何种“社会关系类型”?“名誉”与“信用”的关系究应如何理解?主张“信用权”独立成权的研究,有两种思路。一种是将名誉与信用区别开来,主张信用权是独立于名誉权的人格权,认为名誉是“对特定人精神价值的评价”,为“人格的评价”,而信用是对“民事主体经济能力的社会评价”。〔6〕 另一种是突破人格权框架,将“信用权”进行更高层次抽离,以无形财产权说和一般财产利益说为代表。〔7〕 然而,《民法典》并未采纳信用权独立成权的主张。《民法典》出台之后,有学者虽仍坚持信用权的独立性,但基于《民法典》将信用利益保护纳入名誉利益保护之下的现实,认为必

---

〔1〕 王利明主编:《民法·侵权行为法》,中国人民大学出版社 1993 年版,第 299 页。

〔2〕 杨立新:《人格权法》,法律出版社 2011 年版,第 535 页。

〔3〕 刁胜先:《中西诚实信用原则的比较研究概念》,载《甘肃社会科学》2001 年第 4 期。

〔4〕 张新宝:《名誉权的法律保护》,中国政法大学出版社 1997 年版,第 15 页。

〔5〕 Robert C. Post, *The Social Foundations of Defamation Law: Reputation and the Constitution*, 74 California Law Review 691(1986).

〔6〕 苏号朋、蒋笃恒:《论信用权》,载《法律科学》1995 年第 2 期;杨立新、尹艳:《论信用权及其损害的民法救济》,载《法律科学》1995 年第 4 期。

〔7〕 吴汉东将“信用”作为“偿债能力的社会评价”,认为“信用权是受到法律保护的资信利益”,是一种“无形财产权”。参见吴汉东:《论信用权》,载《法学》2001 年第 1 期。周云涛通过反思对《德国民法典》第 824 条的研究和引用,基于该条体系地位和规范功能,认为该条保护的是“一般财产利益,而非人格权”,并进一步认为“正确的逻辑应当是剥离人格与财产,将原本属于名誉的人格利益的部分交还给名誉,信用只剩下财产利益部分”。参见周云涛:《存疑信用权——〈德国民法典〉第 824 条分析》,载《政法论丛》2008 年第 2 期;周云涛:《信用权之反思与重构》,载《北方法学》2010 年第 6 期。

须承认《民法典》所保护的"信用利益"兼具人格利益和财产利益的双重性质。[1]名誉权保护下的信用利益，是民事主体的信用形象这种特殊的人格形象不受歪曲、贬损的自由。"人格权与主体事实上可以部分分离"，人格权独立成编的立法模式，是在人格权法范围内、而非主体法范围内解决人格权商品化的保护问题。[2]于是，应当思考的问题，可能并非"信用"一词"事实"上指向何种社会关系领域中的利益保护需求，而是立法者希望何种社会关系领域的利益保护需求应受法律的保护。

原《民法通则》第 4 条将"诚实信用"与"自愿、公平、等价有偿"并列，规定为民法的基本原则。原《民法总则》(《民法典》第 7 条)将"诚实信用原则"直接表述为"诚信原则"，单独规定，"秉持诚实，恪守承诺"是其基本内涵。依《信用基本术语》的界定，"恪守承诺"是"信用"的最根本性质。如果将《民法典》第 1024 条中的"信用"仅限于经济活动领域中的恪守承诺，这与该条将"信用"作为民事主体人格利益之客体的立法安排是不一致的。毕竟，能够承载应受法律保护的民事主体人格利益的客体范围，不仅包括经济活动领域中民事主体恪守承诺的行为表现或事实状态，也应该包括民事主体在其他社会生活领域中的信用表现或状态。并无特别的理由，要求对该条中"信用"一词所适用的民事活动领域进行限缩解释。笔者认为，《民法典》第 1024 条中的"信用"应与前述"广义信用"的理解保持一致，如此，才能将信用利益涵摄至名誉利益的保护框架之中。

3.《电子商务法》上"信用"也是"广义信用"

根据《电子商务法》第 39 条，仅从语义的角度，即可得出消费者对"平台内销售的商品或者提供的服务"进行的评价是一种"信用评价"。消费者进行的评价，无论是消费者对商品和服务是否符合约定的质量、数量、标准、规格、功能等方面的要求所进行的事实描述，还是消费者使用商品或接受服务后发表的主观感受，都具有"评论"的色彩，而且都是针对电商经营者是否"恪守承诺"所进行的评论。将这种"评论"涵摄"信用评价"的语义之内，当然地表明立法者认为这种"评论"所针对的客体，即电商经营者"恪守承诺"的状态，就是电商经营者的"信用状况"。

---

[1] 李晓安认为，"信用权的不完全人格与不完全精神利益属性及强信息功能，使信用权的内涵与外延为人格权及其域下名誉权、信息权益所不能统摄"。(李晓安:《论信用的法权性质与权利归属》，载《法学论坛》2020 年第 2 期)，但又不得不指出，《民法典》三个信用条文，"保护的是民事主体与人格名誉相关的部分'信用利益'"。"'信用利益'不单是人格利益，其具有的经济价值为信用主体带来经济利益。""《民法典》的内在体系是一个自洽系统，因此，亦可借助《民法典》体系内的规范内涵对其进行价值填充和规则指引，有助于"信用"主体权利救济及责任承担等规范性效力转化为'信用'规范的实际效力，以实现对民事主体信用利益的全面保护。"李晓安:《〈民法典〉之"信用"的规范性分析》，载《理论探索》2020 年第 4 期。

[2] 王利明:《论人格权商品化》，载《法律科学(西北政法大学学报)》2013 年第 4 期。

《电子商务法》第39条中的“信用评价”是电子商务领域信用评价的法律化表达，仅指电商平台内的评价。通过对电商平台内评价规则进行考察和分析，可以揭示电商平台内信用评价所具体指向的对象或客体所具有的特征。我国国内现有的大型电子商务平台，如淘宝、京东、美团等，基本上都建立了平台内部的信用评价体系。《淘宝平台规则总则》规定淘宝网会员使用淘宝评价工具应当遵守《淘宝网评价规范》。[1] 根据《淘宝网评价规范》第2条，淘宝网的评价包括“店铺评分”和“信用评价”两个部分，店铺评分由买家对卖家评出，如对商品或服务的质量、服务态度、物流等方面的评分指标。信用评价由买卖双方互评，包括“信用积分”和“评论内容”。[2]《京东开放平台评价管理规则》中规定，评价包括消费者对交易订单中的商品评价、服务评价和消费者（或商家）的回复内容。180天内消费者的评价数据影响店铺综合评分。[3] 美团网发布的《美团评价规则（总则）》中“评价信息”部分包括用户对商户“评价内容”和“商户评分”两方面。[4] 尽管平台规则不仅使用“信用评价”的字眼，以“评价”或“评价信息”为规范对象，而且对评价主体发布的评价均提出了关联性要求，即与相应商品和服务相关联。只有具备相关性的“评价”，才被认为可以反映被评价主体的信用状况。通过上述列举的平台评价规则，电商平台内信用评价的内容，包括消费者对商品或服务的质量、商家服务态度、物流状况等方面的评价，也包括经营者在单次交易结束后对消费者的等级评定。这些评价内容，既包括电商经营者提供的商品和服务是否符合“法律法规和强制性标准”的规定、是否符合“合同条款等契约”的约定，也能够包括是否符合“社会合理期望等社会责任”的要求，比如是否过度包装、是否“绿色”“低碳”等。把这些所有可能的“评论”都视为“信用评价”，这意味着，《电子商务法》所理解的“信用”，与《信用基本术语》所界定的“广义信用”，在内涵上是一致的。

《电子商务法》有七处使用“信用”二字的情形，第39条2次、第40条1次、第70条3次、第86条1次。第40条规定：“电子商务平台经营者应当根据商品或者服务的价格、销量、信用等以多种方式向消费者显示商品或者服务的搜索结果；对于竞价

---

[1] 参见《淘宝平台规则总则》，载淘宝网2019年5月6日，https://rule.taobao.com/detail-10000210.htm?spm=a2177.7231193.0.0.18fd17ea44mNLU&tag=selfttps://rule.taobao.com。

[2] 参见《淘宝网评价规范》，载淘宝网2015年3月31日，https://rule.taobao.com/detail-2352.htm?spm=a2177.7231193.0.0.25fc17eaewlWxM&tag=self。

[3] 参见《京东开放平台评价管理规则》，载京东网2016年8月17日，https://rule.jd.com/rule/ruleDetail.action?ruleId=2395&type=0。

[4] 参见《美团评价规则（总则）》，载美团网2021年8月12日，https://rules-center.meituan.com/rules-detail/6。

排名的商品或者服务,应当显著标明'广告'。"此处"信用"二字应与第 39 条的理解保持一致,当无疑义。第 86 条规定:"电子商务经营者有本法规定的违法行为的,依照有关法律、行政法规的规定记入信用档案,并予以公示。"此处使用"信用"二字,意味着"违法行为"就是"失信行为",如此才应纳入"信用档案"。这与《信用基本术语》对"信用"的广义界定是一致的。因此,《电子商务法》上"信用"二字的内涵,亦应从广义的角度来予以把握,方能保持《电子商务法》体系解释上的协调性。

(二)信用评价行为角度的分析

1."信用评价"的多元形态

在经济学领域,信用评价与信用评级、资信评级是同义词,主要是指专业机构依据一定的标准,采用严谨的分析方法对市场经济活动主体偿债能力的评估,"是市场经济活动中不可或缺的一种中介服务"。[1] 信用含义的丰富以及信用活动的扩展和普遍化,使应用在社会生活场景中的"信用评价"有了远超于经济学意义上信用评价的含义。"评价"是指对一件事情或者人物进行分析、判断后的结论,从字面释义,"信用评价"就是对信用主体的信用状况进行分析判断后的结论,蕴含了评价主体的主观价值因素。被评价的信用主体包括国家、公民、法人和非法人组织,信用状况是指信用主体履行法定义务、约定义务、道德义务的情况。

具体到民商事领域,信用评价的形式多样,应用领域也非常广泛。最广义的信用评价包括一切主体对民事主体信用状况的评价。"信用评价"是依据信用主体恪守承诺的行为表现或事实状态对其"信用状况"进行的评价,具有不以被评价人的意志为转移的客观性,即"信用评价"表现为他方对特定民事主体信用状况的评价,并不包括当事人对自己作出的评价。根据信用评价主体的不同,可以将信用评价分为以下几种类型:首先,在"一对一"的闭合型交易中,信用评价是交易双方当事人一方对对方作出的。在交易之前,双方会对互相的信用状况进行判断,交易当事人一方基于对对方的信用状况的肯定才会与对方交易,并且可能在交易过程中或者交易完成后基于本次交易对对方进行评价。其次,商业活动和信贷活动中,信用信息不对称的问题促使了征信机构的兴起。当征信行业发展到一定程度,市场主体进行交易时越来越依赖由第三方征信机构作出的信用评价,这种由专业机构所作的信用评价会影响每一个被评价主体的利益。最后,在作为一个整体的社会关系系统中,信用评价往往不是由专业机构根据明确的标准和规范的程序作出的,而是由社会各方主体以非专业方式作出的评价,表现形式和传播媒介呈现多样化特征。在这种信用评

[1] 程鑫:《互联网环境下农户诚信评价研究——基于支持向量机方法》,武汉大学出版社 2018 年版,第 34 页。

价中,信用评价人可以包括个人、企业、社会公众等。

2. 两法条中“信用评价”在行为特征上的一致性

作为民事基本法律的《民法典》,是市民生活的基本行为准则,因此,若无特别限定,《民法典》所指“信用评价”应当包含信用评价在社会实践中的多重形态,该法第1029条规范的应当是民事活动中的信用评价活动。从法律文本角度观察,《民法典》第1029条没有直接为其所适用的信用评价活动限定特定的标准、程序、步骤和呈现形态。但由于该“信用评价”是有被“依法查询”“删除”“修改”可能性的评价,这表明,《民法典》第1029条可以适用的信用评价是痕迹化的、可以在更广范围内传播的信用评价。而且,这种评价活动发生在电商平台内,又必然具有互联网留痕、互联网可传播的特征。因此,带有明显瞬时性特征的口头评价,不在《民法典》第1029条的适用范围。可见,《民法典》所指的信用评价活动是评价主体以被评价主体履行承诺的情况为评价内容作出的、反映被评价主体信用状况的留痕性活动。对“履行承诺的情况”进行评价的活动,是否包括“仅仅发布一条陈述履行或不履行承诺的事实的信息”的行为呢?笔者认为,答案是肯定的。评价行为区别于非评价行为,根本的理由在于评价行为所包含的评论性内容或倾向。评论性内容或倾向,可能被明显地表达出来,通常以带有评论色彩的词汇的使用为标记。但即使没有使用带评论色彩的词汇,一条“陈述履行或不履行承诺的事实的信息”,实际上隐含着得以作出履行或不履行承诺的判断的“规范性标准”或“应然标准”。而一切依据“规范性标准”或“应然标准”作出的判断,显然不同于“仅仅陈述一个事实是否发生”的判断,还包含了陈述者意图表达的主观观点或倾向,即他/她关于该事实的评价。

根据上文提到的电商平台内信用评价规则,从评价的形式和内容等方面的行为特征来看,评价主体都是通过使用各电商平台提供的评价工具,以评分、文字、视频、图片等方式进行评价。消费者对经营者的评价在店铺详情页或者商品评价区以多种形式呈现,成为消费者决策的重要参考。毋庸置疑,电商平台内信用评价活动具有明显的互联网留痕性特征,而且反映了消费者对电商经营者是否履行承诺的主观判断,具有评论性色彩。由此可见,《电子商务法》第39条中的“信用评价”与《民法典》第1029条中的“信用评价”,均指向具有相同行为特征的信用评价活动。

(三)信用评价主体角度的分析

结合《民法典》第1029条的文本语境,《民法典》中“信用评价”的评价主体与被评价主体都是处于平等地位的民事主体。作为行政监管工具的信用评价,其评价主体和被评价主体是行政机关和行政相对人,两者之间基于信用评价行为形成行政法律关系,在行政相对人对信用评价产生异议时应当依据行政法律法规予以解决,因此不在《民法典》的调整范围内。除此之外,在文义解释视角下,《民法典》信用评价条款中的评价主体没有特别的资格限定。

法意解释的功能,有助于文义解释之理解。[1] 通过立法过程的相关资料,可以了解立法者的立法意图,有助于正确解释法条意义内容。从《民法典》立法过程来看,2018 年 3 月中旬,全国人大常委会法制工作委员会将民法典各分编草案(征求意见稿)印发后,有的意见提出应当将征求意见稿第 37 条中的“信用评价人”的资质和条件予以明确,并建议将民事主体可以查询的信用评价范围限定在征信机构的信用评价。《民法典人格权编(草案)》发布后,在 2019 年 1 月 18 日民法室召开的座谈会上,针对上述草案第 808 条,有的部门建议明确征信机构是作出信用评价的唯一合法主体,有的地方建议明确信用评价的主体和范围。2020 年 1 月,全国人大常委会法制工作委员会印发《民法典(草案)三次审议稿》向有关部门和单位征求意见,有的部门建议明确草案第 1029 条“信用评价”的内涵和外延。[2] 不过,以上建议并没有被采纳,最终出台的《民法典》正式文本中,《民法典》第 1029 条并未就评价主体的资格和范围作出任何规定。由此可以推断,立法者并无意将该条的适用范围仅仅局限在专业征信机构的信用评价内,对民事主体从事的信用评价活动的规范范围抱持开放态度。

消费者评价信息“促成了互联网交易中信任的构建,在互联网交易中起到了极其重要的作用”消费者评价及其制度“被世界各国所重视”。“消费者评价及其相关行为的规制应该是公权干预与私权干预相结合的产物”,具体制度设计涉及消费者评价权、平台的管理义务、经营者特定行为的禁止等诸多方面。[3] 《电子商务法》第 39 条对电子商务平台经营者提出健全信用评价体系、公示信用评价规则、畅通消费者评价途径三方面要求。实践中,平台经营者建立的平台内信用评价机制,为在平台内交易的当事方提供了评价工具,使用评价工具的主体包括利用平台销售商品、提供服务的经营者和购买商品或服务的消费者。因此,电商领域平台内信用评价是基于“一对一”闭合型交易的履约状况,由交易当事人一方向另一方作出的评价。消费者对经营者的评价,对电商市场的环境塑造影响更深、作用更大。消费者也是公众更为熟知,研究者更为关注的评价主体。以法律关系视角剖析,在电商平台内交易的经营者和消费者存在网络买卖合同关系或是网络服务合同关系,两者是民法上的平等主体。[4] 以消费者为评价主体、以电商经营者为被评价主体的信用评价关

---

[1] 参见梁慧星:《民法解释学》,法律出版社 2009 年版,第 222 页。

[2] 参见《民法典立法背景与观点全集》编写组编:《民法典立法背景与观点全集》,法律出版社 2020 年版,第 377-461 页。

[3] 应飞虎:《消费者评价制度研究》,载《政法论丛》2018 年第 1 期。

[4] 参见杨立新:《网络交易法律关系构造》,载《中国社会科学》2016 年第 2 期。

系,是平等民事主体之间的信用评价关系,属于《民法典》第 1029 条的调整范围。

三、体系解释:两个信用评价条款的功能互补性

从文义解释路径窥探,电商经营者可以基于《民法典》第 1029 条就消费者对其商品和服务作出的评价提出异议、请求更正或删除。然而,《电子商务法》第 39 条第 2 款规定:"电子商务平台经营者不得删除消费者对其平台内销售的商品或者提供的服务的评价。"《民法典》第 1029 条确立了请求更正、删除不当信用评价的权利,而《电子商务法》则明确禁止电商平台删除消费者的评价,无论恰当或不当。《民法典》与《电子商务法》虽不具有法典意义上的体系性,[1]但两者均可能对电子商务信用评价活动中两方主体的权益产生影响。这种表面上的"冲突",实际上只是利益保护上的功能侧重不同而已。两法条意欲从不同的利益保护立场出发,从不同的角度发挥利益协调的功能。因此,只有运用体系解释的方法,揭示两个信用评价条款各自不同的利益保护立场和利益协调功能,才能消除"表面冲突",防止这种表面化理解扭曲法条原意,正确把握两个法条的适用关系。

(一)评价主体与信用主体的利益对视

在信用评价关系中,评价主体的利益与信用主体(被评价主体)的利益总是不可避免地处于冲突之中。规范信用评价活动的法律,必须正视相互冲突的利益,并预先为利益冲突演变成法律上的争议或纠纷时提供解决的依据。在以消费者为评价主体的电子商务信用评价机制中,作为评价主体的消费者的评价利益与作为被评价主体的电商经营者的信用利益究竟有着怎样的内涵?

消费者的评价利益主要表现为消费者的评价自由,即消费者针对购买的商品和服务有是否作出以及作出何种评价的自由。"消费者评价权是宪法上言论自由在消费者保护领域的延伸。"根据评价利益的内容,消费者评价权包括自由评价权和完整呈现权两个部分,均具有积极支配和消极防御两大权能。[2] 承认并保护消费者的评价自由,不仅是因为言论自由作为公民基本权利的特质,而且因为这种评价自由在市场运行中可以发挥非常重要的作用。消费者评价是消费者分享消费体验最便捷和最直观的方式,保护消费者评价有促进经营者诚信经营的作用,最终产生造福消费者和市场竞争环境的正面效益。出于建立电商秩序的现实需求,社会认可消费者评价利益,就在于消费者评价具有的纾解市场信息不对称之价值。

---

[1] 参见葛虹虬:《解释论视角下〈电子商务法〉定制搜索结果条款的规范目的及限制适用》,载《法律科学(西北政法大学学报)》2021 年第 3 期。

[2] 李超:《论消费者评价权》,载《河北法学》2021 年第 5 期。

民事主体通过信用才能实现和获得的利益是信用利益。在信用经济时代,信用利益日益深刻影响着信用主体的经济活动。"信用评价是利益的媒介,无论信用评价形式为何,其结果直接决定信用主体利益的获取和利益的多寡。"〔1〕作为信用重要载体之一的信用评价,发挥着举足轻重的作用。电子商务信用评价活动中,作为信用主体的电商经营者,享有信用享有权、信用维护权和信用利用权。〔2〕信用享有权是指经营者可以通过诚信经营行为获得良好信用评价以维持信赖。信用维护权是指经营者有获得与自己履约状况相关的真实准确评价的权利。信用利用权是指,经营者可以通过提升自身信用评价换得更多的交易机会,例如信用程度越高,所提供的商品就会出现在消费者页面搜索结果的越前列。虽然,这三种权利并不是实证法上的权利,但是,三种权利表述所揭示的利益内容确实能够较为完整地揭示信用利益的基本内涵。

利用信用获取更多交易的机会或者更好的交易条件的基础和前提是信用的享有与维护。信用利益的享有与维护,都与信用评价活动直接相关。从发生学的角度,甚至可以说,前者就是后者"生发"出来的。信用利益是"果",信用评价是"因"。消费者信用评价,对于电商经营者信用利益的享有与维护,起着决定性的作用。具有互联网可传播特征的消费者信用评价,在错综复杂的网络环境下,与电商经营者信用利益碰撞的频率、范围,明显有加速、扩大的趋势。一方面,评价内容与真实情况分离的现象日益增多,特别是恶意评价,对信用主体信用利益的损害,影响甚巨,也进而造成对经营自由的实质性影响;另一方面,电商经营者想方设法删除对其不利的评价,甚至不惜动用威胁、恐吓的手段,而平台以维护平台秩序为名为消费者评价设置这样或那样的要求,这种现象也日趋严重,对消费者评价自由造成不当的干预、限制,极大束缚消费者评价功能的发挥,阻碍电子商务信用体系的健全与完善。这种特殊的利益关系,确实需要一种特殊的利益协调机制。

笔者认为,正是在这种利益协调的问题上,从体系解释的角度揭示《民法典》第1029条与《电子商务法》第39条第2款在利益协调功能上的互补性,具有非常重要的意义。

(二)防止不当评价:《民法典》为消费者评价自由划界

《民法典》第1024条认可"信用"是关乎民事主体名誉的社会评价的内容之一。信用利益是《民法典》所明确保护的名誉利益。消费者作出的信用评价是可能损害这种名誉利益的主要方式。虽然,《电子商务法》第39条第2款完全否定电子商务

〔1〕 李晓安:《论信用的法性质与权利归属》,载《法学论坛》2020年第2期。

〔2〕 参见王利明:《人格权法研究》,中国人民大学出版社2018年版,第528-529页。

平台对消费者评价的删除权利,体现了将消费者的评价自由作为一种受绝对保护的利益的立法立场,但是,消费者的评价自由从来不是绝对的。《民法典》以名誉权保护模式保护信用利益,为消费者评价自由画了两条边界,一是针对一般意义上的不当评价,二是针对特殊情形下的恶意评价。

第一,基于“信用”内涵的广义理解和信用评价表现形式的多样性,以及信用评价与信用利益之间的直接相关性,信用评价行为是可能侵害信用利益的主要行为方式。《民法典》对信用评价行为的规制本身就反映了保护信用利益与保护评价自由之间的协调。《民法典》第1029条授予被评价主体(信用主体)查询信用评价以及发现信用评价不当时提出异议、请求更正或删除的权利,消除不当信用评价可能给信用利益带来的损害,以平衡信用利益和评价自由。《民法典》针对“不当信用评价”作出的规定,为消费者评价自由划定第一道边界。

第二,《民法典》第1024条是名誉权保护的一般规定,任何组织和个人不能以侮辱、诽谤等方式侵害他人名誉权。当消费者于交易后作出的评价,是以侮辱、诽谤等方式造成经营者社会评价降低的损害结果时,即构成了对经营者名誉权的侵害。具体而言,消费者评价构成民法上的“侮辱”,要求消费者具有毁损经营者名誉的主观故意并且发布了带有丑化店铺形象、贬损人格等侮辱内容的评价;构成“诽谤”,要求消费者捏造、散布了与事实不符的虚假信息或据虚假信息进行了评价,主观上有故意,在基于虚假信息进行评价的情形下,消费者对虚假信息应为明知。侮辱、诽谤是侵害名誉权的典型方式,但不带有侮辱、诽谤内容的消费者评价,也有可能侵害名誉权,例如,消费者以牟利为目的作出与实际情况偏离的不真实恶意评价,欲达到降低经营者信用评价目标的,也能构成对名誉权的侵害。综上,主观上具有降低信用评价水平之目的或动机,客观上由于存在于公共网络空间而容易被第三人所知悉的恶意评价,属于侵害经营者名誉权的行为,消费者作为侵权人应当承担停止侵害、赔偿损失、消除影响、恢复名誉、赔礼道歉等民事责任。这为消费者评价自由划定了一条更为严厉的行为边界。当然,恶意评价也显然属于不当评价的范围,因此,在恶意评价的情形下,信用主体也当然可以主张《民法典》第1029条授予他/她的权利。

上述两种情形的区分是建立在消费者评价行为是否恶意的基础上。针对无恶意的信用评价,电商经营者只能寻求《民法典》第1029条提供的救济;只有在恶意评价的情形下,才能寻求《民法典》第1024条提供的救济。

(三)遏制删帖冲动:信用利益保护的边界

1.遏制电商经营者的删帖冲动:《民法典》第1029条的另一种解释

消费者评价是个性化色彩非常浓厚的信用评价,经营者负有对强主观性特征的消费者评价的容忍义务。这一义务通常来源于经营者与平台之间的服务合同关系,平台有义务依《电子商务法》保护消费者的评价利益，经营者利用平台提供商品和服务则必须受到平台规则的约束。信用主体容忍义务的界限也就是消费者评价利益与经营者信用利益的"楚河汉界"。从电商经营者容忍义务的视角，《民法典》第1029条也可以被理解为信用利益保护的边界性规定。《民法典》第1029条属于人格权请求权基础规范，信用评价异议权属于排除妨碍请求权，其适用不以行为人构成侵权为条件。该条的核心内容是权利人认为针对自己的信用评价不当时，有权向信用评价人提出异议，并进一步请求采取必要措施，其法律效果是信用评价人有义务在权利人提出异议时对信用评价及时核查，对于情况属实的应当及时采取更正、删除等措施。权利人权利的行使并不以实际受到损害为前提，只要权利人认为信用评价人作出的评价不当，可能影响或妨害人格权的实现，就可以行使该权利。当民事主体附着于信用评价的信用利益受到侵害的危险或者受到侵害没有造成损害结果时，不能根据侵权请求权寻求保护，而是着眼于权利自身内在效力对权益进行保护，即行使第1029条赋予的信用评价异议权。此时，评价主体基于该条只负有"核查"或"更正、删除"义务，并不承担民事责任。在电子商务信用评价范畴，当消费者的信用评价属于未达到侵犯名誉权的程度时，经营者只能依据该条请求删除评价。之所以得出这一解释结论，与《电子商务法》第39条的功能解读有着十分密切的联系。

2. 遏制平台的删帖冲动：《电子商务法》第39条的功能彰显

《电子商务法》没有规定平台删除消费者评价禁止性规定的例外情形，且在第81条规定了平台删除消费者评价的法律责任。《电子商务法》提出构建电子商务平台内部信用评价机制的要求，以保障电商消费者的评价自由为基本的出发点，没有为电商经营者提供保护性规定。为贯彻落实《电子商务法》出台的《网络交易监督管理办法》也只规定消费者评价中含有违法信息的，平台可以采取技术处理。在实践中，尽管各电子商务平台的评价规则一般都为不当评价提供了投诉渠道，并规定了相应的处理措施，但平台提供的投诉渠道在实践中起到维护经营者信用评价的作用较小。一方面，为避免平台规则与《电子商务法》产生冲突，电子商务平台在设置不当评价的处理措施时采用"屏蔽评价内容""折叠评价"等表达方式，一般不规定"删除评价"的处置方式。另一方面，电子商务平台经营者囿于《电子商务法》第39条第2款规定的义务，通常采取审慎的态度对待被投诉的评价。只有那些违法的恶意评价，无关垃圾评价，在卖家能够提供证据证明的情况下，才有可能被平台采取屏蔽或者不予展示等措施。在浙江淘宝网络有限公司、隆昌思雨食品有限公司名誉权纠纷案〔1〕中，浙

〔1〕 参见四川省内江市中级人民法院民事判决书，(2019)川10民终222号。

江淘宝公司援引《电子商务法》第39条第2款作为上诉理由,对涉案不实评价不予删除。

《电子商务法》这一“不留余地”的规定不能认为是一种遗憾,而是《电子商务法》保护消费者立场的贯彻。只是对消费者评价的绝对保护态度难免与部分现实情形脱节。司法实践中,法院只从合同关系角度认可平台对不实评价的删除权,缺少对民事合同条款与《电子商务法》第39条是否存在冲突的论证。〔1〕这一裁判思路,或是司法对现实回应的无奈之举,却也导致了《电子商务法》第39条的禁止性规定被束之高阁。在已有明确的平台删除信用评价禁止性规定的前提下,《民法典》第1029条成为经营者请求删除对其不利评价的唯一依据。唯有清晰地认识并认可这一点,才能扭转禁止性规定被司法躲避的现状,才能发挥《电子商务法》第39条这一禁止性条款遏制平台删帖冲动、保证消费者评价利益的功能。只有在充分肯认和彰显《电子商务法》第39条禁止平台删除的绝对性之意义上,也才有上文得出的结论:《民法典》第1029条是删除消费者不当信用评价的唯一根据。如果电商经营者并没有依据第1029条主张删除,而是直接依据第1024条主张消费者评价构成侵犯名誉权,也只有在法院作出构成侵权的判决的情形下,法院才能作出消费者应当删除其评价的判决。

四、目的解释:两个信用评价条款的价值相容性

依体系解释,上文阐明了两个信用评价条款在利益协调问题上的功能互补性。但是,受到《电子商务法》第39条“极力”保护的消费者评价自由,却可能成为依据《民法典》第1024条、第1029条提出“质疑”“挑战”的对象。两个信用评价条款在价值取向上的差异是显而易见的,某种程度的冲突也似乎在所难免。“目的是整个法律的创造者,没有赋予法条一个目的,也就是赋予其来源一个实践的动机,就没有法条。”〔2〕我们不得不考虑,将电商场景下消费者信用评价纳入《民法典》的规制范围,是否损及《电子商务法》信用评价条款立法目的的实现?如是,又应如何构建一套价值相容的解释论,以从更具整体性的视角阐明《民法典》与《电子商务法》的适用关系?

(一)《电子商务法》第39条规范目的的两个层次

《民法典》第1029条赋予民事主体信用评价异议权,目的在于保障民事主体获

〔1〕参见满艺姗:《论电子商务信用评价的“不可删除”——兼评〈电子商务法〉第三十九条第二款》,载《河南财经政法大学学报》2021年第2期。

〔2〕Jhering, Zweck Ⅰ, s. vⅡi, vorrede. 转引自吴从周:《概念法学、利益法学与价值法学:探索一部民法方法论的演变史》,中国法制出版社2011年版,第125页。

得合理的信用评价,使其免受不当评价行为降低其社会评价的危险。在当前社会实践中,专业征信机构等作出的信用评价对被评价人信用利益影响最大、最广,涉信用评价纠纷案件中信用评价的主体大多是专业征信机构,这也是为什么有许多观点认为《民法典》中的“信用评价”应当特指征信机构等专业机构的信用评价。但是,一方面,信用维度的拓宽和应用场景的拓展,使得不同主体作出的信用评价对民事主体的利益影响更深。另一方面,随着互联网技术的发展,以及社会生活对网络依赖程度的加深,信息的传播也变得越来越便捷。其他个人、企业或是社会公众所作的信用评价也有可能为不特定人知晓,对民事主体信用利益也可能产生重要的影响。《民法典》第1029条适用于电商消费者信用评价也有着十分明显的现实考量。

然而,电子商务的繁荣发展给市场经济注入了新的活力,同时带来了一系列无法预知的风险。由于网络交易具有虚拟性,交易信息真实性削弱,信息不对称问题会使消费者在商品买卖关系中的处于更加被动的地位。电子商务平台作为为经营者和消费者提供交易场所的一方,对在其平台内发生的市场交易行为负有监督管理的义务。因此,《电子商务法》第39条要求电子商务平台建立的信用评价机制,“为消费者提供对平台内销售的商品或者提供的服务进行评价的途径”。在互联网时代,消费者的评价利益能否得到保障,影响着公平市场环境的形成,该条文表达了保护消费者评价自由的价值需求,这是《电子商务法》第39条的第一层目的,其第二层目的是“提升电子商务市场透明度,夯实市场化激励与约束机制的运行基础”〔1〕,促进形成电子商务市场良好健康秩序。

(二)《民法典》第1029条不损害消费者评价自由的价值优先性

1.《民法典》第1029条并非对消费者评价自由的不合理限制

《电子商务法》欲构建平台内信用评价机制,以保障电商消费者的评价自由,那么,使消费者负担“核查”和“采取必要措施”的潜在义务,会不会造成消费者“不敢言”“不想言”的局面,从而构成对消费者评价自由的不合理限制?

依上文所述,《民法典》第1029条是在充分权衡信用利益与评价自由的保护需求基础上作出的协调,而且,对信用评价主体苛以的义务是非常有限的。民事主体依据《民法典》第1029条行使信用评价异议权只能要求义务人为特定行为,“权利行使不具有实现权利人意图的当然效力”,这意味着,“即使民事主体认为他人对自己作出的信用评价不当,也不能像行使支配性权利一样,要求信用评价人必须按照民事主体自我认知的结果重新作出评价,而是只能提出请求,要求信用评价人基于相

〔1〕 阎维博:《〈电子商务法〉中的信用评价:运行逻辑与实施路径》,载《中国流通经济》2020年第10期。

应的事实进行核查并在此基础上重新作出评价"。[1] 有权利就有义务。信用评价人负有核查信用评价是否不当以及发现不当时采取必要措施的义务。但是,信用评价人仍然拥有对其作出的信用评价是否不当的自主判断权,也就是说,如果信用评价人经核查后认为信用评价并无不当时,可以坚持自己之前所作出的信用评价。电商消费者作为信用评价人有对信用评价是否不当的判断权,如果消费者认为自己所作信用评价并无不当,可以拒绝更正和删除。当更正、删除信用评价的请求诉诸法院,法官则拥有了信用评价是否不当的判断权,即便法官认定了消费者评价属于不当评价,消费者也无须对以往经自主判断后不采取措施的行为本身承担任何责任,除非被法院认定信用评价"不当"的同时认为其符合《民法典》第1024条规定的名誉权侵权构成要件。消费者拒绝更正和删除的权利,法院最终判断信用评价是否不当的程序机制,可以有效保护消费者评价自由,因此,笔者认为,《民法典》第1029条并未对消费者评价自由构成不合理限制。

2. 规范不当信用评价有助形成良性电商秩序

电子商务信用评价机制自建立以来,不正当评价现象屡有发生,评价机制被有心之人利用,甚至成为恶意竞争、恶意攻击的工具。淘宝、京东、美团网制定的评价规则针对这类乱象,花了大量篇幅规制不正当评价行为,并且在对规则的多次修订中不断予以细化。电子商务平台在评价规则中规定的不合规评价,就是对实践中出现的不当评价行为的反映。从各平台评价规则可以窥见,当前不正当评价主要有以下三类:第一,不真实评价,例如出于同行竞争、打击报复、获取不正当利益、发泄愤怒等目的,在购买商品服务后进行恶意差评,抹黑商家信誉。第二,无关评价,广告评价是最常见的无关评价。第三,内容不合法评价,包含违禁信息,泄露他人隐私,侵犯他人合法权益或者违背公序良俗的评价都属于内容不合法评价。

有害信息和垃圾信息的充斥,大幅削弱了电子商务信用评价机制应当发挥的解决信息不对称问题的功能。充分发挥现行有效的法律规范对网络不正当评价行为的规制作用,对实现《电子商务法》第39条的最终目的有重要意义。在前述总结的三类不正当评价行为中,第二类无关评价与第三类内容不合法评价的评价内容与商品或服务完全无关,并不能反映民事主体的信用,究其本质其不属于信用评价,可以通过《反不正当竞争法》和《民法典》对隐私权和名誉权的保护规定予以控制。而对于第一类不真实评价,评价人的行为逻辑正是通过改变被评价人信用的方式进而影响其未来的商业活动。降低信誉的不真实信用评价,至少有使被评价人的信用利益

[1] 江必新主编:《民法典重点修改及新条文解读》,中国法制出版社2020年版,第723-728页。

受损之危险，适用《民法典》第 1029 条恢复真实信用评价以保持信用利益圆满状态是该法条目的之所在。以《民法典》第 1029 条保护经营者的信用利益，可以在一定程度上起到规范不正当信用评价行为的作用，对实现《电子商务法》第 39 条塑造良好电子商务市场运行秩序的最终目的有促进意义。

（三）消费者评价自由价值优先性的限制作用

上述价值相容性论证，对于从更具整体性的视角来把握《民法典》和《电子商务法》的关系有着十分重要的意义。《电子商务法》第 39 条的规定，虽然主要是从电商平台义务的角度来确立消费者评价自由的保护基础，但是我们仍然可以从中读出立法者的基本价值取向，或者说立法者通过该条规定确立的价值秩序：消费者评价自由具有优于电商经营者信用利益的价值优先性。为了尊重这种价值优先性安排，《民法典》相关条款的适用应受到严格的限制，主要有以下两个方面的体现：

第一，《民法典》以人格权编和侵权责任编共同保护民事主体的名誉权，逻辑上，这种模式也适用于信用利益的保护。由此引出的问题是：如果信用评价行为，既不构成《民法典》第 1029 条意义上的“不当”，也不符合第 1024 条侵犯名誉权的构成要件，电商经营者可基于《民法典》“侵权责任编”中一般侵权责任条款（第 1165 条第 1 款），主张信用评价行为构成一般侵权行为而请求承担侵权责任吗？或者说，《民法典》第 1165 条能够作为电商经营者“挑战”消费者信用评价合法性的法律根据吗？笔者认为，答案是否定的。基于消费者评价自由的价值优先性，电商经营者为保护其信用利益可以根据《民法典》规定主张的权利应受到严格限制，这不仅体现前文论证得出的《民法典》第 1029 条与第 1024 条的解释和适用，而且还体现在：《民法典》第 1029 条与第 1024 条应该成为民法体系内判断消费者信用评价行为合法性的唯一法律根据。如果允许电商经营者根据《民法典》第 1165 条请求消费者承担侵权责任，这意味着，消费者在没有恶意，或者说只有过失的情形下也会因其不当评价行为承担民事责任，会造成“寒蝉效应”，从根本上悖逆《电子商务法》第 39 条第 2 款的立法目的。由于“过错”认定标准和方法上的复杂性，消费者是否因此承担责任存在巨大的不确定性，使得消费者在发表评价之前就背负着巨大的压力，这种“寒蝉效应”也是《民法典》立法者所考虑到的，所以，才有将不当信用评价进行特别规定的立法技术选择。

第二，《电子商务法》上的电商平台属于《民法典》意义上的网络服务提供者。因此，为进一步明确电商平台的法律地位，《电子商务法》第 39 条第 2 款的绝对性禁止性规定，与《民法典》第 1195-1197 条之间的关系也必须予以澄清。如果消费者评价采取了侮辱、诽谤等方式侵害他人名誉权，包括电商经营者在内的受害人可以根据《民法典》第 1195 条的规定，要求电商平台采取“删除、屏蔽、断开链接等必要措施”。这有充分的解释论根据。[1] 如果消费者的评价属于《民法典》第1029条所规定的“不当信用评价”,但并不符合第1024条侵害名誉权的要件,根据《民法典》第1195条的语义,电商经营者可以要求电商平台采取“删除、屏蔽、断开链接等必要措施”。毕竟,根据《民法典》第1029条,因其不当信用评价,信用评价人虽仅承担“采取更正、删除等必要措施”的法律后果。但此种后果亦可解释为“责任性后果”,属于“停止侵害”的民事责任,且类型上可进一步归入“侵权责任”的范畴。如此倒推,“不当信用评价”构成“侵权行为”的解释论证成并非毫无根据。但这种理解与《电子商务法》第39条第2款的语义发生了直接的冲突。这种冲突也只能基于《电子商务法》第39条确立的价值优先性才能化解。《电子商务法》第39条基于特别的价值考量,就电商平台删除消费者信用评价作出了特别的规定,若无更为重要的价值考量,该特别规定应优于一般网络侵权行为情形下网络服务提供者义务与责任的规定,或者说该特别规定直接排除了后者适用的可能性。[2] 当然,电商平台可以受理电商经营者的投诉,并将投诉内容传达给消费者,而且还可以做一些协调、沟通的工作,但是,这不应该成为电商平台的“义务”,从而也不会产生《民法典》第1197条所规定的责任。《电子商务法》意欲通过构建消费者信用评价体系推动电商市场秩序健康运行的目的,是如此重要,而对该目的实现构成主要威胁的就是电商平台所具有的平台优势,《电子商务法》第39条也是基于对这种平台力量的担忧而作出的规定。如果允许电商平台依据《民法典》的规定“另辟蹊径”,无疑会制造一个难以弥补的“漏洞”,从根本上侵蚀立法者精心构建起来的价值秩序。

五、结语

从语义解释出发,两个信用评价条款存在语义重叠性,即《民法典》第1029条“信用评价”与《电子商务法》第39条“信用评价”是包含与被包含的关系,前者赋予

---

[1] 李超:《论电子商务平台经营者删除消费者评价的限制》,载《治理研究》2022年第1期。此外,针对消费者评价属于违法评价(违反《网络安全法》等规定的违法言论)和尚不构成侵权的不良评价(参照《网络信息内容生态治理规定》第7条规定的不良信息)的情形,该文探讨了电商平台删除这些评价信息的权利依据及其限制。

[2] 1998年最高人民法院《关于审理名誉权案件若干问题的解释》第9条规定实际上早已隐含了消费者评价优先保护的价值考量。该条规定:“消费者对生产者、经营者、销售者的产品质量或者服务质量进行批评、评论,不应当认定为侵害他人名誉权。但借机诽谤、诋毁,损害其名誉的,应当认定为侵害名誉权。”最高人民法院《关于审理名誉权案件若干问题的解释》(法释〔1998〕26号)于1998年7月14日最高人民法院审判委员会第1002次会议通过,1998年8月31日最高人民法院公告公布,自1998年9月15日起施行,根据最高人民法院《关于废止部分司法解释及相关规范性文件的决定》自2021年1月1日起废止。

民事主体的信用评价异议权应适用于电商平台内信用评价的场景。基于体系解释，两个信用评价条款在利益协调的问题上存在功能互补性。《民法典》弥补《电子商务法》在保护经营者信用评价利益方面的不足，而《电子商务法》发挥着保护评价自由的功能。两个信用评价条款，尽管价值取向上有一定的差异，但两者并非水火不容。《民法典》第1024条、第1029条为保护电商经营者的信用利益作出的规定，并未从根本上损及《电子商务法》第39条所确立的价值秩序。《电子商务法》第39条所确立的消费者评价自由的价值优先性，不仅为《民法典》第1024条、第1029条的适用范围、构成要件、救济途径的解释论提供了坚实的理论基础，而且，对于《民法典》第1165条、第1195-1197条适用于消费者信用评价的情形的限制性解释，也具有奠基性的意义。

《电子商务法》第39条仅规定消费者信用评价，本文论述也仅限于消费者对电商经营者提供的商品和服务进行评价的情形。电商平台也可能构建以消费者为评价对象的信用评价体系。信用评价机构也会基于该法第70条规定向社会提供电子商务信用评价服务，这既包括对电商经营者的信用评价，也包括对电商平台的信用评价，还包括以消费者为被评价主体的信用评价。信用评价活动也会发生在非电商的环境下。对于这些场景中的信用评价，本文构建的解释论具有一定的参考价值，但不一定能够全盘照搬。毕竟，不同情形的信用评价关系，涉及的利益协调、价值冲突会不一样。或许，本文研究可以看作《民法典》第1029条解释论研究的一个出发点，为学界继续深化信用评价及其法律规制问题的理论研究抛砖引玉。

（责任编辑：麻昌华）

私法研究 27 第二十七卷

我国《民法典》的要物合同规范路径：罗马法传统的延续与断裂*

蒋军洲**

目　次

要物合同制度在民法中具有重要意义，因为它一方面涉及立法者如何就无偿的社会交换，在好意施惠与法律约束之间划定一条明确的界限；另一方面涉及就此种无偿社会交换，如何为未获得合同利益的当事人分配合同责任，以及就此种合同责任，应以何种标准加以评估。所以，事关合同之债的成立、合同责任的轻重以及此等责任的衡量标准的要物合同制度，成为观察一部民法典是吸收了罗马法传统还是与该传统决裂的绝佳窗口。

我国《民法典》重视要物合同在社会实践中维护社会团结与和谐方面的重要作用，〔1〕没有走向完全废止要物合同制度的激

---

* 本文系河南大学科研启动项目“合同性质理论的功能跃迁及其当代中国应用”（CJ3050A0240813）的阶段性成果。

** 蒋军洲，河南大学法学院副教授、法学博士、博士后，河南大学环境与民商法研究所研究员。

〔1〕 Louis Josserand, La decadenza del titolo gratuito e la sua trasformazione, traduzione del Corrado Perris, Annuario di diritto comparator e di studi legislative, Vol. Ⅵ, Parte Ⅰ, 1930, p. 17.

进道路，而是基本上继承、修订了《合同法》的要物合同规范，固定下自然人之间的借款、保管这些要物合同的传统类型，将其交付要件修订为成立要件（《民法典》第679条、第890条）；并以无偿保管人仅就其重大过失承担责任保留下无偿要物合同贯彻"合同利益"（utilitas contrahentium）原则的据点（《民法典》第897条）。但为深入、准确地理解此等规范的法律适用，有必要历史比较地考察要物合同法律传统的延续与断裂。

一、要物合同的类型缩减与交付的新定性

在古罗马，盖尤斯《法学阶梯》以消费借贷为例概括要物合同以交付而成立（Gai. 3,90）。[1] 后来，优士丁尼《法学阶梯》讲述了要物合同的完整经典类型：消费借贷（I. 3,14pr.）、使用借贷（I. 3,14,2）、寄托（I. 3,14,3）与质押（I. 3,14,4）。[2] 它们的共同特征是，它们都是无偿的，因交付托付物（res credita）而产生债，聚拢在信用性请求权的名下（D. 12,1,1,1[3]），其理念是：如果物被托付，此等原物应返还；正因如此，物之交付是发生债的根据，是债因。在后古典时期，繁荣的商业贸易刺激那些精明的商人通过为消费借贷、寄托另行附加利息简约，发展出了有息借贷、有偿寄托（D. 13,6,5,2）、变例寄托的社会实践，[4] 但限于它们仍然沿用古典法上消费借贷、寄托的名称，它们也一样需要通过物而产生债（Obligatio re contracta）。中世纪的注释法学家、评注法学家沿袭之而未加改变。[5] 近代以来的民法典亦大多接受了这一罗马法遗产。

但在近现代合意主义的原则下，如果允诺给予消费借贷、允诺交付使用借贷物、接受保管物、交付质押物本身就是有效的，何必多此一举以要物合同的方式为之？[6] 尤其是就有息借贷、有偿寄托。就加百利（Gabriel Baudry - Lacantinerie，1837—1913）发出的这一惊人之问，直到1994年，国际统一私法协会才认为，所有的合同都应是合意合同，要物合同的规则不容易兼容于现代的商事理念和实践，于其

---

〔1〕 ［古罗马］盖尤斯：《盖尤斯法学阶梯》，黄风译，中国政法大学出版社2008年版，第162页。

〔2〕 徐国栋：《优士丁尼法学阶梯评注》，北京大学出版社2011年版，第418页。

〔3〕 Theodor Mommsen（with the aid of Paul Krueger，Latin Text）& Alan Waston（English Translation）eds.，*The Digest of Justianian*（Vol. I），Philadelphia，The University of Pennsylvania Press，1985，p. 358.

〔4〕 ［意］彼德罗·彭梵得：《罗马法教科书》，黄风译，中国政法大学出版社2005年版，第233、282页。

〔5〕 Stefania Roncati，Il principio consensualistico nella vicenda del mutuo：Da contratto reale a contratto consensuale，in Fernando Reinoso - Barbero，Principios generals del derecho. Antecedentes históricos y horizionte actual，Aranzadi，Madrid，2014，p556.

〔6〕 Alejandro Guzmàn Brito，La consensualización de los contratos reales，Revista de Derecho，2 do Semestre de 2007，p. 39.

制定的《国际商事合同通则》(PICC,1994)第 3.2 条规定,合同仅由双方的协议订立、修改或终止……[1]2008 年,《欧洲民法典共同参考框架草案》(DCFR)第Ⅱ.4:101 条沿袭 1999 年《欧洲合同法通则》(PECL)第 2:101 条,[2]方规定仅因简单合意合同即告成立;认为“要物”这种要件已式微,且易被规避,在合同的缔结过程中并不发挥十分重要的功能。[3]

在内国法的层面,罗马法上的要物合同在当代同样遭遇了巨大的生存危机。[4]2000 年,法国最高法院就消费借贷已开始根据主体之不同,确定由职业贷与人为之的消费借贷是合意合同,由普通人为之的消费借贷是要物合同;[5]2006 年,《法国民法典》将质押改造为要式的(第 2336 条)。[6] 2001 年,德国将消费借贷合同彻底改造为合意的。意大利和其他大多数欧洲国家虽然仍坚持传统罗马法模式,规定消费借贷是要物的,但一般均准予消费借贷允诺(promessa di mutuo)以法律效力。[7]

在我国《民法典》颁布前,多数学者亦呼吁将要物合同予以诺成化改造,不同意见的区别无非是,是彻底将要物合同扫入历史的故纸堆;还是保留传统无偿的要物合同,将有偿的合同类型从要物合同的范畴中剥离出去;[8]还是为缓解合同的要物性与合意主义的冲突,改以任意撤销权路径、任意性规范路径、要式合同路径,[9]从而事实上仍重视“要物”要件在无偿合同领域的功能。

---

[1] International Institute for the Unification of Private Law Rome, *UNIDROIT principles* 2004, p. 95-96, http://www.unidroit.org/english/principles/contracts/principles2004/integralversionprinciples2004-e.pdf.

[2] Oliever Radley-Gardner et al., *Fundamental texts on European private law*, Hart Publishing, 2003, p. 361.

[3] Christian Von Bar & Eric Cliver eds., *Draft Common Frame of Reference: Principles, Definitions and Model Rules of European Private Law*, Full Edition, 6 vols, 2009, p. 289, p. 290, 296-297, http://ec.europa.eu/justice/contract/files/european-private-law_en.pdf, 2021-08-02.

[4] Stefania Roncati, Il principio consensualistico nella vicenda del mutuo: Da contratto reale a contratto consensuale, in Fernando Reinoso-Barbero, Principios generals del derecho. Antecedentes históricos y horizionte actual, Aranzadi, Madrid, 2014, p. 564ss.

[5] [德]莱茵哈德·齐默曼:《德国新债法:历史与比较的视角》,韩光明译,法律出版社 2012 年版,第 275 页。

[6] [法]弗朗索瓦·泰雷等:《法国债法·契约篇》,罗结珍译,中国法制出版社 2018 年版,第 295-298 页。

[7] Raffaele Volante, Il muto consensuale. Crisi del modello romanistico di contratto reale e prospettive per un diritto commune europeo, Quaderni Fiorentini, 2001, Tomo Ⅱ, p. 888.

[8] 蒋军洲:《要物合同研究:对其或存或废的思考》,法律出版社 2015 年版,第 9-12 页。

[9] 郭锡坤:《践成合同研究:一个现代民法立场的追问》,梁慧星主编:《民商法论丛》第 29 卷,法律出版社 2004 年版,第 95 页;郑永宽:《要物合同之存在现状及其价值反思》,载《现代法学》2009 年第 1 期;张金海:《论要物合同的废止与改造》,载《中外法学》2014 年第 4 期。

从最终成型的法律文本看，除了因比附要物合同“此方不交付彼方何以返还”的法理，〔1〕将同样产生“返还之债”的定金合同，〔2〕——该制度来自古希腊法，并不是经典的罗马法要物合同，彼时也只是买卖已缔结的标记（I. 3,23pr.）〔3〕——像近代主流民法理论那样，〔4〕解释和规定为不实际交付便无以成立外（《民法典》第586条）；我国《民法典》从“虚胖的”要物合同需要瘦身从而名实相副出发，沿袭《物权法》，规定应以书面形式订立质押（《民法典》第427条）；基本上延续《合同法》，将原先定性存有争议的仓储合同明确为诺成的（《民法典》第905条），推定借款合同中之自然人之间的借款、保管是无偿的（《民法典》第680条第3款、第889条第2款）从而是要物的（《民法典》第679条、第890条），以便参与此等无偿交换的当事人在交付之前可以深思熟虑。〔5〕交付从而也就被赋予将当事人之间的无偿社会交换上升为法律交换，〔6〕为好意施惠和法律约束划定一条明确区分界限的意义。〔7〕

在合意主义的体系下（《民法典》第483条、第502条），鉴于自当事人达成合意时合同即成立（《民法典》第134条）从而产生债（solus consensus obligat），物之交付已再不像在罗马法上那样是一种区别于“合意”“言辞”“文字”的具体“债因”（Gai. 3, 89），而有了新的面相，那就是就要物合同，当事人通过交付方形成合意，此等交付不是意思表示的结果，也不像原来所认为的那样，是意思表示一致之后的特别成立要件，〔8〕而是意思表示的形式（《民法典》第135条、第469条）；这使它根本上不同于与买卖、租赁合同中之交付，因为从时间上看，在要物合同中，不可避免，意思表示和交付同时发生；〔9〕交付与合意的关系正如肉体与灵魂，须臾不可分离。〔10〕

但在我国《民法典》的体系下，此种逻辑并不妨碍将答应无息借款这种性质的要

---

〔1〕［法］弗朗索瓦·泰雷等：《法国债法·契约篇》，罗结珍译，中国法制出版社2018年版，第295页；佟柔主编：《民法原理》，法律出版社1983年版，第79-80页。

〔2〕G. Bavetta, La caparra, Giuffrè, 1963, S. 85.

〔3〕徐国栋：《优士丁尼法学阶梯评注》，北京大学出版社2011年版，第454页。

〔4〕Désirée Baucia, Caparra confirmatoria e formalism negoziale, Università Cattolica del Sacro Cuore, XXX ciclo, a. a. 2016/17, Milano, S. 7, S. 43, S. 163. ［日］我妻荣：《债权各论》（中卷1），徐进、李又又译，中国法制出版社2008年版，第41页。

〔5〕黄薇主编：《中华人民共和国民法典释义》（中），法律出版社，第1294、1297、1592页。

〔6〕Geoffrey Maccormack, *Gift, debt, obligations and the real contracts*, Labeo, Vol. 31, p. 138-141 (1985).

〔7〕Claudia Manzini, Sui contratti reali a titolo grauttuito, in Contratto e impresa, CEDAM, 1989, S. 963.

〔8〕最高人民法院民法典贯彻实施工作领导小组主编：《中华人民共和国民法典合同编理解与适用》（4），人民法院出版社2020年版，第2355页。

〔9〕Raffaele Volante, Il muto consensuale. Crisi del modello romanistico di contratto reale e prospettive per un diritto commune europeo, Quaderni Fiorentini, 2001, Tomo Ⅱ, p. 899.

〔10〕蒋军洲：《要物合同研究：对其或存或废的思考》，法律出版社2015年版，第114、204页。

物合同单纯合意——历史上的“给予消费借贷的简约”(pactum de mutuo dando)——解释为预约,使其不履行产生消极的损害赔偿,而不是交付的强制执行——因为无交付无要物合同,交付反映了当事人是否订立该种合同的真意,通过预约并不能强制当事人违背其自愿,以交付缔结本约要物合同。所以,有学者认为要物合同不可预约,认为如果允许订立要物合同预约,就应履行该预约订立要物合同本约,从而等于取消了要物合同的要物性,[1]实际上是混淆了预约和要物合同本约它们相互独立的合同结构和债因,[2]误解了要物合同中交付要件的意义。如果当事人预约订立某种要物合同,由于交付是这种合同类型的本质性元素,反映了当事人是否愿意订立此类合同的意图,只要当事人不交付,要物合同之本约就不成立,此时其法律后果无非是预约未得以履行,产生消极性的预约违约责任;无疑,预约在这里同样发挥了消除当事人的迟疑不决、让他们确定下来的功能。[3] 排除之,既剥夺了当事人的自治,也无任何理论上的建构意义。在这一点上,仍保留要物合同传统的法国、[4]意大利、[5]葡萄牙、[6]日本,[7]没有什么实质性不同。

二、无偿要物合同所保留下的合同利益原则

无偿要物合同中的交付不仅具有成立合同的重要意义,而且是分配合同责任的分界岭。在古典罗马法上,保管人与寄托人之所以能形成交付的合意,是因为未受领任何合同利益的保管人,仅对交付后因其故意对保管物造成的损害承担责任。在使用借贷中,之所以能形成将借用物交付借用人的合意,是因为借用人根据合同利益原则,在受领借用物后承担保管责任。[8] 所谓合同利益原则,是指就合同关系中当事人所承担责任之轻重,根据各方当事人从该合同可以获得的利益加以平衡。如果当事人从他所缔结的合同中未获得任何利益,其责任就轻,如果他从中获得利益,

---

[1] 张金海:《论要物合同的废止与改造》,载《中外法学》2014年第4期。

[2] Claudia Manzini, Sui contratti reali a titolo grauttuito, in Contratto e impresa, CEDAM, 1989, p. 971.

[3] Vincenzo Roppo, Tratto del contratto, D. A. Giuffrè, 2006, p. 306.

[4] [法]弗朗索瓦·泰雷等:《法国债法·契约篇》,罗结珍译,中国法制出版社2018年版,第299页。

[5] Claudia Manzini, Sui contratti reali a titolo grauttuito, in Contratto e impresa, CEDAM, 1989, S. 971. Vincenzo Roppo, Tratto del contratto, D. A. Giuffrè, 2006, S. 302.

[6] [葡]平托:《民法总论》,林炳辉等译,澳门法律翻译办公室、澳门大学法学院1999年版,第223页。

[7] [日]我妻荣:《债权各论》(中卷1),徐进、李又又译,中国法制出版社2008年版,第139页。

[8] L. Garofalo, Gratuità e responsabilità contrattuale, in Teoria e storia diritto privato, Numero V, 2012, p. 37.

其责任就重。当事人获得的利益与其应承担的责任相称。[1]

这个原则是决疑性的,起源于古典罗马法上的无偿使用借贷和无偿寄托,甚至可以从盖尤斯的《法学阶梯》发现其原理,根据 Gai. 3,205-207,受寄托人的责任仅限于故意,因为他在寄托合同中无偿地提供服务而未获取任何利益,相反借用人要承担过失(culpa)和保管(custodia)责任,因为他获得了对借用物的无偿使用。优士丁尼沿袭之,并这样描述之:被寄托某物的人只有在实施了某种故意行为的情况下,才承担责任。对过失,换言之,对懒惰或疏忽大意的情况,他不承担责任(I. 3,14,3)。但就有报酬的寄托,本来不享有合同利益的保管人享有了利益,他的责任则扩大至过失。相反,如果合同是为了双方当事人的利益,如在买卖和租赁中,当事人要就过失(colpa)和故意承担责任(D. 13,6,5,2-5)。[2]

后来的注释法学家、评注法学家大多接受了合同利益原则,并为了呼应罗马法文献上的重大过失的概念,提出轻过失的概念,将过失分层为重大过失(culpa lata)、轻过失(culpa levis)、最轻过失(culpa levissima),并认为,不享有合同利益的当事人对故意和重大过失承担责任;都享有利益的双方当事人对轻过失承担责任;只为一方当事人享有利益的该方当事人对最轻过失(实质上接近于保管责任)承担责任,[3]有广泛而深远影响的 17 世纪法学家维纽斯(Arnold Vinnen,1588—1657)在对 I. 3,14,2 的评注中有谓,共同法完全赞同这样的原则和区分,如果当事人一方就其所缔结的合同承受负担而未获得任何利益,就如同在寄托的情形,仅就故意承担责任;相反如果当事人双方都获有利益,就如同在买卖、租赁,债务人就故意和过失承担责任。此乃通说,直到 18 世纪仍被援引,多玛(Jean Domat,1625—1696)和波蒂埃(Robert Joseph Pothier,1699—1772)皆从之。[4]

但该原则并不是一般化的,自然法学派就因其相互矛盾,质疑其意义,提出废除这种将过失划分为三个阶层的做法,19 世纪的民法典,像 1804 年《法国民法典》、

---

[1] Gianni Santucci, Diritto romano e diritti europei. Continuità e discontinuità nelle figure giuridiche, Mulino, 2010, p. 53.

[2] Theodor Mommsen (with the aid of Paul Krueger, Latin Text) & Alan Waston (English Translation) eds., *The Digest of Justianian* (Vol. Ⅰ), The University of Pennsylvania Press, 1985, p. 402.

[3] Gianni Santucci, Diritto romano e diritti europei. Continuità e discontinuità nelle figure giuridiche, Mulino, 2010, S. 63. Lauretta Maganzani, Il criterio dell' utilitas contrahentium e il suo superamento nell' età del giusnaturalismo, in Fides, Humanitas, Ius. Studi in onore di Luigi Labruna, Jovene, 2007, Napoli p. 3088.

[4] Gianni Santucci, Diritto romano e diritti europei. Continuità e discontinuità nelle figure giuridiche, Mulino, 2010, p. 66-67.

1811年《奥地利民法典》、1865年《意大利民法典》一定程度上接受该建议,[1]废止了过失的三层划分,开始主要以统一的注意标准来判断债务人的债务是否得以履行。例如,《法国民法典》第1137条规定,不论契约是仅以当事人一方之利益为目的,还是以诸当事人之共同利益为目的,负责注意保管某物之债,使负担此种债务的人对物的保管应尽善良管理人之悉心照应。类似的是,1942年《意大利民法典》第1176条第1款:在债的履行中,债务人应当尽善良家父般的勤谨注意。以及其第1768条第1款:受寄人应当在保管中尽善良家父的勤谨注意的义务。但此两部法典在革新旧制时又都留了个"小尾巴",分别就寄托另定了特殊规定,例如,《法国民法典》第1927条、第1928条规定,受寄托人在保管寄托物时,应如同保管属于自己之物一样给予注意,但受寄托人得到报酬或完全是为受寄托人的利益而设立等情形应更加严格地适用前述注意义务的规定。1942年《意大利民法典》第1768条第2款规定,寄托是无偿时,过失责任应当在较轻范围内予以考虑。[2]

可以说,这两国法典分别代表了19世纪和20世纪两个世纪的拉丁法族法学理论沉淀,它们一方面都以善良家父的勤谨注意作为评价债务人过失的标准,另一方面在该中心性标准之外,在法典体系内均保留了经改良后的合同利益原则,以表明法律行为的类型对合同责任轻重的影响并非无关紧要。正是基于这样的理由,《法国民法典》第1891条规定,出借人就知道借用物有瑕疵即就其故意承担责任;该法第1898条规定,无偿的非金钱消费借贷的贷与人负同样责任,但出卖人和出租人扩张至就过失承担责任。1865年《意大利民法典》将根据合同利益加重(如使用借贷合同)或减轻当事人责任(如无偿寄托、无偿委托合同)的立法实践进一步扩大,于第1077条规定赠与人为受赠人课加负担的,在该负担范围内承担追夺担保。1942年《意大利民法典》沿袭之。[3] 在意大利有学说还认为,应将合同利益原则应用于所有的无偿之债。[4]

《德国民法典》同样接受了剔除掉将过失予以三层划分的合同利益原则,规定无偿寄托中受寄托人应尽到管理自己事务的注意(第690条),使用借贷的出借人仅就

---

[1] Lauretta Maganzani, Il principio dell'utilitas contrahentium e il suo superamento nell'età del giusnaturalismo, in Cascione Cosimomasi Doria, C. (ed.), Fides, Humnitas, Ius. Studi in onore di Luigi Labruna, Jovene, Napoli 2007, p. 3093.

[2] 《法国民法典》,罗结珍译,北京大学出版社2010年版,第304、453页;《意大利民法典》,费安玲等译,中国政法大学出版社2004年版,第421页。

[3] Gianni Santucci, Diritto romano e diritti europei. Continuità e discontinuità nelle figure giuridiche, Mulino, 2010, p. 80.

[4] G. oppo, Adempimento e liberalità, Milano, Giuffrè, 1947, p. 98.

故意和重大过失承担责任,就故意不告知瑕疵承担责任(第599条、第600条)。且就赠与人,复制了使用借贷中出借人的责任(第521条),并规定赠与人不负支付迟延利息的义务(第522条)。《瑞士债法典》第99条第2款则明确规定,债务人的责任可以根据交易的性质加重或减轻,尤其是如果债务人从该交易中未获取任何利益,应减轻其责任。之后在具体规范中,其第248条将赠与人的责任限于故意和重大过失,其第306条规定使用借贷借用人承担借用物任何意外损害之风险。该国民法学者还建议将合同利益原则同样用于无偿受寄托人、无偿受委托人的责任减轻以及使用借贷的出借人就借用物瑕疵的责任之减轻。[1]

我国《民法典》就保管所规定的保管人责任同样保留下了合同利益原则之内核,一方面,规定有偿、无偿保管人均应妥善保管保管物(第892条);另一方面,将无偿保管人的债务不履行责任减轻(第897条),[2]规定其责任限止于重大过失。在《民法典》未将使用借贷、物的消费借贷规定为典型合同的背景下,该等规定显然还为合同利益原则的类推适用划下明确的基准,为司法实践就借用以及物的消费借贷纠纷尤其是就其中贷与人的担保责任纠纷、借用人的保管责任纠纷,[3]参照该规定处理提供了基础性参考:债务人责任的轻重应与其从该合同所获得的利益相对应。沿此思想路线,原最高人民法院《关于贯彻执行〈中华人民共和国民法通则〉若干问题的意见(试行)》第127条所规定的"借用人因管理、使用不善造成借用物毁损的,借用人应当负赔偿责任"与《文物保护法实施条例》第30条所规定的"借用的馆藏文物的灭失、损坏风险,除当事人另有约定外,由借用该馆藏文物的文物收藏单位承担",有望鉴于借用人是唯一获得合同利益的当事人,统一理解为借用人就借用物的货损灭失,原则上承担严格责任。[4]

三、特殊无偿要物合同所隐蔽保留下来的具体注意

我国《民法典》将无偿保管人的责任减轻至重大过失(第897条),但由于《民法典》"合同编"采客观归责(第577条),并未规定债务人应尽何种注意,这就未明确,为不犯重大过失,无偿保管人须尽到前述法国、德国模式的管理自己事务的注意还是意大利模式的善良家父的抽象注意?

历史比较地看,以阿佐(Azzone,卒于1229/1230年?)、维维亚诺(Viviano

[1] Gianni Santucci, Diritto romano e diritti europei. Continuità e discontinuità nelle figure giuridiche, Mulino, 2010, p. 83.

[2] 黄薇主编:《中华人民共和国民法典释义》(中),法律出版社2020年版,第1596、1064页。

[3] 黄立主编:《民法债编各论》(上),中国政法大学出版社2003年版,第351、353、368-369页。

[4] 贵州省贵阳市花溪区人民法院民事判决书,(2020)黔0111民初8420号。

Toschi,生活于13世纪)以及阿库修斯(Accursius,1182—1263)为首的注释法学派,以及以巴托鲁斯为代表的评注法学派,均依据D. 16,3,32保留了罗马法上将管理自己事务的注意与善良家父的注意相区分的惯例:[1]“内尔瓦说重过失(culpa latior)等同于故意,虽然普罗库卢斯不赞同,我(即杰尔苏)却认为这种说法非常中肯。因为即便行为人通常不能尽到人性所要求的注意,仍不能免于就故意承担责任,除非在寄托中他尽到他本人通常的注意;因为如果他未尽到对待他自己事务一样的注意(diligentia quam in suis),便是不诚信。”[2]巴托鲁斯以降的中世纪共同法还以此为据,区分了两种不同的重大过失,[3]即culpa lata和culpa latior,前一种重大过失的判断标准是常人的注意,后一种重大过失的标准是债务人本人的注意。后来,富有权威和深远影响的维纽斯进一步将这两种注意明确为,欠缺管理自己事务的注意乃犯具体过失,欠缺善良家父的注意乃犯抽象过失,该提法一经问世便马上成为学说汇纂现代应用学派的通说并沿用至今。我们观察到,以法国、德国为代表的欧洲民法典大多沿袭了管理自己事务的注意这种独立的注意。[4]

但1811年《奥地利民法典》废除了前述两种不同注意的传统区分,放弃了具体过失的概念,其起草人蔡勒(Franz von Zeiller,1753—1828)给出的理由是,统一的过失和注意的概念更符合自然法——因为事实上任何人都有权要求他人不损害其权利,无论他处于合同关系之内还是在其外;也更符合真正的罗马法理论——因为事实上后世的解释者更改了真正的罗马法。其实,法官也几乎不能指出什么是具体的注意。[5] 该种模式撇开保管人未尽勤谨保管义务所产生的责任的特殊性,让保管人尽到抽象注意,承担一般债务人的不履行责任,[6]无疑便利了审判人员对其是否尽到勤谨保管义务的评估。[7] 《魁北克民法典》亦同样规定保管人一律应谨慎注

---

[1] Theodor Mommsen(with the aid of Paul Krueger, Latin Text) & Alan Waston(English Translation) eds., *The Digest of Justianian*(Vol. 2), The University of Pennsylvania Press, 1985, p. 478.

[2] Ulrico Agnati, La culpa latior di Celso, la culpa lata dei glossatori e il dolus praesumptus di Bartolo da Sassoferrato, Studi urbinati di scienze giuridiche, politiche ed economiche, 2020, V. 71 N. 3-4, p. 460.

[3] Gianni Santucci, Diritto romano e diritti europei. Continuità e discontinuità nelle figure giuridiche, Mulino, 2010, S. 120.

[4] Gianni Santucci, Diritto romano e diritti europei. Continuità e discontinuità nelle figure giuridiche, Mulino, 2010, p. 126.

[5] Lauretta Maganzani, La diligentia quam suis del depositario dal diritto romano alle codificazioni nazionali. Casi e questioni di diritto civile nella prospettiva storico-comparatistica, LED Edizioni Universitarie, 2006, p. 79-82.

[6] 《奥地利普通民法典》,戴永盛译,中国政法大学出版社2016年版,第186、250、251页。

[7] Ulrico Agnati, Responsabilità del depositario e del debitore. D. 16. 3. 32 (lex quod Nerva) nelle interpretazioni di Azzone e Accursio, Studia et documenta historiae et iuris, N. 75, 2009, p. 668.

意地行事，无偿保管人因自己过错造成寄托物灭失的，应负赔偿责任（第2283条、第2289条）。[1] 1942年《意大利民法典》似乎同样改弦更张，废弃了1865年民法典中就寄托所规定的管理自己事务的注意。[2]

我国《民法典》就无偿保管人保管不善而犯之"重大过失"是不是也采用了统一的抽象过失的概念？鉴于《民法典》没有明文规定无偿保管人应尽何种注意，唯一可以肯定的是，单单根据重大过失的用语，无法径直得出何为重大过失唯应以抽象注意标准加以评估。

相反，如果《民法典》第897条中的重大过失是采抽象之义，就意味着无偿保管人要尽到善良家父的勤谨注意，尽管我国《民法典》也没有明文规定哪些债务人应尽到此种抽象注意——即便第892条规定保管人应当妥善保管保管物，"妥善"一语也不是要求保管人尽到抽象的勤谨注意，此处之"妥善"乃是取"恰当"而非"谨慎"之意，这正如该条第2款所规定的那样，保管人应提供适当场所、采取适当方法，使保管物处于完好状态；[3]甚至即便是取"谨慎"之意，该等"谨慎"是以常人之谨慎加以判断还是以债务人本人加以判断亦无明文。但一旦做出前述抽象解释，就撇开了无偿保管制度自罗马法以降的特殊性，从而倾向于对民法典体系内所有的"重大过失"规范做出统一、单一的"抽象化"理解。非但如此，在抽象重大过失的叙事逻辑下，如果一个粗枝大叶的人本就欠缺一个一般人应有的起码注意，让他就抽象重大过失负责，实际上相当于让他就其通常的粗心承担责任，而他从保管中又未获取任何利益，这显然有违合同利益原则，甚为不公。所以，为了既不让这种粗心保管人一概承担责任，又不让他完全免于承担，最好还是让他就其"相对故意"承担责任，这就是前引D. 16,3. 32报道的杰尔苏所提出的中间解决方案。该方案一方面不像普路库斯那样认为此时不构成抽象过失——更莫谈抽象重大过失，从而并不等同于构成故意，不承担责任；另一方面又不像内尔瓦那样认为保管人应就其客观的故意承担责任，而是让其就其相对故意承担责任。[4] 这就意味着，即便是一个通常粗心大意的人，如果以弱于对待自己的物的注意对待他人的物，便是违反诚信，等同于以故意为之，从而应承担责任。

如此解释符合《民法典》根据合同利益原则减轻无偿保管人责任的宗旨，因为无

---

〔1〕 孙建江等译：《魁北克民法典》，中国人民大学出版社2005年版，第279、280页。

〔2〕 Gianni Santucci, Diritto romano e diritti europei. Continuità e discontinuità nelle figure giuridiche, Mulino, 2010, p. 132-133.

〔3〕 黄薇主编：《中华人民共和国民法典释义》（中），法律出版社2020年版，第1595页。

〔4〕 Reinhard Zimmermann, *The law of obligations: Roman foundations of the civilian tradition*, Oxford University Press, 1996, p. 211.

偿保管人不获合同利益仅就其故意,或等同于故意的重大过失承担责任,而只有在他未尽到管理自己事务之注意的时候,他才相当于故意为之,犯下具体重大过失。《民法典》的权威释义,[1]原《合同法》权威释义似乎就此均采取了此种思路:所谓重大过失,是指"保管人"对保管物"明知"可能造成毁损、灭失而轻率地作为或不作为。[2] 该种主观性、具体性的理解与1994年《关于审理铁路运输损害赔偿案件若干问题的解释》第2条对重大过失的界定以及《海商法》第59条、《民用航空法》第132条的行文一脉相承。

当然,还可能存在另外一种解释,即一方面将无偿保管人应尽的注意设定为具体的注意,另一方面将其应负其责的"重大过失"解释为抽象过失类别下的重大过失。该解释可追溯至阿佐乃至阿库修斯。在他们看来,重大过失只有一种,那就是抽象重大过失(culpa lata);罗马法片段D. 16,3,32所提及的受寄托人未尽到管理自己事务的注意所构成的"(具体)重大过失"(culpa latior)是罕用语,是孤例,应规范表述为culpa lata,所谓culpa latior就是抽象重大过失;当然,他们另认为,根据合同利益原则,如果无偿受寄托人如同通常对待自己的物那样轻率对待寄托物,不承担责任(持论者有如阿佐和维维亚诺);或者认为,如果无偿寄托人的通常注意低于常人之注意,他便应像一般债务人那样承担抽象过失责任,但如果其通常注意高于常人之注意,他则应尽到其管理自己事务的注意(持论者为阿库修斯)。[3] 部分现代民法典如《德国民法典》第277条[4]沿袭并改造了此种解释,规定:无偿保管人需尽到管理自己事务注意,但其并不免于就重大过失承担责任。此种规定似乎来源于这样一种看法:管理自己事务的注意相比于抽象注意是一种被降格的注意,是被用来减轻债务人通常责任的措施,由于它是用以减轻债务人抽象轻过失责任的工具,所以欠缺该注意构成具体"轻过失",但为避免债务人过于懒惰,应尽具体注意的债务人并不就其重大过失免责。[5]

且不说此种认识在当代是少数说,因为它只认可以该具体注意可减轻债务人责任(如就合伙或共有,D. 17,2,72=I. 3,25,9、D. 10,2,25,16之所以以具体注意减轻

---

[1] 黄薇主编:《中华人民共和国民法典释义》(中),法律出版社2020年版,第1604页。

[2] 胡康生主编:《中华人民共和国合同法释义》,法律出版社2012年版,第593页。

[3] Ulrico Agnati, La culpa latior di Celso, la culpa lata dei glossatori e il dolus praesumptus di Bartolo da Sassoferrato, Studi urbinati di scienze giuridiche, politiche ed economiche, 2020, V. 71 N. 3-4, p. 461.

[4] [德]迪特尔·梅迪库斯:《德国债法总论》,杜景林、卢谌译,法律出版社2004年版,第245页。

[5] 史尚宽:《债法总论》,中国政法大学出版社2000年版,第356、358页。

债务人的责任,是因为对共有物的保管,掺杂了合伙人和共有人的个人利益。[1]),不认可前引 D. 16,3,32 所提及的受寄托人未尽到管理自己事务的注意构成"(具体)重大过失"(culpa latior)是用以加重受寄托人的责任,而是像阿佐们那样认为重大过失就是抽象重大过失。[2] 重要的是,我国《民法典》就无偿保管人责任之课加,并没有"先为其设立一种具体的注意标准再声明这不免除其抽象重大过失责任"这样的规定。所以如此解释,并没有文本依据。

四、结语

如何在新的时代背景下借鉴吸取罗马法并不是一个新问题,但我国《民法典》就古老的要物合同制度之内化提供了新的样例。

我国《民法典》一方面根据当今市场交换的语境,尽力将由于历史传统而寄居、依附在要物合同制度下的有偿交换剥离出去,限缩要物合同的类型,比如将借款界定为有息的,将它剔除出要物合同的范畴;将仓储独立出来,将它剔除出要物合同的范畴,使法律规则与社会现实更加相符。另一方面就无偿的社会交换维持了罗马法以来通过物缔结债的传统并加以发展,通过类比要物合同产生返还之债,规定定金合同不交付无合同;通过推定保管是无偿的,规定保管通过交付而成立;通过推定自然人之间的借款是无息的,规定其通过交付而成立,要求它们以交付的形式达成合意。

另外,就无偿要物合同中合同责任的承担,我国《民法典》一方面剔除了中世纪共同法根据合同利益原则所发展起来的超级复杂、精细的过失三层划分法;另一方面吸收了合同利益原则的内核,根据当事人从其所缔结的合同是否获得利益,来评估其责任的轻重,让无偿要物合同中未获得合同利益的保管人仅就故意和重大过失承担责任,并将原则扩张适用于无偿委托(第 929 条)、赠与(第 662 条),并为借用、物的消费借贷的类推适用提供了标杆。当然,此种扩张也同样带有罗马法上合同利益原则的决疑性特征,它扩张于委托,但未扩张于无偿的运输,因为基于公共利益的考虑,无论无偿与否,承运人都要承担同样的责任(第 823 条)。

相对于有偿保管而言,我国《民法典》将无偿保管中未获得利益一方当事人的责

---

〔1〕 Lauretta Maganzani, La diligentia quam suis del depositario dal diritto romano alle codificazioni nazionali. Casi e questioni di diritto civile nella prospettiva storico – comparatistica, LED Edizioni Universitarie, 2006, p. 59.

〔2〕 Lauretta Maganzani, La diligentia quam suis del depositario dal diritto romano alle codificazioni nazionali. Casi e questioni di diritto civile nella prospettiva storico – comparatistica, LED Edizioni Universitarie, 2006, p. 106.

任限止于"重大过失"无疑是一种减轻,但历史地看,就无偿保管人而言,这却是一种加重。因为按照罗马法的传统,该处"重大过失"的衡量标准是管理自己事务的注意,未尽该注意构成的是一种具体的重大过失,是为相对的故意。显然,为准确理解此处之"重大过失"及其法律适用,罗马法仍富有参考意义。

(责任编辑:李俊)

私法研究
27
第二十七卷

应急防控体系下急危重症患者的法律保障

冉克平　刘文华*

目　次

在新冠疫情常态化背景下，《民法典》已成为维护与保障公众健康、调整衡平医患关系的重要的基本法律。《民法典》第494条确立了在“抢险救灾、疫情防控和特定其他需要情形下”的有关民事主体的强制缔约义务。〔1〕尽管该条在规范表述上并未直接提及医院作为此处负有法定义务的民事主体，但当疫情防控成为社会重点及长期任务，将医疗机构的强制缔约义务纳入现行法解释空间的辐射范围具有巨大现实价值。在疫情防控实践过程中，诸多地区发生了部分医院以新冠疫情防控为需要，而对部分危急患者不予救助的情形，引起患者伤重不治的事

* 冉克平，武汉大学法学院教授。刘文华，武汉大学法学院博士研究生。

〔1〕 参见《民法典》第494条规定：“国家根据抢险救灾、疫情防控或者其他需要下达国家订货任务、指令性任务的，有关民事主体之间应当依照有关法律、行政法规规定的权利和义务订立合同。依照法律、行政法规的规定负有发出要约义务的当事人，应当及时发出合理的要约。依照法律、行政法规的规定负有作出承诺义务的当事人，不得拒绝对方合理的订立合同要求。”

件屡见报端。举典型事件言之:

2022年4月,江苏睢宁一名一岁半婴儿卡到喉咙在送医时却因无核酸证明被拒诊,在等待的近七八个小时内,医院并未采取任何有效举措,最终该婴儿身亡。[1]尽管国家卫健委在2021年1月初发布通知不能因疫情防控而拒诊,[2]但是类似案件仍不胜枚举,[3]其中法律问题不得不辩。就类案中处于危急状态亟待被救助的主体来说,医疗机构因损害承担民事责任的决定性因素在于医疗机构是否负有强制缔约义务。

判断医疗机构能否承担强制缔约义务的前提是,在《民法典》视角下重新厘清病患与医疗机构的法律关系。该法律关系应当以私法上的契约关系为基础,否则就无法要求医疗机构承担强制缔约义务。此外,值得深思的是,所谓"无健康码""来自中高风险地区"等原因能否成为医疗机构的免责事由。疫情期间,医院采取疫情防控措施无可厚非,然而当疫情防控管理与对危急患者的救助义务存在冲突时,如何保障民众合法医疗利益?在常态化疫情防控的社会语境下,医疗机构的强制缔约义务的法理基础及其侵权责任的承担应当有新的教义学解读,因此,笔者将厘清医疗关系法律性质,并在此基础上进一步明确医疗机构承担强制缔约义务的必要性,进一步探寻医疗机构拒绝急诊患者所应承担的民事责任,以期促进公众的医疗利益保障。

一、医疗机构与患者法律关系的理论争议

(一)医疗法律关系性质之理论迷思

医疗法律关系指的是医疗单位及其职工与患者的法律关系。[4] 我国学者对于该法律关系的性质存在不同认识,争议较大。归纳而言,具有代表性的有4种学说,其中"公益说"和"侵权行为说"都是从医疗机构的特殊身份出发分析法律关系之性质,"医疗消费说"和"医疗合同说"则是从医患关系订立的动态角度分析医疗法律关系之本质。

---

[1] 参见《江苏一婴儿卡喉咙无核酸证明被拒诊身亡》,载观察者网2022年5月5日,https://m.guancha.cn/api/video/10067.shtml。

[2] 参见《关于保障群众基本就医需求并做好医疗机构感染防控工作的通知》,该通知明确:"不得因为感染防控采取一关了之、一封了之、一停了之等'一刀切'手段,影响群众获得基本医疗服务。对于急危重症患者,应当及时有效救治,医务人员做好防护,不得推诿拒诊。"

[3] 类似的社会案件包括"上海老人因120拒绝援救而病亡""西安网友父亲心绞痛被拒诊后去世"等。参见上海浦东卫健委:《上海哮喘老人因120拒绝救援而病亡》,载光明网2022年3月31日,https://m.gmw.cn/baijia/2022-03/31/1302875396.html。

[4] 黄茂荣:《债法各论》(第1册),中国政法大学出版社2004年版,第248页。

具言之,“公益说”认为医院不是普通的经营者,而是公立非营利性机构,具有浓厚的福利色彩,应该通过行政法调整医患关系。类似地,“侵权行为说”将医疗服务视作一种社会福利,由于医疗机构义务不是源于双方协议,而是产生于相关法律法规,因此,医务人员过失行为导致患者身体出现不必要的损害即构成侵权行为;[1]“医疗契约说”是指患者到医院就诊,医院接收患者并为患者提供医疗服务,双方即构成医疗合同关系。法院判决曾指出,到特定医院就诊的行为代表着医疗法律关系的建立。[2]“医疗消费说”从经营者与消费者视角出发,患者到医院就诊即为一种“接受医疗服务”的行为,医院从事的是“提供医疗服务”活动。最高人民法院也曾在判决中指出一般消费者对于医疗机构的选择是根据自身经济情况以及就近治疗的地域性消费需求。[3]

笔者认为,这些学说仅仅从部分视角展示医患法律关系的部分侧面,未触及医疗关系的法律本质,医疗关系本身具有复杂性,涉及的主体也不仅包含医务人员与病患,也包含着医疗机构的整体功能发挥,还伴随国家强制与市场机制的一种博弈。[4] 所以,在医疗机构和患者之间的医患关系不能通过单纯的定性来判定。

在大陆法系国家或地区,医疗关系分为三大类:第一类为医疗契约关系,医疗机构或医务人员与患者之间的契约关系以意思自治为基础,反映在成立的医疗合同上。医疗合同也需要通过要约和承诺的过程,医学合同以医学行为为中心,通过药物、设备、手术或其他手段来恢复患者的健康、消除他们身体上的损伤或纠正他们身体上的缺陷和残疾。包括为上述目的所从事之问诊、检查、检验、诊断等准备或协助等步骤,还包括其他特定的医疗行为如整形、堕胎或器官移植实验等对人体进行的任何对身体情况产生影响的治疗活动。[5] 第二类为无因管理法律关系。在特定场所中医疗机构或者医务人员对患者实施的诊疗行为而产生的医疗法律关系构成无因管理关系法律关系,例如医护人员在医院之外的场所发现患者并进行治疗,或医护人员对不愿意接受治疗的患者进行救助的行为。但医疗关系与无因管理关系存在本质差别,经过认可的无因管理关系可以转换为委任关系,产生委任关系请求

---

[1] 参见四川省遂宁市中级人民法院民事判决书,(2020)川 09 民终 1324 号。

[2] 参见湖南省怀化市中级人民法院民事判决书,(2022)湘民终 375 号;上海市第一中级人民法院民事判决书,(2021)沪 01 民终 9283 号;河南省许昌市魏都区人民法院民事判决书,(2021)豫 1002 民初 4768 号。

[3] 参见最高人民法院民事判决书,(2018)最高法民再 428 号。

[4] 参见朱岩:《强制缔约制度研究》,载《清华法学》2011 年第 1 期。

[5] 参见黄茂荣:《债法各论》(第 1 册),中国政法大学出版社 2004 年版,第 239 页。

权。〔1〕然而医疗机构本就具有法定救助义务,且在医疗实践中医疗要约方式具有多样性与复杂性的特点,因而未必所有医疗要约都是以病患被送入医院为缔结的方式,若将医疗服务合同强行与无因管理制度嫁接,会损害医患双方的合法利益。第三类法律关系是强制医疗法律关系,国家基于保护人民生命、身体健康的要求,要求医疗机构、医务人员对患者进行强制治疗。如强制戒毒、强制体检等,这是公权力的行使,本质属于政府的行政行为。

(二)医疗法律关系本质再探讨

在我国《民法典》视角下,医疗法律关系主要是指基于医疗服务合同的医疗服务法律关系。在医疗法律关系所生之责任部分,《民法典》侵权责任编第六章规定了4种医疗损害责任,分别为医疗伦理损害责任、医疗技术损害责任、医疗产品损害责任和医疗管理损害责任。〔2〕笔者认为,从民法理论和实践上看,在无因管理和强制医疗之外,从总体定性上,尽管在强制医疗的情形中存在行政法律的强制性规定,但在本质上仍然属于医疗服务合同法律关系而非行政法律关系。医疗关系是一种包含医疗行为的平等的法律关系,与民法上一般契约的特点是一致的。总体而言,患者与医疗机构及其工作人员之间的法律关系是一种合同关系,在性质上是医疗契约。

医疗契约是以医院对患者实施医疗行为,而患者支付约定的报酬为内容的契约。医疗行为是医生通过问诊、检查、检验、诊断等手段来恢复患者的健康、消除患者身体上的损害,或者为了纠正患者身体的缺陷和残疾而进行的治疗。医疗合同是指医院及其工作者利用其特定的专业知识向病患提供医疗服务的契约。大陆法系大多数国家或地区的立法表明医疗合同属于无名契约。日本、德国的相关法律都有具体的规定。荷兰是唯一的例外,《荷兰民法典》修改后,将医疗合同作为一种基本的法律制度而成为一种具有代表性的合同。〔3〕荷兰法中的医疗合同已经具有了名称,因而其本质上是一种独立有名合同。同时,医疗法律关系具有伦理属性,是其与其他以财产利益为主要标的的民事合同存在的重大差异。虽然医疗法律关系是平等民事主体的法律关系,但其也会因医疗卫生服务而产生与患者人身权、人格权(包括物质性人格权和精神性人格权)保护的直接关联。在较为重视生命健康的医疗场

〔1〕参见吴香香:《请求权基础:方法、体系与实例》,北京大学出版社2021年版,第11页。

〔2〕参见杨立新:《〈中华人民共和国民法典〉条文精释与实案全析》,中国人民大学出版社2020年版,第3303页。

〔3〕荷兰于1994年颁布了《荷兰医疗服务法案》,具体规定患者在医疗关系中所享有的各项权利,以及可能导致医疗责任的各项侵权的情形。该法案于1995年被收入《荷兰民法典》第七编"具体合同"之中,并易名为"医疗服务合同"。

域,医院拒诊行为不仅会为受害者带来身体残疾或者死亡的损害后果,更会致使受害者或家属产生严重精神损害。[1] 因而,医疗契约的本身的符合属性决定了其法律关系的复杂性以及法理价值的多元性。

医疗契约依其内容之不同,又可分为以下三种形态:其一,一般医疗契约,是指以患者因感觉身体罹患疾病或受创伤,委托医生治疗疾病或伤害为内容的契约。其二,健康检查契约,是指不包含治疗行为,而仅就患者身体状况进行诊察而成立的医疗契约。但是,健康检查契约往往会因发生疾病而再成立一般的医疗契约。其三,特殊医疗契约,是指自然人身体本身并无疾病或创伤,而为特殊目的,如美容、整形等与医院等成立的医疗服务合同。[2] 当患者要求医疗机构向其提供诊断、治疗或其他医疗服务时,医生无正当理由一般都不会拒绝。医疗合同中要约人是患者,承诺人是医疗机构,因此医疗合同是一种诺成合同。与普通合同不同的是,患者往往以"挂号"(包括书面、口头、电话、网络形式)进行要约。医疗要约与承诺制度体现着一定程度上的利益区分,法律在规范意义上拟制为一种受更严格保护的法律关系。[3] 当患者提出的条件被医疗机构接受时,医疗契约即可成立。当然,患者可以不经挂号而直接接受医务工作者的治疗,例如急诊患者,患者未挂号出于事态紧急而立即进行急救;也有可能是私人诊所,没有挂号系统,医生会直接给患者进行诊疗。这种情况下,患者虽然没有挂号证明,但如果医务人员对患者实施了诊疗行为或工作,患者未表示拒绝的,医疗合同也能因实际履行而成立。

二、应急防控体系下医疗机构的强制缔约义务

(一)强制缔约制度之历史渊源

强制缔约的意涵是指根据法律规定,特定主体承担的与他人订立合同的法定义务,若无合理的原因不能拒绝订立合同的一种制度要求。强制缔约义务本质上是对当事人的合同自由的一种约束。强制缔约制度是在19世纪末20世纪初产生的,考察当时的历史情境可知19世纪末以后,各主要资本主义国家相继进入垄断时代,竞争领域减少,而经济实力较强的人和较弱的人之间的实力差距越来越明显,处于不利地位的一方难以履行缔约自由。在这种情况下,传统的契约法律因时代的变化而面临巨大的挑战。此时"法律的合同自由已经变为社会上强者独裁的自由和弱者的

---

[1] 参见胡家强、刘巧娟:《强制缔约制度新论》,载《东岳论丛》2013年第12期。

[2] 参见郭升选、李菊萍:《论医疗注意义务与医疗过失的认定》,载《法律科学(西北政法大学学报)》2008年第3期。

[3] 参见丁晓东:《法律如何调整不平等关系?论倾斜保护型法的法理基础与制度框架》,载《中外法学》2022年第2期。

服从”。[1] 实际上,契约自由和契约正义的概念如方程式般严密,[2]因为“仅凭个人所拥有的契约的法定可能性,还不足以保证个人在一般的财产和劳务交易中行使自决权”。只有在相关各方在权利平衡基础上才能在合同中实现各自的意愿。即,只有具有同等经济能力的各方,在不影响社会公众利益的情况下,契约自由才能成为一种社会理想。[3] 近代契约自由的发展路径正是内生于对合同实质正义的追寻,强制缔约正体现了从形式上对契约自由和契约正义的修正,也是合同维度对市场失灵的救济措施之一。

为保证自由主体的意愿的实现以及避免无效,保障公民基本的缔约自由权的实现,限制其缔约自由,使其成为法律上的必要选择。强制缔约制度是指在各方权利平衡发生变化时,为保证特定的民事主体的缔约自由权利而被迫采取强制干涉的结果。强制缔约制度的产生矫正了传统的契约自由原则,填平了合同自由和合同公正之间的空白,并为无法履行合同自由权利的公民提供了法律支持。

(二)后疫情时代下医疗机构强制缔约义务之必要性

在后疫情时代,要求医疗机构承担强制缔约义务具有规范价值与实际需要。根据传统的合同自由原则,医疗机构和医师并没有对患者进行救助的责任。虽然救死扶伤是医生的职责,不允许医院对能够救治的患者直接放弃诊疗。然而,法律并没有明确医疗机构有与患者签订合同的法律义务,救死扶伤更多的是道德义务而非法定义务。[4] 但是,当今时代更加注重保护人身权,为保障患者能够得到及时诊疗,维护患者的生命和健康,很多国家和地区通常都规定医疗机构对患者负有强制合同义务,除非有合理原因,否则不得拒绝患者的要求。这正是强制缔约义务在医疗领域的具体体现。[5] 例如,《日本医师法》第19条第1款规定:“从事诊疗之医师,在诊察治疗之请求存在的场合,若无正当事由的,不得拒绝该请求。”我国《执业医师法》相关规定[6]也表明人身安全保障和患者缔约自由之间不存在制度冲突,医疗机

---

[1] [德]拉德布鲁赫:《法学导论》,米建等译,商务印书馆2013年版,第66-67页。

[2] 参见冉克平:《强制缔约制度研究》,中国社会科学出版社2010年版,第82页。

[3] [德]卡尔·拉伦茨:《德国民法通论》(上),王晓晔等译,法律出版社2013年版,第69-70页。

[4] 董淳锷:《民商事审判中“常理”的运用——法理阐释、案例考察与规则设定》,载《政治与法律》2022年第2期。

[5] 参见王泽鉴:《债法原理》,北京大学出版社2013年版,第680页。

[6] 参见《执业医师法》第24条规定:“对危急患者,医师应当采取紧急措施进行诊治,不得拒绝急救处置。”第31条规定:“医疗机构对危重病人应当立即抢救。对限于设备或者技术条件不能诊治的病人,应当及时转诊。”

构对于危急患者负有强制缔约的义务。[1] 我国台湾地区规定了多种与医疗有关职业的强制缔约义务,从各个方面对医疗机构义务予以了明确。[2] 人民法院也多次在判决中指出"医疗机构具有'救死扶伤,治病救人'的特定社会责任,医疗结构基于其特定的职业性质及职业规定,对于特定患者要求治疗的要约负有强制缔约的义务"。[3] 强制缔约义务本就是法律对特定的民事主体所施加的应当与向对方订立契约的义务,但是在法理逻辑层面,仅当医疗机构与患者之间的医疗契约关系时,医疗机构特定情形下承担的义务才能被视为承担强制缔约义务。其他的一些强制医疗场合,如强制戒毒等是国家基于保护公民生命安全和身体健康的考虑而施加给对患者的一种强制诊疗,此为行政行为。但在另一种情形下,医疗机构的强制缔约义务是源于医疗机构特殊身份,其对特定危急患者在特定场合下负有强制缔约义务,即特定患者如果未完全符合防疫要求和规程,但当其生命垂危需要紧急救治时,医疗机构应当按照强制缔约义务的要求进行救助。

新冠疫情给人类社会带来了颠覆性的冲击与改变,伴随疫情的常态化与规模化,强调医疗机构对危急患者的强制缔约义务至少有两个方面的价值:其一,对于患有新冠肺炎的患者来说,医疗机构在强制缔约义务之下有救助义务,疫情防控不能凌驾于生命之上,因为公众生命权、身体权和健康权作为物质性人格权具有价值顺位的优先性。[4] 生命保护的及时性决定了医院强制缔约义务在特定场合的紧迫性以及不可以更改性。其二,强制缔约义务的可以也能够为医疗机构处理其他病患创设义务并设定行为方向。由于强制缔约义务始终指向公共产品,[5]而公共产品总是附着的社会公益,医疗服务关系所具有双重法律性质是基本医疗服务成为拟制公

---

[1] 参见满洪杰:《作为知情同意原则之例外的紧急专断治疗——"孕妇死亡"事件舆论降温后的思考》,载《法学》2008 年第 5 期。

[2] 我国台湾地区"医师法"第 21 条规定:"医师对于危机之病症不得无故不应招请或无故延迟。"我国台湾地区"药剂师法"第 21 条规定:"药剂师无论如何,不得无故拒绝药方之调剂。"我国台湾地区"助产士法"第 15 条规定:"助产士不得无故拒绝或迟延助产。"我国台湾地区"医疗法"第 43 条第 1 项规定:"医院、诊所遇有危急病人,应即依其设备予以救治或采取一切必要措施,不得无故拖延。"我国台湾地区"精神卫生法"第 26 条第 1 项规定:"精神医疗机构应提供病人积极适当之治疗,不得无故拖延。"参见杨秀仪:《法定急救义务? 强制缔约义务?》,载《台湾本土法学杂志》第 49 期(2003 年)。

[3] 参见重庆市第九人民医院与王某医疗服务合同纠纷案,重庆市北碚区人民法院(2020)渝 0109 民初 2327 号;张某分与华润武钢总医疗服务合同纠纷案,湖北省武汉市中级人民法院(2016)鄂 01 民终 764 号。

[4] 参见王利明:《论民事权益位阶:以〈民法典〉为中心》,载《中国法学》2022 年第 1 期。

[5] Samuelson P. A. ,*The Pure Theory of Public Expenditure*, 36 The Review of Economics and Statistics 389(1954).

共产品过程中私法公法化的产物。[1] 在重要的民生保障事业中应当推进强制缔约制度,保障民事主体的基本生存是强制缔约义务基本的价值维度,医疗机构对危急患者的强制缔约义务当属于此。在国家的疫情防控政策与医疗结构对危急患者的强制缔约存在冲突之时,利益界分应当遵循比例原则,重心是寻求目的与手段间的均衡。[2] 在目的上,疫情防控既是为了全国人民群众生命安全,也是保护社会整体利益的机制;在手段上,进行健康码核查和核酸检测等是合理的手段,但在医疗机构对危急患者的救助义务与这些核验程序产生冲突时,应当明确强制缔约义务承载的制度价值为危急患者的生命权,而这一权利与比例原则的目的契合,以此确保实现疫情防控与社会利益维护目的与之间的适当性和均衡性。

三、医疗机构法定救助义务的类型化分析

医疗机构的法定救助义务涉及法律规范与社会现实之间的交叉互动,映射出所追求的公共医疗卫生保护与私人主体之间的契约自由在具体生活中的层次展开。而此时我们需要通过“类型化”的思维方式来掌握某生活现象或意义脉络的多种表现形态,弥补抽象一般概念及其逻辑体系在规范领域上的局限性。[3] 通过类型的使用虽不能逻辑的控制推论结果,但可以尽可能地适应社会生活发展变迁带来的多样化难题,使得法律规范具有应对纷繁复杂地社会现象之能力。[4] 因此,本部分将通过类型化的方式首先明晰医疗机构法定救助义务的主体范围;其次在此基础上分析医疗机构履行法定救助义务的例外情形;最后则强调在当前公共卫生领域,不得随意因常态化疫情防控措施而排除医疗机构的强制缔约义务,原因在于个体的生命保护具有及时性。

(一)负担法定救助义务的医疗机构主体范围

我国医疗机构的形式和种类逐渐多元化,依据不同的分类标准则可以归纳出不同的情形。例如,依据医疗机构的业务种类来划分,则除广泛存在的综合性医院外,还有大量的专科医院以及妇幼保健院等。依据营业性质可以分为公立医院和私立医院,前者是指的不以一般市场主体营利性商业模式运行的医院,具有较强的公益色彩和国家分配特色;后者则属于商业化运作的医疗服务提供者。[5] 后者则与之相反,旨在以营利为目的,比如旺旺集团旗下的旺旺医院等。《民法典》以“营利法

---

[1] 陈云良:《论转诊行为的法律性质及救济途径》,载《法学》2019年第5期。

[2] 参见黄忠:《比例原则下的无效合同判定之展开》,载《法制与社会发展》2012年第4期。

[3] 参见[德]卡尔·拉伦茨:《法学方法论》,陈爱娥译,商务印书馆2003年版,第337页。

[4] 黄茂荣:《法学方法与现代民法》,中国政法大学出版社2001年版,第224页。

[5] 参见陈思静:《医疗精神损害赔偿研究》,载《法学论坛》2022年第2期。

人—非营利法人—特别法人”的三分框架对法人制度进行重新分类，回应了当前社会组织类型多样化导致的具体类型定位困难问题，建立了融贯结构与功能双标准、跨越民商法全领域的组织类型渐变序列。[1] 但我国《医疗机构管理条例》还未对此进行相应的修改，目前在医疗行业领域仍需要遵守《医疗机构管理条例实施细则》中依据医疗业务不同而进行的分类。[2] 因此原则上若无正当理由，则所有的医疗机构都应当负有强制订约义务，《执业医师法》第24条的效力范围及于《医疗机构管理条例实施细则》第3条中的所有类别。

医疗合同订立通常是由于患者发现自身可能存在某种疾病时而前往医院挂号就诊，医院为其提供相应的诊疗服务，二者间就产生了相应的权利义务关系。有观点认为在该合同成立过程中，可以分解为患者通过挂号来发出要约，而医疗机构作为承诺一方，则是通过接受挂号、发给挂号单来作出承诺。[3] 还有观点认为，医疗服务合同因医疗行为的特殊性使得合同具有强制缔约的性质，且医方不得任意解除合同，即医方不得拒绝患者，只要患者在医方处，医方即对患者负有诊疗义务。[4] 这一认识显然值得商榷。通常要求要约内容必须具体确定，即要约的内容必须具有足以使合同成立的主要条款；[5]因此挂号这一行为显然不能符合要约的内容要求，毕竟患者在挂号时并不明确自己的基本病情，需要通过专业化的诊断来使之明确化，从而与医院订立具体的医疗合同接受救治。就价值根源上而言，由于医疗机构本身从事行业的特殊性导致必然要对个体的生命健康安全负担社会责任，所谓的强制订约义务可以被认为是医学伦理法律化的结果。因此，笔者认为可以将医疗机构的设立行为视为公开要约，毕竟这本身就意味着有向社会公众提供相应医疗服务的意思。与此相对应地，患者就诊时的挂号行为就是对医疗机构公开要约的承诺，挂号完成则表明双方之间的医疗契约关系即告成立，医院负有为其救助病情的合同义务。就合同的当事人而言，当患者自身具有完全民事行为能力时，其本人作为承受

---

[1] 参见张力：《法人功能性分类与结构性分类的兼容解释》，载《中国法学》2019年第2期。

[2] 我国《医疗机构管理条例实施细则》第3条规定：“医疗机构的类别：（一）综合医院、中医医院中西医结合医院、民族医院、专科医院、康复医院；（二）妇幼保健院；（三）中心卫生院、乡（镇）卫生院、街道卫生院；（四）疗养院；（五）综合门诊部、专科门诊部、中医门诊部、中西医结合门诊部、民族医门诊部；（六）诊所、中医诊所、民族医诊所、卫生所、医务室、卫生保健所、卫生站；（七）村卫生室（所）；（八）急救中心、急救站；（九）临床检验中心；（十）专科疾病防治院、专科疾病防治所、专科疾病防治站；（十一）护理院、护理站；（十二）其他诊疗机构。”

[3] 参见湖北省武汉市中级人民法院民事判决书，（2016）鄂01民终764号。法院认为医疗机构具有强制缔约义务，不能拒绝患者请求诊疗的要约，而患者去医院挂号、支付费用系向医院发出的要约。

[4] 参见北京市石景山区民事判决书，（2021）京0107民初210号。

[5] 参见韩世远：《合同法总论》（第4版），北京大学出版社2018年版，第118页。

合同权利义务的一方当事人。就算其因疾病发作而不能作出明确的意思表示,我们也可以解释为通过默示的意思表示来使得合同成立。毕竟当事人于疾病发作时进入医院可以明确推知其有订立医疗服务契约获得相应救治的意思表示。

(二)医疗机构履行法定救助义务的例外情形

1. 不具有保障生命健康安全作用的医疗合同

有观点认为,医疗机构负有强制缔约义务,因此无正当理由不可以拒绝患者的订约请求。[1] 这一看法虽然对于患者的利益保护最为全面,但是却在一定程度上使医疗机构负担了较重的伦理义务(法律化)。医疗行为有广义与狭义之分,狭义上的医疗行为通常是指以治疗或者预防人体疾病为直接目的的诊断、治疗行为。[2] 而其他的医疗行为还包括日常健康检查、微型整形、医疗实验等,此类行为一般不具有对生命健康安全的紧迫危害性。就此而言,在判断医疗机构是否因履行法定救助义务而需要受到强制缔约义务的约束时,需要根据不同情形下患者的订约需求背后所要保护的法益来判断。

在类似于去医院进行以健康检查为目的的体检活动时,抑或着力于提升自身外在形象的美容、整形等特殊医疗合同时,就不应当使得医疗机构负担强制缔约的义务。在此种情形下患者的生命健康安全并没有受到疾病的现实危害,由此医疗机构的强制公益服务性就需要在一定程度上保持谦抑性。该种合同其实医疗的色彩并不是十分浓厚,反而更类似于基于人身性质的服务合同。需要注意的是,即便是代表公益性质的公立医院也并非完全不营利,仍然需要获得一定的收益来维持正常的运转。只是相比于私立医院而言,其公益性得到更为明显的表达。无论是公立医院还是私立医院,在市场定位中都不是完全的从事医疗活动,也并不都涉及对患者的生命安全的救助。但此时需要注意的是,只有在明确不涉及患者生命安全的医疗合同中才不适用强制缔约义务,排除强制缔约义务需要强理由才能获得支持。核心理由在于生命健康权要在法律规范中得到最全面的保护,才能实现人自由而全面的发展。

2. 对于非危重患者可以拒绝订约请求,但是也需有正当理由

在医疗领域中,负担缔约义务的主体具有提供服务的垄断性、经济上的优越性和特定需求的服务性。[3] 因此在这样一种实质意义上不平等的双方关系,需要通

---

〔1〕 参见福建省福州市中级人民法院民事判决书,(2019)闽 01 民终 8235 号;湖南省郴州市中级人民法院民事判决书,(2015)郴民一终字第 945 号。

〔2〕 参见贺红强:《医疗领域的强制缔约义务与法律风险防控》,载《中国卫生法制》2011 年第 5 期。

〔3〕 参见贾翱:《基于义务主体的强制缔约制度类型化研究》,载《经济法论丛》2018 年第 2 期。

过国家权力的干预来更好地去分配整个医疗资源，救死扶伤，实现社会利益的最大化。在公共利益的影响之下，需要对医疗机构的意思自治进行一定程度的限制，但是该种强制缔约义务的施加绝不是无限的，否则将导致一方的意思自由完全被限制，造成实质意义上的不公正。强制缔约义务的前提在于患者处于危重时，其生命健康安全处于紧迫的危险中，对该种利益的保护是法律的首要责任。至于如何判断危重患者，有医学上的判断作为依据：通常当患者不及时医治时会有生命危险或者留下重大永久性后遗症的可能时可认定为"危急"，如急性心衰、急性心肌梗死、急性过敏性休克等。[1] 但是在规范层面，在法律上判断该患者是否处于"危急"状态时，应当以其生命健康安全是否存在受到重大影响的可能性作为规范上的判断依据。尽管并非所有医疗行为都需要进行强制缔约，但是医疗事业作为一项公共性质的事业，亦不得以拒绝普通患者的订约请求，除非存在有比该普通患者所需求的利益更值得保护的利益所在。

(三)疫情防控不得排除强制缔约义务，个体生命保护具有及时性

在当前新冠疫情暴发的背景下，基于疫情防控的要求导致对于部分患者的医疗请求无法进行满足，有的医院以必须要做核酸检测为由拒绝其订约请求，导致其延误最佳治疗时间，造成人身财产重大损失。从法律关系上而言，这个问题的本质在于医院作为负担强制缔约义务的特殊民事主体，是否可以依据行政机关对于疫情防控的要求而排除强制缔约义务的履行。疫情防控背景下一些行政措施的作出本质上是使得公权力的运用要建立在保障公共卫生安全的基础上，但这是否必然影响私人主体之间的民事法律关系，尚需要进一步探讨。尤其在医疗机构负担强制缔约义务的情形下，在价值上形成了保障公共卫生安全的必要性和个体生命保护的及时性之间的冲突。比例原则通过对于"手段—目的"的均衡性把握来控制行为的边界，从而达致一种适当的状态来维护法律的实质正义。[2] 因此可引入比例原则的分析框架判断其是否可以排除强制缔约义务。

比例原则具有三项子原则，即合目的性原则、必要性原则和狭义比例原则。从合目的性原则的角度来看，这项步骤要求确定的是一项手段的采取，是否符合所要实现的目的。[3] 具体到上述情景下，我们需要判断的是采取排除强制缔约义务的方式是否有助于疫情防控目的之实现。在当前疫情防控形式严峻的情形下，类似于西安、上海等地出现了比较大规模的阳性患者及无症状感染者时，政府为避免病毒

---

〔1〕 参见贺红强：《医疗领域的强制缔约义务与法律风险防控》，载《中国卫生法制》2011 年第 5 期。

〔2〕 参见郑晓剑：《比例原则在民法上的适用及展开》，载《中国法学》2016 年第 2 期。

〔3〕 参见纪海龙：《比例原则在私法中的普适性及其例证》，载《政法论坛》2016 年第 3 期。

扩散而采取较为严格的防疫措施具有一定程度的合理性。因此医院以未做核酸检测为由,拒绝某些患者的医疗请求也在一定程度上符合疫情防控目的之实现。需要指出的是,这项子原则不要求手段可以完全实现所欲达到的目的,至于后续阶段则需要进入第二个判断层次,即必要性原则的审视。该项原则要求在实现一目的具有数种手段的情形下,只能选择最温和、侵害最小的方式来达成这一目的。〔1〕就此观之,在为了实现保障公共卫生安全这一目的时,医疗机构拒绝危重患者的订约请求显然不具有必要性。从利益衡量的角度来看,保障公共卫生安全虽然具有其社会公共利益保障的因素,但它最终还是需要落脚于保障个人的生命健康安全。如果以牺牲个体的生命安全为代价追求一种抽象意义上的公共利益,这显然是一种虚幻的价值追求,不具有正当性。如果再从狭义比例原则的角度审视,这要求对手段的成本和目的实现的收益之间进行对比。〔2〕对于部分中高风险地区的危急患者而言,医疗机构以未做核酸等可能造成疫情防控风险加大的理由拒绝强制缔约义务显然处于一个手段成本与目的收益之间的不对称性。该种手段不仅并未有利于疫情防控的稳定化,反而将危急患者的生命健康安全置于险境,应当明确该种做法不符合法律规定,医疗机构需要承担相应的法律责任。

四、医疗机构违反法定救助义务时应承担的民事责任

依据法律规定,医疗机构对急危重症患者负有法定救助义务。因此,为使患者得到及时救治,医疗机构对急危重症患者负有强制缔约义务。若医疗机构无正当理由拒绝与患者订立医疗服务合同,且患者的合法权益等因此受到损害,则医疗机构应当依法承担民事责任。学界关于义务人违反强制缔约义务后应承担的民事责任性质认定尚存歧异:一是侵权责任说。该说认为,强制缔约义务人违反强制缔约义务,致使相对方遭受损害时,因双方当事人尚未缔结合同,合同关系未成立。故相对人只能请求强制缔约义务人承担侵权损害赔偿责任。〔3〕二是缔约过失责任说。该说认为,强制缔约义务人违反强制缔约义务时,应承担缔约过失责任。〔4〕三是独立责任说。该说认为,违反强制缔约义务应承担的民事责任不同于现有法律规定的侵权、缔约过失等责任,而应是独立的责任类型。从立法目的来看,强制缔约规范具有强烈的救济性,为具有公共服务属性的垄断行业设定了强制性义务,旨在敦促其积

〔1〕参见黄忠:《比例原则下的无效合同判定之展开》,载《法制与社会发展》2012年第4期。

〔2〕参见姜昕:《比例原则释义学结构构建及反思》,载《法律科学》2008年第5期。

〔3〕参见杨崇森:《私法自治之流弊及其修正》,载郑玉波主编:《民法总则论文选辑》(上),台北,五南图书出版公司1984年版,第138-139页。

〔4〕参见王利明:《合同法研究(第1卷)》(第3版),中国人民大学出版社2015年版,第333页。

极履行社会职责,满足人民群众的基本生活需求,以保护弱势群体利益及维护公共利益。因此,违反强制缔约义务时,应首先以继续缔约为首要责任承担方式,这与以赔偿损害为核心的侵权责任迥然不同。[1]

对比以上三种观点,独立责任说具有明显的理论缺陷:其一,强制缔约固然以保护弱势群体利益为立法宗旨,但不能因此对强制缔约义务人科以过重义务,要求其承担无过错责任。其二,即使强制缔约义务人承担的责任形式与侵权责任存在差异,也不能因此判定该责任与侵权责任性质不同。事实上,侵权责任形式可以依据被侵害客体的差异产生变化。例如,侵权人侵害他人财产权与人格权后,可能以不同的侵权责任形式承担责任。若被侵害客体是财产权,侵权人主要以财产性的民事责任方式承担侵权责任,主要包括赔偿损失、返还财产等。若被侵害客体是人格权,非财产性与财产性的民事责任方式则兼可适用,如赔礼道歉、返还财产等。

侵权责任说主要盛行于我国台湾地区。我国台湾地区"民法"第184条第2款规定,违反保护他人之法律者,应负损害赔偿责任。学者将保护他人之法律解释为防止权益受有侵害的危险或者禁止权益受到侵害为目的的法律规范。那么,此处的保护他人不仅指狭义上的个人利益,以保护公共利益的方式间接受到保护的个人权益也应被涵盖其中。[2] 强制缔约的规范目的在于保护弱势群体的合法利益,若强制缔约义务人无正当理由违反该义务,可认定为违反了保护他人之法律。准此,根据我国台湾地区"民法",强制缔约义务人因非正当理由违反强制缔约义务,造成损害后果的,应当承担侵权损害赔偿责任。

笔者认为,强制缔约义务实质上是先合同义务。根据法律规定,强制缔约义务指特定民事主体负有法定的与其他民事主体缔结合同的义务。此义务具有法律强制性,缔约义务人无正当理由不得拒绝缔约,否则,需承担民事责任。在缔约主体就缔结合同进行磋商的过程中,相对人因义务人负有法定的强制缔约义务与义务人产生合理的信赖与忠诚关系。甚至可以说,义务人与相对人之间因法律特别规定的强制缔约义务而产生的忠诚与信赖关系,比因诚实信用原则产生的先合同义务产生的关系更为紧密。尤其是在医疗服务合同关系中,患者由于自身的紧迫状态、医疗机构的专业性以及法律的特别规定,对医疗机构赋予极高的信任。因此,在缔约过程中,强制缔约义务人对相对人应当负有更高程度的告知、说明等义务。如果义务人有正当理由拒绝与相对方缔结合同,那么,为保护相对方的合理信赖,义务人应当提前通知或说明。由此可见,强制缔约义务是基于法律特别规定产生的特殊先合同义

---

[1] 参见屈茂辉、蒋学跃:《我国强制缔约义务制度探析》,载《人民法院报》2001年11月2日。
[2] 参见史尚宽:《债法总论》,中国政法大学出版社2000年版,第130页。

务。若强制缔约人违反先合同义务,无正当理由拒绝缔约,并给相对方造成损害,则义务人应当依照法律规定,承担缔约过失责任。

我国《民法典》第494条、第648条、第810条分别规定了国家订货合同、供电企业及承运人的强制缔约义务,但相关立法及司法解释却并未明确,义务人违反强制缔约义务时的责任承担。根据上文所言,强制缔约义务应当属于先合同义务。义务人违反先合同义务,依据我国《民法典》第500条之规定,应当承担缔约过失责任。因此,医疗机构违反强制缔约义务,应当依法承担缔约过失责任,赔偿患者损失。然而,除损害赔偿外,相对方能否强制要求义务人与其缔结合同值得探讨。

笔者认为,若医疗机构违反强制缔约义务,拒绝救治急危重症患者,强制缔约义务人可能需承担继续订立合同及损害赔偿两种责任:

第一,继续订立合同应当作为违反强制缔约义务行为的首要救济途径。强制缔约义务的规范目的并非赔偿受害人的经济损失,而是敦促具有公共服务属性的垄断行业,如供水、供电、供气、电信、邮政以及医疗服务等行业,履行社会职责,满足人民群众基本的基本需求,充分维护弱势群体及公共利益。〔1〕因此,应当将继续订立合同作为基本救济方式,并且无须考虑强制缔约义务人主观上的过错,亦不必以损害发生为前提,只要违反了法定的缔约义务,就应当强制继续订立契约。

这一点亦能从国外立法例中得到验证:从法国法来看,当事人可以请求法院强制合同成立,法官可依法律规定酌定是否支持当事人的请求。〔2〕《意大利民法典》第2932条亦规定缔约义务人未履行缔约义务,相对人可要求法院判决该合同生效。〔3〕

依据合同的性质,可以将强制缔约义务人与相对人订立的合同分为继续性合同与一时性合同。〔4〕若缔约义务人无正当理由拒绝缔结的合同属于一时性合同,此时继续订立合同可能对合同目的实现已无必要,那么缔约义务人无须继续订立合同。然而,若缔约义务人无正当理由拒绝缔结的合同属于继续性合同,且缔约内容涉及医疗服务等生存、生活必需时,应当强制义务人订立合同。在新冠疫情暴发的背景下,个体生命保护具有及时性。为保障急危重症患者的生存与健康,贯彻强制缔约法律规范的法律价值,医疗机构应承担继续订立合同的责任。

第二,强制缔约义务属于先合同义务。当强制缔约义务人无正当理由拒绝缔

〔1〕参见最高人民法院民法典贯彻实施工作领导小组主编:《中华人民共和国民法典合同编理解与适用(一)》,人民法院出版社2020年版,第226页。

〔2〕参见尹田:《法国现代合同法》,法律出版社2009年版,第38-39页。

〔3〕费安玲、丁玫译:《意大利民法典》,中国人民大学出版社2004年版,第769页。

〔4〕参见韩世远:《合同法总论》(第3版),法律出版社2011年版,第62页。

约，致使相对人遭受损害时，应当依据我国《民法典》第500条之规定，[1]承担缔约过失责任，赔偿相对方的损失。在司法实践中，已有司法判决出现依照《民法典》第500条之规定，要求违反强制缔约义务的义务人向相对人承担缔约过失责任。[2]在急危重症患者急需医疗救助的场合，医疗机构负有强制缔约的义务。若医疗机构无正当理由拒绝缔约，应当强制医疗机构缔约，为患者提供医疗服务。若继续订立合同已无实际意义，急危重症患者因医疗机构违反强制缔约义务的行为，健康权、生命权受到损害，医疗机构应当承担缔约过失责任，向患者赔偿损失。

（责任编辑：陈晓敏）

[1] 参见《民法典》第500条规定："当事人在订立合同过程中有下列情形之一，造成对方损失的，应当承担赔偿责任：（一）假借订立合同，恶意进行磋商；（二）故意隐瞒与订立合同有关的重要事实或者提供虚假情况；（三）有其他违背诚信原则的行为。"

[2] 参见安徽省蚌埠市中级人民法院民事判决书，（2022）皖03民终649号。

私法研究 27 第二十七卷

数人侵权下连带责任扩张论

——以乘客开门致人损害责任认定为切入点

李金镂*

目　　次

一、问题的提出

尽管理论界一直以来对调整数人侵权规则的适用范围、构成要件、各条款之间的关系，以及责任形式讨论不休，〔1〕但《民法典》调整数人侵权的第1168条至第1172条较于《侵权责任法》，在内容上并未作出实质改变。具体而言，《民法典》依然未对“共同实施”作出具体定义，也未明确第1168条应否调整过失共同侵权。实际上，第1168条至第1172条并非以不同的因果关系类型来区分认定承担连带责任抑或按份责任，但司法判例中

---

* 李金镂，法学博士，中南财经政法大学讲师。

〔1〕 程啸：《侵权责任法》（第3版），法律出版社2021年版，第376-423页；王毅纯：《民法典编纂视野下数人侵权行为的体系定位与类型构造》，载《中国应用法学》2018年第6期；李中原：《分别侵权责任的类型化分析》，载《法学研究》2015年第5期；程啸：《论无意思联络的数人侵权——以〈侵权责任法〉第11、12条为中心》，载《暨南学报（哲学社会科学版）》2011年第5期；曹险峰：《数人侵权的体系构成——对侵权责任法第8条至第12条的解释》，载《法学研究》2011年第5期。

适用法律混乱的现状却无从得到改变，同案适用法律不同、同案各加害人承担不同责任形式的问题亦未得到解决。[1] 理论界探讨应扩大还是限缩连带责任适用范围的研究，往往仅从宏观角度一概而论地认可或否定连带责任适用的必要性，未从具体案件类型中分析该制度的正当性。[2]

本文作为切入点的乘客开门致他人损害，即为典型反映出上述问题的一种案例情形。驾驶人路边停车，乘客开门下车未观察情况，致使非机动车道上正常行驶的非机动车方受伤的案件在现实生活中屡有发生。此类案件，涉及多方主体，驾驶人、车辆保险方、乘客方以及受害人。但司法实践中，有案件认定驾驶人与乘客方构成共同实施侵权行为，承担连带责任，且判决中确定了内部责任份额，但第三者责任商业保险（以下简称商业三者险）赔付数额依照内部责任比例划定，只就被保险人应承担之份额对受害人作出赔偿；[3]有案件认定驾驶人与乘客方构成定二者属无意思联络的数人侵权，但商业三者险保险人赔付数额并非以被保险人单独划定的责任份额为基准计算赔偿金额，而是依照驾驶人与乘客共同承担的份额在限额内进行赔付。[4] 针对上述争议，本文借以深层次分析多数人侵权案型下该如何选择让加害人以何种形态对受害人承担责任，探讨无共同故意下部分的多数人侵权案型适用连带责任的正当性，阐述按份责任暴露出对受害人的未足够保护性，以及论述应否扩张连带责任的适用。

二、认定连带责任的思考路径

将驾驶人停车行为与乘客开门下车两个行为导致某一损害的发生，可适用《民法典》第 1168 条共同侵权，使之承担连带责任这一考虑，实则认为共同侵权的构成

---

[1] 参见程啸：《侵权责任法中多数人侵权责任的规范目的与体系之构建》，载《私法研究》2010 年第 2 期；程啸：《论〈侵权责任法〉第八条中"共同实施"的涵义》，载《清华法学》2010 年第 2 期；叶金强：《共同侵权的类型要素及法律效果》，载《中国法学》2012 年第 1 期。

[2] 李中原：《多数人侵权制度的历史与现状》，载《苏州大学学报（哲学社会科学版）》2014 年第 2 期；叶金强：《共同侵权的类型要素及法律效果》，载《中国法学》2010 年第 1 期。

[3] 参见南京市建邺区人民法院民事判决书，(2017)苏 0105 民初 9064 号；上海市第二中级人民法院民事判决书，(2016)沪 02 民终 5000 号；类似的案件，如苏州市中级人民法院民事判决书，(2018)苏 05 民终 4512 号，法院同样认定驾驶人与乘客依据《侵权责任法》第 8 条承担连带责任，但判定商业第三者责任险、针对受害人的损害结果并非依据驾驶人具体责任份额在限额内赔付，而是承担全部赔偿责任；又如宜宾市中级人民法院民事判决书，(2017)川 15 民终 835 号，法院虽未援引具体适用何条数人侵权规范，但同样判定驾驶人承担连带责任，商业三者险依据二者共同承担的份额进行赔付。

[4] 参见南京市雨花台区人民法院民事判决书，(2019)苏 0114 民初 6738 号；青岛中级人民法院民事判决书，(2017)鲁 02 民终 6098 号。

不以共同故意为前提。[1] 虽然理论界对共同侵权认定的学说各异,但对共同故意通谋一定构成共同侵权并未有疑问。各加害人之间基于共同意思,主观的心理状态上共同追求某一损害结果的发生,构成故意通谋之共同侵权。而乘客疏忽大意开车门,其虽与驾驶人之间就致第三人损害并无共同的意思联络,但对致使损害发生的一切原因行为都有共同认识,甚至可能做出了意思交流(如乘客在下车前对下车地点进行指示,驾驶人认可后靠边停车),客观上二者都可以认识到该损害可能发生,是否基于共同过失构成共同侵权,未有定论。

(一)过失共同侵权构成共同侵权之证成

共同过失是指行为人共同地疏于注意义务,行为人在实施危险行为时,应当避免致人损害,但由于疏忽大意或过于自信,违反了这种注意义务。依照最高人民法院《关于审理人身损害赔偿案件适用法律若干问题的解释》(2003年)[以下简称《人身损害赔偿解释》(2003年)]第3条第1款之规定,二人以上共同过失致人损害同样构成共同侵权承担连带责任,而原《侵权责任法》第8条条文表述上仅仅使用了"共同实施"这一词,并未将共同侵权限定为故意行为,这也使到底以什么标准来认定共同侵权行为的必备构成要件一直争论不止。按照共同过错说[2]或共同过错兼同一损害说[3],共同侵权都将共同过失之情形涵盖。倘若认可构成共同侵权不是以共同追求损害发生,而是以可共同预知损害发生为最低认知要求,则多数参与人共同进行某项违反义务的危险产生行为,同时应当预见或认识但因为疏忽大意或不注意而致使损害发生的多数人过失情形,应为共同侵权所涵盖。

关于共同过失中共同的定义,在德、日等大陆法系国家刑事和民事立法上同样争论不休。《德国民法典》第830条第1款、《德国刑法》第25条作为调整共同加害行为(Mittäter)之条款,都仅仅使用了"共同地"(gemeinschaftlich)的表述。审视近来相关学说与判例,过失共同侵权肯定论逐渐强势。[4] 否认过失共同侵权说主张,共同加害行为的主观构成要件为,行为参与者并非仅单纯欲以自身行为助推他人之致使加害结果发生的行为,而是该行为本身在合作分工意义上实属共同行为的一部

---

[1] 本文中所指的共同侵权采狭义定义,仅指原《侵权责任法》第8条,现《民法典》第1168条所予以调整的多数人侵权类型。

[2] 参见王利明:《共同侵权行为的概念和本质》,载王利明主编《判解研究》第17辑,人民法院出版社2004年版。

[3] 参见杨立新:《侵权责任法原理与案例教程》,中国人民大学出版社2008年版,第304页。

[4] MüKoStGB/Joecks, 3. Aufl., 2017, StGB § 25 Rn. 286. 赞成的学术观点很多,参见Heine/Weißer, in: Schönke/Schröder Strafgesetzbuch, 30. Aufl., 2019, Vorbemerkungen zu den §§ 25 ff, Rn. 111.

分。[1] 照此理解，每个参与者必须意欲使自身的行为为他人行为的一部分，相反他人同样将该行为作为自身参与份额的补充。相互补充且配合正是共同故意独有的主观特征。而赞成过失共同侵权的观点则认为，对过失予以惩罚并非针对直接造成损害发生的行为存在，而是针对就分工合作的危险行为作出了约定亦即相互之间的交流决定，将此部分类型的过失侵权纳入共同侵权中，要求多数侵权人互相为他人的行为承担连带责任。

因此，即便是赞成将共同过失纳入共同侵权，使多数过失行为人对外承担连带责任，也不能忽略检验以下限定要件：第一，分工合作。参与人的分工合作行为在共同作用下事实产生了不法危险。第二，同种类的注意义务。所有的参与人就该可预见之危险，负有同种类的注意义务，违反该义务致使法益受损。当参与人就避免受害人权益受到侵害负有不同类型之义务，则不认定为共同侵权。第三，有意愿的合作。并不要求参与者对损害结果发生的共同意愿，但以参与人至少认知且有意愿参与到某个共同的行为计划或方案中，同时知晓该共同合作的项目本身具有风险性为前提条件。

（二）过失共同侵权与共同危险行为的差异

《人身损害赔偿司法解释》（2003 年）第 4 条关于共同危险行为之规定中，明确采用了“共同实施”的表述，而该表述在《民法典》第 1170 条中并未体现。王利明教授认为，共同危险行为的责任基础是共同过失，这种过失不是针对损害结果发生的过失，是针对危险的行为而言的，由于共同危险行为人都实施了危险行为且造成了损害结果的发生，因而法律推定各行为人具有共同过失。[2] 如勿须考虑共同危险行为人的主观性，在肯定过失共同侵权行为下，《民法典》第 1170 条是否与第 1168 条内容上存在重叠的情形？

刑法上探讨是否承认共同过失行为构成共同犯罪，往往出发点是为了避免当受害人无法证明行为与损害结果之间的因果关系，致使加害人少受或免受处罚。[3] 而侵权法上的共同危险行为，同样旨在避免受害人因不能证明损害与行为之间因果关系而求偿不能，却不等同于过失共同侵权。有学者指出，如果认为共同过失也可以构成共同加害行为，将抹杀共同危险行为与共同加害行为之间的区别。[4] 在典型的共同危险行为举例中，A、B、C 比赛扔石头砸车玻璃，不知谁的一块石头砸中路

---

〔1〕 Joecks in Münchener Kommentar zum StGB/ § 25 Täterschaft, 3. Aufl. , 2017, Rn. 286.

〔2〕 王利明：《侵权行为法研究》（第 1 版）（上卷），中国人民大学出版社 2004 年版，第 738-740 页。

〔3〕 张伟：《过失共同正犯研究》，载《清华法学》2016 年 5 期。

〔4〕 程啸：《论〈侵权责任法〉第八条中“共同实施”的涵义》，载《清华法学》2010 年第 2 期。

人 D。有观点指出,倘若认为过失共同侵权须行为人必须违反相同的注意义务,具有内容相同的过失行为,则上述典型的共同危险行为案例即可被归于过失共同侵权,共同危险行为将无适用之余地。该认识显然忽略了“过失共同侵权”的限定要件。实际上在砸车玻璃案中,不同加害人之间作出的各个加害行为本身无须经由分工合作完成。加害人亦无意愿,将他人的行为作为自己行为的补充,因此不能定性为过失共同侵权。又《民法典》第 1170 条所调整的共同危险行为,除去加害人不明这一明显的构成要件外,还要求各个潜在加害人行为与损害之间的完整因果关系关联,即每个行为皆有导致全部损害的能力,该要件是引发承担连带责任的必要前提。共同危险行为中正是因为数个潜在加害人的行为具有造成全部损害的高度可能性,因此,为保护受害人利益尽管无法确定究竟是谁具体造成了损害,也要对这些加害人作出否定性评价。

正是基于共同危险行为与共同侵权之间的区别,《民法典》第 1170 条的“共同实施”应包括共同过失。适用《民法典》第 1170 条,要求每个潜在参与人的各自行为与损害之间具有假设的因果关系,共同的危险行为引致法益侵害,但各参与行为与侵害结果间具体的因果关系尚无法查明,采因果关系举证责任倒置,如果能够确认直接的加害人,则可以依据第 1170 条要求免责。而在过失共同侵权中,每个参与人都有意识地与他人协力共同完成了某个危险事件,虽然损害结果的发生并非参与人所追求的,但各个参与人不能以自己没有从事具体的加害行为为由而要求免责。如夫妻二人在屋内吵架,共同抢夺平板电脑,二人处于气头上一致同意将平板电脑扔出窗外,砸伤路人。此例中,二人对将平板电脑扔出窗外有共同认知和意愿,但很难认定二人有对砸中路人这一损害结果存在故意意识,不构成共同故意侵权。该案亦非共同危险,共同危险制度适用的核心构成要件是“不能确定具体侵权人”,本案并不存在加害人不明之情形,二人合作共力将平板电脑扔出窗外,一人的使力行为并非足够导致平板电脑被扔出窗外,只因不知到底谁的单独使力事实上导致了损害结果发生而适用《民法典》第 1170 条,显然违背逻辑,无法理解。《民法典》第 1168 条条文设计并非旨在完全放弃各参与人行为与结果之间的因果关系考量,因此,将本案作为共同过失纳入共同侵权行为受《民法典》第 1168 条调整,并不会模糊其与第 1170 条调整的共同危险行为之间的区别。

(三)共同意思联络作出危险行为的共同侵权

共同侵权不应限于共同故意,更准确的是,“共同”要求参与人在主观上除了认知行为自身,至少大体上知晓各个参与者的意愿,并与他人共同实施或推进危险行为,客观上则要求参与行为实施,每个行为都以某种特定形式促使结果发生且与结果相关。而过失共同侵权实际上有其特定的适用案例类型,在符合上文限定要件下使之适用《民法典》第1168条苛以连带责任是有理有据的。《民法典》第1168条中“共同实施”不应理解为“共同故意”，而应为“共同的意思联络”，该主观上的关联是指，就客观上导致他人权益受损的行动多数人之间皆有共同参与之意思。基于共同意思或共同认识，各行为人的意志构成了一个综合体，各行为人的行为形成了一个集体行为，正是由于其意志的综合，派生出事实上的具体侵权行为，因此法律才规定侵权人之间承担连带责任。理论实践中用来否定过失共同侵权存在合理性的案例，往往都忽视了对上述限定要件的检验。

1. 驾驶人与乘客之间过失共同侵权的构成

在部分乘客开门致人损害的案件中，存在适用《民法典》第1168条的可能使乘客与驾驶人对外承担连带责任，尽管二者不存在故意致使他人损害的主观意图。在这类案件中，驾驶人与乘客构成共同侵权，承担连带责任的原因并非因双方均有过错，而是二者之间的作出危险行为的共同意思联络。倘若仅作为单独过失侵权行为来予以处罚，对于高度危险的共同行为，实属处罚不得当。

例如，司机违停，示意乘客在非下客区下车，而乘客表示同意，心急未注意开门的前后方致使损害发生时，是否构成共同侵权？在此类型案件中，[1]显然无法认定双方对损害结果发生的存在共同故意之意愿，但往往很容易判定二者对开门下车这一行动本身有共同的意思联络，应当知晓该共同的行为计划本身存在风险性，且违停和开门的行为在共同作用下事实上产生了不法危险。存疑的是，二者是否就该可预见之危险，负有同种类的注意义务。根据《道路交通安全法实施条例》第77条第3项，开关车门不得妨碍其他车辆和行人通行，该条调整的是开关门这一行为，负有注意义务的仅为开关门者。而违停的驾驶人所违反的则是《道路交通安全法》第56条第2句及《道路交通安全法实施条例》第63条所规定的确保安全临时停车之义务。该两种义务应属同种类型之交通参与者应尽的安全注意义务，即确保其各自的行为不妨碍其他交通参与者的安全通行。

但是应当注意，不能因为为了承认过失共同侵权而从根本上否认了共同故意说这一基本立场，这种应对思路是得不偿失的。在所谓的过失共同侵权的场合，各参与者是否存在对构成要件该当事实的认知与预见，仍需个别且具体地判断，不能简单地以行为人就参与行为有认识或意思联络为由径行肯定数人参与均成立过失共同侵权。

2. 连带责任下商业三者险赔偿范围的限定

依据《机动车交通事故责任强制保险条例》第3条、第21条的规定，交强险合同

---

[1] 参见上海市第二中级人民法院民事判决书，(2016)沪02民终5000号。

的保险标的是被保险机动车造成的第三人损失。因此,在我国交强险制度设计中,只要是被保险的机动车辆造成第三者损害,保险人应在赔偿限额内予以赔偿。车上乘客打开被保险车辆车门造成第三人损害,由交强险进行赔偿,使受害的第三人得到及时的补偿,符合交强险的社会保障功能。

作为交强险的补充,商业三者险在赔偿顺序上后于交强险。在交强险中,保险人承担的是无过错严格赔偿责任,无关于被保险人是否在交通事故中负有责任;与交强险本质不同在于,商业三者险采取的是保险人依据被保险机动车一方在事故中所负的事故责任比例,按照合同的约定承担相应的赔偿责任。〔1〕承担连带责任的被保险人对外就受害人的全部损害承担赔偿责任,对内与共同侵害人之间根据其过错比例承担责任。问题在于,被保险人在交通事故中因共同侵权而承担超出其内部责任份额以外的连带责任部分,是否属于商业三者险的理赔范围?

乘客开门下车致损的一些同类案件中,保险人常以保险合同未明确约定连带责任、另一共同加害人非保险人等为由拒赔。〔2〕在2014年版本的《中国保险行业协会机动车综合商业保险示范条款》(以下简称《商业保险示范条款》)中规定:"保险期间内,被保险人或其允许的合法驾驶人在使用被保险车辆过程中发生意外事故,致使第三者遭受人身伤亡和财产的直接损毁,依法应由被保险人承担的损害赔偿责任,保险人依照本保险合同的约定,对于超过机动车交通事故责任强制保险各分项赔偿限额以上的部分负责赔偿。"〔3〕但是2015年12月保险费率修改以后,各保险公司的商业三者险条款相应地进行了修改,修改后的《商业保险示范条款》删除了"依法应由被保险人承担的损害赔偿责任"的表述,代之为"依法应当对第三者承担的损害赔偿责任"。〔4〕这一表述上的修改恰似表明了,当不考虑受害人与有过失时,发生交通事故的被保险人作为连带责任人对外就受害人的全部损害承担赔偿责任,而商业三者险予以赔偿范围计算应当是交强险赔偿限额外的全部损失为基准。最高人民法院《关于适用〈中华人民共和国保险法〉若干问题的解释(四)》第16条进一步规定,保险人应当对共同侵权中的被保险人的外部连带责任承担赔付责任。

---

〔1〕参见《中国保险行业协会机动车综合商业保险示范条款》(2016版)第23条。

〔2〕参见中国人民财产保险股份有限公司宜宾市分公司与彭某贵等机动车交通事故责任纠纷案,四川省宜宾市中级人民法院民事判决书,(2017)川15民终835号。在这一案件中,保险人主张其所应赔偿范围仅限于被保险人在事故责任中单独所负之责任份额部分。另见中国平安财产保险股份有限公司滨州中心支公司与胡某函机动车交通事故责任纠纷案,山东省滨州地区(市)中级人民法院民事判决书,(2018)鲁16民终1313号。在该案二审中,保险人主张,交警部门已经作出了加害人之间的责任划分,应就该比例予以赔付。

〔3〕《中国保险行业协会机动车综合商业保险示范条款》(2014版)第22条。

〔4〕《中国保险行业协会机动车综合商业保险示范条款》(2016版)第22条。

此处所使用的“共同侵权”不宜采包括所有因果关系类型的数人侵权的广义解释，亦不应采仅包括共同故意侵权的狭义解释，而应从责任形态上将本条中的“共同侵权”扩张理解为：“使得被保险人作为责任主体承担连带责任的因果关系类型数人侵权”。

在保险格式合同条款中使用“被保险人承担的损害赔偿责任”此类按责赔付的表达，文义上亦应作出对保险人的不利解释，不应仅限就被保险人与共同侵害人之间的内部责任份额比例承担保险责任。〔1〕倘若按责赔付条款狭义地理解为仅以被保险人的直接最终责任份额为赔偿范围，亦属部分或全部免除保险人的赔偿责任，应当认定为《保险法》第17条第2款规定的限制对方当事人主要权利的免除保险人责任之条款，从而产生效力排除之法效果。因为投保人投保商业三者险的主要目的在于分散自己的责任风险，使自己脱离第三者的损害赔偿请求之不利。被保险人承担的连带责任属于保险人可预知之责任风险，其理赔范围应指向被保险人与其他共同侵害人对受害第三人共同赔偿的法律后果。此时，责任险不仅作为受害人及时获得赔偿之保障，也为被保险人的权益提供了保护。倘若共同致害人无力赔偿，作为连带责任人的被保险人内部求偿不能之风险，应由保险人承担。〔2〕倘若受害人向被保险人及保险人主张连带责任赔偿，被保险人不能对受害人主张按照其最终责任份额提出按比例赔偿的抗辩。当然，不同于交强险保险人所承担的法定的、终局性的赔偿责任，第三者商业保险人在履行赔付责任后，可行使对共同侵害第三人的保险代位求偿权，保险人终局责任仍然是依据被保险人的比例责任。

三、设定按份责任之再思考

乘客开门致人损害的案件，若不符合上述过失共同侵权的构成要件前提，此类案件不能适用《民法典》第1168条承担连带责任，应考虑驾驶人与乘客二者因分别实施行为致使损害发生适用《民法典》第1171条、第1172条关于无意思联络多数人侵权之条款。

(一)乘客开门致损之无意思联络侵权的认定

2019年中国保险行业协会发布的十大保险诉讼典型案例中，摘选的关于乘客开

---

〔1〕上海高级人民法院民事审判第五庭关于印发《关于审理保险代位求偿权纠纷案件若干问题的解答(一)》的通知，第七项：“保险合同仅约定‘对因由被保险人承担的赔偿责任，保险人负责赔偿’的，一般可以解释为保险人对被保险人所负的全部赔偿责任承担保险赔偿责任，包括对外的连带责任。”反对意见，参见夏庆峰：《责任保险合同中保险人不应承担无明确约定之连带责任》，载《辽宁师范大学学报(社会科学版)》2018年第4期。

〔2〕韩长印：《责任保险中的连带责任承担问题——以机动车商业三责险条款为分析样本》，载《中国法学》2015年第2期。

门发生事故案件判决。该案中,法院认为驾驶人和乘车人均可预见车辆开门可能致人损害,具有共同的损害后果可预见性,二者均有自信能回避损害是“意思共同”的一种表示形式,因构成过失共同侵权。〔1〕 依照该判决对于共同过失侵权的定性,则涵盖了大多数驾驶人停车,乘客开门下车导致事故发生的案例。实践中,存在驾驶人将车短暂停泊在非下客区,仅对乘客表示“目的地到了,请下车吧”。但乘客不知非下客区,心急未尽注意观察义务开门致损右边经过的第三人受伤,在这类案件中,驾驶人可预见乘客在非下客区开门将发生事故未加以阻止,轻信可以避免;乘客本应尽观察注意周遭环境之义务,但未达到一般合乎理性之人的谨慎程度,因疏忽造成损害不可避免发生,并不属于应预见但过于自信可以避免的主观情形,二者之间无共同作出危险行为之意思联络。倘若上述两种情形都归入《民法典》第 1168 条共同侵权予以调整,则架空了《民法典》第 1171 条、第 1172 条关于数人分别实施侵权行为造成同一损害规定的设置。可见,不能因双方之间都存在过失即认定存在共同的过失,只有在确有共同认知危险行为并且各自都认识到另一方不法行为的存在与作出,才得以考虑过失共同侵权的成立。

排除驾驶人与乘客之间已知下车位置危险但一致同意并轻信能避免损失发生的过失共同侵权类型,在乘客开门致损案件中,还可能存在以下情形:①驾驶人违停,未提醒乘客注意开门,乘客小心翼翼开门,仍未能避免事故发生;②驾驶人违停,提醒乘客注意开门,乘客开门并未注意车外状况打开车门致使事故发生;③驾驶人合法停车,提醒乘客注意开门,乘客开门并未注意门一侧的其他交通参与者,致使事故发生;④驾驶人合法停车,未提醒乘客注意开门,乘客未尽到观察注意开门致使事故发生。

前两种情形中,于受害人而言,其对机动车交强险保险人行使损害赔偿的请求权基础问题较为简单,因为根据我国《道路交通安全法》第 76 条第 1 款的规定,机动车交强险保险人优先在限额内作出赔付。不足的部分,须进一步进行赔偿责任比例的划分。在受害人无过错情形下,乘客开门下车导致其他交通参与者受伤,如行人或自行车主甚至汽车,首先要求乘客因其过错单独对损害负有赔偿责任。驾驶人因其违停不法行为,因其积极作为造成危险,同样属于损害发生的一个非充足但必不可缺的原因,与乘客开门的行为共同结合形成一个原因链

〔1〕 参见北京市第三中级人民法院民事判决书,(2018)京 03 民终 9666 号。部分学者存在同样观点,认为数人侵权场合,如果损害在每个侵权人的“可预见性”范围之内,则构成“共同预见”,而以王利明教授为代表的主流解释理论仍然主张将其归入《侵权责任法》第 8 条“共同侵权”范畴。具体参见李中原:《分别侵权责任的类型化分析——基于因果关系的视角》,载《法学研究》2015 年第 5 期;王利明:《侵权责任法研究》(上卷),中国人民大学出版社 2010 年版,第 525 页。

(Kausalkette),致使损害发生。

在后两种情形中,相似的法院判决往往认定,驾驶人负有提醒乘客下车开关车门安全义务,未履行该提醒义务则承担相应的责任。[1] 驾驶人虽在有标识、标线可以泊车的区域停车,但从事机动车驾驶这一高度危险行为要求驾驶人必须具备较高的安全注意义务。驾驶人在停车位置及同乘人下车时机的选择上具有更大的控制能力,又驾驶室相较于乘客有着更完整的视角,其应尽最大的努力避免损害发生,例如,在确保安全后开启车门安全锁,应当查明车辆周围情况确认安全后,才允许乘客下车。但德国判例及主流学说否定驾驶人负有引导乘客作出符合交通法规行为的义务,允许驾驶人信赖完全行为能力人的乘客将作出合理合规的行为,尽到开门上下车所要求的必要观察注意义务。[2] 此时在上述驾驶人合法停车的案件类型中,是否欠缺一项认定驾驶人对受害人承担责任的法律或其他合理性基础依据?当涉及商业营运机动车时,德国部分文献观点支持可基于运输合同产生行为义务,要求营运车辆驾驶人提醒乘客在上下车时会发生的额外特殊危险。[3] 但基于合同的相对性原则,该观点不被认可。原因在于,双方之间契约通常不能被赋予保护第三人利益之效果,倘若承认基于运输合同产生驾驶人的该项作为义务,将导致本应法定的责任分配原则及合同当事人的保证义务无限度扩张。确切地说,机动车一方承担责任的原因实质上依赖于,未尽注意开门导致损害发生属于《德国道路交通法》第7条所规定车辆运行风险(Betriebsgefahr)中一项典型类型。[4] 该条设立危险责任立

---

[1] 参见长沙中级人民法院民事判决书,(2019)湘02民终1219号;湖南省永州市中级人民法院民事判决书,(2019)湘11民终2684号。法院认定驾驶人未提醒车内人员下车时注意安全,其行为违反了《道路交通安全法》第22条第1款的规定。其他相似的判决如,无锡市中级人民法院民事判决书,(2019)苏02民终2912号;苏州市中级人民法院民事判决书,(2018)苏05民终4512号;南昌市中级人民法院民事判决书,(2018)赣01民终494号。

[2] BeckOGK/Spindler BGB § 823 Rn. 606;Frank Pardey, Haus/Krumm/Quarch, Gesamtes Verkehrsrecht, 2. Aufl. ,2017, Rn. 70;OLG Hamm v. 20. 8. 1999-9 U 9/99 = NZV 2000,126,在该州法院判决中,的士司机在即将接近目的地时遇到了拥堵,熄火短暂停车,乘客因着急赶往考试地点,遂付钱后直接开右车门下车致使自行车车主受伤。一审法院认定驾驶人以及保险人承担责任的原因是违反了作为的士司机的交往安全不真正义务,未提醒乘客下车时存在特定危险。二审法院认定,的士司机理论上不具有该提醒义务,因为乘客突然打开车门这一风险本身是驾驶人无法掌控的,作为完全行为能力人的乘客的注意义务作出与否才是事故发生的关键,因此应重新考虑被告(驾驶人与保险人)因疏于防止危险的侵权归责依据。

[3] Vgl. Blumberg in NZV 1994,249,261, unter Hinweis auf OLG Köln in VerkMitt 1992,93.

[4] 《德国道路交通法》第7条第1款规定,对于在车辆行驶过程中发生的人员伤亡或财产损失,机动车保有人有义务赔偿给受害人造成的损失。

法目的并非针对不法行为,而是填补因合法运行的车辆行驶风险而产生的损害。[1] 受害人无须就加害人对事故的发生和违反道路交通法规进行证明,只要损害发生在机动车的运行状态中即可。而乘客的过错不能归咎于机动车驾驶人,除非在特定情形下,如儿童或必须提供帮助的乘客。[2] 乘客和机动车驾驶人(或保有人)依据《德国民法典》第 840 条第 1 款之规定,对开门下车这一侵权行为所产生的损害共同负有赔偿义务的,应作为连带债务人承担责任。尽管第三责任险保险人对乘客的责任范围并无代为赔付义务,[3] 驾驶人与机动车保险人仍因机动车的运行风险对事故损失本身承担赔偿责任。[4] 因此,保险人在履行赔偿义务后可向乘客基于《德国民法典》第 426 条内部求偿其多赔偿之份额。[5]

与德国法不同,我国未有车辆运行风险之概念,虽交强险赔偿机动车造成的损害同样基于无过错责任,但保险人在限额内作出赔偿后,多数加害人之间的责任份额仍要作出划分,使超出限额外的赔偿得以给付。此时,在肯定驾驶人提醒注意下车义务的背景下,以上列举的 4 种案型都归于共同因果关系类型或称为累积因果关系[6](kumulative Kausalität),可由《民法典》第 1172 条调整。也即各行为中的任何一人,均无须对损害承担全部责任或连带责任,而仅对自己的行为后果负责,内外部

---

[1] Vgl. BGHZ 12,124(128). 只要机动车还在公共的交通领域运动或机动车虽不在运行状态,但仍以一定方式影响交通,即认为机动车在运行中存在风险。另参见 LG Saarbrücken NZV 2016,128;KG Berlin r+s 2011,174;OLG München VersR 1996,1036;BGH r+s 2009,520;NJW-RR 2016,356.

[2] Vgl. OLG Hamm,NZV 00,126;NZV 00,209.

[3] 仅车辆保有人和其允许的驾驶人根据德国《汽车行驶保险一般条款》第 10 条第(2)项为责任险所被保险的人。

[4] Vgl. NZV 2016,128.

[5] Vgl. VersR 1996,1036.

[6] 该因果关系类型下,损害是由必不可缺的数个侵权行为的结合导致。因为学界对多数人侵权下因果关系类型的名词使用并未统一,对该因果关系有学说称之为竞合的因果关系,如梁慧星教授称之为原因竞合的侵权行为,参见梁慧星:《共同危险行为与原因竞合——〈侵权责任法〉第 10 条、第 12 条解读》,载《法学论坛》2010 年第 3 期。朱岩教授将 kumulative Kausalität 翻译为聚合因果关系,在解释该名称定义时,对应的是加害份额不明的情形,参见朱岩:《当代德国侵权法上因果关系理论和实务中的主要问题》,载《当代法学》2004 年第 6 期。不过,有学者认为加害份额不明案件的讨论应属是否归于《侵权责任法》第 10 条调整范围的问题,参见孙维飞:《试论加害份额不明——以〈侵权责任法〉第 10 条与第 11 条、第 12 条之关系为中心》,载《南京大学学报》2014 年 6 期。李中原教授将 kumulative Kausalität 译为累积因果关系(或聚合因果关系),但解释上却将其纳入《侵权责任法》第 11 条的调整范畴,但这一条实为竞合的因果关系类型。在德国侵权法学上,有将 kumulative Kausalität 称作 komplementäre Kausalität(补充因果关系),See Gert Brüggemeier, Haftungsrecht: Struktur, Prinzipien, Schutzbereich, 2006, S. 186; Weckerle, Die deliktische Verantwortlichkeit Mehrerer, 1974, S. 90ff; Hermmann Lange/Gottfried Schiemann, Schadensersatz, 3. Aufl. ,2003, S. 156。竞合的因果关系是"konkurrierende Kausalität"的翻译,意为数个行为对于损害结果而言,都为充足原因。

关系上呈现一致按份性。各个加害人依照过错程度或原因力大小对受害人承担按份责任,在内部关系上责任可分且责任人之间无牵连关系。

(二)机动车事故数人侵权中按份责任之弊端

在认定乘客与驾驶人对事故的全部损失承担连带责任时,交强险赔偿后的不足部分,由商业第三者责任险的保险公司在合同约定范围内予以赔偿。倘若不足部分未超过保险约定的额度,则商业三者险保险人因被保险人为连带责任人而应赔付剩余的全部损失,此时法院在判决中往往并不划分内部责任百分比,直接保险人被判赔。但在判定按份责任赔偿的案例中,依据《民法典》第1172条承担按份责任的乘客与驾驶人,交强险因机动车造成事故按限定额度赔偿后,大多数情况下受害人的损失并未完全填补,甚至缺乏足够的商业三者险额度。全国各地区的投保率差异显著,且发达地区的保障缺口大于中西部经济欠发达地区,商业三责险保单实现了风险充分覆盖的概率较低。

不承担连带责任的乘客作为交通事故发生的加害人之一,往往必须依靠自身财力对超过交强险赔偿份额以外的损失就自己的责任份额对受害人负责。相较于德国法,我国因连带责任的适用范围广且机动车交通事故中危险责任的严格性,道路交通事故中处于弱势地位的受害人往往得到了最优最佳的保护,危险产生者的机动车辆驾驶人及保有人借助保险分散责任风险。当部分加害人不具有清偿能力,受害人可从任意连带债务人处获得赔偿。而按份责任在道路安全事故中,暴露出的最大弊端,受害人存在求偿不能的高风险。又实践中经常出现,机动车保险人主张仅在被保险人(驾驶人及保有人)责任份额内履行赔偿义务从而上诉,法院在认定乘客与驾驶人承担连带责任抑或是按份责任时存在意见不一,致使获赔时间过长等。[1] 如在一起乘客于红灯等候停车时打开车门与电动自行车发生碰撞的案件中,法院判定乘客擅自打开车门承担70%的赔偿责任,驾驶人未及时提醒、阻止,酌定承担10%的责任。[2] 交强险在责任限额范围内赔偿各项费用后,商业三者险赔偿范围内仅由保险人就剩余份额的10%进行赔付。作为过错比例且责任份额大的责任人乘客拒不到庭,缺席判决下,显然受害人获得足额赔偿的可能性较低,或者耗时较长。

---

[1] 参见青岛市中级人民法院民事判决书,(2017)鲁02民终6098号。二审法院撤销了一审法院关于商业第三者责任险保险人承担受害人全部责任的判决,改判为保险人在商业三者险范围内就被保险人责任比例予以赔偿。

[2] 参见慈溪市人民法院民事判决书,(2016)浙0282民初2092号。法院的判决支持了原告要求驾驶人与乘客共同在交强险范围外按80%比例予以赔偿,但原告关于保险公司承担连带责任的请求未得到法院支持。

此外,侵权按份责任诉讼形态在司法实践中呈现出任意化、无序化与模糊化的状态,可能使用必要共同诉讼、普通共同诉讼以及普通诉讼三种诉讼形式。[1] 在交通事故案件以《民法典》第1172条作为裁判大前提下,受害人作为赔偿权利人对任一加害人均享有请求权,理论上并不适用必要共同诉讼。但在类似于乘客开门致人损害赔偿案件中,多数加害人造成同一结果,各个加害人行为为损害发生的必备原因,紧密不可分,允许单独诉讼显然会造成诉讼成本负担且责任分配不统一。法官在查明案件事实认定其所承担责任份额时,仍需考虑所有加害人的各个行为,作出原因力与过错大小的衡量。受害人作为原告在起诉之时无法预见所有涉案人以何种责任形式承担责任,认为起诉机动车一方从保险公司获赔概率高及时长短,此时法院应否依职权追加乘客为必要共同诉讼人或仅告知原告应列乘客为共同被告,抑或是直接作出机动车一方应承担的按份责任比例,又或是法院有权认定未参加诉讼的加害人的责任份额,未有定论。赔偿权利人同时起诉所有责任人,虽然法院最后依据《民法典》第1172条认定各被告应承担按份责任,法院作出了合一而不可分的裁判,各个按份责任人对权利人的损害赔偿仍为分别履行。

(三)数人侵权承担按份责任的调整范围限缩

原《侵权责任法》第12条规定无意思联络数人侵权致使损害发生,对外按原因力及过错比例承担责任,实属中国特色。[2] 在大陆法系各国,支持对无意思联络数人侵权适用连带责任属于立法界一致规则和理论界的主流立场。随着我国《民法典》颁布,按份责任条款显然将被立法所延续。在过往的研究中,往往探讨哪些案例适用《侵权责任法》第12条以承担按份责任,从因果关系的角度出发认定第12条的具体适用范围。[3] 但忽略了论证为何一定类别案件必须规定多数加害人以按份责任,即按份责任在此类案件中的正当性分析,或者未质疑按份责任的在某一类适用案例中是否存在弊端。

---

〔1〕 宋春龙:《侵权按份责任诉讼形态研究——以〈侵权责任法〉第12条的司法适用为中心》,载《现代法学》2017年第5期。

〔2〕 《侵权责任法释义》中提及,"其他国家和地区的大多数民法中没有类似本条的规定",参见王胜明主编:《中国人民共和国侵权责任法释义》,法律出版社2010年版,第69页;孙维飞:《单独侵权视角下的共同侵权制度探析》,载《华东政法大学学报》2010年第3期;曹险峰:《〈侵权责任法〉第12条之按份责任正当性论证》,载《苏州大学学报(哲学社会科学版)》2014年第2期。

〔3〕 李中原:《分别侵权责任的类型化分析——基于因果关系的视角》,载《法学研究》2015年第5期;李中原:《多数人侵权责任分担机制研究》,北京大学出版社2014年版,第262页;孙维飞:《〈侵权责任法〉第12条之解释论及其体系辐射力研究 ——数人侵权责任中被误读的中国特色及其再阐释》,载王洪亮、田士永等主编:《中德私法研究》(第12卷),北京大学出版社2016年版。

1. 区分部分因果关系与共同因果关系

按照《民法典》第1172条之文义解释,其适用范围事实上包含了“部分因果关系”(Anteilzweifel)以及“共同因果关系”(kumulative Kausalität)。以各个行为是否足以单独导致损害结果的发生《民法典》第1171条和第1172条也作出了区分。在部分因果关系中,各人的行为不足以导致损害结果发生,与结果之间仅存在部分因果关系,可以明确知晓行为仅导致了部分损害的发生,此时苛以各个行为人承担连带责任显然不尽合理。至于该部分的份额在损害中是否明显以具象易区分的形式体现,此乃责任份额确认阶段的问题。例如,甲乙先后向一面墙使用同种涂料喷绘,造成整墙毁损,当受害人向甲乙主张连带责任赔偿时,甲乙抗辩该罐涂料的量不足以涂抹整墙。受害人无法举证证明墙面的哪块范围分别是由甲乙所涂抹的。在此情形下则完全适用《民法典》第1172条,本条中的“同一损害”不以损害是否同一个或同一性质,应以行为与各部分损害之间的因果关系相互紧密联系为标准,法官应正确认定案件事实,根据程序法规定的证明手段和方法查明事实,对损害加以评估后在不同加害人之间进行分摊,如果无法确定,适用平均分担作为解决方案实为合适。

此外需注意的是,部分因果关系不能等同于德国判例和学说中普遍认同可适用《德国民法典》第830条第1款第2句关于共同危险行为规定的“加害份额不明”(Anteilszweifel),否则将造成《民法典》第1172条与第1170条之间关系混乱的后果。该“加害份额不明”要求单个侵权人行为足以导致全部损害发生(此亦为适用《德国民法典》第830条第1款第2句关于共同危险行为规定的前提要件),但部分因果关系事实案件中,各个行为也可能仅引起了损害的一部分,无法确认全部损害分别与各个行为之间有因果关系的损害份额具体是多少。设下例加以说明:甲乙二人接连分别途经一片即将丰收的麦地,在田地两头各自将烟头丢入路边的田地(其具体先后顺序不得而知),麦秸因烟头着火最终致使整片烧毁。甲乙扔入田地的烟头都具有引发整片火灾的危险,但存在以下几种可能性:(1)甲丢的烟头与乙的烟头从两头分别点燃了麦秸,但无法认定甲乙之间分别造成了多少面积内的小麦毁损;(2)甲丢弃的烟头引燃麦秸致使整片麦地烧毁,而乙后丢入的烟头未引发火势便熄灭了;(3)乙丢弃的烟头引燃麦秸致使整片麦地烧毁,而甲的烟头未引发火势便熄灭了。由此可知,甲乙二人行为造成的损害份额可能处于0-100%之间,而单纯的部分因果关系,二者的份额仅可能存在于1-99%之间。[1] 加害份额不明涉及因果关系

[1] 关于部分因果关系与加害份额不明,可参见孙维飞:《试论加害份额不明——以〈侵权责任法〉第10条与第11条、第12条之关系为中心》,载《南京大学学报(哲学·人文科学·社会科学)》2014年第6期。部分因果关系与加害份额不明分别对应了作者在该文中提出的狭义的加害份额不明与广义的加害份额不明。

不明的情形,难以确定具体的加害人,因此应当适用《民法典》第1170条关于共同危险行为之规定。[1] 该条旨在转移受害人因果关系上的证明责任,使其无须具体证明损害是其中一个行为实际造成的还是多个行为共同造成。而部分因果关系案件应该适用《民法典》第1172条的理由在于,该条仅适用于因果关系确定的情形,在共同因果关系中,各个加害人行为作为必要条件毫无疑问与损害之间存在因果关系,在部分因果关系中,行为与损害之间存在部分因果关系,该因果关系在整体上同样不存在疑问。

而对于如部分乘客开门致损案件之共同因果关系案件,是采用"无此行为,则不发生损害"(conditio sine qua non)之必要条件验证标准,因此依旧按照上述部分因果关系的逻辑认定各个必要加害人之间承担按份责任抑或是平均责任,实属不妥。受害人如需要求某一作出必要条件行为的加害人承担全部损害,根据目前我国《民法典》之规定,受害人必须承担该行为足以致使损害发生之证明责任,否则仅可分别向多数侵权人求偿。将共同因果关系与部分因果关系纳入同一个条款所调整,在法效果上也未作区分,混同了两种因果关系类型所构成的数人侵权,是未认识到,共同因果关系下单个行为与损害之间存在完整而非部分因果关系。

2. 连带责任扩张对受害人的保护增强

理论界在论述无意思联络数人侵权按份责任正当性时,首先,仅考虑了按份责任在部分因果关系下的合理性,忽视了依据《民法典》第1172条还将在其他大多数国家法律实践中作连带责任处理的共同因果关系下规定为按份责任,甚至错误认为第1172条还应调整因果关系不明的情形。[2] 其次,按份责任正当论者提出,美国法上对连带责任改革的做法为按份责任提供了立法例与学说的支撑。[3] 事实上,不同于我国法律将共同因果关系一概而论地定性为按份责任,改革后颁布的美国《侵权法重述(第三次)·责任分担》也仅是将不可分损害下是否苛以连带责任交给

---

[1] 程啸:《论共同危险行为的构成要件——以〈侵权责任法〉第10条为中心》,载《法律科学(西北政法大学学报)》2010年第2期。有学者认为共同危险行为仅指加害人不明的情形,参见王利明:《共同危险行为若干问题研究——兼评〈最高人民法院关于审理人身损害赔偿案件适用法律若干问题的解释〉第四条》,载《法学杂志》2007年第7期;刘保玉、王仕印:《共同危险争议问题探讨》,载《法学》2007年第2期。

[2] 参见曹险峰:《〈侵权责任法〉第12条之按份责任正当性论证——兼论第12条与第37条第2款的关系》,载《苏州大学学报(哲学社会科学版)》2014年第2期。因该学者认为,调整侵权事件因果关系不明之比例责任的《欧洲侵权法基本原则》第3:103条第2款给12条按份责任以启示。

[3] 参见曹险峰:《〈侵权责任法〉第12条之按份责任正当性论证——兼论第12条与第37条第2款的关系》,载《苏州大学学报(哲学社会科学版)》2014年第2期。

州法根据实际情况决定,且在特定案型中仍适用传统的连带责任。[1] 部分州也只是规定当某一被告过错比例低于规定标准时分割侵权责任。[2] 不过,这一论据忽视了这一废除连带责任运动的最初诱因是巨额损害赔偿裁决的存在,是出于陪审团经常作出针对看上去拥有巨额经济财富被告的数额巨大的精神损害赔偿。而我国当前损害赔偿制度下完全不存在此等顾虑,且在当前保险未能大范围及大额度覆盖的前提下,往往使受害人经常陷入受偿不能的风险甚至完全求偿无门的境地。再次,连带责任的设计并未违背自己责任原则。在共同因果关系中,作为必要条件的单个行为与整个损害之间的关系极其紧密,且该损害并非仅仅是各个行为产生部分损害的量变,而是共同作用下的质变结果,行为人只对自己的行为后果负责,即对整个损害负责,最终的内部份额是分析原因力与过错程度下的责任划定,亦是法官行使裁量权的产物。扩张连带责任在共同因果关系案件下的适用,并非不适当地扩大责任人的范围,加重责任人的负担,因为连带责任的设计依然区分了外部责任与内部份额,不可忽略履行偿付义务的连带责任人之内部求偿权。最后,或有其他观点认为,尽管承担了连带赔偿责任的某一过错责任较小之赔偿义务人有权向其他行为人进行追偿,但存在追偿不能之风险,最后承担过重的损失,难谓公允。较于单独侵权,数人侵权无论是风险还是危害程度上都更大,某一加害人无赔偿能力的风险,如不由共同行为导致损害发生的其他加害人来承担,反而交由受害人平承担,可谓侵权法救济功能之丧失。

在《侵权责任法》颁布施行前,多车相撞致使他人受伤案件,法院依据《人身损害赔偿解释》第 3 条之"直接结合"认定共同侵权故而承担连带责任。该类型案件在 2010 年后不同法院会出现同质案件适用《侵权责任法》第 8 条[3]、第 11 条[4]或第

---

[1] 美国《第三次侵权法重述》第 17 条及以下。

[2] 张平华:《矫枉过正:美国侵权连带责任制度变迁及其启示》,载《法学家》2015 年第 5 期;刘家安:《共同侵权中"共同"标准之反思与重构》,载《西南政法大学学报》2010 年第 3 期。

[3] 参见资中县人民法院民事判决书,(2014)资中民初第 2442 号。

[4] 参见杭州市中级人民法院民事判决书,(2015)浙杭民终字第 732 号。在本案中,五车相撞致使损害发生,案件事实是过错的侵权责任人本身的行为相互紧密结合致使事故发生,但一审、二审法院都仅作出简单表述,认为各个驾驶人的行为都足以导致损害,并据此认定各驾驶人承担连带责任。相似观点另见厦门市中级人民法院民事判决书,(2016)闽 02 民终 4626 号。甚至在部分判决中,法院并未表示驾驶人各自的行为足以导致全部损害,便直接依据第 11 条判定驾驶人承担连带责任,如海宁市人民法院民事判决书,(2014)嘉海民初字第 2306 号。在这一案件中,无号牌摩托车与小轿车相撞致使乘客受伤,法院在判决明确表示,事故是由两车驾驶员的驾车行为直接结合造成的,因已无法合理区分各自造成的损害部分,驾驶员理应共同对受害人承担连带责任。二审中,法院并未否认该连带责任的认定,并认定保险人只在商业三者险的范围内,对被保险人的责任比例范围承担赔付责任。

12条,[1]致使出现责任类型不同的现象。具体分析案情后不排除存在以下可能,法院在界定各加害人承担连带责任抑或按份责任时,考虑到部分加害人未投保,无赔付能力或者无法查清,出于怜悯受害人不可及时获赔的风险而倾向性地界定为共同侵权或直接认定单个行为足以导致全部损害,忽视加害人之间并无意思联络且各个行为与损害之间的共同或部分因果关系的这一事实。[2] 如此,本应由受害人承担的证明"每个人的侵权行为都足以造成全部损害"举证责任也形同虚设,法官单独依据案件事实凭自由心证作出了连带责任的判决。

尽管《民法典》关于调整分别实施行为数人侵权的两条条款内容未做更改,但必须认识到此两条规定的不合理性。不予否认的是,按份责任在无意思联络数人侵权案件中仍有其适用范围,在部分因果关系中,数人的单个行为确实符合不足以导致全部损害该要件,不适用《民法典》第1171条承担连带责任。但该"足以导致全部损害"不应作为区分连带责任还是按份责任的认定标准,因为该标准无法在共同因果关系予以考察及作为统一的衡量依据。共同因果关系下的多数侵权人承担连带责任,不仅是在无辜受害人和过错侵权人之间利益衡量后的结果,更是其必要条件性质本身所决定的。综上,当二人以上分别实施侵权行为,且各自行为是损害发生不可或缺的条件时,行为人承担连带责任;按份责任必须要求承担责任的数个侵权人中某一人提出主张,其自身行为仅产生部分损害,并负担存在该合理基础的举证责任。

四、基本立场——代结语

通过分析乘客开门下车致损案型,在不同情况下归属不同的数人侵权类型,苛以加害人不同的责任形式,得出即使依据主观共同关联说将过失共同侵权包含在共

---

[1] 参见河池市中级人民法院民事判决书,(2016)桂12民终1018号。这一案件的事实同样是两车相撞致使车上人员死亡,法院适用第12条认定驾驶人承担连带责任。另见,深圳市中级人民法院民事判决书,(2016)粤03民终9642号。在这一案件中,驾驶人无证驾驶无号牌两轮摩托车与机动车相撞,致使摩托车上乘客受伤,一审法院认定事故是直接结合应承担连带责任,二审法院认定虽为直接结合,但应依照《侵权责任法》第12条规定承担按份责任。同类型的两车相撞造成乘客受伤的案件,参见南昌市中级人民法院民事判决书,(2014)洪民一终字第330号,该案判决中论证道:"两小轿车驾驶人的违章行为都不足以单独造成全部损害,因而应依照第12条,按照道路交通事故认定书确定的主次责任承担按份责任。"此外,另见郴州市中级人民法院民事判决书,(2014)郴民三终字第131号,该案摩托车与小轿车相撞致乘客受伤,一审法院同样认定双方为共同侵权并承担连带责任,但二审法院依据第12条改判驾驶人承担按份责任。另见重庆市第一中级人民法院民事判决书,(2015)渝一中法民终字第03641号,该案两车相撞致使行人受伤,一审法院认定驾驶人间为按份责任,并确定了各驾驶人相应的责任份额,但在判决中却未提及第12条,反而表述为依照第11条。

[2] 深圳市龙岗区人民法院民事判决书,(2015)深龙法民一初字第1732号;海盐县人民法院民事判决书,(2014)嘉盐民初字第2205号。

同侵权中，也应具体限定过失共同侵权构成要件的结论。同时，将共同因果关系的无意思联络数人侵权排除在连带责任的适用范围之外，不仅在理论上存在逻辑缺陷，在实践中也无法符合司法统一、社会公平的基本要求。尤其在数人侵权典型案型的道路交通事故中，驾驶行为作为一项法律允许的危险活动，应更加注重对高频率发生的不幸事故损害进行风险分配。承担严苛责任之设定是从事该项危险活动的代价。机动车一方作为危险产生者，可预先借助保险机制分散责任风险，使得应由被保险人严苛的赔偿责任转由保险人按照法定或约定地负责承担，这将驱使保险人监督检查被保险人，协同履行注意义务，降低侵权概率，保险人也可相应提高保费以保障自身利益。连带责任相较于按份责任，在威慑阻吓功能上具有明显的优势。

赞同限缩连带责任适用范围的理论，往往认为，伴随保险制度的不断发展及社会保障制度的完善，社会对连带责任损害赔偿的功能需求将会降低。[1] 但是通过阐述实践中商业三者险在连带责任下赔偿范围的不同处理，在按份责任下未足额赔偿以及加害人赔偿不及时或不能风险仍然较大，且普通公众责任险对于保险市场而言仍然是一项新产品，因此，当前保险救济机制的力度与广度还远远不能满足社会稳定的需要。更何况，即使是在那些保险制度已经相对完善的欧美国家，仍然没有完全否认共同因果关系下无意思联络侵权之连带责任承担。诚然，连带责任的适用作为一种救济工具不得无限度地扩张，从而失去作为法律责任的合理性。但同时也不能过度强调责任自负而一概否定连带责任适用，毕竟侵权法上连带责任的规定在减少被侵权人举证困难，降低司法成本，提高纠纷解决效率和效果上有重要意义。

（责任编辑：李俊）

---

〔1〕 侯雪梅：《我国侵权连带责任适用范围检讨》，载《法治研究》2014 年第 10 期。

私法研究 27 第二十七卷

我国集体土地征收制度的体系建构之思
——评《集体土地征收法制改革研究法理反思与制度重构》*

李雨佳　李国强**

目　次

一、引言

集体土地征收肇始于改革开放以来城市化的扩张和土地制度改革,从1988年《宪法》的修改到《土地管理法》的历次修正,集体土地征收都是立法重点关注的内容,而集体土地征收中的各种问题囿于各种客观因素的掣肘而难以有效解决。因此,在理论上亟须构建集体土地征收制度的理论体系,以有效应对社会发展变迁带来的各种问题。高飞教授的力作《集体土地征收法制改革研究法理反思与制度重构》一书系统梳理了集体土地

* 本文系国家社科基金重大项目"新时代中国特色土地管理法律制度完善研究"(18ZDA151)的阶段性成果。

** 李雨佳,吉林大学马克思主义学院博士后研究人员;李国强,大连海事大学法学院教授、博士生导师。

征收的相关理论问题,有效构造了集体征收制度解决问题的理论途径。本文试图对该书的内容进行一个概括的全景解读,并对集体土地征收制度的完善谈一下浅见。

二、集体土地征收制度体系制度重构的正当性

(一)从集体土地征收主体看制度创新的正当性

在《集体土地征收法制改革研究法理反思与制度重构》一书中,将国家认定为集体土地征收主体具有正当性。具体而言:其一,由于征收补偿法律关系是征收行为引起的,因此,对财产权造成侵害的主体应被认定为补偿义务的主体。在集体土地征收中,只有国家才能行使征收权,其他主体都不具备征收的资格,并且能够实施征收行为的主体范围应被限缩。[1] 其二,若不将国家认定为集体土地征收补偿义务主体,可能会导致逻辑矛盾。如果将用地单位认定为土地征收补偿义务的主体,由用地单位支付征收款,但是其取得的并非集体土地所有权,而是国有土地建设用地使用权,逻辑上无法自洽。并且,如果由用地单位作为集体土地征收补偿义务主体则由于其既要支付地价又要支付安置费用,则用地单位可能由于盈利空间被压缩而选择压低补偿安置费用。这也会导致"土地财政"等问题,并导致农民集体及其成员很难获得充分的补偿。因此,由国家作为集体土地征收补偿义务的主体,也更有利于保障被征收人获得合理的补偿。

国家作为集体土地征收补偿义务的主体可能产生"寻租行为"的风险。对此应当通过完善政府行使征收权的程序制度来解决。首先应对集体土地征收决定予以具体的、多样化的公告,充分保障农民集体及其成员的知情权,使农民集体对征收权的行使过程进行监督。这体现了集体所有权的权能。[2] 此外,为了防止行政机关行使征收权的过程中为追求私益而侵害集体土地所有权的情况发生,应建立内外监督的监督体系。具体来说,外部监督为司法监督与立法监督,内部监督即为农民集体及其成员的监督,可以通过听证会的方式实现。[3] 比如,行政权被滥用的一项重要原因是,农民集体及其成员无法参与对公共利益的认定,因而可将农民集体参与的听证程序与公共利益认定的监督程序融入公共利益的认定程序中。农用地转为建设用地的审批程序应为农用地转用预审程序—被征地调查与权属登记程序—公共利益听证程序—公共利益认定监督程序。行政机关在作出土地征收决定之前应

---

〔1〕 参见赵秀梅:《农村集体土地征收补偿立法构建研究——以〈土地管理法〉的修改为中心》,载《中国农业大学学报(社会科学版)》2018年第6期。

〔2〕 参见韩松:《论农民集体土地所有权的管理权能》,载《中国法学》2016年第2期。

〔3〕 参见房绍坤:《土地征收制度的立法完善——以〈土地管理法修正案草案〉为分析对象》,载《法学杂志》2019年第4期。

该严格按照程序,求助于专业评估机构对于该征收行为是否可以被认定为公共利益作出判断,并就公共利益的认定举行听证会,由受土地征收决定的利益相关人充分表达其意见。行政机关要对是否采纳听证会的意见作出充分说明,以防止行政机关滥用其征收权利。在对行政机关征收集体土地的监督上,应坚持内外监督相结合的方式,并以外部监督为主,通过外部监督的实施促进内部监督的功能实现最有效的实施。政府行使征收权内外监督体系的构建可有效防止行政成本的提高,并可以有效地保障农民获得合理的补偿。

(二)从集体土地征收范围看制度创新的正当性

集体土地被征收后的土地补偿费是对集体土地所有权补偿,也包括其上设立的用益物权的价值。因此,通常的处理方式是以土地补偿费的方式向用益物权人支付对价以消灭该用益物权,剩余的土地补偿费就是农民集体享有的土地所有权的实际价值。虽然我国法律制度对集体土地所有权人代位受领土地补偿费未作出明确的规定,但是,由作为集体土地所有权人的农村集体代领土地补偿费符合农村土地制度的规范逻辑与精神。[1] 据此,《集体土地征收法制改革研究法理反思与制度重构》一书认为,集体土地征收补偿的模式,首先应对土地承包经营权进行充分补偿,剩余部分应作为征地补偿款的分配范围;若农民集体已通过调整承包地的方式对土地承包经营权人作出了补偿,则无须再对土地承包经营权人作出额外的补偿,全部土地补偿费都应被认定为征地补偿款的分配范围。这种分配方式符合集体土地所有权与集体土地使用权分离的制度现状,且有利于在集体土地所有权虚化的状况下使农村集体土地所有权利益得以实现,并可以在保护集体土地使用权利益的同时,兼顾到农村集体成员的农村集体土地所有权利益。

三、集体土地征收制度体系建构的理论先进性

(一)符合中央关于农村集体土地征收的战略部署

农村集体土地征收制度急需进行深化改革,主要表现为:其一,随着我国城市化的进程,大量的农民进城务工导致农村的耕地出现撂荒,农业生产效率不高;其二,进城务工的年轻农民多数不倾向于回到农村进行农业生产,这也导致了在未来存在农地无人耕种的可能;其三,随着经济全球化的进程,传统的以家庭为单位的农业生产方式很难与规模化经营的农业生产方式竞争,使农民的经济状况受到威胁。[2] 为了在保证土地公有制性质不改变、耕地红线不突破、农民利益不受损的前提下,充

[1] 参见王克稳:《我国集体土地征收制度的构建》,载《法学研究》2016年第1期。

[2] 参见贺雪峰:《论中国式城市化与现代化道路》,载《中国农村观察》2014年第1期。

分保护农民的财产权,2013 年十八届三中全会作出中共中央《关于全面深化改革若干重大问题的决定》后,农业加速进入全面深化改革的新阶段。从土地的改革精神和目标上来看,十八届三中全会与十七届三中全会是一脉相承的。但 2013 年以来的土地改革不仅力度更大,而且更加全面系统。在此基础上,2014 年《关于全面深化农村改革加快推进农业现代化的若干意见》提出了要“落实农村土地集体所有权、稳定农户承包权和放活土地经营权”。对农村集体土地征收制度进行的体系性的研究有助于推进我国农村集体土地改革目标的实现。

十八届三中全会明确提出要“缩小征地范围,允许农村集体经营性建设用地出让、租赁、入股,实行与国有土地同等入市、同权同价”。《集体土地征收法制改革研究法理反思与制度重构》一书就此阐述了如何协调征地制度与农村集体经营性建设用地入市改革之间的关系。若按照《土地管理法》所规定的集体土地征收补偿标准来对失地农民进行补偿,则补偿价格可能会在很大程度上受到征收人和被征收人力量差异的影响,可能会出现征收补偿价格过高或者过低的情况。而十九届四中全会提出要“营造各种所有制主体依法平等使用资源要素、公开公平公正参与竞争、同等受到法律保护的市场环境”。对此,在厘清公共利益界限基础上,征收补偿要以土地市场价为标准,但可以不一次性将补偿金全部支付给被征地人,而是将土地使用权入股作为土地征收补偿方式的选项,以维护和保障农民的发展权,保障农民能够分享土地增值的收益。

（二）为农村集体土地征收的立法模式提供了法理基础

农民土地财产权包括集体土地所有权、土地承包经营权、宅基地使用权、集体建设用地使用权等。在我国,土地征收一般是指将农民集体土地收归国家所有,其法律后果即土地所有权在国家和集体之间发生变动。农用地转化为建设用地开发可经土地征收程序或者转化为集体经营性建设用地。土地征收在一定程度上是一种剥夺农民自主经营开发土地权利的行为,农村集体土地通过国家征收,合法改变土地性质。[1] 这种开发行为是由国家通过土地使用权有偿出让程序完成的。由于土地“涨价归公”理论的存在,权利人仅能依法获得原值补偿,而不能与政府和土地开发商分享土地增值收益。虽然土地增值在很大程度上是由于政府或开发商投资改善周边基础建设等行为产生的,但农民作为原产权人应享有分享增值利益的权利,若把土地增值全部归公或归私,则忽视了社会投入与公平原则。土地增值也属于社会财富的一种,也应考虑基于土地所有权而产生的土地发展权。[2] 农村土地回收

[1] 参见贺雪峰:《论土地性质与土地征收》,载《南京农业大学学报(社会科学版)》2012 年第 3 期。
[2] 参见程雪阳:《土地发展权与土地增值收益的分配》,载《法学研究》2014 年第 5 期。

制度关涉社会保障功能与财产功能的协调。[1] 土地对农民来讲不仅是生产资料,还是保障基础。由于现阶段农村社会保障体系并不完善,因此,农村集体土地应发挥社会保障的功能。[2] 若由政府垄断农地的增值收益,则农民在失去土地的保障的同时,却无法获得充分的补偿。这就需要通过利益分配协调机制的构建,一方面促进各级政府财政体制改革与财政收入增长,土地资源的集约化开发和持续化利用;另一方面也要保障农民成员生存权与发展权。[3] 因此,在国家、集体和农户三者间寻求一个土地增值收益分配的平衡点并形成一个有效规则与合理边界是非常必要的。

通过对公共利益概念的界定,可以明晰公共利益、农民集体与农民集体成员的利益边界。在此基础上,应采用抽象和弹性的标准去认定公共利益,并且认为判定主体的权威性、判定程序的科学性以及充分的补偿,包括公正的司法救济是需要同时考虑的因素。此外还应该设置一个兜底条款,以保持公共利益概念的灵活性与发展性。

集体土地征收补偿立法的关键在于保障农民的土地财产权,合理地分配土地征收产生的增值收益。进一步说,农民的利益定位是在法理上应解决的问题。而土地增值收益如何分配,取决于对土地的价值贡献。政府主导的是征收权,农村集体及农村集体成员主要贡献的是土地所有权与土地使用权利益。由此,土地增值收益应在国家、农村集体和农民三者之间进行合理分配。我国快速的工业化在一定程度上主要依靠低价征收农民集体土地而降低发展成本。根据《集体土地征收法制改革研究法理反思与制度重构》一书的调查研究,目前征地收益的分配格局大致是政府和企业分割土地收益绝大部分,而农民分享很少的土地收益。产生这种情况的原因是,农村集体土地的非农化由政府主导,农村集体土地所有权不能自主实现,政府通过征地完全垄断一级市场,将农民排除在决策参与及土地增值收益分配之外。因此,集体土地征收立法应贯彻《民法典》保护土地财产权的基本理念,确保农民参与到土地城镇化的增值收益的分配,明晰征地补偿的主体、客体和范围,并构建合理的补偿机制、征地操作程序、征地补偿款分配机制、监督机制、农民土地利益表达机制以及维权救济程序等制度体系。

---

〔1〕 参见杨雅婷:《〈民法典〉背景下放活宅基地“使用权”之法律实现》,载《当代法学》2022年第3期。

〔2〕 参见韩松:《城镇化进程中入市集体经营性建设用地所有权归属及其与土地征收制度的协调》,载《当代法学》2016年第6期。

〔3〕 参见陈小君:《我国农村土地法律制度变革的思路与框架——十八届三中全会〈决定〉相关内容解读》,载《法学研究》2014年第4期。

四、集体土地征收制度体系的完善路径

(一)公共利益界定制度的完善路径

集体土地征收制度中最突出的问题是公共利益与集体利益的冲突。国家在符合公共利益的条件下行使征收的公权力,获得农民集体的土地所有权,农民集体享有的并受到法律保护的土地所有权因此丧失。在集体土地征收的问题上,国家与农民集体之间利益冲突的核心指向公共利益,而根据对法律规定内涵的分析,集体利益体现的是一种与公共利益和国家利益不同的利益;[1]进一步说,集体成员个人利益的实现是集体所有权的目的实现。[2] 如果集体土地的征收符合公共利益,则蕴含着“私的个体”利益的集体所有权需要对国家公权力作出让步。集体土地征收过程中,违法征地、暴力征地等状况出现的最根本的原因在于现有集体土地征收制度体系中公共利益界定的缺陷。

从立法史的角度来看,“公共利益”最早出现在1954年的《宪法》中。1953年《国家建设征用土地办法》第1条规定征收是为了适应国家建设的需要。而在1975年《宪法》与1978年《宪法》中,“公共利益”作为国家征收土地的条件被删除。1982年《宪法》又重新将“公共利益”列入国家征收土地的条件。基于此,1998年《土地管理法》摒弃了“国家建设”这一公共利益条款,对公共利益条款的内容也作出实质修改。在1998年《土地管理法》修改之前,《宪法》对国家征收土地做了框架性的规定,将“公共利益”作为征收权行使的条件,[3]并且将国家建设视为公共利益的理解并没有受到实质性的影响。[4] 具体来说,在1986年《土地管理法》第21条中,包括了“经济建设”的国家建设在土地征收中发挥了公共利益条款的功能,并且被认定为土地征收的启动条件之一,也就是说,土地征收中的国家利益与经济建设是相互缠绕、互为表里的;而在1998年《土地管理法》中,任何单位和个人在进行不符合集体建设用地条件的土地建设时,都需要依法申请使用国有土地,而并未表明在国有土地无法满足单位和个人对土地建设需求的情况下,以“经济建设”为名的国家土地征收得

---

〔1〕《城镇集体所有制企业条例》第26条规定:“职工应当履行下列义务:(一)遵守国家的法律、法规和集体企业的规章制度、劳动纪律,以企业主人的态度从事劳动,做好本职工作;(二)执行职工(代表)大会决议,完成任务;(三)维护企业的集体利益;(四)努力学习政治、文化和科技知识,不断提高自身素质;(五)法律、法规和企业章程规定的其他义务。”从此条文可看出,集体利益区别于国家利益,也不同于公共利益。

〔2〕参见韩松:《论农民集体土地所有权的集体成员受益权能》,载《当代法学》2014年第1期。

〔3〕参见李忠夏:《农村土地流转的合宪性分析》,载《中国法学》2015年第4期。

〔4〕参见王克稳:《我国集体土地征收制度的构建》,载《法学研究》2016年第1期。

以启动。由此,1998年《土地管理法》将“经济建设”从公共利益的范畴剔除,从而使公共利益条款真正发挥协调国家公权力与集体私权利的冲突,平衡国家公益与集体私益的功能。将经济建设和土地绑定在一定,会混淆土地所有制与土地用途两个性质不同的概念,不恰当地约束农民的土地使用权并减损农地价值,〔1〕这也意味着工业产品由于成本的降低而提高利润,农业产品的利润将被压缩,经济的发展不应以牺牲农业为代价。

我国实行社会主义公有制,土地只能国家所有或集体所有。并且,根据《宪法》第10条的规定,禁止土地非法转让,土地所有权变动的方式仅为农民集体所有权转向国家所有权。然而1998年修正的《土地管理法》将经济建设排除在土地征收的原因范围之外,这导致在国有土地无法满足经济建设需求的情况下,供地既无法通过市场的渠道获得,又无法通过征地的渠道获得。为解决国有土地供不应求的状况,《土地管理法》第43条只能将“任何单位和个人建设”纳入“公共利益”的范围。也就是说,在土地征收实践中,除了“兴办乡镇企业”之外的经济发展事项继续被完全纳入“公共利益”的范畴,而这导致了“经济建设”与“公共利益”依然处于相互缠绕的状态。〔2〕虽然2019年修正的《土地管理法》建立了集体经营性建设用地的入市制度,为农村集体所有土地满足经济建设用地需求提供了征收以外的供地渠道,但是基于农村集体所有土地转变为经济建设用地的制度连贯性与衔接性,对于修法前的公共利益条款仍然需要深入解释。

第一,对公共利益应采取折中式的规范模式。公共利益是一种不确定的概念,应对其进行具体化。而我国在对集体土地征收的规范上采用了概括性的立法模式。根据陈小君教授的观点,无论是公共利益的规定还是相应的公共利益判定机制的规定都具有概括性,〔3〕这使公共利益的概念内涵较为模糊,并导致在界定公共利益的过程中,行政机关获得了绝对的主导权。此外,公共利益的过度抽象性也使其类型化成为必要。〔4〕因为类型化可以有助于人们确定公共利益的概念,从而有效地厘清公共利益与私人利益之间的界限;相应地,对公共利益的正面列举与反面排除在立法思路上是没有本质区别的。且相对于完全固化的法条列举,采用抽象和弹性的标准去认定公共利益也是必要的,但判定主体的权威性、判定程序的科学性以及充分的补偿,包括公正的司法救济是需要同时考虑的因素。因此,在对公共利益的正

〔1〕 参见张千帆:《农村土地集体所有的困惑与消解》,载《法学研究》2012年第4期。

〔2〕 参见程雪阳:《土地法治四十年:变革与反思》,载《中国法律评论》2019年第1期。

〔3〕 参见陈小君:《农村集体土地征收的法理反思与制度重构》,载《中国法学》2012年第1期。

〔4〕 参见王利明:《论征收制度中的公共利益》,载《政法论坛》2009年第2期。

面列举与反面排除的同时，应该设置一个兜底条款，以保持公共利益的灵活性与发展性。[1] 虽然结合列举和兜底条款对公共利益进行规范会导致司法实践中的争议，提高司法审查的难度，增加任意认定公共利益的风险，但这些弊端可以从程序正当、程序民主等角度予以规避。

第二，对公共利益的界定并非仅由立法者完成。对此，有学者认为对于公共利益的认定应坚持法律保留原则，即公共利益作为法律保留事项，只能由国家立法机关作出界定。[2] 然而高飞教授对此持反对观点，认为在公共利益的认定中，立法权与司法权不可偏废，具体来说，立法机关应通过对公共利益条款进行细致的规定为行政机关对于公共利益的认定提供依据，而司法机关应通过对公共利益认定争议的司法审查来避免行政机关滥用职权的情况。[3] 根据房绍坤教授的观点，公共利益属于宪法分权的问题，而立法机关、司法机关以及行政机关都承担着一定的界定公共利益的职能，因此三者在公共利益界定的问题上应通力合作，[4] 考虑到《宪法》对三者职能的定位，以及在集体土地征收实践中审查和判断的能力，由行政机关认定公共利益更为合理且高效。

第三，为防止行政机关在认定公共利益时因追求私益而侵害集体土地所有权的情况发生，应当建立完整的内部与外部监督体系。具体来说，外部监督为司法监督与立法监督。政府不遵守法律对农民集体土地进行强征的重要原因就是缺少对政府权力的司法监督。[5] 内部监督即农民集体及其成员的监督。这种监督方式可以通过听证会的方式实现。具体来说，行政权力被滥用的一项重要原因是农民集体及其成员无法参与公共利益的认定。通过为农民集体提供参与公共利益的认定程序可以有效改善此状况。因而，行政机关在作出土地征收决定之前应该严格按照程序，求助于专业评估机构对该征收行为是否可以被认定为公共利益作出判断，并就公共利益的认定举行听证会，由土地征收决定的利益相关人充分表达其意见，而行政机关要对是否采纳听证会的意见作出充分说明，以防止行政机关滥用其征收权

---

[1] 参见高飞：《集体土地征收法制改革研究法理反思与制度重构》，中国政法大学出版社 2019 年版，第 72 页。

[2] 参见王本宏、高志宏：《公共利益界定主体研究》，载《学术界》2012 年第 8 期。

[3] 参见高飞：《集体土地征收法制改革研究法理反思与制度重构》，中国政法大学出版社 2019 年版，第 78 页。

[4] 参见房绍坤：《论征收中"公共利益"界定的程序机制》，载《法学家》2010 年第 6 期。

[5] 参见韩松：《论政府公权力对农民集体土地所有权的侵害及其治理》，载《河南财经政法大学学报》2012 年第 6 期。

利。[1] 因此,在对行政机关征收集体土地的监督上,应坚持内外监督相结合的方式,并以外部监督为主,通过外部监督的实施促进内部监督的功能实现。

(二)集体土地征收程序的完善路径

集体土地征收的程序不透明、农民集体及成员的参与权得不到充分保障,以及救济渠道欠缺是目前集体土地征收程序中的主要问题。解决现行征收程序中的问题应当从以下三个方面入手:

第一,改变"重实体,轻程序"的传统思维,明确土地征收的具体程序。我国法制建设存在"重实体,轻程序"的传统,将程序作为实现实体利益的工具。现行法关于集体土地征收程序的规定是不成体系的,这一方面导致具体操作措施的缺失,另一方面也导致处理争议的过程无法可依,政府在纠纷解决中自由裁量权过大。根据《集体土地征收法制改革研究法理反思与制度重构》对大量农户的访问调查,农户对于结果的重视程度高于程序,而集体土地征收程序的缺失导致征收制度在保护农村集体及其成员的权益上发挥的作用十分受限。程序制度的缺陷是导致农民集体利益进一步弱化的原因。根据张孜仪教授的研究,对于被征地人参与程序的忽视已导致严重的社会冲突。[2] 因此,应对公共利益的认定程序加以完善,首先应对集体土地征收决定予以具体的、多样化的公告,充分保障农民集体及其成员的知情权,并将农民集体参与的听证程序与公共利益认定的监督程序融入公共利益的认定程序中。[3] 其次严格依照程序完成集体土地的征收,有助于征收决定的司法审查,确保行政机关在法定范围内行使自由裁量权,法院可以通过对程序的审查,如审查征收是否完成听证程序,来判断行政机关征收决定的合法性。

第二,明确程序制度构建的目标是实现效率与公平的平衡。我国法律制度强调的是效率优先并兼顾公平,而国家行使公权力取得集体土地所有权是以较低的行政成本代替较高的交易成本。因此,集体土地征收制度是一种符合效率要求的资源配置方式,[4]然而,土地征收程序不能被单纯的视为一种经济性质的活动,因为其运行不仅包含物质性成本,也包含精神性成本。如果在集体土地征收中仅强调取得集

---

[1] 参见高飞:《集体土地征收法制改革研究法理反思与制度重构》,中国政法大学出版社2019年版,第82页。

[2] 参见张孜仪:《论以公众参与为中心的土地征收协议程序建构》,载《经济社会体制比较》2014年第3期。

[3] 参见高飞:《集体土地征收法制改革研究法理反思与制度重构》,中国政法大学出版社2019年版,第107页。

[4] 参见耿卓:《农民土地财产权保护的观念转变及其立法回应——以农村集体经济有效实现为视角》,载《法学研究》2014年第5期。

体土地的快捷性,可能会增加相应的纠纷以及解决纠纷的物质成本,并导致政府公信力的下降,带来精神性与物质性成本的上升。因此,需要在制度设计上扭转重效率而轻公平的程序理念,否则可能会导致效率与公平都无法得到保证。[1] 因此,为了实现公共利益与私人利益、公平与效率的平衡,应将协议程序确立为集体土地征收审批的前置程序,先由集体土地所有权人与征收请求人对拟征收土地的价格进行协商。[2] 若协商达成一致,则农民集体以协议价格将土地转让给国家,从而使协议程序在集体土地征收过程中发挥应有的作用。[3] 将协商作为集体土地征收的一项前置性程序是有必要的,只有在难以达成协议的情况下,才启动集体土地征收。在协商的过程中可能会存在被征收人不合理要价的情形,此时可以过渡到集体土地征收程序。通过这种方式,可以在保证效率的同时,最大限度地尊重土地权利人的意愿。

第三,强化权利思维主导。我国土地征收制度受历史因素的影响,受重权力而轻权利的观念影响较大。地方政府常常会为追求经济发展,通过征收集体土地解决财政收入的短缺问题,而忽略对农民集体及其成员的利益保护。[4] 重权力而轻权利的观念潜移默化地突现了集体土地征收制度的弊端。[5] 为避免农村集体在土地征收中遭受利益损失,要确保征地补偿与安置方案的合理实施。

(三)集体土地征收补偿制度的完善路径

征收补偿制度中涉及的主要问题是征地补偿义务主体错位、征地补偿标准低下、征地补偿款难到位和征地补偿方式单一等。为解决以上问题应当主要从以下三个方面入手:

第一,明确集体土地征收补偿的权利义务关系。实践中通常是由用地单位承担征地补偿义务,但是征收集体土地的效果是,农民集体丧失被征收土地的所有权的同时,由国家取得该集体土地的所有权,这就导致征地补偿法律关系的混乱。[6] 对

---

〔1〕 参见高飞:《集体土地征收法制改革研究法理反思与制度重构》,中国政法大学出版社 2019 年版,第 104 页。

〔2〕 参见房绍坤:《土地征收制度的立法完善——以〈土地管理法修正案草案〉为分析对象》,载《法学杂志》2019 年第 4 期。

〔3〕 参见高飞:《集体土地征收法制改革研究法理反思与制度重构》,中国政法大学出版社 2019 年版,第 111 页。

〔4〕 参见欧阳君君:《集体土地征收中的公共利益及其界定》,载《苏州大学学报(哲学社会科学版)》2013 年第 1 期。

〔5〕 参见高飞:《集体土地征收法制改革研究法理反思与制度重构》,中国政法大学出版社 2019 年版,第 106 页。

〔6〕 参见崔建远:《征收制度的调整及体系效应》,载《法学研究》2014 年第 4 期。

此,应厘清征收请求人与征收人之间以及征收人与被征收人之间的法律关系。一方面,若在用地单位与被征地集体之间直接产生补偿费法律关系,并省去国家这个中间人的角色,可以使程序更加简洁,但却会背离法律的基本精神。因为恰当的程序是必要的,国家作为中间人,可以通过其强制力有效地保障补偿费的落实。基于此,既然征收补偿是由征收权引起的,那么从征收补偿的法律关系来看,国家和被征收人应当被视为当事人,行使征收权的国家是补偿义务的主体,而被征收人是补偿权利的主体,作为征收请求人的用地单位则应被认定为第三人,这有利于消除用地单位作为征收义务主体而产生的征地补偿法律关系不清的状况。

第二,优化集体土地征收补偿的标准。根据1998年修正的《土地管理法》的规定,征地补偿标准是根据年产值进行额度的确定,这体现的是一种非市场化的补偿方式。然而在安置补偿方式上,仅有货币补偿一种方式,这可能会导致大量“三无”农民的产生。[1] 比如,在美国的司法实务中,补偿标准应当以征收时的市场价值为准,但在决定所谓的市场价值时,法院一般会去观察其在最佳使用情况下的价值,不应仅以农用用途评估它的价值;[2]并且还会考虑征地带来的一系列间接损失。[3] 为了对失地农民的生存权与财产权予以充分保护,应明确集体土地征收补偿制度中“市场价格”的标准。此外,由于安置补偿是尊重和保障人权的宪法精神的具体落实,应基于保障失地农民的生存权与发展权进行补偿,从而确保失地农民的基本生存需要以及社会的稳定。因此,集体土地征收补偿应当区分不同类型确定其标准,对于土地上财产权的补偿应以“市场价格”作为补偿标准,对失地农民作出充分的补偿;对于安置补偿,应在贯彻市场化的补偿观念的同时,充分体现其社会保障性质。[4] 此外,应考虑到农地发展权与集体土地增值收益之间的关联,从而使失地农民充分受惠于土地的增值收益。应当在我国法律制度中引入发展权的理论,在土地征收补偿的过程中,不仅应对土地的现有价值进行补偿,还应对农地的可能用途价值予以补偿,从而确立合理的农地征收标准,进而保障农民的生活水平稳定。

第三,优化落实集体土地征收补偿的方式。在农地征收的过程中,农民集体虽然是集体土地的所有权主体,但是却一直处于缺位的状态,因而村民委员会往往承担着维护农民集体及其成员利益的义务,而村民委员会代行集体土地所有权时的谈

〔1〕 参见高飞:《征地补偿中财产权实现之制度缺失及矫正》,载《江西社会科学》2020年第2期。

〔2〕 参见赵秀梅:《农村集体土地征收补偿立法构建研究——以〈土地管理法〉的修改为中心》,载《中国农业大学学报(社会科学版)》2018年第6期。

〔3〕 参见衡爱民:《美国土地征收制度的历史考察》,载《法学评论》2016年第1期。

〔4〕 参见高飞:《集体土地征收法制改革研究法理反思与制度重构》,中国政法大学出版社2019年版,第169-170页。

判能力以及其尽责情况决定了农民集体是否可以获得充分的补偿。实践中征地补偿难以得到落实的原因之一往往是,村民委员会在农村土地所有权缺位的状况下未能严格履行其职责。对此,以股份合作社形式对农民集体加以改造,是改善集体土地所有权缺位的最有利的组织形式。[1] 将经济性事务交由农村集体经济组织处理,使农村集体经济组织获得特别法人资格是合理的,而农村集体经济组织的正常运营需要公权力的介入,比如,对于执行和监督的机制来说,仅靠集体成员的意志是不够的,集体土地所有权的实现需要借助公权力,使农民集体在实现其合法土地权益的过程中能够充分反映其利益诉求。[2]

(四)征地补偿款分配制度的完善路径

根据《集体土地征收法制改革研究法理反思与制度重构》对农户关于征地补偿款的使用、分配、补偿方式意愿的调查,当前农村土地制度下,存在农民既是农民集体的成员,又是土地承包经营者的双重身份的利益冲突问题。在集体土地所有权与土地承包经营权相分离,且取消农业税的情况下,集体土地所有权被虚化。[3] 过去,农村集体作为土地所有权人可以通过收取农业税费实现其所有权,而在取消农业税费的情况下,土地承包经营权人仅行使土地承包经营权,却还取得了原本应属于农村集体的收益。若将集体土地所有权产生的利益与土地承包经营权产生的利益统一起来由农村集体成员享有,那么在征地补偿时也可以使农民集体成员公平地享有土地权利。然而,由于我国长期实行增人不增地,减人不减地的政策,第一轮承包后随着人口变动产生的土地承包经营权分配不平衡的状态愈加严重。[4] 在这种情况下,没有取得土地承包经营权的农民集体成员只能通过户的方式取得土地承包经营权的利益,而不能参与集体土地所有权的利益分配;从而农民作为土地的占有者与使用者无法参与土地增值的利益分配。[5] 因此,应首先对土地承包经营权进行充分的补偿,剩余部分应当被纳入征地补偿款的分配范围。若农民集体已通过调整承包地的方式对土地承包经营权人作出了补偿,则无须再对其作出额外的补偿,

---

〔1〕 参见高飞:《集体土地征收法制改革研究法理反思与制度重构》,中国政法大学出版社 2019 年版,第 176 页。

〔2〕 参见李国强:《论权利主体规范逻辑中的农民集体、农村集体经济组织》,载《求索》2022 年第 3 期。

〔3〕 参见李国强:《财产法体系的解释》,北京大学出版社 2022 年版,第 168 页。

〔4〕 参见刘传玉:《效率与公平的冲突与协调:农地制度变革的历史逻辑及启示》,载《农业经济》2014 年第 4 期。

〔5〕 参见耿卓:《承包地"三权分置"政策入法的路径与方案——以〈农村土地承包法〉的修改为中心》,载《当代法学》2018 年第 6 期。

则全部土地补偿费都应被作为征地补偿款进行分配。[1] 集体土地征地补偿款实际上是针对土地所有权和土地使用权这两种不同权利的利益损失的赔偿;在土地所有权层面,是对农民集体整体减少了可分配土地损失的赔偿;在土地上设立的用益物权层面,是对农民集体成员个体减少了土地经营过程中产生的增值收益的赔偿。在土地补偿费的分配上,需要考虑到对土地使用者损失的补偿,同时也不应忽视集体土地所有权的利益损失。

五、结语

《集体土地征收法制改革研究法理反思与制度重构》一书对于集体土地征收中公共利益认定的规范方式、集体土地征收程序、集体土地征收补偿程序进行了精细的构建。集体土地征收问题涉及面广、矛盾突出、法律关系复杂。正如本书作者所指出的,目前我国的集体土地征收法律规定较为零散且缺乏体系性,而相关制度的构建还处于发展的过程中。经由本书作者所进行的理论体系建构,集体土地征收制度设计可以在此基础上逐步完善。

(责任编辑:麻昌华)

---

〔1〕 参见高飞:《集体土地征收法制改革研究法理反思与制度重构》,中国政法大学出版社2019年版,第200页。

私法研究 27 第二十七卷

《民法典》时代宅基地利用的私法架构与规范配置*

滕佳一**

目　次

一、引言

2019年修正后的《土地管理法》虽就农村集体土地征收和集体经营性建设用地入市进行重大调整(第47条、第63条),但宅基地使用权的一般规则仍乏善可陈。与之形成对比的是,农村宅基地利用的改革已持续经年。一个不能忽视的事实是,原来以自然村落为基础的农村宅基地制度与我国当今农村地域居住情况不再相适应。2018年2月4日印发的中央一号文件《中共中央 国务院关于实施乡村振兴战略的意见》要求"完善农民闲置宅基地和闲置农房政策,探索宅基地所有权、资格权、使用权'三权分置',落实宅基地集体所有权,保障宅基地农户资格权

* 本文系湖南省教育厅科学研究项目(22B0143)和湘潭大学科研项目"我国农村宅基地担保制度"的阶段性成果。

** 滕佳一,法学博士,湘潭大学法学院讲师,欧洲法研究中心研究员。

和农民房屋财产权,适度放活宅基地和农民房屋使用权”,首次在官方层面提出农村宅基地“三权分置”。根据在此之前已经启动的农村宅基地制度改革试点情况,截至2018年年底,宅基地改革试点地区在腾退闲置宅基地方面取得进步,农房抵押贷款出现显著增长。[1] 中共中央、国务院2020年5月11日发布的《关于新时代加快完善社会主义市场经济体制的意见》要求“探索农村宅基地所有权、资格权、使用权‘三权分置’”。2021年的中央一号文件《中共中央　国务院关于全面推进乡村振兴加快农业农村现代化的意见》继续强调“稳慎推进农村宅基地制度改革试点,探索宅基地所有权、资格权、使用权分置有效实现形式”,保障进城落户农民的宅基地使用权。中央文件不断重申宅基地的社会保障功能,对新一轮农村宅基地制度改革提出要求,[2]但既有法体系下如何贯彻农村宅基地“三权分置”,仍需谨慎检讨。《民法典》颁布后,农村宅基地制度改革需要解决的问题有:第一,如何认识非本集体成员因继承房屋或移民易地搬迁等占有宅基地的权利,以及为解决宅基地(农房)闲置,农村村民可否就宅基地使用权为第三人(尤其是非本集体组织成员)设定权利,此种权利的性质是什么,它与村民的宅基地使用权之间的关系如何(涉及“三权分置”具体形式的问题)?第二,《民法典》物权编和《土地管理法》关于宅基地使用权的分工协作问题,即二者所规范的内容是否应当区分以及如何区分。前者可理解为宅基地利用的规范层面,后者则涉及体系层面。

二、宅基地政策调控和宅基地“超标占用”

私法中的宅基地使用权旨在将农村集体土地用于农村村民“建造住宅及其附属设施”(《民法典》第362条)。该制度对于解决农民住房需求、稳定农村社会发挥了巨大作用,但实践中也面临一些问题:一是城镇非农业户口等非集体成员基于特定原因,比如继承房屋所有权而获得宅基地事实上的占有。二是农村“一户一宅”原则

---

〔1〕 参见陆昊:《国务院关于农村土地征收、集体经营性建设用地使用权入市、宅基地制度改革试点情况的总结报告》,2018年12月23日在第十三届全国人民代表大会常务委员会第七次会议上。

〔2〕 农业农村部2020年9月7日发布的《对十三届全国人大三次会议第5550号建议的答复摘要》称,在新一轮宅基地改革试点地区中,将继续探索宅基地利用的具体制度和途径。新一轮改革试点期限截至2022年12月31日,参见央视网:《解读中央一号文件宅基地制度改革坚守三条底线》,载央视网,https://sannong. cctv. com/2021/02/23/ARTICXt1xOQrwwrwIAyPq9Df2102 23. shtml。

面临挑战,[1]宅基地"超标占用"的情况不在少数。[2] 宅基地使用权以具备集体经济组织成员身份为前提,但实践中非集体成员通过各种方式占用宅基地并建造房屋,构成对宅基地使用权身份性的有力冲击。《民法典》物权编第362条虽未将"宅基地使用权人"的范围限于农村村民,但《土地管理法》关于农村村民以户为单位才能申请宅基地建造住宅的规定表明,宅基地使用权原则上只能由本集体经济组织成员取得,非集体成员不能申请分配宅基地。我国更是在行政管理上严格控制宅基地利用,主要表现为强调禁止城镇居民购买宅基地使用权、禁止给因买卖房屋而占有宅基地的城镇居民颁发土地使用证等。如国务院办公厅《关于严格执行有关农村集体建设用地法律和政策的通知》(国办发〔2007〕71号)曾强调,"农村住宅用地只能分配给本村村民,城镇居民不得到农村购买宅基地、农民住宅"。

另外,《民法典》未就宅基地使用权设置基本规则(如宅基地使用权能否转让给非集体成员、能否抵押以为融资),从而导致农户虽获物权意义上的使用权(一种用益物权),但权能既不完整也不明确。权利行使一般规则的缺失,一定程度上加剧了农村宅基地的非常态利用现象,形成"既存违规利用事实"与"行政措施频繁调控"相对立的局面。审判实践通常坚持宅基地使用权不能由非本集体成员取得或变相取得、当事人签订的宅基地(农房)买卖合同属无效的裁判立场。[3] 对此,通说认为农村宅基地使用权具有限定性和身份性,[4]即便实行"三权分置"也应维持,但近来有观点主张应允许宅基地使用权自由流转,赋予农民处分权。[5] 此外,实在法奉行的"房地分离"原则使农民房屋可单独成为物权客体,村民转让或出租房屋,势必导致非本集体成员(受让人)事实上占用宅基地等情况。比如,原集体成员嗣后丧失集体经济组织成员资格,却因继承房屋而占有宅基地、政府移民易地搬迁安置。[6] 但宅基地由非集体经济组织成员支配、占用的现象,既未被法律明确否定,也未被有

---

〔1〕 自然资源部2019年7月31日公布的《关于政协十三届全国委员会第二次会议第3300号(资源环境类186号)提案答复的函(摘要)》明确指出,农村宅基地利用存在"一户多宅、超标准建房普遍存在、闲置浪费严重、缺乏有效退出机制"等问题。

〔2〕 实践中出现的"一户多宅"、宅基地"超过法定面积",均属农村村民建房用地超过《土地管理法》第62条确定的标准。前者表现在地块数量("一户多宅"往往意味着宅基地面积超过地方法定标准),后者表现在占用面积,本文将二者统称宅基地"超标占用"。

〔3〕 参见吉林省高级人民法院民事判决书,(2017)吉民再227号;北京市高级人民法院民事裁定书,(2019)京民审3724号。

〔4〕 参见梁慧星、陈华彬:《物权法》,法律出版社2020年版,第293页以下。

〔5〕 参见张克俊:《基于功能视角的宅基地制度改革探索》,载《社会科学研究》2017年第6期。

〔6〕 参见国新办发布会:《五大措施进一步完善易地扶贫搬迁社区治理》,载央视网2020年11月5日,https://m.news.cctv.com/2020/11/05/ARTIq9nqc6mFWwdOzsAKikrv201105.shtml。

关政策禁止,反而在某种程度上得到承认。比如,原国土资源部等部门发布的《关于农村集体土地确权登记发证的若干意见》指出,“已拥有一处宅基地的本农民集体成员、非本农民集体成员的农民或城镇居民,因继承房屋占用农村宅基地的,可按规定登记发证……”〔1〕这样的处理方式,重在“堵”,却未能形成良好的“疏”的效果。以行政管理思路处理农村宅基地问题的做法占据上风的主要原因在于,长期以来我国民事法律未就宅基地利用的法律关系予以系统规定。

与此同时,虽然农村村民因分家析产等原因取得新的宅基地和房屋,未突破宅基地(使用权)由本集体成员专门享有的限制,但往往造成“超过法定面积”占用宅基地,并且,在“一户多宅”时还容易导致宅基地闲置。对基于历史原因形成的“超标占用”宅基地(建房)现象,既有政策并未要求直接退还多占的宅基地,反而明确因继承房屋而取得的宅基地使用权也能够确权登记。若仅以不符合现行法的“一户一宅”“面积法定”,由本集体强制收回,则既可能侵犯农民房屋所有权,实践中也难以真正操作。2015年2月27日,第十二届全国人大常委会第十三次会议审议通过《关于授权国务院在北京市大兴区等三十三个试点县(市、区)行政区域暂时调整实施有关法律规定的决定》授权在试点地区暂时调整实施《土地管理法》《城市房地产管理法》有关法律规定,就农村土地征收、集体经营性建设用地入市、宅基地制度改革作出重要部署,授权期限截至2017年12月31日,后来授权期限延长至2018年12月31日。从宅基地改革试点情况来看,对宅基地“超标使用部分”通常按照有偿使用的方式处理,并未直接收回。比如,天津蓟州区对本集体成员初次分配取得的宅基地不收费,对于嗣后取得的宅基地则按占地面积实行有偿使用。〔2〕江西鹰潭市余江区坚持宅基地无偿和有偿使用并举,村集体收入得到提高。〔3〕可见,“超标占用”宅基地在实践中有条件地得到承认,并区分为有偿使用部分和无偿使用部分两种情形。此种分类处理“超标占用”宅基地的模式,既符合自然资源有偿使用的原理,又考虑了历史原因,易为民众接受。〔4〕总之,宅基地“超标占用”及宅基地(农房)闲置均不符合效率原则,而完全禁止宅基地对外流转,虽满足了农民居住保障目标,却难以发挥宅基地的财产价值。可见,单纯依靠政策难以从根本上管控农村违法建房行为,并且,随着我国农村居住情况的结构性变化,比如,通过农村房屋买卖而事实上占用宅基地,或易地扶贫搬迁,一些新的问题也无法在原有法律框架内得

〔1〕对于此种情形,该意见规定:“《集体土地使用证》记事栏应注记‘该权利人为本农民集体原成员住宅的合法继承人’。”

〔2〕《蓟县农村宅基地有偿使用办法(试行)》第6条。

〔3〕参见钟海华:《余江积极探索宅基地“三权分置”》,载《江西日报》2019年1月13日,第2版。

〔4〕参见庄居湘、陈焕明:《土地“活了”乡村靓了农民笑了》,载《长沙晚报》2018年1月19日。

到解决。在农村第一、第二、第三产业融合发展和全面推进乡村振兴的背景下,[1]各方当事人因宅基地利用而产生的权利义务关系也亟须明确。农村宅基地“三权分置”就是为应对上述问题而提出。下文将基于宅基地利用之权利架构和规范配置模式的双重视角,考察宅基地利用的立法技术构成。

三、宅基地“三权分置”的重构

(一)集体宅基地所有权与农户资格权

为解决农村宅基地“超标占用”及宅基地闲置,法学界就如何进行“三权分置”存在争议。通说认为,农村村民取得的具有身份性的宅基地使用权只能派生出债权性质的宅基地租赁权,无从分出“资格权”。[2] 相反观点认为,宅基地使用权应定位于剥离身份性的财产权利。[3] 还有观点认为,资格权属成员权,应从宅基地所有权中确定其内容,[4]宅基地使用权是“非本集体成员享有的直接派生于集体土地所有权的不动产用益物权”,分置后的权利结构应为“所有权—成员权—不动产用益物权”。[5] 而严格禁止宅基地对外交易并无益处,应借鉴传统的地上权进行改造。[6]相反,经济学界多按既有政策提法径直认可资格权是一种具备多项权能的实体权利。[7]

然而,农村宅基地制度改革的政策话语需要转化为民法表达。宅基地改革文件所谓“所有权—资格权—使用权”,不过是便宜的说法,“资格权”的表述意在传达我国《宪法》所确立的、农村村民对于集体土地用于满足建房需求的不可剥夺性。长久以来农户利用集体宅基地建造自住房屋所取得的权利,虽区别于新型经营主体(如从外村引进的民宿经营者)对宅基地享有的权利,但显然不能否认前者的物权属性。

一方面,在私法上农村宅基地属于农民集体所有,不过,《民法典》第 262 条所谓

---

〔1〕 自然资源部等部门 2021 年 1 月 28 日联合发布的《关于规范和保障农村一二三产业融合发展用地的通知》。

〔2〕 参见高圣平:《宅基地制度改革与民法典物权编编纂——兼评〈民法典物权编(草案二次审议稿)〉》,载《法学评论》2019 年第 4 期。

〔3〕 参见温世扬、梅维佳:《宅基地“三权分置”的法律意蕴与制度实现》,载《法学》2018 年第 9 期。

〔4〕 参见韩松:《宅基地立法政策与宅基地使用权制度改革》,载《法学研究》2019 年第 6 期。

〔5〕 参见高海:《宅基地“三权分置”的法实现》,载《法学家》2019 年第 4 期。

〔6〕 参见孙建伟:《宅基地“三权分置”中资格权、使用权定性辨析》,载《政治与法律》2019 年第 1 期;王卫国、朱庆育:《宅基地使用权如何进入市场?——以画家村房屋买卖案为切入点》,载《政法论坛》2014 年第 3 期。

〔7〕 参见董新辉:《新中国 70 年农村宅基地使用权流转:制度变迁、现实困境、改革方向》,载《中国农村经济》2019 年第 9 期。

由村集体经济组织或村民委员会等“代表集体”行使其所有权的规定需要具体化,其“代表人”职责也应当明确。当前全面推进乡村振兴战略背景下,宅基地所有权人的利益将主要通过两种途径得到实现:即农村村民取得的宅基地使用权和基于盘活闲置宅基地(农房)要求新型经营主体占用宅基地的权利。以村集体经济组织作为宅基地所有权的代表人行使权利为例。若要发挥宅基地服务于本集体成员的建房需求之功能,必须建立集体经济组织对宅基地的有效管理机制。尤其需要通过配套政策对申请分配宅基地条件、是否有偿使用及具体收费标准、农房选址和建设等均进行规范。可见,《关于实施乡村振兴战略的意见》“落实宅基地所有权”的关键是通过充实集体经济组织的“代表人”机制,使其能够有效行使宅基地所有权人的权能,明确集体土地所有权管理权能内容,〔1〕并在建房审批过程中加强对村民宅基地利用的指导。上述“所有权+成员权+宅基地使用权”模式,将成员权理解为具有身份性的用益物权并等同于资格权,将宅基地使用权理解为纯粹市场化的不动产用益物权,使成员权和不动产用益物权的差别仅在于身份,此种模式本质上仍为原来的“所有权+用益物权”,而非“三权分置”。

另一方面,所谓农户“资格权”只是表明本集体成员可要求农民集体分配建房用地、保障居住;〔2〕作为例外,在农村用地紧张地区可考虑替代方式,如由地方政府采取措施实现户有所居(《土地管理法》第62条第2款)。这实际是在农村宅基地使用上实行劳动群众集体所有制的必然要求,恰恰属于集体土地所有权的范畴。首先,农村集体经济组织代表集体行使宅基地所有权,意味着必须确保本集体成员可申请分配宅基地用于建房。资格权应属于集体成员权,〔3〕用以保障农户宅基地使用权的实现。其次,资格权并无具体权利内容,尽管具备本集体成员资格是申请分配宅基地的前提,但村民使用宅基地仍应以有效建房用地协议为基础,并履行行政审批手续(《土地管理法》第62条第4款)。最后,行使宅基地所有权的具体方式表现为通过加强宅基地利用的管理,使集体经济组织真正履行“代表人”职责,对“超标占用宅基地”实行有偿使用。总之,资格权属于集体土地成员权内容,应被理解为集体土地所有制下,农户作为农民集体成员可向本集体申请宅基地用于建房的居住保障措施。在这种意义上,它与承包地“三权分置”中所谓农户承包权的理解一致。〔4〕立法应抛弃农户资格权的称谓,它不过是基于集体经济组织成员身份将宅基地使用

〔1〕　参见韩松:《论农民集体土地所有权的管理权能》,载《中国法学》2016年第2期。
〔2〕　参见宋志红:《宅基地资格权:内涵、实践探索与制度构建》,载《法学评论》2021年第1期。
〔3〕　参见刘恒科:《宅基地“三权分置”的政策意蕴与制度实现》,载《法学家》2021年第5期。
〔4〕　参见滕佳一:《承包地利用的守成与突破——以土地经营权法律定位的检讨为中心》,载《交大法学》2021年第1期。

权予以分配的通俗表达。

(二)"三权分置"结构应为"所有权+宅基地使用权+宅基地租赁权"

1. 宅基地使用权的法律定位和租赁权的形成

依我国学界通说,农村宅基地使用权具有特殊性:一是宅基地只能分配给本集体成员用于建房,身份性明显;〔1〕二是基于居住保障功能,宅基地使用权具有无偿性。〔2〕宅基地"三权分置"下,所谓农户"资格权"恰恰需要通过充实宅基地集体土地所有权的行使规则才能实现。对于由宅基地使用权所产生之新权利的性质判定,学说上以物权或债权两种方案最为典型。〔3〕有学说指出,宅基地"三权分置"应为"所有权+宅基地使用权+法定租赁权",〔4〕即第三人的权利应为法律直接规定的债权,但不妨赋予其登记能力。不同学说认为,基于宅基地流转后的不同用途,将其区分为租赁权和建设用地使用权。〔5〕本文认为,农村宅基地制度改革应在坚持宅基地集体所有、只向本集体成员分配建房用地的基础上,适当扩张宅基地使用权的财产属性。"房地一体"原则下,第三人(新型经营主体)通过租赁等方式利用农房从事民宿、农家乐、旅游等经营活动,同时成立宅基地租赁(对比 1990 年公布、2020 年修订的《城镇国有土地使用权出让和转让暂行条例》第 28 条规定的"国有土地使用权出租")。换言之,农村宅基地"三权分置"是指宅基地由第三人(非集体成员)利用时,从农户宅基地使用权派生出一个新的权利,后者是对前者设定的法律上负担,其性质应为债权而非用益物权。与此同时,农户仍维持与宅基地所有权人,即农民集体之间的物权关系,前者仍是特定地块(宅基地)的用益物权人。

首先,宅基地使用权作为用益物权以取得宅基地占有为前提,人们无法就同一宅基地再设立一个同样以占有为内容的用益物权。其次,鉴于宅基地仅用于农村村民建房(及附属设施)之特定目的,在实践中第三人通常需要以使用农房为前提并占用宅基地。因租赁关系等使用农房而事实上占有宅基地的模式,与"国有土地使用权出租"原理完全相同。鉴于 2019 年修正的《土地管理法》已明确认可集体经营性建设用地出让和出租(第 10 条、第 63 条),根据类推适用规则,立法上承认"宅基地出租",不仅不存在法体系障碍,还能丰富集体建设用地使用权的类型。再次,传统民法之地上权制度的前提是房屋和土地分属不同主体,故土地上之建筑物存在与

〔1〕 参见宋志红:《乡村振兴背景下宅基地权利制度重构》,载《法学研究》2019 年第 3 期。

〔2〕 参见高圣平:《宅基地制度改革政策的演进与走向》,载《中国人民大学学报》2019 年第 1 期;黄薇主编:《中华人民共和国民法典释义》(上),法律出版社 2020 年版,第 700 页。

〔3〕 参见高海:《宅基地"三权分置"的法律表达》,载《现代法学》2020 年第 3 期。

〔4〕 参见宋志红:《宅基地三权分置:从产权配置目标到立法实现》,载《中国土地科学》2019 年第 6 期。

〔5〕 参见刘恒科:《宅基地流转的实践路径、权利结构与制度回应》,载《农业经济问题》2020 年第 7 期。

否,不影响(普通)地上权成立,即便地上物灭失,地上权人仍可继续使用土地。[1]其虽可在逻辑上解决非集体成员受让农房的正当性,但房地一体的现实使此种方案的优势并不明显,且难以在体系上与国有建设用地使用权相协调。相反,以有偿使用方式赋予非集体成员"宅基地使用权",并剥离属于成员权的其他内容,仍不违背农村宅基地服务于本集体(成员)建房需求之制度初衷。最后,在我国已实行城镇房地一体登记和颁发统一不动产权属证书、正加快推进农村"房地一体"确权登记(颁证)的情况下,[2]若再将房地分列,改革成本难免增大。试点地区对于非集体成员因合作建房、租赁农房而占用宅基地之权利的性质,认识并不一致。浏阳市仍未向作为城市居民的合作建房者单独颁发"使用权证",[3]浙江德清县侧重于纯粹宅基地使用权的财产性,允许资格权人在一定期限内将宅基地使用权转让或出租。鉴于该第三人通常不仅将取得的农房(宅基地)用于经营活动,也会用于居住,因此将其统称为"宅基地经营权"则难谓妥当。而根据经营或居住的不同目的,将其区分为集体经营性建设用地使用权和宅基地法定租赁权之立场,[4]则又忽视了"居住—经营"的复合利用形式。因此,应根据利用宅基地之法律性质统称为宅基地租赁权,故我国农村宅基地"三权分置"的权利架构应为"宅基地所有权+宅基地使用权+宅基地租赁权"。

在"适度放活宅基地和农民房屋使用权"的改革目标下,农村宅基地"三权分置"的关键在于,赋予(扩充)农村村民取得的宅基地使用权应有的支配权能。宅基地使用权设立后,物权人可以采取自营、出租、入股、合作、联营等多种方式盘活闲置宅基地(农房),并以此获取收益,其正当依据之一就在于他们是农房所有权人和宅基地上的物权人。因此,在当今盘活利用农村闲置宅基地和闲置农房的背景下,新型经营主体利用农村村民的自建房发展民宿、农家乐等产业,事实上占用宅基地的权利,其性质仍为债权,农户的宅基地上承受了他人的法律负担。此外,虽然《民法典》第323条文义上只涉及宅基地的"占有和使用",但解释上此"使用"权能应包含"收益",即除非法律另有规定,应认可宅基地使用权人以合法方式利用土地(农房)并获益。原《物权法》第184条禁止将其作为抵押财产,使得宅基地使用权的财产(融资)功能被遮蔽。2015年国务院发布的《关于开展农村承包土地的经营权和农

---

〔1〕参见王泽鉴:《民法物权》,北京大学出版社2010年版,第283页。

〔2〕自然资源部2020年5月14日发布的《关于加快宅基地和集体建设用地使用权确权登记的通知》(自然资发〔2020〕84号)。

〔3〕参见李玉楼:《浏阳"土改"试点4年:宅基地可卖给外村人,城市人能与农民合作建房》,载《南方周末》2019年10月23日。

〔4〕参见韩松:《宅基地立法政策与宅基地使用权制度改革》,载《法学研究》2019年第6期。

民住房财产权抵押贷款试点的指导意见》(国发〔2015〕45号)提出,宅基地使用权应与农房一并抵押,即是承认宅基地使用权权能扩张的表现。此外,《民法典》第399条第2项虽原则上禁止宅基地使用权作为抵押财产,不过,其但书规定为将来改革留出了空间。[1] 德清允许资格权人将宅基地连同房屋抵押或转让,正是强化宅基地使用权财产功能的体现。[2] 最近政策支持农民采取自营、出租等方式盘活闲置宅基地,[3]正是赋予权利人(宅基地使用权人)对宅基地支配权能的一种探索。

2. 宅基地使用权设立的二元性:基于分配的无偿取得和特殊情形的有偿取得

由于房屋和宅基地使用权分属不同物权客体的立法实际,但二者在物理上又不可分割,故非集体成员虽不能申请分配或购买宅基地使用权,但可通过继承房屋所有权、移民易地搬迁等,在事实上占有宅基地。此种非集体成员占用宅基地之权利,与农户因分配而取得的宅基地使用权并无本质差异,唯一区别只在于身份因素。虽然私法上就宅基地利用可形成物权性使用关系和债权性使用关系,[4]但若将此种不具有成员身份而形成之土地使用关系定位为债权,则难以解释在房屋存续期限超过土地租赁最长期限的20年时,房地一体下的集体土地利用关系。

相反,非集体成员的农民或城镇居民因继承农房而占用宅基地,应当属于广义的建设用地使用权范畴,宜同样将此种关系定性为用益物权性质的宅基地使用权。第一,非集体经济组织成员占用宅基地所取得的权利内容,同样是保有地上建筑物(房屋及附属设施),解决居住需要,与农村村民建房用地取得的宅基地使用权本质上并无不同。第二,在继续坚持以本集体经济组织成员身份作为分配建房用地原则下,将非集体成员的农民因继承、移民易地搬迁而占有宅基地形成的法律关系,明确为宅基地使用权,可有效维持"房地一体"原则。而新型经营主体作为受让人所取得的利用宅基地的权利应为债权,此时农村村民仍是宅基地使用权人,其与农民集体之间就宅基地形成的物权关系没有改变。第三,从试点经验来看,对非集体成员因继承而占有宅基地,通常以收费的方式予以间接认可。试点地区对非集体成员的农

[1] 参见王晨:《关于〈中华人民共和国民法典〉(草案)的说明——2020年5月22日在第十三届全国人民代表大会第三次会议上》,载中国人大网2020年05月22日,http://www.npc.gov.cn/npc/c30834/202005/50c0b507ad32464aba87c2ea65bea00d.shtml;房绍坤:《民法典用益物权规范的修正与创设》,载《法商研究》2020年第4期。

[2] 2018年印发的《德清县农村宅基地管理办法(试行)》第35条、第37-40条。

[3] 参见农业农村部:《关于积极稳妥开展农村闲置宅基地和闲置住宅盘活利用工作的通知》,载农业农村部网2020年1月9日:http://www.moa.gov.cn/nybgb/2019/201910/202001/t20200109_6334695.htm。

[4] 参见谢在全:《民法物权法论》(中册),中国政法大学出版社2011年版,第426页;高圣平:《〈民法典〉与农村土地权利体系:从归属到利用》,载《北京大学学报(哲学社会科学版)》2020年第6期。

户取得宅基地以及集体成员"超标占用"宅基地,大多确立有偿使用模式。[1] 在这种意义上,对集体成员身份缺失的情形,实行有偿使用,亦表明此种权利与村民基于分配无偿取得的宅基地使用权之间的差异。

综上,在私法层面明确农村宅基地使用权设立的二元模式,一方面可以解决实践中非集体成员占用宅基地的规范依据问题,另一方面坚持"分配无偿—超标有偿"做法,也能够有效应对农村宅基地"超标占用"问题。宅基地使用权并非只能由本集体成员取得,完全否定非本集体成员的宅基地使用权,不符合我国现实情况。而维持宅基地使用权只能由本集体成员专门享有的做法,在农村户籍管理趋于放松时将面临冲击。如2019年实施的《广西深化户籍制度改革的若干规定》第6条规定,农民进城落户后,已确权的宅基地使用权、集体收益分配权均不受影响。因此,根据适度放活宅基地使用权的要求,不仅应继续坚持宅基地分配的身份性(限于本集体成员),以贯彻集体经济的生产模式,还应有条件地放开宅基地使用权取得的封闭性,[2] 允许特定区域内(如在县、市区划内)的其他集体经济组织成员在特殊情况下以有偿方式取得宅基地使用权。如此,既可解决非集体成员的用地需求,还能盘活闲置宅基地(农房),遏制宅基地利用的低效率,壮大农村集体经济,可谓一举多得。

四、宅基地使用权的规范配置

根据《土地管理法》用途管制要求,严格保护耕地、不得改变土地用途等公法性质的规定也是宅基地制度的重要内容。宅基地使用权虽一直游走于物权法领域(《民法典》物权编第十三章),但长期以来却主要借助《土地管理法》的相关规定理解其存在。农村宅基地"三权分置"改革中,《土地管理法》修法者基于试点"尚未形成可复制、可推广的制度经验,……'三权分置'的具体界定、相关权利的实现方式等还未形成共识",未予规定。[3] 《民法典》简单的四则规范使受政策影响较大的农村宅基地制度,迫切需要构建合理的法规范配置体系。一种可行的方案是,在维持《民法典》物权编规定的同时,以特别法实现对宅基地利用的调整。具体来说,宅基地使用权制度应从私法(自治法)和管制法两个维度进行规范配置。

---

[1] 《德清县农村宅基地管理办法(试行)》第13条第4项。

[2] 参见贺日开:《宅基地收回权的虚置、异化与合理配置》,载《政法论坛》2020年第4期。

[3] 参见陆昊:《关于〈中华人民共和国土地管理法〉〈中华人民共和国城市房地产管理法修正案(草案)〉的说明——2018年12月23日在第十三届全国人民代表大会常务委员会第七次会议上》,载中国人大网2019年8月26日,http://www.npc.gov.cn/npc/c30834/201908/2fb81f095e0c4221ab845a51f7396b27.shtml。

(一)《民法典》物权编应侧重于配置实体法规范

宅基地使用权既为农民安身立命之所,又属用益物权,其内容和行使应在《民法典》物权编明确规定,以贯彻物权法定原则,切实保护农民宅基地权益。第一,如果说原《物权法》第153条将宅基地交由《土地管理法》调整,属权宜之计,那么,基于农村第一、第二、第三产业融合发展和全面推进乡村振兴的背景,在宅基地价值日益凸显、用益物权体系日趋完善之际,立法仍延续固有模式,则难谓合理。尤其在承包地"三权分置"也被《民法典》第339条承认之时,更无理由不在实体法上设置宅基地利用的一般规则。第二,我国农村宅基地使用权虽受政策影响明显,且《土地管理法》也才完成修正,但这些因素均难以成为阻碍《民法典》应当规定宅基地使用权一般规则的理由。这不仅是"总—分"立法模式下用益物权的体系化要求,对于权利本身的得失变更也极为重要。以宅基地使用权消灭为例,《土地管理法》颁布之前,有地方颁发的"集体土地使用证"曾载明,[1]若农民买卖、出租或转让宅基地的,可由集体收回土地并处罚款。此种宅基地只能用于本集体成员建房而不得转让的思想,自《土地管理法》颁布后一直被坚持。然而,实践中村民在本集体内部转让宅基地(或农房),农民集体从未提前收回宅基地,更未实施罚款。因此,时至今日,必须对宅基地使用权消灭确立一般规则,明确权利的行使规则,而不能单单依靠行政命令。第三,自2015年农村宅基地制度试点改革以来,农房抵押、盘活利用闲置宅基地(农房)等已取得有益经验,但在《土地管理法》的修正未涉及农村宅基地"三权分置"之时,《民法典》仍规定宅基地使用权适用"土地管理的法律",显然在规则供给上已经不敷使用。然而,鉴于《民法典》实施时间不长,并且2020年9月,按照中央统一部署,我国启动了新一轮的深化农村宅基地制度改革试点,[2]探索盘活利用闲置宅基地(住宅)与发展乡村产业的有效途径,在未来可以对《民法典》物权编之宅基地使用权进行充实、调整之前,最适宜的方案,无疑是借助农业农村部正研究起草的《农村宅基地使用条例》。[3] 可以考虑在该《条例》中明确规定宅基地使用权的取得、转让(抵押)、内容等,并就农村宅基地"三权分置"确立一般规则,加强宅基地利用

---

[1] 参见陈卿媛:《老屋遭邻居凭假协议拆除 兄妹索赔78万元一审被驳回》,载《红星新闻》2019年11月17日,https://baijiahao.baidu.com/s?id=1650449127210307280&wfr=spider&for=pc。

[2] 《胡春华强调 稳慎推进农村宅基地制度改革试点》,载新华网2020年9月29日,http://www.xinhuanet.com/politics/2020-09/29/c_1126559970.htm。

[3] 农业农村部《对十三届全国人大二次会议第8424号建议的答复》称,将探索宅基地有偿使用和自愿有偿退出方式,载农业农村部网2019年8月16日,http://www.moa.gov.cn/gk/tzgg_1/tz/201908/t20190816_6322724.htm。

的顶层设计,全面体现农村宅基地改革成果。同时,根据《民法典》第399条第2项规定,在法律位阶上应将该规范性文件作为行政法规,以符合物权法定原则。

(二)《土地管理法》应侧重于管制要求

与此同时,《土地管理法》仍将在实质上发挥对宅基地的调整作用,但侧重的应是管理、审批核准宅基地用地等公法事项,而非该用益物权本身。对于村民申请分配建房用地,作为实体法的《民法典》物权编和《土地管理法》等管制法原本就具有不同分工,即便在公私法日趋融合趋势下,《土地管理法》仍有独立地位。后者主要规范宅基地使用权的设立与土地利用总体规划的关系、农民建房用地如何办理审批、土地用途管制以及违法占地建房的行政责任等,其无意也难以涉及宅基地使用权设立方式等实体法上的内容。此外,农村村民申请分配宅基地建房,首先应符合土地利用总体规划、土地利用年度计划和村庄规划,不得占用永久基本农田(《土地管理法》第59条、第62条第3款)。在建设用地总量控制的要求下,必须遵守本区域建设用地利用年度计划,并得到乡(镇)人民政府批准(第62条第4款),还应遵循"一户一宅"和"面积法定"的管理性强制性规定。

如何解释"一户只能拥有一处宅基地",〔1〕对理解宅基地使用权具有重要意义。1988年《土地管理法》首次就村民建房用地确立了强制性规定:"农村居民建住宅使用土地,不得超过省、自治区、直辖市规定的标准。"(第38条第3款),此即所谓农村村民宅基地"面积法定"原则。1998年修订时增加新的内容,形成了现行《土地管理法》第62条"一户一宅""面积法定"的并立格局。然而,尽管1998年修订后的《土地管理法》确立了双重审批(第62条第3款)和用途管制,但在过去的20年内"超标占用"宅基地的现象未能得到有效遏制。根本原因在于,《土地管理法》关于"一户只能拥有一处住宅""面积法定"之规定,均侧重农村村民建房用地的行政管理,且只针对宅基地分配,却未在实体法上明确宅基地使用权应如何设立、权能几何。并且,即便在2007年《物权法》实施后此等内容仍付之阙如。实践中,针对农村出现的"超标占用"宅基地现象,政策层面多强调不予确权登记或要求村民补交税费,而未直接否定超标占用部分的宅基地使用权。因此,部分农村地区的占用人对超标占用的宅基地部分通常只承担道德风险,在某种程度上间接鼓励了民众多占的心理。就上述规范的性质而言,其并非禁止意义上的权能规范,本身不追求行为的无效,而应属强制意义上的行为规范,违者将产生具体"责任"问题〔2〕。即违反《土

〔1〕参见刘露:《解释论视角下宅基地使用权的继承性研究》,载《华东政法大学学报》2019年第1期。

〔2〕参见苏永钦:《寻找新民法》,北京大学出版社2012年版,第323页。

地管理法》第62条第1款构成"超标占用"宅基地者,不影响权利人对于"超标宅基地部分"取得宅基地使用权,但对"超标部分"宅基地应当纳入有偿使用范围:占有人对超标部分应承担补交耕地占用税和按标准支付土地使用费的责任。这不仅契合第62条严格控制宅基地使用面积的立法精神,还能壮大集体经济组织,凸显所有权人的利益。

同时,《土地管理法》在国土空间开发中的地位日渐清晰。按中央部署,我国将构建国土空间规划体系,实现"多规合一",未来的《国土空间开发保护法》[1]将与《土地管理法》等公法一起构成宅基地利用的管制法体系。前者旨在"形成以国土空间规划为基础,以统一用途管制为手段的国土空间开发保护制度",而后者则主要具有用地审批、土地用途管制等功能。根据《土地管理法》第62条第4款,农村村民住宅用地由乡镇政府审核批准,涉及占用农用地的,甚至还应办理用地审批。在试点地区中,农民取得宅基地使用权通常采用"村集体同意+镇政府审批"的模式,[2]并对有偿使用宅基地收取的费用实行专款专用。上述第62条将宅基地管理作为重点,这与《土地管理法》侧重土地用途管控、完善用地审批程序等要求相吻合。同时,根据建立统一的国土空间规划体系的要求,土地用途管制将更为严格。比如,广西提出,[3]要以国土空间规划为依据,对城镇开发边界外的建设,实行"详细规划+规划许可"和"约束指标+分区准入"的管制方式。此外,《土地管理法》还主要涉及行为人违法用地的行政处罚措施,如没收违法所得、限期拆除或没收建筑物(第74条)、罚款(第75条、第81条)等。

五、结语

我国农村主要通过向农村村民分配集体土地,解决农民建房用地需求。宅基地立法应汲取试点地区的有益经验,继续执行建设用地增减挂钩政策的同时,明确宅基地使用权设立的两种方式。跨越本集体经济组织范围授予非集体成员的农民以宅基地使用权具有可行性。在有偿使用前提下,不但能够增加农民集体收益,调动民众参与的积极性,还能促进土地要素市场化,提高农村土地、资金等要素的配置效率。农村宅基地"三权分置"下,民事实体法应明确配置宅基地利用的一般规范,比

---

〔1〕 中共中央、国务院2019年5月23日发布的《关于建立国土空间规划体系并监督实施的若干意见》。

〔2〕《德清县农村宅基地管理办法(试行)》第20条、第25条,《浏阳市农村宅基地使用权流转管理办法(试行)》。

〔3〕 参见2019年8月2日公布的《广西建立国土空间规划体系并监督实施的实施方案》。

如宅基地使用权的转让、消灭(有偿退出)或恢复。另外,以《土地管理法》为基础的公法规范群则更应注重宅基地审批程序、国土空间规划和违法占用宅基地的行政处罚措施等,从而形成农村宅基地“利用—管理”的完整法律体系。

(责任编辑:麻昌华)

商业秘密保护禁令中劳资双方的利益冲突与协调

叶罗荣*

目　次

一、问题的提出

商业秘密作为一种具有实际的或潜在的商业价值的无形财产,是企业发展和保持自身竞争优势的关键因素之一,〔1〕现代市场经济活动中,人才流动引发的商业秘密泄露现象屡见不鲜,近年来,我国立法及司法领域对商业秘密的重视逐渐提升,因商业秘密纠纷引发的诉讼案件也呈逐年攀升趋势。为了更好地处理商业秘密保护中企业与劳动者之间的关系,进一步加强对商业秘密的全流程保护,我们不仅要关注商业秘密纠纷发生前以及纠纷发生中劳资双方的利益冲突问题,还要着力解决纠纷发生后,法律救济阶段的劳资双方利益冲突问题。

---

* 叶罗荣,武汉大学法学院博士研究生。

〔1〕 参见马忠法、李仲琛:《再论我国商业秘密保护的立法模式》,载《电子知识产权》2019 年第 12 期。

民事救济、行政救济和刑事救济是商业秘密的三大救济制度,[1]就商业秘密保护中劳资双方的利益冲突而言,在进行法律救济时,主要是运用民事救济方式。对商业秘密侵权行为及违约行为进行民事法律救济的手段有多种,相较于侵权和违约行为发生后的损害赔偿等事后救济而言,在侵权或违约行为尚未最终发生之前,提前采取有效措施对不法行为进行制止,可以起到快速、直接的效果,并能够将商业秘密权利人遭受的不利后果降至最低。而论及商业秘密法律救济中较为及时、高效的方式,综观世界范围内,可以发现无论英美法系国家还是大陆法系国家都倾向于对禁令制度进行充分地设计和运用。虽然在我国,涉及商业秘密禁令的案件极少,法院在对禁令的裁判上态度较为严格,但并不代表我国商业秘密禁令制度没有运用和发展的必要,相反,预示着这一重要的法律救济方式在我国还有很大的提升和运用空间。随着我国对商业秘密重视度的提升、国际互联互通的加速,我们应该不断借鉴国外的先进制度,丰富和完善商业秘密保护的手段,这其中,健全禁令制度不失为一项理想的方式。

我国现行制度中关于禁令的规定较为分散,对禁令特别是行为禁令的运用还未成体系化,因此,就商业秘密保护而言,禁令措施在运用过程中引发的利益冲突问题时有发生、不容小觑。具体到劳动关系层面,禁令引起的劳资双方利益冲突问题将是商业秘密保护法律救济阶段的重点研究对象。只有妥善地化解了禁令中劳资双方的利益冲突问题,才能实现禁令制度在处理商业秘密和劳动者利益冲突问题时的效能最大化。

二、商业秘密侵权救济中禁令措施的适用

禁令是英美法系国家衡平法上的一项法律救济措施,通常是由法院签发要求当事人必须实施某种行为,或者要求当事人不得实施某种行为的命令。[2]禁令有着多种分类,按照禁令的具体内容不同,可以分为命令性禁令和禁止性禁令;按照禁令存续时限的不同,可以分为临时性禁令和终局性禁令;按照禁令发布时间的不同,可以分为诉前禁令、诉中禁令和终局禁令。在英美法系国家,禁令运用的范围比较广,除了用于普通的民事诉讼,还可用于诸如对知识产权的保护、对环境侵权或海事侵权的制止等特殊的诉讼领域。要协调商业秘密保护禁令中劳资双方的利益,首先需要厘清禁令在商业秘密保护中的具体适用。

---

〔1〕　参见宋惠玲:《借鉴与重构:我国商业秘密救济制度的完善》,载《河南财经政法大学学报》2014年第5期。

〔2〕　宋建宝:《美国商业秘密的法律保护》,法律出版社2019年版,第165页。

(一)商业秘密保护禁令的法律性质和特点

我国法律对禁令的规定,经历了从最开始各单行法规定中的诉前阶段,过渡到《民事诉讼法》中不再强调"诉前",也即在诉前或诉中均可以提出申请。对于这一变化,可以看出,我国对禁令运用的范围在逐步放宽,也在与国际通行做法相衔接。关于禁令的法律性质,可以从如下几个角度进行理解:

第一,禁令属于民事保全措施中的行为保全。以保全对象为划分标准,民事保全可以分为行为保全、财产保全和证据保全。三者性质相同,但也存在较大差别。最主要的不同体现在两点:一方面,三者设立的目的不同。行为保全的目的在于避免损失的发生或扩大,财产保全的目的在于保障诉讼可执行标的的存在,而证据保全是为了防止证据的灭失以保障对案件事实的考察。另一方面,三者采取的措施存在差异。行为保全的措施主要包括强制令、监管令或禁止令等阻止或要求被申请人作出特定行为的措施;财产保全的措施在于冻结、扣押、查封等司法强制措施;而证据保全一般为扣押证据。基于以上区别,综合禁令的内涵、实施目的以及具体方式,可以判断出禁令作为一项民事保全措施,应当归属于行为保全。

第二,禁令制度属于一种程序法规范。学理上关于禁令制度究竟属于实体法规范还是程序法规范观点不一。以知识产权禁令为例,有学者认为禁令是当事人的一项实体请求权,属于知识产权请求权制度的范畴。另有学者认为虽然不否认禁令事实上的救济功能,但一般将禁令放在民事诉讼行为保全程序中来讨论研究。[1] 鉴于禁令属于一种行为保全,而现行法中的行为保全制度均为程序范畴的保全,必然要与诉讼程序联系在一起,[2]结合我国禁令的法律规定及现行实施的情况看,由于禁令的最终目的不是去裁判实体争议,而是保障诉讼程序的进行,具有民事诉讼保障制度的作用,因此,应将禁令制度定性为程序法规范。

作为一项民事法律救济方式,商业秘密保护中禁令的功能主要体现在事先防止侵害行为的发生或抑制损害后果的扩大。而禁令能够发挥对商业秘密权利人的保护作用,主要在于其具有紧急性、临时性和即执性的特点。禁令的紧急性主要表现在:其通常不是针对一般的普通侵权行为,而是在权利受到侵害的紧急情况下,申请采取的措施。此时,若不采取禁令措施,将会使申请人遭受难以避免的损失或使已有的损失不断扩大。正是因为侵害行为的情况紧急,禁令也自然具有紧急性的特征。禁令的临时性,在于其保障作用的发挥只是为了暂时解决权利行使的纠纷,保

---

〔1〕 参见何炼红、邓欣欣:《类型化视角下中国知识产权禁令制度的重构》,载《中南大学学报(社会科学版)》2014年第6期。

〔2〕 参见朱虎:《人格权侵害禁令的程序实现》,载《现代法学》2022年第1期。

障诉讼程序的顺利进行,一旦纠纷得以解决,禁令会得以解除。因此,禁令只是一种临时性措施。禁令的即执性,则体现在其一旦被法院签发就会被立即执行,具有立即排除妨碍的功能。

禁令的上述三种特点在逻辑上相互关联,正是由于禁令是针对紧急情况而发出,所以自然赋予了它即执性的需要。同时,因为其即执性,也势必要求在纠纷解决后,需要对禁令予以解除,因此,禁令的存在具有临时性特征。

若将商业秘密保护禁令与其他知识产权禁令相对比,商业秘密保护禁令又呈现出诸多差异,主要体现在:一是针对专利权、著作权和商标的禁令在这类权利对应的单行法律制度中,均给予了明示并作出了专门规定,而商业秘密保护中的禁令很长一段时间都是知识产权案件中禁令保护的洼地,直到2012年修改后《民事诉讼法》,其对民事诉讼中的禁令措施提供了程序法依据,也为商业秘密保护中禁令措施的运用提供了制度支持。因此,商业秘密保护禁令相较于其他知识产权中的禁令,在施行时间上要更晚,在制度的运用上更为间接,同时,也缺乏具备独立性和具体性的法律规范依据。二是从司法实践来看,虽然民诉法的修改为商业秘密保护中的禁令提供了法律支撑,但实际审判过程中,由于商业秘密的保护范围难以界定、举证更为困难等,禁令被运用的非常少,远不如在其他知识产权类型中使用的广泛。三是虽然《民法典》明确将商业秘密归属于知识产权的保护范围,但目前,商业秘密仍然是以竞争法保护为主,因此对商业秘密保护而言,在运用禁令的过程中,也受制于对市场竞争影响的评估。所以,相较于其他类型知识产权保护,商业秘密保护中禁令的运用,需要平衡的法律关系更为复杂。

除了知识产权法中的禁令,我国其他民商事法对禁令的规定也比较常见,其中围绕行为禁令的内容更不在少数,例如,我国《海事诉讼特别程序法》所规定的海事强制令制度,就是在立法和司法领域的明显例证;〔1〕我国最高人民法院《关于生态环境侵权案件适用禁止令保全措施的若干规定》所确定的环境保护禁止令措施是在行为保全制度框架内的延伸。〔2〕 商业秘密保护中的禁令同其他行为禁令相比,行为保全的法理是一致的,差异主要包括:一方面,其他行为禁令所依据的法律制度既包含对应的实体法规范也包含程序法规范,而在商业秘密保护领域,由于单行法的缺失,其主要依据源于民事诉讼法的程序法规范。另一方面,同上文商业秘密保护中的禁令与其他知识产权禁令的区别类似,我国商业秘密案中禁令的鲜少使用,使

〔1〕 参见王琳、关正义:《建立我国民事诉讼禁令制度的思考》,载《求是学刊》2015年第3期。

〔2〕 参见秦天宝:《〈民法典〉背景下环境保护禁止令的法教义学展开术——基于人格权禁令制度的考察》,载《政法论丛》2022年第1期。

其同运用较多的其他民商事禁令相比，在使用频次上形成明显对比。

（二）商业秘密保护禁令的具体适用

在商业秘密案件中，及时有效地制止商业秘密侵权行为是权利人最迫切的需求，因此，禁令的发布显得十分必要。由于司法机关既要及时高效地处理权利人的禁令请求，又要防止当事人的合法权益可能遭受损害后果迅速蔓延的风险，〔1〕所以法院在判断是否下达禁令时会考虑多种因素，同时，由于颁布禁令需要采集多样充足的证据，这使法院对于禁令的使用十分慎重，一般常见于案件事实基本查清后且在申请人提供担保的情况下，法院才会依申请作出禁令的裁决。

法院要颁布禁令，主要适用于以下情形：首先，当事人双方之间存在真实的民事纠纷；其次，被申请人正在实施或即将实施侵犯或损害行为，且该行为将使未来判决无法执行；再次，申请人需提供法院认可的有效担保；最后，被申请人因禁令导致的损害没有明显超过未采取禁令而给申请人造成的损害，且禁令的实施不会损害社会公共利益。以上情形属于法院发布禁令的核心考量因素，但并不代表满足以上情形，法院一定会颁发禁令；也不意味着如果没有同时满足以上情形，法院就不会颁发禁令。而最终是否作出颁发禁令的决定，法院还会比较包括是否有其他可以替代的救济方式，采取禁令给被申请人造成的损失是否远远大于侵权行为给申请人造成的损害，以及禁令的作出是否具有可执行性等多种因素后，作出审慎的选择。

（三）"不可避免披露"规则在商业秘密保护禁令中的运用

由于对商业秘密保护禁令而言，不可避免披露规则是主要的一项申请颁发的理由，因此，研究商业秘密保护禁令，离不开对不可避免披露规则的探析，不可避免披露规则通过禁止令的申请签发，可让原雇主主动防范离职员工到竞争对手处任职时不可避免地披露其商业秘密。〔2〕在商业秘密保护中，禁令的颁发有着多种不同的理由，而"不可避免披露"规则自产生以来就是作为一项保护公司商业秘密的禁令救济规则，可以说不可避免披露规则与商业秘密保护禁令之间有着天然的联系，其中，规则的落地以禁止令的颁发为着力点，失去禁令，该规则将无从体现；而对于禁令而言，不可避免披露规则是其主要的一项申请颁发的理由，该规则的运用可以丰富和完善禁令制度的体系架构。

由于"不可避免披露"规则在我国尚无直接的规定，因此，其运用也比较罕见。研究该规则在禁令制度中的具体运用标准，可以参考国外相关经验。在美国，"不可避免披露"规则运用地较为成熟，美国统一商业秘密法（UTSA）中关于"实际或潜在

---

〔1〕参见杨涛：《我国知识产权临时禁令制度的现实困境与立法完善》，载《知识产权》2012年第1期。

〔2〕参见聂鑫：《商业秘密不可避免披露原则的制度发展与移植设想》，载《知识产权》2016年第9期。

的侵占可以采用禁令禁止”的规定可以视作对该规则的一种肯定,在司法实践中该法条也经常会被法院援引。由于不可避免披露规则的运用经历了一段时期的适用和发展,因此,依据该规则而颁发禁令的标准也经历了一些变化并形成新的发展趋势。

首先,被告是否恶意已非禁令适用的必要条件。在美国,传统上法院在依据不可避免披露规则颁发禁令时,会考虑被告及新雇主是否存在恶意行为,并以此作为禁令的理由之一。但随着网络技术的发展,员工离职跳槽周期越来越短,诉讼中若原告可以证明被告会存在不可避免披露的行为,则可以不用去证明被告和新雇主存在主观上的恶意。

其次,禁令适用的对象限制于极相关雇员入职到与前雇主具有直接竞争关系的企业。随着生产技术的发展,特别是网络技术的普及,法院在对禁令适用的对象上进行了限制,不可避免披露规则导致的禁令应局限在极相关人员也即掌握核心技术的雇员,而非指掌握一般性技术的雇员。同时,对于雇员入职的新企业,也限制范围为前雇主的直接竞争者,对于直接竞争者的认定则可以从产品与服务市场以及消费者市场两个维度进行判断。

再次,不可避免披露案中禁令救济的期限也得到控制。禁令的期限长短对于原告而言至关重要,一般情况下禁令应持续至信息丧失商业秘密的性质时止。随着技术的更新迭代,缩短禁令的期限已成为一种趋势。而对禁令期限进行控制既可以避免禁令持续时间超过商业秘密的存续时间,也可促使企业加大措施保护商业秘密。

最后,颁布不可避免披露的禁令应给予被告相应的补偿。由于不可避免披露规则被视为竞业限制的补充,因此,在补偿方面,也应同竞业限制有着相当的设计,以此来维护商业秘密与员工自由择业之间的平衡。

不可避免披露规则是对商业秘密潜在侵权行为的一个救济规则,该规则涉及劳动法、商业秘密保护法律制度以及竞争法等多重领域,对解决因员工流动而引发的利益冲突具有积极作用。对我国而言,引入不可避免披露规则也有助于解决实践中商业秘密保护手段的滞后和乏力,因此,我国具有引入该规则的必要性。同时,虽然不可避免披露规则的移植将对我国商业秘密中利益平衡机制的构建产生积极作用,〔1〕但要在我国进行该项规则的发展与移植,需要在美国发展适用近况及经验教

〔1〕 参见黄武双:《美国商业秘密保护法的不可避免泄露规则及对我国的启示》,载《法学》2007年第8期。

训的基础上,结合国情探求科学的最佳引进方案,[1]充分考虑引入该项规则的可行性,即是否具有立法根据以及如何在法律规则上进行设定。

三、商业秘密保护禁令引发的劳资利益冲突类型

(一)针对商业秘密披露的利益冲突

诉讼阶段是否进行商业秘密披露,不同的诉讼主体持有不同的诉讼主张。当不同的观点相互碰撞时,不同主体之间的利益冲突便应运而生。是否进行商业秘密的披露,虽由不同主体的诉讼地位和诉讼主体背后的经济实力所决定,但也深受诉讼时举证规则的影响。

关于我国商业秘密案中的举证规则,应当先由商业秘密权利人提供初步证据证明其对商业秘密采取了“相应保密措施”,以及被诉侵权人存在“侵犯行为”;进而转由被诉侵权人举证证明权利人主张保护的商业秘密不具备“不为公众所知悉”这一要件,因此,也就不属于反不正当竞争法规定的商业秘密。

在现有的商业秘密举证规则的基础上,我们再进一步探讨,诉讼阶段进行商业秘密披露的原因,以及披露会带来怎样的后果。

第一,诉讼阶段为什么存在对商业秘密的披露?按照现行的举证规则,诉讼中需先由商业秘密权利人就其对商业秘密采取了“相应保密措施”及被诉侵权人存在“侵犯行为”提供初步证据证明,这一过程中,商业秘密权利人不可避免对商业秘密进行一定程度的披露,披露的具体尺度取决于侵权行为证明的难易程度。同时,在个别的案件中,法院需要委托专门鉴定机关进行商业秘密鉴定,也会导致商业秘密在诉讼过程中被披露。

第二,诉讼阶段的商业秘密披露带来的后果包括哪些?诉讼阶段进行商业秘密的披露,其初始意图是为了证明商业秘密遭受到了侵犯,这也是权利人追求的法律后果。但不可否认,披露行为本身带来的效果实则具有双面性,即在带来对权利人诉讼请求的支持证据时,也同时可能造成商业秘密的“二次泄露”。在我国,司法公开的程度比较高,这是司法文明进步的一个必然趋势。但司法公开也可能造成对权利人商业秘密的二次伤害,正是基于此原因,很多当事人因不愿意公开商业秘密而放弃对商业秘密侵权的诉讼。诉讼中商业秘密披露可能造成的二次泄露包括以下几种情形:一是在诉讼双方质证过程中。证据材料要被采纳,需要诉讼双方进行充分的质证,而质证就涉及对商业秘密的深入解读,这一过程可能造成二次泄密。二

[1] 参见张海宁:《商业秘密即发侵权保护不可避免披露制度的引入与重构》,载《电子知识产权》2020年第10期。

是在律师行使复制权过程中。我国法院非常重视律师的复制权,出台了很多文件对律师的复制权进行保护,而一些律师在复制涉密材料后会向专业技术人员请教,这可能引起二次泄密。三是在对商业秘密相关信息的鉴定过程中。商业秘密作为知识产权的一种类型,其内涵往往具有较强的专业性,因此,在诉讼过程中,可能会需要引入专业机构和专业技术人员的鉴定,这也为商业秘密的泄露创造可能。四是在对商业秘密的证据保全过程中。法院在证据保全过程中,双方当事人需要见证证据保全的过程,此时往往可以看到商业秘密,而如果不要求当事人见证,保全的公正性就可能被质疑。

基于以上种种分析,我们再来梳理诉讼阶段不同主体就商业秘密披露的不同利益需求。

对商业秘密权利人而言,诉讼阶段就商业秘密披露有着多方面的利益需求。一方面,权利人并不希望商业秘密在任何场合被披露,因为只要商业秘密信息一经公开披露,权利人就会彻底丧失其对商业秘密的占有。[1] 而对商业秘密的保密性的破坏,将导致商业秘密价值的贬损;但另一方面,权利人又需要就商业秘密进行一定程度的披露来证明保密措施以及被诉方侵犯行为的存在,因此,权利人仅允许商业秘密在现有法律法规可以控制的范围内进行适当披露,并不希望商业秘密造成二次泄露。

对于被诉方而言,无论是在诉讼程序进行中还是在商业秘密的价值追求上,均希望能对商业秘密进行披露。一旦商业秘密被披露,既为被诉方证明商业秘密不具备"不为公众所知悉"创造了条件,也能够让被诉方更全面的了解商业秘密的信息,便于以后对自身价值和能力的提升。所以,从被诉方角度,存在对商业秘密进行披露的利益需求。一旦诉讼双方就是否进行商业秘密披露存在争议,双方的利益冲突便得以产生。

(二)针对商业秘密侵权行为发布禁令的利益冲突

商业秘密是企业的无形资产,能够为企业带来经济效益和竞争优势,为了防止商业秘密泄露带来的一系列损失,企业通常会通过签署保密协议或竞业限制协议的方式对员工行为进行约束。但协议的签订并非万能,日常经营中,商业秘密泄露的行为还是时有发生。当企业发现商业秘密被侵犯时,如何防止商业秘密被披露或被使用、避免企业经济损失进一步扩大,成为企业迫切需要考虑的问题。由于诉讼程序耗时长,针对正在发生或即将发生的非法获取、披露和使用商业秘密的情形,企业

[1] 参见吴国平:《商业秘密侵权救济程序规则的缺陷及完善对策》,载《知识产权》2013年第11期。

迫切需要通过向法院申请行为禁令的方式,以给自身的商业秘密提前提供强有力的临时保护。因此,禁令救济对于商业秘密的保护至关重要,因为其可以有效阻止潜在的或现实的侵犯商业秘密的行为。[1]

1. 商业秘密侵权行为禁令在我国的实践

上海市第一中级人民法院 2013 年 7 月 2 日立案受理的美国礼来公司、礼来(中国)研发公司诉黄某侵害技术秘密纠纷一案中,原告美国礼来公司、礼来(中国)研发公司向法院提出行为保全申请,法院审查后作出行为保全裁定,裁定禁止黄某披露、使用或允许他人使用美国礼来公司、礼来(中国)研发公司主张作为商业秘密保护的若干文件内容,该裁定被认为是国内首例依据《民事诉讼法》(2012 年修改版)在商业秘密侵权诉讼中作出的行为禁令。

在此之前,由于我国反不正当竞争法和其他法律中并无对商业秘密侵权行为适用禁令的依据,因此,法院一般对禁令的适用持否定态度,否定的理由包括:法律依据的缺乏、商业秘密保护边界界定的困难以及可能对市场竞争造成不利影响等。随着 2012 年《民事诉讼法》的修改,对商业秘密侵权行为发布禁令逐渐被司法实践所认可,在商业秘密纠纷案中适用禁令的情形也趋于增多。例如,2014 年,铜陵市中级人民法院为保护商业秘密首次发出行为禁令。2021 年修改的《民事诉讼法》,继续延续对禁令的肯定态度,但由于禁令的颁发属于一种事前救济行为,法院在适用时态度一般较为谨慎,需要权衡各种因素作出综合性判断。

2. 是否发布禁令而引起的劳动关系双方利益冲突

虽然是否发布禁令,由法院进行裁量,其并不取决于劳动关系双方的主观意识。但是否发布禁令而引起的劳动关系双方的利益冲突,却是法院作出决定的重要参考因素之一。

一方面,对于商业秘密权利人而言,其存在主张发布禁令的利益需求。禁令作为对商业秘密权利人的一种事前救济方式,自然顺应了权利人的利益保护需求。对于商业秘密权利人主张发布禁令的原因,可以从以下几个方面分析:一是商业秘密的价值性需要通过秘密性和保密性来予以维护,而侵权行为的发生对商业秘密的秘密性造成了破坏,因此,权利人急需通过高效的方式来及时止损。而禁令具有紧急性、临时性和即执性的特点,可以有效满足权利人的需求。二是作为一种民事法律上的救济方法,禁令的功能主要体现在事先防止侵害行为的发生或者后果扩大,造

---

[1] 参见顾成博:《经济全球化背景下我国商业秘密保护的法律困境与应对策略》,载《学海》2020 年第 5 期。

成不能弥补的损害。[1] 同事后救济手段相比,禁令具有更为显著的优势,商业秘密权利人选择禁令这种事前救济的方式,可以有效避免损失的扩大,从经济效益的角度看,选择此种方式会更优。三是从禁令与一般民事诉讼程序的关系上看,禁令属于民事诉讼程序中可选择的一个环节,禁令的颁布不仅未对后续诉讼程序造成不利影响,反而更有利于实现商业秘密权利人的诉讼主张。因此,在商业秘密权利人维权最主要的手段——民事诉讼中,权利人主张禁令是不阻碍诉讼进程且有助于自身诉讼权利的一项措施。

另一方面,对于劳动者,其持有反对发布禁令的利益需求。禁令作为一项事前救济手段,在发布时,自然带有一种预判性,是对未来行为或后果进行预测而作出的选择。正是因为在行为或后果还没有最终发生时,就作出了禁令,故而易引起禁令约束方的不满。当企业向法院就商业秘密的保护,申请对劳动者发布禁令时,劳动关系双方产生了利益冲突,此时,劳动者的利益需求表现为反对法院发布禁令。劳动者反对发布禁令的理由主要有:一是禁令一旦发布,会持续一定的时间,对于劳动者而言,从原单位离职,即将面临再就业和生存问题。若通过禁令禁止了员工的某些行为,势必会对其就业造成不利影响,而劳动者的就业权利是国家和社会不得不重视和保护的权利,例如,在美国商业秘密判例案中,已经将雇员自由择业权上升为公共利益抗辩事由。[2] 二是禁令在作出之时,所谓的侵害行为或后果还没有发生,以未来将要发生之事为由来约束现有的行为,存在有失公允的可能。三是目前我国禁令制度的配套救济体系不够完善,与法律的对等性保护不相符,在劳动者出现需要救济的情形时,面临救济手段的缺失问题,无法及时保障自身的权利。

四、商业秘密保护禁令中劳资双方利益的协调

(一)对禁令适用条件及期限的规范化

由于任何披露行为都可能导致商业秘密的终止,因此,商业秘密权利人在维权过程中主要目标之一是防止商业秘密被披露。从经济学角度看,禁令可以减少权利人对商业秘密保护和获得赔偿所花费的成本,是商业秘密权利人维权的一项重要手段。对于禁令的运用,可以从多个方面进行规范。

1. 禁令适用的条件

禁令通常由商业秘密权利人提出申请,再由人民法院进行审查,综合各项因素

---

〔1〕 参见王琳、关正义:《建立我国民事诉讼禁令制度的思考》,载《求是学刊》2015年第3期。

〔2〕 参见黄双武:《英美商业秘密保护中的公共利益抗辩规则及对我国的启示》,载《知识产权》2009年第2期。

后,权衡判断是否有必要发出禁令。在我国知识产权法领域,禁令作出的依据包括《民事诉讼法》、各知识产权单行法以及最高人民法院《关于审查知识产权纠纷行为保全案件适用法律若干问题的规定》等。

关于禁令的适用条件,可以细分为程序要件、形式要件和实质要件三类。其中,程序要件包括申请禁令的时限、对禁令的管辖等,形式要件主要是申请人对商业秘密的权属证明等,实质要件则涵盖侵权行为的紧迫性、难以弥补的损害等。但司法程序中,禁令的审查时限非常短(如48小时),要在较短的时间内完成对如此多适用要件的审查,不仅增加了法院的审查责任,也不利于实践的操作。由于同专利权、商标等知识产权相比,商业秘密存在一定特殊性,且商业秘密的保密性一旦破坏则不可复原,为此,有必要重新构建商业秘密领域合理的禁令制度,以最大化地发挥禁令的法律功能。通过对众多适用条件的甄别,笔者认为,商业秘密保护中适用禁令的前提条件可以包括如下几项:

第一,申请人对享用商业秘密权益的合法证明。由于禁令的使用带来的效果具有两面性,正确的禁令可以很好地保护申请人的商业秘密,错误的禁令则对被申请人利益造成了极大的损害。因此,申请人应当对自身享有的商业秘密“自证清白”,以保证其提出的申请没有瑕疵。对于商业秘密而言,禁令的申请人需要提交证明其权利真实有效的文件,以证实其合法地享有商业秘密权益。

第二,必须发生情况紧急的情形。我国《民事诉讼法》中的财产保全和行为保全,不以情况紧急为必要条件,情况紧急仅是保全适用的众多情形之一。而在禁令制度中,由于禁令是对紧急情况的强制处置,因此,禁令适用的必要条件就是情况紧急。关于“情况紧急”的理解,一般认为,有以下两种情形:一是即发侵权,二是商品即将生产、出口或者投入商业销售的事实、秘密的泄露是否会造成对权利人垄断权的冲击或破坏以及被诉侵害是否落入权利的地域范围或者对此范围构成严重威胁等。[1]

第三,被申请人实施了侵权行为。此处的“侵权行为”既可以是一种现实存在的行为,也可以是尚未发生但将要发生的行为。对于现实存在的行为,基本不存在争议。而对将要发生的侵权行为,可以回溯到前文对“不可避免披露”规则引发的禁令之中。由于在我国尚缺乏对商业秘密潜在侵权进行事前救济的直接规定,因此,在对禁令制度进行构建时,笔者认为,可以在此要件中增加对潜在侵权也即将要发生的侵权行为的囊括。这样规定,一方面是与国际接轨,与国际法的规定相衔接;另一

---

〔1〕 参见邓卓:《论我国知识产权禁令制度的完善》,载《知识产权》2013年第9期。

方面也是回应现实所需,更加全面、更好地协调劳动关系双方的利益冲突。

第四,申请人应当提供担保。担保条件的提出是为了平衡申请人与被申请人之间的利益,防止禁令被滥用。法院在对禁令申请进行审查的过程中,应当要求申请人先行提供担保,同时,若审查发现被申请人可能因禁令造成更大损害,法院可以责令申请人追加担保。而对于"被申请人提供反担保是否会导致禁令申请被驳回或已颁布的禁令被解除"这一问题,不同的学者观点不同,有学者认为法院不因被申请人提出反担保而解除禁令,[1]另有学者赞成被申请人提供足够反担保的,可以不发出诉前禁令或者解除已经发出的诉前禁令。[2] 笔者认为,从平衡申请人与被申请人双方诉讼权利,以及公平公正的角度出发,同时考虑到担保条件设立的初衷是为了防止禁令的滥用,因此,应当允许被申请人在提供反担保的情况下,不发出禁令或解除禁令,以制衡申请人的诉前禁令申请。

以上是对商业秘密保护中适用禁令条件的合理规划。除此之外,有个别来自美国判例法且在我国司法实践和学术研究中得到运用和支持的要件,笔者认为,可以剔除。这些要件主要有:是否给申请人造成不可弥补或不可挽回的损失,申请人胜诉的可能性判断。

其中,不可挽回的损失,是指侵权人的行为可能造成难以用数量计算的损害结果,此种损害结果并非任何时刻均能用金钱予以补偿。关于"不可弥补或不可挽回的损失"这一说法,一方面,其本身易造成歧义,例如,是一时的不可弥补或挽回,还是永远的不可弥补或挽回。另一方面,学者们关于禁令中适用这一要件也有多种理解,有学者认为"凡是能够通过诉讼解决的纠纷,基本上都不存在所谓的难以弥补的损害。"[3]还有学者认为"在涉及不动产、人身权、无形财产等案件中,损害几乎都是不可逆转的,如果再考虑到诉讼风险、财富限制、责任豁免等因素,当事人则根本无法获得充分的保护。"[4]由于对这一点的理解存在较多分歧,为避免在司法实践中对权利人造成误导,并对法院审理造成困扰,建议不必采纳此要件。

对申请人胜诉可能性的判断,出自美国法院对禁令考虑的因素之一。在英国的

---

〔1〕 参见吕国强:《知识产权禁令制度的建立与完善》,载《人民司法》2004年第4期。

〔2〕 参见刘晓军:《知识产权诉前禁令制度的变革与重构》,载《知识产权》2016年第12期。

〔3〕 参见刘晓军:《知识产权诉前禁令制度的变革与重构》,载《知识产权》2016年第12期。

〔4〕 参见杨彪:《侵权禁令与执法替代:风险社会公共治理的新思路》,载《法制与社会发展》2017年第4期(总第136期)。

案件审理中,法院也曾对该要件表示过认可。[1] 但由于“可能性”的判断无法进行量化,在实践操作中存在困难。甚至即便是百分百胜诉可能性的被申请行为,也不可能完全排除最终会败诉的可能。因此,将胜诉可能性的审查作为对禁令进行审查的要件之一并不恰当。

2. 禁令适用的期限

由于禁令是法院基于对现有或将来侵权行为的判断,综合多种因素对被申请人的行为进行的限制和约束。因此,禁令的发布给被申请人的生产、生活均造成了诸多不利的影响。为了平衡申请人与被申请人之间的利益,避免因禁令期限过长给被申请人造成较大的负面效果,因禁令期限过短使得申请人的商业秘密无法真正得到保护,需要对禁令的期限进行合理的设置。

关于禁令的期限,法律上未有明确的规定,但由于禁令在性质上属于一种行为保全措施,我们可从法律对行为保全期限的相关规定中获得一些启示。不同于国外禁令有着永久禁令和临时禁令之分,我国的禁令制度实际上仅有临时禁令。究其原因,主要在于我国的知识产权制度多是在加入 WTO 组织期间设计的,当时为了与国际条约 Trips 协议接轨,很多规定会尽量满足 Trips 协议关于成员方的要求。而 Trips 协议要求会员国就临时措施进行立法,加强对知识产权的诉前、诉中司法保护,并未明确作出对永久禁令的要求。基于此立法背景可知,我国暂缺乏永久禁令的法律基础。或许对某些特殊行为主体,我国可以试图创建永久禁令制度的适用环境,但若要具体到对离职员工禁令的运用上,笔者认为,并不适宜推行永久禁令制度。因为,一旦对离职员工施行永久禁令,势必使劳动者终生不得从事某种行业。此种情形下,利益的天平严重倾斜至用人单位一方。

关于临时禁令,其是一项保护权利人权益的重要方式,但关于临时禁令的定义,学者们观点各异。有学者认为,临时禁令是指在紧急情况下,为防止原告的权利受到即时的、不可弥补的损害,而由法庭签发的要求当事人维持现状或禁止一定行为的命令。[2] 还有学者认为,临时禁令,也称中间禁令,是暂时性措施,不具有终局裁判的效力,一般规定直至案件开始审理或作出新的禁令为止。[3] 参考多位学者的

---

[1] 在 American Cyanamid v. Ethicon 案中,法官曾暗示不应考虑胜诉的可能性,但在后来的 Series 5 Software v. Clarke 案中,法官却认为这是主要应考虑的因素,看能否通过“令人信服的证据”得出一个清楚的预判。

[2] 参见邓文:《论商业秘密案件中临时禁止令申请人的举证责任》,载《电子知识产权》2015 年第 12 期。

[3] 参见毕潇潇、房绍坤:《美国法上临时禁令的适用及借鉴》,载《苏州大学学报(哲学社会科学版)》2017 年第 2 期。

观点,并结合商业秘密保护禁令的法律性质和特点,笔者认为,临时禁令是在当事人申请提出且举证证明符合临时禁令要求的情形下,法院为保护申请人利益而采取的一项强制性救济措施。对于临时禁令的适用期限,笔者认为,在法律和司法解释没有就商业秘密保护禁令作出具体规定之前,如果法院拟根据案情自行确定禁令的期限,应以现行民事诉讼法和相关司法解释中规定的时限为最低要求,即申请人不提起诉讼或仲裁的,禁令应持续至颁发之日起30日止;提起诉讼或仲裁的,禁令一般应持续至案件判决生效之日止。同时,禁令的期限还应以商业秘密丧失保密性为上限,结合侵权行为的程度、商业秘密的经济价值等予以综合判断。

(二)完善禁令裁定过程中的举证规则

我国商业秘密纠纷案诉讼或仲裁没有单行的证据规则,法律依据主要为《民事诉讼法》、《反不正当竞争法》、最高人民法院《关于民事诉讼证据的若干规定》、最高人民法院《关于审理侵犯商业秘密民事案件适用法律若干问题的规定》等法律法规及司法解释。此外,一些地方法院也出台了商业秘密审判中的举证规则,例如,北京知识产权法院2021年10月29日发布的《北京知识产权法院侵犯商业秘密民事案件诉讼举证参考》、上海知识产权法院2017年出台的《侵害商业秘密纠纷审理指引》。同时,国家签署的一些国际合作协议,如2020年中美签署的第一阶段《中华人民共和国政府和美利坚合众国政府经济贸易协议》也为商业秘密纠纷案的举证责任分配提供了参考和依据。

从国家法律法规的层面看,有关商业秘密纠纷诉讼的举证责任规定出台的时间较晚,例如,在我国1986年的《民法通则》中,没有就商业秘密纠纷案的举证规则进行规定;在1993年《反不正当竞争法》中,也未涉及对商业秘密纠纷案举证规则的规定。同时,现有关于商业秘密纠纷案的证据规则在内容上较为简单,对权利人的举证责任规定的较重。虽然有关法律法规及司法解释对权利人举证责任进行了规定,规定的表述看似减少了权利人的举证责任,但实际上权利人仍需承担多方面的举证责任,包括证明商业秘密的合法性;证明侵权人实施了不正当行为;证明侵权人使用的信息与商业秘密相同或者实质相同。因此,权利人仍然面临证明权利内容难、证明侵权行为难的问题。在后续法律制度建设中,应针对商业秘密纠纷的特点细化其证据规则,使商业秘密诉讼的证据规则更加系统和全面,从而强化其在商业秘密保护中的可操作性。

(三)丰富商业秘密保护法律救济的手段

丰富商业秘密保护法律救济的手段,可以有效弥补禁令制度在运行中的不足,为劳资双方的利益冲突起到缓释效果,具体而言,可以发挥积极作用的手段包括:

1. 发挥知识产权法庭的审判优势

商业秘密作为专利、商标、著作权外第四大知识产权领域，在社会发展中发挥着越来越重要的作用和价值。因此，同其他知识产权案件类似，一旦遇到商业秘密纠纷，相比于一般的民事案件，权利人对审判的效率要求更高，基于此，有必要发挥知识产权法庭的审判优势。

以最高人民法院知识产权法庭为例，2020年知识产权法庭审理的民事和行政实体上诉案件的平均周期为123天，比过去各地高级法院平均1年左右的审理周期压缩了一半以上。[1] 对于商业秘密纠纷案，应当集中于知识产权专门法庭进行审理，充分发挥司法审判人员的高素质优势，提高办案质量和速度，以适应商业秘密案件逐年攀升的现实需求。

2. 完善损害赔偿制度

损害赔偿是商业秘密民事司法救济制度中的重要措施之一，但确定知识产权损害赔偿数额问题却是一项世界性难题。究其原因，主要缘于知识产权区别于有体物特质的"非物质""价值弹性"。[2] 同理，作为知识产权的一部分，商业秘密的无形性、秘密性和保密性也使其在发生纠纷时，同样面临损害赔偿难的问题。

结合《民法典》和《反不正当竞争法》的规定，我国现行商业秘密损害赔偿制度已完善和丰富了更多的赔偿类型，例如，我国已建立了对商业秘密的惩罚性赔偿机制，以加大对商业秘密侵权行为的惩罚力度。但对于损害赔偿机制的具体运用，法律规定仍不够细化，对于如何认定商业秘密侵权行为情节是否严重，怎样确立损害赔偿的计算基数以及如何处理民事案件中的损害赔偿与刑事罚金的关系等司法实践中常见的问题，现有的法律规定操作性尚不强。同时，从司法机关对损害赔偿的认定结果看，实践中仍然呈现对法定赔偿等传统赔偿方式适用泛化的态势，新型赔偿方式运用的比例还比较低。未来，针对商业秘密案的特殊性与复杂性，需要从法制上进一步完善商业秘密纠纷的损害制度，以便给各级法院的判决提供明确的指引。

3. 完善商业秘密纠纷诉讼中的保全措施

商业秘密纠纷诉讼中的保全措施是一个广义的概念，如果以保全对象的不同来划分，主要包括证据保全、财产保全和行为保全，而如果以保全的不同诉讼阶段来划分，则可以包含诉前保全和诉讼保全。其中，证据保全、财产保全和行为保全既可能存在于诉前保全中，也可能在诉讼保全中出现。

商业秘密纠纷诉讼中，行为保全措施的依据主要来自《民事诉讼法》，虽然《民

---

〔1〕《最高法知识产权法庭成立以来审结案件超4000件》，载新华网，http://www.xinhuanet.com/2021-02/26/c_1127144751.htm。

〔2〕董凡：《知识产权损害赔偿制度研究》，华东理工大学2019年博士学位论文，第62页。

事诉讼法》将行为禁令推广适用于所有民事诉讼案件,但对于行为禁令制度的适用,在商业秘密保护领域仍是个全新的问题,加之商业秘密侵权案件本身存在举证难问题,从而使得商业秘密案中的行为禁令在适用时难上加难,这些问题都有待立法和司法领域出台配套的规定给予进一步的释义和说明。同理,对于商业秘密案中的证据保全而言,由于商业秘密权利人的举证手段和范围有限,往往会寻求法院进行证据保全和财产保全,但法院在什么样的条件下可以作出保全裁定,以及究竟应该如何妥善处置保全的证据材料,仍未有法律予以明示,现实中往往是以司法判例作为参考。综上可以看出,在我国商业秘密纠纷诉讼中,保全措施虽然有一定的法律依据,但囿于法条规定尚未细化,在实际操作中往往依赖于法官对判例的研判和参考,为了统一审判标准,也为了更好地维护商业秘密权利人的利益,亟待构建完善的法律制度。

五、结语

商业秘密保护在法律救济阶段,有着多种保护手段,相比于事后救济,禁令救济能起到更为快速、经济的效果,是商业秘密权利人比较理想的维权方式,是商业秘密侵权案中最重要的救济方式。[1] 与域外国家在禁令制度上已形成相对成熟的体系所不同,我国禁令制度相关的规定并不完善,且已有的规定也较为分散,因此,在我国司法实践中,针对商业秘密保护的禁令并不常见,要规范商业秘密保护禁令的运用还需要在立法、司法等多环节进行制度构建。

由于任何一项法律制度的实施都有利有弊,制度的选择就是一个利益衡量和利弊权衡的过程,[2]因此,商业秘密保护禁令制度在构建过程中同样需要面临一系列的利益冲突与协调。就商业秘密保护中的劳资双方而言,要协调两者之间的利益,首先需要弄清禁令措施在商业秘密侵权救济中是如何具体运用的。在此基础上,需要进一步探究商业秘密保护禁令引发的劳资双方利益冲突的主要类型是什么。最后,在分析了问题是什么之后,需要深入挖掘解决问题的具体方式,也即商业秘密保护禁令中劳资双方利益应该怎样去协调。对此,笔者给予了建设性的若干建议,当然本文的建议是否能够产生良好的效果,还有待司法实践的进一步检验。只有通过实践来不断促进理论的丰富,才能更好地促进商业秘密保护禁令制度的完善,进而助力于其中劳资双方利益的协调和共同发展。

(责任编辑:麻昌华)

---

〔1〕 参见彭学龙:《美国商业秘密法中的禁令救济》,载《知识产权》2004年第4期。

〔2〕 参见胡开忠:《屏蔽网站禁令的制度分析及其对我国的启示》,载《法学》2017年第3期。

违反《反垄断法》中强制性规定的合同效力研究[*]

陈灿祁[**]

目　次

一、问题的提出

近年来,反垄断民事诉讼日益增多,当事人以合同条款违反《反垄断法》为由主张合同条款无效的案件时有发生。[1] 通常,如果合同当事人认为合同条款违反《反垄断法》,主要以"垄

* 本文系国家社会科学基金青年项目"算法共谋的反垄断法规制研究"(19CFX067)的阶段性成果。

** 陈灿祁,法学博士,湘潭大学法学院副教授,硕士生导师,研究方向:反垄断法与经济法基础理论。

[1] 我国《反垄断法》实施以来,在司法实践中已出现"奇虎公司与腾讯公司垄断纠纷案""华为诉 IDC 滥用市场支配地位案""锐邦诉强生纵向垄断案"等诸多影响广泛的案件。这些案件虽然对于《反垄断法》的实施起到积极的作用,但也折射出涉及垄断方面的案件给法院的审判工作带来了新的难题与挑战。从垄断纠纷的案由来看,我国《反垄断法》中涉及垄断纠纷的行为类型主要为垄断协议与滥用市场支配地位。因经营者集中由我国商务部反垄断局负责执法,较少有相关案件进入司法程序。

断纠纷”或“合同纠纷”为案由,提起民事诉讼并请求法院确认合同条款违法、无效。在诉讼审理过程中,也会有合同当事人以违反《反垄断法》为由进行抗辩或反诉,请求法院确认合同条款违法、无效。前者情形实为“剑”,属于进攻型诉讼;后者情形实为“盾”,属于防守型诉讼。二者凸显了《反垄断法》在司法适用中的两种不同功能。目前,我国涉及垄断纠纷的案件以进攻型诉讼为主。但是,无论是进攻型诉讼情形还是防守型诉讼,当事人提出合同条款违反《反垄断法》无效后,法院必须依法对此作出裁判,即必须判定合同条款效力如何。

《民法典》第153条第1款第1句规定,违反法律、行政法规的强制性规定的民事法律行为无效。其规范意旨主要应在于维续社会共同体以尊重必要的强制秩序,确保这种强制秩序不得为任何个别意志所改变、不处于自治领域之外。所以,法律行为如果与强制秩序相抵触,可能无效。[1] 但是该规范为不完全规范,需要通过参引构成要件,转介到公法的强制性条款,从而补足为完全规范。何为该规范中的强制性规定?最高人民法院《关于适用〈中华人民共和国合同法〉若干问题的解释(二)》第14条对“强制性规定”进行了限缩,即明确其仅为效力性强制性规定。最高人民法院《关于当前形势下审理民商事合同纠纷案件若干问题的指导意见》第15条、第16条却确立了把强制性规定划分为效力性强制性规定与管理性强制性规定的两分格局,意图为司法裁判提供规范性指引。《民法典》立法显然也吸收了这种司法经验,其第153条使用了两个“强制性规定”,前一个即为效力性强制性规定,后一个为管理性强制性规定。[2]

然而,在司法实践中,对于如何区分效力性强制性规范和管理性强制性规范并未形成统一裁判路径。在具体判断合同效力时,很难凭一个简单的标准就认定某一强制性规定的规范性质,而是需要根据一定的标准综合认定并进而确定合同是否有效。反垄断司法也遇到了这种实践难题:法院在审理合同条款可能违反《反垄断法》类案件时,往往需要对该合同条款的效力做出判断。然而,据笔者不完全考察,众多法院都仅以“违反《反垄断法》即违反强制性规定,故而合同无效”这一简单粗暴的逻辑来说理和作出裁判。[3] 在缺乏权威、明确判断强制性规定与管理性规定标准的情形下,一概将《反垄断法》的规定视为强制性规定,进而认定有关合同条款无效

---

[1] 朱庆育:《〈合同法〉第52条第5项评注》,载《法学家》2016年第3期。

[2] 最高人民法院民法典贯彻实施工作领导小组:《中华人民共和国民法典总则编理解与适用(下)》,人民法院出版社2020年版,第755页。

[3] 参见北京市高级人民法院民事判决书,(2013)高民终字第4325号;河南省嵩县人民法院民事判决书,(2015)嵩民五初字第120号;陕西省西安市中级人民法院民事判决书,(2012)西民四初字第00438号等。

的做法,可能埋下误导裁判的隐患。合同效力影响民事交易的稳定性,鉴于司法实践中业已出现大量涉及垄断纠纷的合同案件,我们需要对违反反垄断规则可能导致的司法适用问题进行理论探讨,以降低司法的不确定性所引发的经济成本和社会成本。

二、"违反反垄断法—合同效力"关系的司法考察

不同法律规范设计的指示效果对于法院裁判活动会有不同的影响,越清楚的指示越有利于法院确认违法行为,从而实现由立法预设的权益保护和行为自由的平衡。[1] 由于我国反垄断立法并未明确区分效力性与管理性规范及其对合同效力的影响,因此,本文拟将反垄断司法中的典型案例作为样本,以考察法院就"违反反垄断法—合同效力"关系的裁判思路。截至 2022 年 9 月,笔者在中国裁判文书网上以"垄断纠纷"为案由检索到 638 篇裁判文书,本文拟根据反垄断规范的制度分类,将这些案件归为以下类型进行讨论:

(一)横向垄断协议

《反垄断法》第 17 条第 1 款第 1 项至第 5 项规定了横向垄断协议[2],横向垄断协议又被称为"卡特尔",由于垄断协议会产生排除、限制竞争的影响,进而损害消费者利益和社会福利,因此各国反垄断法都把横向垄断协议作为核心的规制对象。根据最高人民法院《关于审理因垄断行为引发的民事纠纷案件应用法律若干问题的规定》(以下简称《反垄断法司法解释》)的规定,只要原告有证据证明因垄断行为受到损失,或者因合同内容、行业协会的章程违反反垄断法而发生争议,均可以提起诉讼,要求垄断行为人承担民事责任。横向垄断协议排除、限制竞争的效果较其他垄断行为严重,因此,《反垄断法司法解释》明确了由被告对被诉垄断协议不具有排除、限制竞争的效果承担举证责任。在合同双方因涉及垄断协议而发生纠纷时,如果合同条款被直接认定为横向垄断协议,那么原告无须证明该条款具有排除、限制竞争的效果,也不需要考虑市场状况和潜在竞争者情形,人民法院即可认定该横向垄断协议违法。此种思路属于"本身违法"。基于增进效率或鼓励技术创新等社会政策

---

[1] 张家勇:《权益保护与规范指引》,载《四川大学学报(哲学社会科学版)》2017 年第 1 期。

[2] 本文此部分的横向垄断协议仅指《反垄断法》中垄断协议的第一种形式:狭义上的"协议",即《反垄断法》第 17 条规定的(1)固定或者变更商品价格;(2)限制商品的生产数量或者销售数量;(3)分割销售市场或者原材料采购市场;(4)限制购买新技术、新设备或者限制开发新技术、新产品;(5)联合抵制交易。

目标,《反垄断法》第20条还规定了垄断协议的豁免条款[1]。

从司法实践来看,法院在合同条款触及《反垄断法》横向垄断协议的案件中,大多采用"本身违法"的司法裁判规则,认为违反《反垄断法》第17条的合同条款无效,且为绝对无效。比如,在"苏州巨星轻质建设有限公司与南通飞轮轻质建设有限公司合作合同案"中,[2]一审法院认为,"原、被告双方存在竞争关系,根据双方订立的合作协议,双方对销售市场进行了分割,对商品价格进行了固定,排除、限制了竞争,故该协议为垄断协议"。进而认为,"根据《合同法》第52条规定,双方合作协议违反了'法律、行政法规的强制性规定',属于无效协议"。二审法院在一审法院认定为垄断协议的基础上,补充指出该协议为横向垄断协议,且不存在豁免情形,因而认定该协议违反了法律的强制性规定而无效。[3] 本案给我们的启示是:第一,二审法院认识到并非所有的垄断协议都违法,只有固定价格和分割市场这类严重的横向垄断协议才违法;第二,并非所有的协议对法律或行政法规的违反,都构成违反强制性规定,此为二审法院对一审法院的司法补正。

再以一起非常简单的但涉及横向垄断协议的案件为例,在"王会朋与郑立红、常晶晶确认合同无效纠纷"案中,原告王会朋与两被告均为氧气经营者,原告、被告签订了划分销售市场的协议书,并约定互相不侵犯市场,违反一方则赔偿对方10万元。后来,原告违反了协议,在与被告商量后给被告赔了3万元。后原告诉至法院,请求法院判令合同无效并返还3万元。一审法院同样以双方协议违反了《反垄断法》第17条禁止性规定,根据原《合同法》第52条,判令合同无效并返还原告3万元。二审法院支持了一审法院的判决,认为违反法律、行政法规强制性规定的合同无效。对比这两起案件,可以发现,无论一审法院还是二审法院,对案件的裁判思路均为:横向垄断协议+原《合同法》第52条=违反强制性规定=合同无效。同样的裁判思路在其他横向垄断协议案件中也得到体现。[4]

然而,两案件中法院的这一判决思路甚为可疑。首先,迄今为止,反垄断法理论

---

[1] 《反垄断法》第20条第1款规定:"经营者能够证明所达成的协议属于下列情形之一的,不适用本法第十七条、第十八条第一款、第十九条的规定:(一)为改进技术、研究开发新产品的;(二)为提高产品质量、降低成本、增进效率,统一产品规格、标准或者实行专业化分工的;(三)为提高中小经营者经营效率,增强中小经营者竞争力的;(四)为实现节约能源、保护环境、救灾救助等社会公共利益的;(五)因经济不景气,为缓解销售量严重下降或者生产明显过剩的;(六)为保障对外贸易和对外经济合作中的正当利益的;(七)法律和国务院规定的其他情形。"

[2] 参见江苏省如皋市人民法院民事判决书,(2009)皋民二初字第0833号。

[3] 参见江苏省南通市中级人民法院民事判决书,(2010)通中商终字第0003号。

[4] 参见河北省石家庄市中级人民法院民事判决书,(2016)冀01民初164号;江苏省兴化市人民法院民事判决书,(2016)苏1281民初3041号等。

界对于如何判定横向垄断协议的违法性,尚未达成统一。[1] 而在实务界,行政机构和司法机关同样产生了严重分歧:执法机构在一系列的处罚决定书中把垄断协议的违法确认原则认定为“本身违法式禁止+豁免”;而司法机关则认为“禁止”应指“合理原则式禁止”。[2] 案中,法院在认定“垄断协议”时,既没有考察限制竞争效果,也没有考虑反垄断法上的豁免制度,仅因原告与被告同处竞争性行业且订立了关于价格或市场范围的协议就认定为违反《反垄断法》,这种认定方式既不同于“本身违法式禁止+豁免”,也非“合理原则式禁止”,难免让人质疑。其次,在前述“强制性规定”属性尚且不明的情形下,不区分“效力性强制性规定”和“管理性强制性规定”,径行作出违反强制性规定的协议一律无效的判决,明显有悖有违民事立法暗含的将强制性规定进行二分的格局。最后,此类合同中横向垄断协议条款的无效就必然导致合同的整体无效?

(二)纵向垄断协议

纵向垄断协议作为垄断协议的一种,是我国《反垄断法》的主要规制对象之一。纵向垄断协议是经营者与交易相对人所达成的垄断协议,本质是通过对交易相对人的价格、销售区域或分销渠道等施加一系列的限制,从而达到纵向地域限制、纵向价格限制、网络限制等目的,最终实现经营者的利益最大化。由于纵向垄断协议具有限制竞争和促进竞争的双面效应,所以我国《反垄断法》在第 18 条对典型的纵向垄断协议规定了禁止性列举后,第 20 条又规定了豁免事由和豁免条件的适用。[3] 尽管我国《反垄断法》中对纵向垄断协议作出了原则性的制度安排,但是理论界和实务界对于纵向垄断协议的违法认定标准、限制竞争的效果、效率抗辩与社会公共利益等的争议从未停止。

以我国第一起影响较为广泛的纵向价格限制案件“北京锐邦涌和科贸有限公司诉强生(上海)医疗器材有限公司等买卖合同纠纷案”[4](以下简称“锐邦诉强生案”)为例说明,从 2012 年 5 月原告在上海市中级人民法院提起诉讼,到 2013 年 8 月上海市高级人民法院作出判决,历时一年有余,上海市高级人民法院作出了撤销

---

[1] 学者对此分歧颇多,参见叶卫平:《反垄断法分析模式的中国选择》,载《中国社会科学》2017 年第 3 期;王健:《垄断协议认定与排除、限制竞争的关系研究》,载《法学》2014 年第 3 期;许光耀:《论反垄断法上对“协议”的认定》,载《价格理论与实践》2013 年第 9 期等。

[2] 兰磊:《论我国垄断协议规制的双层平衡模式》,载《清华法学》2017 年第 5 期。

[3] 《反垄断法》第 18 条第 1 款规定:“禁止经营者与交易相对人达成下列垄断协议:(一)固定向第三人转售商品的价格;(二)限定向第三人转售商品的最低价格;(三)国务院反垄断执法机构认定的其他垄断协议。”

[4] 参见上海市第一中级人民法院民事判决书,(2014)沪一中民四(商)终字第 1073 号。

一审判决并判决原告胜诉的终审判决后,关于司法判决中存在问题的讨论仍在继续:第一,有学者认为,本案原告"违约不违法",被告"违法不违约",这是否有悖于"违法即违约"的一般法理?[1] 这涉及此类纵向价格限制案件的法律适用问题,即案件争议焦点究竟是合同法问题还是反垄断法问题,抑或是合同法与反垄断法交叉的问题?第二,有学者认为,上海市中级人民法院和上海市高级人民法院将转售价格维持比拟成横向垄断协议,态度上禁止维持转售价格协议,其实质是两法院坚守民商事审判理念,并未突破传统的民商事合同概念的藩篱。[2] 第三,也有学者认为,两法院分析纵向垄断协议的思路存在重大的逻辑问题,违法性的判断标准不明,没有对纵向垄断协议排除、限制竞争的效果给出明确的判断。其中涉及纵向垄断协议的违法认定标准问题,即"合法性"判定问题。[3] 显然,该案中民法中的合同效力条款与《反垄断法》第18条的衔接适用成为实践中普遍关注的重要问题。

纵向垄断协议的违法认定标准是反垄断法的重要探讨议题之一。要评价纵向垄断协议的法律效力,就必须先从反垄断法的角度探讨纵向垄断协议是否违反《反垄断法》,再从民法的角度评价违反《反垄断法》的合同的效力问题。目前,司法诉讼中涉及纵向垄断协议的案件主要为经销商和供应商之间的合同纠纷,如前文所述的"锐邦诉强生案",供应商基于合同条款要求经销商承担违约责任、支付违约金,经销商以合同为纵向垄断协议为由否认合同的效力,此时违约条款是否有效就直接取决于纵向垄断协议的效力。也有学者考察过因纵向限制引发的"窜货"纠纷,在对窜货案件的诉由进行分类后,得知以垄断为诉由的案件占比为23%。[4] 司法实践中,法院需要先认定纵向垄断协议是否违反了《反垄断法》,但是,这并不意味着可以据此直接否认该协议的私法效力,判定该协议的效力还需考察《反垄断法》的第18条关于纵向垄断协议的规定是效力性规范还是管理性规范。

(三)行业协会决定

行业协会是经营同一行业的商人联盟,现代经济社会中,行业协会对市场秩序、产业和经济发展起到重要的作用。我国行业协会伴生于计划经济向市场经济的体制改革过程,目前形成了政府主导型行业协会与市场内生型行业协会并存的局面。

---

[1] 于立、冯博:《维持转售价格法律使用问题中的"定性"与"定量"——"锐邦诉强生案"的法律经济学分析》,载《中国物价》2014年第1期。

[2] 丁茂中:《现行〈反垄断法〉框架下维持转售价格的违法认定困境与出路》,载《当代法学》2015年第5期。

[3] 李剑:《论垄断协议违法性的分析模式——由我国首例限制转售价格案件引发的思考》,载《社会科学》2014年第4期。

[4] 万江:《窜货的法律规制》,载《中外法学》2016年第4期。

从理论上讲,行业协会的成员是以营利为目的,而行业协会本身并非以营利为目的。但是行业协会作为同一行业中企业的联合体,其本身就具有一定的反竞争性。在行业协会的协调、组织下,企业成员间容易从事协商各自的价格、划分市场或强迫第三方交易等限制竞争的行为,并因此破坏市场交易秩序、损害消费者利益。基于规制行业协会垄断行为的意旨,我国《反垄断法》第21条规定,行业协会不得组织本行业的经营者达成垄断协议。结合《反垄断法》第16条的规定,垄断协议的方式包括协议、决定和协同行为三种,其中"决定"是种单方行为,在我国,主要指的就是行业协会针对会员做出的组织行为,包括制定和发布具有排除、限制竞争的行业协会章程、通知、意见和备忘录等,还包括虽未明文发布限制竞争的规定但召集、推动会员间实质上达成垄断协议的行为。

行业协会的决定形式上是协会的单方行为,实质上是会员之间的共同行为,本质上是一种以默示方式达成的特殊合意。因此,它可以被视为"拟制的合意",在反垄断法范围内做扩张性的解释为合意(协议)。在涉及行业协会组织会员达成垄断协议的纠纷中,行业协会在此类纠纷中与其他经营者具有平等的民事地位,应属反垄断司法解释所规定的适格主体。在篓某林与北京水产批发行业协会垄断协议案[1]中,原告为被告北京水产批发行业协会的成员,在退出协会后无法获得某扇贝的供货,故诉至法院,请求确认被告发布的《北京市水产批发行业协会手册》中的相关奖罚规定无效。一审法院和二审法院均认为《北京市水产批发行业协会手册》中的奖罚规定构成垄断协议,违反了《反垄断法》的强制性规定因而无效。但是法院对于原告提出的赔偿经济损失的诉讼请求不予支持。

(四)滥用市场支配地位

滥用市场支配地位是指具有市场支配地位的经营者,通过过高定价、掠夺定价、拒绝交易、捆绑交易、歧视性定价等手段,从事排除、限制竞争的行为。为便于识别滥用市场支配地位的行为,我国《反垄断法》对市场支配地位的定义以及认定市场支配地位应考察的因素作出了具体的规定。而在司法实践中,以滥用市场支配地位为由提起的民事案件在反垄断民事案件中已占主流,新型案件比如涉及互联网行业的案件、知识产权案件更是层出不穷。经过多年的审判实践,我国法院针对滥用市场支配地位行为的界定已经形成了较为固定的思维范式,即"界定相关(商品、地域)市场——市场支配地位——构成滥用行为"。

在滥用市场支配地位的案件中,涉及合同效力的案件引人注目,近来典型的案

---

[1] 参见北京市第二中级人民法院民事判决书,(2013)二中民初字第2269号;北京市高级人民法院民事判决书,(2013)高民终字第4325号。

件有湖南湘百合与重庆青阳药业有限公司案[1]、吴小秦与陕西广电网络传媒(集团)股份有限公司捆绑交易纠纷案等[2]。湖南湘百合与重庆青阳药业有限公司案是一起典型的以买卖合同样态进入司法领域、却以《反垄断法》作为抗辩武器的"盾"型防御型诉讼。原告湖南湘百合主张被告重庆青阳药业公司履行合同义务,被告辩称其为全国唯一生产别嘌醇原料药的企业,其与原告签订的合同违反《反垄断法》,因而合同无效拒绝履行。诉讼期间,被告还主动向当地的反垄断执法机构进行举报,请求执法机构确认其与原告签订的合同违法。最后,法院认定原被告双方签订的合同违反了《反垄断法》的规定,基于原《合同法》第52条依法认定合同无效,判决驳回了原告的诉讼请求。该案的特殊性在于,不同于前述民事案件,该案先由反垄断执法机构直接认定行为违法[3],法院再据此认定合同无效。该滥用市场支配地位行为既受到公法制裁,又违反了私法,法律效果为无效。

综上所述,涉及垄断行为的合同效力案件在我国司法领域主要可以分为横向垄断协议案件、纵向协议案件、行业协会决定的案件和滥用市场支配地位的案件类型,而对经营者集中的控制虽然为我国反垄断法的主体制度之一,由我国商务部反垄断局负责执法,《反垄断法》设置了行政复议的前置程序,因而目前尚无由此引发的行政诉讼案件。但是随着经营者集中案件的增多,对政府管制的经营者集中案件提起行政诉讼救济的势必会出现,有必要引起重视。同时,前文所述的四种类型案件,据统计分析,法院在判决中都持"违反反垄断法=违反强制性规范=无效"的简单思路,只要合同违反了反垄断法,法院就一律判决合同无效。法院在涉及垄断的合同案件中,无一例外地判决合同无效。此种判决思路存在强调判决形式上的合法性而忽略判决实质上的合法性的风险。

三、反垄断法中强制性规范的具体识别:基于类型化分析[4]

反垄断法作为国家干预市场竞争的产物,具备典型的公法属性。但反垄断法所

---

[1] 参见重庆市第一中级人民法院民事判决书,(2016)渝01民终1156号。

[2] 在吴某秦案中,一审法院认为,被告在陕西省境内有限公司传输服务市场上构成搭售行为,违反了《反垄断法》上的滥用市场支配地位,根据《合同法》第52条,判决被告收取原告节目费的行为无效和原告请求被告返还节目费的诉讼请求成立。二审法院撤销了一审法院判决。之后,原告申请最高人民法院再审,最高人民法院最终维持了一审法院的判决。参见陕西省西安市中级人民法院民事判决书,(2012)西民四初字第00438号。

[3] 参见重庆市工商行政管理局行政处罚决定书,渝工商经处字[2015]15号。

[4] 垄断行为的类型化是反垄断理论史上的重要成果之一,参见侯利阳:《垄断行为类型化中的跨界行为》,载《中外法学》2016年第4期。本文采用类型化有助于对不同合同效力的判定提供帮助,对《反垄断法》内同一法律规范应该做同一认定,以避免同一法律规范时而为管理性规定,时而为效力性规定。

调整的市场竞争关系表面上是平等民事主体之间的关系，属于私法的范畴，用的方法却是公法的调整方法。“用公法的调整方法调整原本由私法调整的领域，这正是反垄断法乃至整个经济法既具有公法性又具有私法性的主要原因”。[1] 反垄断法的立法模式，是将行政权对于垄断行为的干预和规制与因垄断行为给当事人不利益的私权救济融为一体。[2] 我国现行《反垄断法》及反垄断法司法解释明确了两类垄断民事救济的案件类型，即“侵权赔偿之诉”与“非侵权之诉”。

我国《反垄断法》对于垄断行为的规范方式是以禁止性规定为主，从效力规范要素较强的规定到管理规范要素较强的规定皆有。但是，《反垄断法》本身不会对违反其时合同的私法效力作出规定，在其他法律中也无明文规定。因此，我们不能得出合同一旦违反了反垄断法，就必然无效的结论。只有在考察《反垄断法》和其他反垄断法律法规的具体规范内容后，识别出效力性强制性规范与管理性强制性规范后，才有可能对合同的私法效力作出正确判定。基于上文的司法考察，可将反垄断中的行为规范分为以下类型进行具体识别：

（一）横向垄断协议

横向垄断协议[3]属于违法性较强的垄断行为，我国和世界上其他国家原则上适用“本身违法”来进行违法判定。《反垄断法》第17条采取的是“禁止”式规范，即禁止具有竞争关系的经营者达成垄断协议，然而，《反垄断法》第17条的规定究竟属于效力性规定还是管理性规定，并未形成定论。

关于“禁止”式规范，学术界和实务界普遍认同将其划分为效力性强制性和管理性强制性规范，违反管理性强制性规范原则上并非全部无效。[4] 根据最高人民法院的意见，[5]如果强制性规范规定的是合同行为本身，即只要该合同行为发生即绝对地损害国家利益或者社会公共利益的，属于效力性强制性规范，人民法院应当认定合同无效；如果强制性规范规定的是当事人的“市场准入”资格而非某种类型的合同行为，或者规制的是某种合同的履行行为而非某类合同行为，属于管理性强制性规范，人民法院对于此类合同效力的认定需慎重把握。基于对司法实践的考察，可

---

〔1〕 曹士兵：《反垄断法研究》，法律出版社1996年版，第10页。

〔2〕 刘贵翔：《滥用市场支配地位理论的司法考量》，载《中国法学》2016年第5期。

〔3〕 本文该部分的横向垄断协议，既包括狭义上限制竞争的协议，还包括反垄断法上的行业协会决定。基于前文分析，行业协会的决定应当被视为全体会员之间达成的合意，是会员形成垄断协议的通道。我国反垄断法将行业协会纳入卡特尔的适用范围，是为了避免经营者通过行业协会规避法律。

〔4〕 参见朱庆育：《〈合同法〉第52条第5项评注》，载《法学家》2016年第3期；黄忠：《违法合同的效力判定路径之辨识》，载《法学家》2010年第5期；耿林：《强制规范与合同效力——以合同法第52条第5项为中心》，中国民主法制出版社2009年版，第265-268页。

〔5〕 参见最高人民法院《关于当前形势下审理民商事合同纠纷案件若干问题的指导意见》第16条规定。

以发现我国法院在判决中虽然没有对《反垄断法》第 17 条究竟是效力性规定还是管理性规定下定论,但是都在判决中认定违反《反垄断法》第 17 条的合同一律无效。因此,可以认为法院皆把该条视为效力性规定。

从反垄断法理来看,横向垄断协议对限制竞争的影响最为显著,世界上大多数国家都对其态度非常严厉,在立法和司法过程中持本身违法的态度。对横向垄断协议的严厉规制几乎是目前反垄断法学界达成的共识。但是,不论是美国的反托拉斯法,还是欧盟的竞争法,抑或是日本的禁止垄断法,都没有对横向垄断协议的私法效力作出规定。我国亦如此。从司法实践考察来看,我国法院在处理横向垄断协议的案件时,基本上在判决中都把《反垄断法》第 17 条视为效力性规定。但是,以比较的视野观之域外,日本法院的裁判中出现了"违反竞争法,但未违反公序良俗,故为有效"的情形。〔1〕

横向垄断协议系违法性最强的垄断行为之一,客观上具有显著的排除、限制竞争目的或效果。通过上述论证,可以认为《反垄断法》中横向垄断协议规制条款原则上属于我国《民法典》第 153 条所转介的效力性强制性规定。但是,不排除在特殊情况下司法机构不依此认定合同无效。后文将具体讨论横向垄断协议的私法效力问题。

(二)纵向垄断协议

纵向垄断协议除涉及交易相对人之间的利益,往往还影响到包括消费者在内的第三人的利益。对纵向垄断协议的违法认定以及其合同效力判定从来都不是一项简单的工作。尤其是纵向非价格协议,它并非《反垄断法》第 18 条所明确禁止的内容,认定它是否违法还得结合《反垄断法》中所禁止的"其他垄断协议"。法院还需结合市场竞争状况、社会公共利益和交易安全等来判定其法律效力,而非径直一概认定其无效。

《反垄断法》对于纵向垄断协议为效力性规定还是管理性规定同样未给出明确指引。纵向垄断协议往往兼具限制竞争与促进竞争的双面效应,对纵向垄断协议的违法判定本身是件困难的事情,需要法院结合市场竞争状况、经济效率、消费者利益等因素评价其法律效力。由于《反垄断法》旨在保护自由、公平的市场竞争秩序,其中纵向垄断协议的规制条款原则上应当属于效力性强制性规定。

(三)滥用市场支配地位

滥用市场支配地位行为是各国反垄断法所规制的垄断或限制竞争行为的基本

---

〔1〕 参见日本"信用合作借贷"案,最高裁 56 年 6 月 20 日第二小法庭判决,民集 31 卷 4 号 449 页。

类型之一。禁止滥用市场支配地位行为制度是一种针对特殊主体的责任制度,市场支配地位是决定一企业应否承担某种特殊法律责任的主体条件。[1] 具有市场支配地位的企业凭借该地位,实质性地排除、限制竞争,损害其他经营者、消费者和社会公共利益的行为构成了滥用市场支配地位行为。我国《反垄断法》在确定了所禁止的典型的"滥用行为"后,又设置了"兜底条款"对其他滥用行为进行规制。

我国《反垄断法》采用了"禁止性"规范对滥用市场支配地位行为进行了规定,但是,同样地,规范本身也没有直接规定合同的效力为无效。那么,《反垄断法》中的有关规定是否属于效力性强制性规定呢?滥用市场支配地位行为具体包括掠夺性定价、拒绝交易、垄断高价、歧视、搭售等具体类型,这些市场交易行为如果由一个不具有市场支配地位(市场力量)的普通企业所从事,则不构成"滥用""市场支配地位"的行为,则属于正常的、合法的民事行为。《反垄断法》对具有市场支配地位企业的"滥用"行为进行禁止,目的在于维护市场自由、公平的竞争秩序,维护消费者利益和社会公共利益。因此,《反垄断法》赋予了反垄断执法机构以没收违法所得、罚款的行政处罚权,民事主体也自然有权请求确认合同无效并请求承担相应民事责任。从反垄断法的立法宗旨和数年来的司法实践来进行考察,滥用市场支配地位的反垄断法规范属于禁止的类合同的效力性强制性规范。

(四)经营者集中

反垄断意义上的经营者集中是经营者通过合并、取得股权或者资产的方式获得对其他经营者的控制权或者能够对其他经营者施加决定性的影响。经营者集中行为的本质在于经营者之间的"控制"关系发生变化。对经营者集中进行有效规制是《反垄断法》的重要内容,对集中可能产生的效率提升与反竞争效果进行权衡,以确保集中不会对经济效率和消费者福利产生危害。[2] 我国《反垄断法》规定的经营者集中申报审查制度属于事前审查,即符合申报条件的经营者必须向反垄断执法机构进行申报,得到反垄断执法机构的批准后才能进行集中;否则,不得进行集中。

《反垄断法》对经营者集中的审查标准、审查程序作了规定,由于这些规定较为原则、缺乏一定可操作性,此后,国务院及其反垄断委员会发布了《关于经营者集中申报标准的规定》与《关于相关市场界定的指南》。为了细化《反垄断法》的规定,商务部还发布了《关于评估经营者集中竞争影响的暂行规定》,明确审查经营者集中时应考察的因素。根据《反垄断法》,商务部对申报集中的经营者进行初步审查的期限

---

[1] 王先林:《论滥用市场支配地位行为的法律规制——〈中华人民共和国反垄断法(草案)〉相关部分评析》,载《法商研究》2017 年第 4 期。

[2] 刘志成:《中国反垄断经济理论与政策实践》,经济科学出版社 2015 年版,第 159 页。

为30日,如果认为经营者集中有限制竞争的可能性,则需要进入第二审查阶段,期限为90日,特殊情况下还可以延长60日。现实情况中,审查的期限越长,对申报的经营者而言状况越发不利,因为在这期间,经营者在经济上处于极为不稳定的状态,其财务、人事、运营组织结构等都有可能发生变化。基于此,《关于经营者集中简易案件适用标准的暂行规定》对符合简易案件标准的案件缩短了审查的期限,从而减轻了经营者的申报负担。值得注意的是,商务部反垄断局发布的"指导意见"或"示范文本"不具有强制效力,当"指导意见"与"示范文本"与《关于经营者集中申报标准的规定》《关于相关市场界定的指南》等法律文件发生冲突时,应以国务院发布的法律文件为准。[1] 概言之,从《反垄断法》确立了经营者集中的审查制度后,商务部发布了一系列实体与程序规则,以具体细化经营者集中的审查制度。

我国《反垄断法》中对经营者集中规制的规定本身并未明确违反该规定的合同效力为无效,因此,如若实践中出现违反该规定的合同,其私法效力需要结合其他法律条文进行判断。商务部已发布的一系列实体与程序规则,尤其是程序规则,属于行政审批,但是其性质究竟属于效力性强制性规定还是管理性强制性规定,学界未有定论。笔者认为,对于违反《反垄断法》和商务部相关规定的经营者集中,由于集中的形态不同,其合同的私法效力应分情形探讨之:首先,对于违法进行的经营者集中,如果违反的是《反垄断法》上的实体控制规范,违法集中后势必会对市场竞争产生限制性影响,那么则应当使这种违法集中归于无效,企业恢复到未集中时的形态。此种实体控制规范属于效力性强制性规定,必须使合同归于无效才能实现公法上的规范目的。其次,若企业违反的是《反垄断法》上的程序性规范或商务部发布的程序性规定,此时是否判定合同无效则需谨慎考虑。如果对违法企业予以行政处罚就可以对其行为进行修正,就没必要使违法企业的合同归于无效并恢复原状。即此种程序性规范应当属于管理性强制性规定。最后,如若经营者集中的合同还涉及第三人利益,此时须考虑私法上的交易安全与诚实信用原则,应在个案中基于其他判定合同效力的路径具体认定。

四、违反反垄断法合同的私法效力

相关司法实践显示了保障合同自由与规制限制竞争行为之间争议的普遍性,也反映了合同法与反垄断法价值理念的冲突:贯彻合同自由还是保护竞争秩序?契约自由乃私法自治最重要的原则,而反垄断法倡导的是市场理性,效率、公平与正义是

---

[1] 王晓晔:《我国反垄断法中的经营者集中控制:成就与挑战》,载《法学评论》2017年第2期。

反垄断法追求的基本价值。因此,违反《反垄断法》合同的效力判定,事实上是一个关涉契约自由与公法目的的重大问题。就违法合同的效力判定而言,如违反的是民法上的强制规范,则就无须考虑公法的问题;若违反的是民法外的公法强制规范,则需要对公法目的和私人自治两者进行权衡。[1] 然而,受到国家本位主义、公法优先私法理念的影响,法官倾向于判定违反反垄断法的合同无效。

传统民法理论认为,无效是确定无效、当然无效、自始无效。[2] 在传统民法理论的影响下,我国法官追求的是判决形式上的合法性,而不是实质上的合法性,法官通常只在现行法律的框架内判决。所以,在实践中,只要合同违反了法律和行政法规,法院一律判决合同无效。然而,在实践中,无效诉讼引发很多疑难问题,尤其是本身违法一方是否可以主张该违法行为无效?“如果认为违反法律禁止规定的合同都自动地成为完全无效的行为,就完全错了”。[3] 不管是《德国民法典》第134条、《瑞士债法典》第19条还是《荷兰民法典》第40条、《欧盟合同法原则》第102条,都未载明“违反法律、行政法规强制性规范的合同必须无效”。我国亦有民法学者批判道,将“合法性”作为法律行为的本质特征扭曲了法律行为本身作为一种私人创设规范的行为内涵,忽视了法律行为的“合法性”与“有效性”所彰显的公法与私法间存在基本理念和法律调整方法的重大差别。[4] 合同的无效本质是国家对契约自由的干涉,是基于某项社会共同利益而对私人自治予以的限制。对合同无效的判断如何才是适度的,即在公法强制与私法自治之间寻求适当的平衡,不会因为过分强调公法强制而戕害了作为民法基石的契约自由。

前文对《反垄断法》和其他反垄断法律法规的具体规范内容进行了考察,在识别出效力性强制性规范与管理性强制性规范后,才有可能对合同的私法效力作出正确判定。但是,通过分析可知,仅仅识别出效力性规范,只能判定某一事实是否合法,还需要对事实的有效性进行判定。因此,需要结合公法规范目的、公序良俗与交易安全对合同的私法效力进行具体判定。笔者认为,判定违反《反垄断法》的合同效力的正确路径应当多个方面。

---

[1] 黄忠:《违法合同的效力判定路径之辨识》,载《法学家》2010年第5期。

[2] 梁慧星:《民法总论》,法律出版社2001年版,第218页。

[3] [德]卡尔·拉伦兹:《德国民法通论(下册)》,王晓晔、邵建东、程建英、徐国建、谢怀栻译,法律出版社2003年版,第590-591页。

[4] 合法性判断针对的是一种事实性质的陈述,有效性判断针对的是一个规范性质的陈述,两者针对的对象并不相同。合法性判断的结果是某一事实是否合法,因此在法律上是得到肯定性或否定性的评价。有效性判断的结果是,作为被评价对象的“规范性安排”是否有效,是否可以具有“规范性”效力。总而言之,有效性评价针对的是为他人设定义务的行为,不针对任何事实性因素。参见薛军:《法律行为“合法性”迷局之破解》,载《法商研究》2008年第2期。

(一)探究反垄断法规范的目的

如果合同的内容违反强制性规范,合同的效力原则上应当被否定。早在罗马法中,违反强制性规范构成合同无效的理由。但是,随着民法中强制性规范的大量出现,如果再机械地将违反强制性规范的合同一律认定为无效,会导致合同无效的情形大量增多,私人自治的自由受到影响。因此,需要对强制性规范的立法目的、政策背景以及所保护的法益等因素进行分析,从而判定其对合同效力的影响。

探究违反反垄断规范的合同效力可以遵循如下步骤:第一,考察被违反的反垄断法规范是否直接规定了私法效力。一般情形下,反垄断法规范中不会直接规定违反"禁止性"法规的后果。第二,考察"违法内容"的内涵,即法律禁止缔结的是效力性强制性规范还是管理性强制性规范。前两步骤在前文已有所讨论。第三,对于系争案件,需要着重考察被违反的规范,即依据规范的目的是否希望违反之合同无效的结果出现。反垄断规范本身系较强目的性与政策性的法规范,自由、公平、效率是反垄断法所追求的价值目标,保护社会公共利益、消费者利益是反垄断法的立法宗旨。反垄断法实施在追求自身目标的同时,也要对其他政策目标如产业政策目标、环境保护政策目标予以兼顾。[1] 依据反垄断规范的目的与所保护的法益,如果规范限制的是法律行为的成立,旨在禁止产生行为人所期待的结果,那么可认定合同无效;如果限制的是法律行为的外在形式,那么无须认定合同无效。法官通常需要判定制定法的意图,以决定合同的效力。[2] 但是,在我国法院所审结的垄断合同纠纷案件中,往往大量地出现人民法院认定合同无效的情形,症结在于人民法院机械地适用了"违法即无效"的原则,欠缺对所违反的强制性规范的目的进行考察。

(二)公序良俗

公序良俗是公共秩序与善良风俗的简称。[3] 在私法领域中,公序良俗原则贯彻和体现民法所确立的秩序价值以及为贯彻这一原则而设置的许多具体的强制性规范。换言之,公序良俗原则包含两层含义:一是已经具体化为民法规范的强制性规范;二是对强制性规范起漏洞补充作用的民法基本原则。[4] 公序良俗原则成为公共秩序对私人意思自治的消极限制,是私法自治的界限。《日本民法典》第90条规定:"以违反公共秩序或善良风俗的事项为标的的法律行为,为无效"。据此,日本

[1] 焦海涛:《社会政策目标的反垄断法豁免标准》,载《法学评论》2017年第4期。

[2] 谢鸿飞:《论法律行为生效的"适法规范"——公法对法律行为效力的影响及其限度》,载《中国社会科学》2007年第6期。

[3] 王泽鉴:《民法总则(增订版)》,中国政法大学出版社2001年版,第290页。

[4] 钟瑞栋:《民法中的强制性规范——公法与私法"接轨"的规范配置问题》,法律出版社2009年版,第106页。

对于违法合同的私法效力判定，历经了一百余年的认识、论争与反思的演进过程[1]，最终形成了著名的强制法规违反行为效力论，其中，公序良俗成为判定违法行为有效与否的重要依据。从大审院时代以来，判决违法行为无效基本上都以违反公序良俗为依据。这些援引公序良俗的判例中，要么直接将法令违反认定为违反公序良俗，要么立足于法令违反本身并不当然导致无效，但根据个案的具体情况证明其违反公序良俗从而认定为无效。[2] 公序良俗作为判定违法合同效力的重要依据，具有实现个案正义、促进公私法价值融合的功能。

反垄断法以维护市场秩序为目的，维护社会公共利益，发挥着维护公共秩序中"经济公序"的功能。对于违反反垄断法合同的私法效力，可以分四种情形进行讨论：(1)未违反反垄断法，也不违反公序良俗，此种情形为有效；(2)违反反垄断法，但未违反公序良俗，有效；(3)违反反垄断法，且违反公序良俗，无效；(4)未违反反垄断法，但是违反公序良俗，无效。这四种情形中，第二种应当是最少的情况。然而，在日本司法判决中也不乏有效判决的案件，比如，在"信用合作借贷"案[3]中，日本最高法院指出，"违反《禁止垄断法》的契约在私法上的效力，不能因为当事人主张违反《禁止垄断法》为由就直接认定为无效，除非该契约违反了公序良俗"，因此，判定契约中的利率和赔偿金条款部分无效，契约其他部分的条款以及法律行为均为有效。该案的意义在于，将公序良俗原则独立于反垄断法的违法判断影响之外，通过公序良俗原则把违法事实的效力判定与公法上的违法认定区别开来。

(三)交易安全

交易安全是指当事人基于意思自治订立了合同，在交易的各个环节都必须遵循作为商业基本道德的诚实信用和契约严守原则，从而为建立信用经济奠定基础。[4] 20世纪以来，交易关系的数量因经济领域中日益精细的分工而成倍地增加，人们在法律交易中的联系越来越紧密，对信赖保护的需要日益强烈，使交易关系中对信赖

---

[1] 在1896年《日本民法典》制定之初，判例和学说都认为违反强制法规的行为原则上不会发生当事人所期待的私法效力，这与我国现今的认识十分相似。但后来，日本的判例和学说发生了很大的变化，认为违反强制性法规的行为虽然公法上应受到制裁，但其在私法上的效力原则上不受影响。而今，判例仍持这样的观点，学说上却再度出现否定违反强制性规范行为的效力的观点。参见孙鹏：《私法自治与公法强制——日本强制性法规违法行为效力论之展开》，载《环球法律评论》2007年第2期。

[2] 孙鹏：《私法自治与公法强制——日本强制性法规违法行为效力论之展开》，载《环球法律评论》2007年第2期。

[3] 最高裁56年6月20日第二小法庭判决，民集31卷4号页449。

[4] 王利明：《回顾与展望：中国民法立法四十年》，载《法学》2018年第6期。

与安全性的要求远高于传统民法时代。[1] 现代社会对信赖保护和交易安全的需求,要求减少国家干预、减少使合同无效的法律场景。在对违反反垄断法规范的合同效力进行评价时,主张无效者本身违法或明知向对方违法的情形对合同效力的影响值得深入研究订立合同者主张合同因"本身违法"而无效,或者明知相对方违法却与之订立合同后又主张合同无效,这些情形值得关注。在垄断合同纠纷中,垄断合同的当事人为逃避合同义务主动向法院提起确认合同无效之诉,诉称合同因违反《反垄断法》而无效。

这种反垄断进攻型诉讼不在少数,如前文的"王会朋与郑立红、常晶晶确认合同无效纠纷"案中原告本身就是垄断合同的当事人,最终法院判决合同无效,被告因不当得利返还原告3万元。该案中法院的判决不甚妥当。在德国法中,在债权合同中,倘使仅一方当事人明知或预见到合同的无效,而他却像合同生效那样相对另一方当事人实施行为,那么他不能够再相对于另外一方当事人主张合同无效,也即他不能主张合同不生效力。[2] 瑞士学者亦认为,根据无效之合同所为之给付,通过得依不当得利请求返还,但意图造成违法或悖俗之结果而给付,不得依不当得利请求返还。此种情形,尽管请求权本身仍然存在,但是不可诉。[3] 法院认定合同无效从而判令被告返还不当得利,过于强调形式的合法性认定而扭曲了诚实信用,更是不利于交易安全。同理,假如供应商与经销商签订了一个垄断协议,约定一个月后以某价格购买一批货物。若一个月后供应商不愿意再出售这批货物,就去法院起诉请求认定该协议无效,法院按照"王会朋与郑立红、常晶晶确认合同无效纠纷"案的思路也应认定合同无效,供应商无须出售该货物,承担合同义务。供应商关于合同无效的抗辩,法院不作实质性判断就认定合同无效,等同于赋予了供应商单方随意反悔的权利,这显然与鼓励交易、激励投资的市场经济法治精神是背道而驰的。

关于违反反垄断法的合同效力问题,在美国反托拉斯法史上,反垄断诉讼中"in pari delicto"抗辩已有100余年的司法实践。[4] 然而,美国地方法院至今仍然没有明确不同的情形下合同一方违反反垄断法继而提起合同无效的司法结果。但是,我国法院欠缺对提起合同无效之诉的违法者其主观意图、是否组织了签订垄断协议、

---

〔1〕 冉克平:《民法典总则意思表示瑕疵的体系构造——兼评〈民法总则〉相关规定》,载《当代法学》2017年第5期。

〔2〕 [德]维尔纳·弗卢梅:《法律行为论》,迟颖译,法律出版社2013年版,第658页。

〔3〕 梁神宝:《违反强制性规范的合同效力——基于瑞士法的考察》,载《华东政法大学学报》2017年第1期。

〔4〕 Milton Handler & Ira S. Sacks, *The Continued Vitality of In Pari Delicto as an Antitrust Defense*, 70 The Georgetown Law Journal 1123(1982).

是否为同等过失(过错)这些基本因素的考察,就简单、机械地遵循“违法合同无效”这一判决思路,实为有欠妥当,更是有变相鼓励合同当事人的“耍赖”行为,徒增增加交易风险。

五、结语

民事活动不外乎是以合同为中心的各种交易行为。违法合同的效力判定,是涉及民法自治与公法管制的重要问题。对合同效力的法律评价,从来都不是仅有赖于民法自治规范。为纠正公法上的市场失灵,实现社会正义与公共利益,就需要国家管制规范,这些管制规范猛烈冲击着私法自治。在管制立法的过程中,立法者几乎不可能对违反管制规范的法律行为逐一作法益上的权衡和私法上效果的评价。[1]从逻辑上看,强制规范认定与合同效力评价存在“反相关”关系,前者的操作越严格谨慎,后者就越趋于正面评价合同的效力,“立私法以自治”的空间也相对越大。[2]违反反垄断法规范的合同效力判定亦如此。在鼓励市场交易、培育市场经济的背景下,人民法院较为机械适用“违反反垄断法=合同无效”的审判路径可能会导致国家对私人自治的不当干预。在论及违反反垄断法的合同效力问题时,一方面需要回归到“效力性强制性规范”“合同无效”的基本概念与理论上来,另一方面也需要对我国司法的实践进行密切关注,通过对案件的类型化研究来回应实务界的疑惑。

(责任编辑:汪君)

---

〔1〕 苏永钦:《民事立法与公私法的接轨》,北京大学出版社2005年,第85页。

〔2〕 姚明斌:《“效力性”强制规范裁判之考察与检讨——以〈合同法解释二〉第14条的实务进展为中心》,载《中外法学》2016年第5期。

私法研究 27 第二十七卷

罗马法中的妇女涉监护权益研究
——以《巴巴塔档案》为文本

朱正远*

目　　次

一、问题的提出

监护人最初是受任命统治罗马家庭的新首领，是家父的替代。作为家父的替代，他们和家父一样享有对被监护人人身的支配，因此监护被定义为由市民法授予和允许的对自由人之法律情势和权力(I. 1,13,1)。[1] 在古典法时期，未适婚人和妇女全部都处于监护之下。但妇女就算达到适婚年龄后，仍然要处于监护之下，而此时监护与夫权类似，是一种对于妇女人身有一定支配性的权力。通常认为女性由于优柔寡断而易被骗，丈夫活着时需要归顺于丈夫，成为自权人则由监护人对其提供指导。随着时代推进，监护的权力属性退居次要地位，它被认为是一项

* 朱正远，厦门大学法学院博士研究生，厦门大学法学院罗马法研究所研究人员。

〔1〕 参见徐国栋：《优士丁尼〈法学阶梯〉评注》，北京大学出版社 2019 年版，第 116 页。

义务,监护人对被监护人人身方面的支配也顺势消失,并且在帝政晚期被认为是一种承载公法利益的强制性职位。[1] 妇女所承受的永久监护制度无法同监护的新性质相协调。古代罗马人也感受到了这种不协调,法学家盖尤斯公开承认:“对于成年妇女处于监护之下,几乎没有扎实的理由支持这种观点。”(G. 1,190)[2]法学家还想出了“信托监护”,让妇女挑选自己中意的监护人,从而使其摆脱宗亲监护。[3] 立法方面,公元9年颁布的《关于婚姻的帕皮尤斯和波佩乌斯法》(*Lex Papia Poppaea nuptialis*)规定:生来自由的妇女生有子女3人以上的,解放自由的妇女生有子女4人以上的,无论是婚生与非婚生子女,都享有“子女特权”,在她们的丈夫死后可免除监护。[4] 公元44年,克劳丢斯皇帝颁布《关于妇女监护的克劳丢斯法》(*Lex Claudia de tutela mulierum*),该法废除了宗亲对生来自由妇女的法定监护。[5] 与此同时,随着妇女地位的提高,对于妇女的终身监护制度逐渐消失,并在公元5世纪消亡,在优士丁尼法中已经不见踪影。[6]

妇女的终身监护被削弱并最终被摧毁,自权人妇女担任监护人在这些因素的推动下成为现实。如果女性与被监护人有特殊关系,并且她们能够使被监护人的利益得到保障,那么就可以担任监护人,比如,瓦伦丁尼安二世于390年发布敕令,允许母亲做自己子女的监护人,但前提是该母亲不能再婚,此条规定见于《优士丁尼法典》中:

C. 5,35,2

在丈夫去世后,要求监护其子女并管理其事务的母亲,必须在其依法就职之前,以书面形式宣誓:自己不会再婚。但是,任何妇女不得被强迫从事这种职务,但在我们所确定的条件下,她们可以自由从事这种职务;如果妇女更愿意缔结第二次婚姻,她不得担任监护人职务。但是,为了让她在从事了这种合法的监护职务之后,不容易违背自己的义务,我们命令在其担任子女监护人期间与她结婚的丈夫,将他的财产作为对被监护人的担

---

[1] [德]马克斯·卡泽尔、罗尔夫·克努特尔:《罗马私法》,田士永译,法律出版社2018年版,第659页。

[2] [古罗马]盖尤斯:《法学阶梯》,黄风译,中国政法大学出版社2008年版,第52页。

[3] [意]彼德罗·彭梵得:《罗马法教科书》黄风译,中国政法大学出版社2017年版,第143页。

[4] 黄风、程波:《罗马的法律大全》,载徐国栋主编:《罗马法与现代民法》第3卷,中国法制出版社2002年版,第457页。

[5] 江平、米健:《罗马法基础》,中国政法大学出版社2004年版,第150页。

[6] 黄风:《罗马私法导论》,中国政法大学出版社2003年版,第163页。

保,为了防止被监护人的任何财产因疏忽或欺诈而遭受损失。[1]

除了有专门规定之外,《学说汇纂》中也有法言可以佐证妇女担任监护人的可能性,如内拉蒂在《论规则》第3编中,如此论述道:女性不能成为监护人,因为监护是男人的职责,除非她向皇帝恳求成为子女的监护人(D. 26,1,18)。[2] 他首先肯定了将女性置于监护人行列之外的做法,其次又承认了妇女可以因皇帝的特许而成为其子女的监护人,虽然君主所做出的特许之效力仅及于她,这与具有普遍性的法律之间有所区别,但它间接承认了妇女担任监护人的可能性。由此可见,妇女的监护地位取得以妇女永久监护的废除为前提,那么处于监护之下的妇女在其子女的监护事务上是不是只能处于消极被动的地位?妇女除了成为监护人之外,在子女的监护事务上是否享有相应的权益呢?遗憾的是,现有研究未曾关注过这些问题。《巴巴塔档案》(Babatha Archive)是体现罗马法中妇女监护地位变化的重要文本。中文世界里面涉及《巴巴塔档案》的只有一篇论文,是徐国栋教授的《普通法中的国家亲权制度及其罗马法根源》。该文从"国家亲权制度建立在排斥母亲当亲权人的基础上"这一角度来解读《巴巴塔档案》。[3] 事实上,《巴巴塔档案》包含着很多涉及妇女监护的司法实践,因此有必要以《巴巴塔档案》为文本,结合具体的司法实践来研究罗马法中的妇女在其子女之监护事务上的特殊地位。

二、《巴巴塔档案》监护片段的确定

20世纪60年代初,以伊加尔·亚丁(Yigael Yadin)为首的"以色列考古学会"成员在死海西岸一条叫作赫弗干河(Nahal Hever)的小河北边发现了一个洞穴,考古队对这个洞穴进行了勘察。在这个洞穴里,他们发掘了很多文物,其中就包括公元二世纪著名的犹太起义领袖巴尔·科赫巴寄出的信件。[4] 第二年,他们还发掘出一个包裹严实的皮箱,皮箱里面是一堆纸莎草纸,经过鉴定,它们被证明是一个档

---

[1] S. P. Scott, *The Civil Law including the Twelve Tables, the Institutes of Gaius, The Rules of Ulpian, The Opinions of Paulus, The Enactments of Justinian, and the Constitutions of Leo*, Vol. XIII, The Central Trust Company, 1932, p. 235. 需要说明的是:本文所引用的《市民法大全》原始文献法言,本文所采用的《市民法大全》原始文献均来自 S. P. Scott, *The Civil Law including the Twelve Tables, the Institutes of Gaius, The Rules of Ulpian, The Opinions of Paulus, The Enactments of Justinian, and the Constitutions of Leo*, The Central Trust Company, 1932, 已有中译本的,标明出处,未标者为自译。

[2] [意]桑德罗·斯奇巴尼选编:《婚姻·家庭和遗产继承》,费安玲译,中国政法大学出版社2001年版,第153页。

[3] 徐国栋:《普通法中的国家亲权制度及其罗马法根源》,载《甘肃社会科学》2011年第1期。

[4] 宋立宏:《犹太集体记忆视域下的巴尔·科赫巴书信》,载《历史研究》2011年第2期。

案,档案属于巴巴塔。[1] 巴巴塔是住在死海南岸毛扎(Maoza)村的一位妇女,这里原来属于纳巴塔王国,但是在公元106年,罗马人占领了这里,并在此建立阿拉伯行省。[2] 由于它是在包裹严实的皮箱里被发现的,它应当是一个完整的档案。此档案总共包括35张纸莎草纸,时间跨度将近30年,从公元94年到132年。[3] 这35张纸莎草纸被标记为P. Yadin1-35。[4] 这份档案记载了巴巴塔从事过的各种法律行为,比如,买卖、借款、抵押、赠予和缔结婚约等,主要涉及继承、监护与婚姻3个方面的法律问题,涉及继承问题的有P. Yadin5、12、13、14、15、20、21、22、23、24、25和26;涉及监护问题的主要有P. Yadin12、13、14和15;涉及婚姻的有P. Yadin10和18。[5] 本文重点关注P. Yadin12、13、14和15。这四份纸莎草纸都关注巴巴塔幼子耶稣(Jesus)的监护问题,它主要涉及两个方面:耶稣(Jesus)的监护人指定;巴巴塔与被指定的监护人之间就抚养费发生的争议。这些纸莎草纸保存完好,并且能够相互印证,它们的存在能够确保人们更好地了解对应的司法实践,并且提供了一次结合司法实践来审视罗马法妇女监护的难得机会。

三、《巴巴塔档案》监护片段中的妇女权益

(一)妇女与监护的设立:申请官选监护人

P. Yadin12内部文本:"这是一个首都佩特拉城市议会会议记录的副本,此副本经当事人核对无误,它被展示在阿佛洛狄忒(Aphrodite)[6]神庙当中,其内容如外部文本所示";外部文本:"这是一个首都佩特拉城议会会议记录的副本,此副本经当事人核对无误,它被展示在佩特拉称的阿佛洛狄忒神庙当中,其内容如下文外部文本

---

[1] Yigael Yadin, *Expedition D — The Cave of the Letters*, Israel Exploration Journal, Vol. 12:314, p. 231 (1962).

[2] Kimberley Czajkowski, *Living Under Different Laws: The Babatha and Salome Komaise Archives*, (Ph. D. diss., University of Oxford, 2014), p. 3.

[3] H. Cotton. *The Guardianship of Jesus Son of Babatha: Roman and Local Law in the Province of Arabia*, Journal of Roman Studies, Vol. 83:4, p. 94(1993).

[4] P. Yadin是Papyrus Yadin的缩写,因为这些纸莎草纸是在亚丁(Yadin)教授的主导下发掘的,故以他的名字命名,这些纸莎草纸使用的语言有希腊语、亚拉姆语、纳巴泰语、希伯来语四种,它终于在2002年被完成整理成英文,本文所做的中译就是依据它的英文版,英文版参见Yigael Yadin, et al. eds., *The Documents from the Bar Kokhba Period in the Cave of Letters: Hebrew, Aramaic and Nabataean-Aramaic Papyri*, Israel Exploration Society, 2002.

[5] Jacobine G. Oudshoorn, *The Relationship between Roman and Local Law in the Babatha and Salome Komaise Archives: General Analysis and Three Case Studies on Law of Succession, Guardianship, and Marriage*, Brill, 2007, p. 213.

[6] 阿佛洛狄忒(Aphrodite):古希腊神话中的爱情与美丽之神。

所示:‘对于毛扎(Maoza)村的犹太人老耶稣(Jesus)的儿子小耶稣(Jesus),指定埃卢瑟斯(Ellouthas)的儿子阿多波达斯(Abdoöbdas)和埃格拉斯(Eglas)的儿子约翰(John)作为他的监护人。’完成于阿拉伯行省首府佩特拉城,时间为……月初一前四天。接着是一些证人的签名,在此不一一罗列。”

通过本段可知:P. Yadin12 是一份会议记录副本,它记录的是佩特拉市议会(City council)的监护指定结果,阿多波达斯(Abdoöbdas)和埃格拉斯(Eglas)被指定为巴巴塔儿子耶稣的监护人。这份文书还被放在阿佛洛狄忒神庙当中展示,这让该监护安排具有了一定的公示效力及排他性,因此,它可以被视作官选监护的登记簿。此种监护是在巴巴塔的申请下由市议会进行指定的。[1] 巴巴塔申请佩特拉市议会为其子选定监护人,而不是自己担任监护人,有可能是因为按照当时的法律,妇女本身仍然处于监护之下,她无法担任监护人。据考证,这份文书的制作时间在公元124年2月28日到6月28日之间,与上文提到的公元390年发布的“瓦伦丁尼安敕令”相差了270多年,因此巴巴塔无法担任其子的监护人便不足为奇。与此同时,她在其子女的监护事务上仍然发挥着相应的作用,她需要为其子女申请监护人指定,罗马法文本当中可以找到对应的制度,它出现在《学说汇纂》当中:

D. 38,17,2,23

> 乌尔比安《萨宾评注》第13卷:如果母亲没有为其子女请求有偿付能力的监护人,或者先前的监护人被免职或者被剔除,而她没有立即提供其他候选人名单,她就无权为自身利益就无遗嘱子女的财产主张权利。事实上,如果她不为子女申请监护人,她还需要承受法律上的惩罚。[2]

由此可以看出,虽然母亲无法担任子女的监护人,她还是应当关心子女的利益,及时为子女申请官选监护人。官选监护人的指定事宜,在罗马和行省由不同的权力机关把持,并且适用不同的准据法。在罗马,官选监护由裁判官负责,适用的准据法为《阿梯流斯法》,它颁布于公元前210年。行省中官选监护人由行省总督负责指定,准据法为公元前1世纪颁布的《关于监护的优流斯法和提求斯法》。官选监护都以调查为前提,而这种调查,由于行省与首都罗马之间存在地理距离可能造成的不

---

〔1〕 徐国栋:《普通法中的国家亲权制度及其罗马法根源》,载《甘肃社会科学》2011年第1期。

〔2〕 D. 38,17,2,23。S. P. Scott, *The Civil Law including the Twelve Tables, the Institutes of Gaius, The Rules of Ulpian, The Opinions of Paulus, The Enactments of Justinian, and the Constitutions of Leo*, Vol. Ⅷ, The Central Trust Company, 1932, p. 301.

便,这种权利由行省总督来行使可以节约大量的时间。不仅行省总督,市一级长官也被赋予了监护人的任命权,优士丁尼通过颁布敕令,授权给市一级的长官,让他们负责为财产在500索里迪情况下的被保护人指定监护人(I. 1,20,5)。[1] 对于官选监护,任何人包括无行为能力人本人都可以申请,妇女当然能为子女申请官选监护人。[2]

(二)妇女与监护人的职责:申请确定抚养费用

P. Yadin13[3] 是巴巴塔递交给行省总督尤里乌斯·尤里安(Julius Julianus)的请愿书副本,在这份文档中巴巴塔对P. Yadin12中被指定的监护人之行为进行了申诉。首先,在第一部分,她阐述了已故丈夫的基本家庭情况,包括丈夫兄弟约瑟夫(Joseph)的经济状况以及自己的儿子小耶稣所享有的家庭财产份额等,在第二部分她首先抱怨约瑟夫(Joseph)很富有,但是他从来没有在抚养小耶稣方面作出任何贡献。其次,她提到了由市议会指定的监护人,她抱怨他们提供的抚养费数量并不充裕。最后,她请求行省总督采取行动帮她改善这种情况。

这份文本制作于公元124年的下半年,估计这是巴巴塔的请愿书。巴巴塔介绍已故丈夫的家庭经济状况,也是在向总督解释自己的经济状况,提到约瑟夫(Joseph)很富有,但是并未承担抚养小耶稣的责任,这也解释了市议会在被监护人宗亲约瑟夫(Joseph)存活的情况下还指定其他人作为监护人。值得注意的是,原文中并没有写明巴巴塔写这封请求信的意图是什么,其意图无文可考。但是以罗马法中的相关实践为背景,可以揣测出她的意图,这里需要提及《学说汇纂》中的片段:

D. 27,2,3pr.

> 乌尔比安《论各种法院》:执政官有权决定支付给被监护人的款项之数量,他必须就监护人支付的抚养费确定一个具体的数额。[4]

---

[1] 参见徐国栋:《优士丁尼〈法学阶梯〉评注》,北京大学出版社2019年版,第139页。

[2] 徐国栋:《优士丁尼〈法学阶梯〉评注》,北京大学出版社2019年版,第137页。

[3] 笔者只找到了希腊语版的原文以及英文版的简介,参考这个版本并综合其他因素,最终得到了文章中的简述,英文版本见于 Kimberley Czajkowski, *Living Under Different Laws: The Babatha and Salome Komaise Archives*, (Ph. D. diss., University of Oxford, 2014), p. 53。

[4] S. P. Scott, *The Civil Law including the Twelve Tables, the Institutes of Gaius, The Rules of Ulpian, The Opinions of Paulus, The Enactments of Justinian, and the Constitutions of Leo*, Vol. Ⅵ, The Central Trust Company, 1932, p. 143-144.

既然行省总督能够指定监护人,当然也能够决定被监护人抚养费用的具体数额。对于这个程序如何发起,无从考证,有些人可能会认为是由总督自由决定的,但是这份文本的存在,可能让“根据申请发起”的观点更具有说服力。监护人对被监护人的人身权利早就消失了,取而代之的是负责抚养和教育被监护人的义务,而且主要是提供必要的资金来实现。[1] 现代学者理查德·萨勒根据罗马法人留下的墓志铭资料得出结论:罗马人是一种老夫少妻的地中海夫妻年龄比模式。[2] 因此监护通常发生的情形是父死母壮,监护人的教育本身由母亲完成,子女的人身也可以由其照料,母亲对于抚养费用的多少有最直观的感受,由她们申请发起,最合适不过。

(三)妇女与监护的监督:起诉未履职监护人

P. Yadin14 外部文本:

图拉真·哈德良·凯撒·奥古斯都(Traianus Hadrianus Caesar Augustus)皇帝在位第九年,时逢马库斯·瓦勒利乌斯·亚细亚提库斯(Marcus Valerius Asiaticus)第二次担任执政官,罗马纪元10月11日,阿拉伯行省纪元20年10月(Hyperberetaios)[3]24日,在佐拉(Zoara)地区的毛扎(Maoza),巴巴塔在证人的见证下,经她的监护人犹大(Judah)[科赫图逊(Khthousion)的儿子]协助,传唤约翰(John),约翰是佩特拉市议会为其子小耶稣(Jesus)指定的监护人,传唤如下:因为你没有支付抚养费给我的儿子,而你的同事阿多波达斯(Abdoöbdas)[埃卢瑟斯(Ellouthas)的儿子]已经支付,并有收据作为证明,因此,我传唤你到阿拉伯行省首府佩特拉城,到行省总督尤里乌斯·尤里安(Julius Julianus)面前,直到我们在佩特拉城的法院被审讯。

内部文本补充到:

11月(Dois)2日或者行省总督的第二次会议时,在行省总督尤里安

---

〔1〕[德]马克斯·卡泽尔、罗尔夫·克努特尔:《罗马私法》,田士永译,法律出版社2018年版,第664页。

〔2〕Richard P. Saller, *Men' s Age at Marriage and Its Consequence in the Roman Family*, Classical Philology, Vol. 82:1, p. 31(1987).

〔3〕Hyperberetaios,马其顿历法当中的月份,意为3月,但是近东地区使用该历法时会滞后6个月,而阿拉伯行省使用的月份,较其他地区仍然推后一个月。[英]霍尔福德·斯特雷文斯:《时间简史》,萧耐园译,外语教学与研究出版社2015年版,第144-146页。

(Julianus)面前出席的证人有:马克霍萨(Makhouthas)的儿子约翰(Jhon),梅纳赫姆(Menahem)的儿子桑穆斯(Sammous),老塔德乌斯(Thaddeus)的儿子小塔德乌斯(Thaddeus),阿纳尼亚斯(Ananias)的儿子约瑟夫(Joseph)以及利巴诺斯(Libanos)的儿子耶稣(Jesus)。

背面是证明人的签名。(证明人名称同上,此处略去。)

本段主要讲巴巴塔自行传唤约翰(John),让他到行省总督面前,并同往佩特拉城法院受审,所涉事由是:同为监护人的阿多波达斯(Abdoöbdas)已经支付了相应的抚养费用,而约翰(John)却没有支付。这证明巴巴塔想要通过提交P. Yadin13请愿书达成的目标已经实现,行省总督已就小耶稣(Jesus)的监护费用确定了一个具体的数额,监护人阿多波达斯(Abdoöbdas)履行了相应的义务,而约翰(John)并未履行此义务,因此巴巴塔将约翰(John)诉至佩特拉城的总督法院,这体现的是妇女在监护监督方面发挥的重要作用。为了让监护人诚信履职,罗马法中有形式多样的监督制度,其中一种就是确立起相应的诉权,一旦针对监护人提起的指控被裁判官确认,监护人不仅会被剥夺监护资格,而且还会受名誉刑,如破廉耻,受此等处罚,权利能力减等、丧失公共尊敬还会丧失代替他人进行诉讼的权利、投票权及选举权,如此重罚对监护人的警示作用不言自明,因此享有此种诉权的主体事实上起着"监护监督人"的作用。本段中提到的约翰(John)不提供扶养费,属于不提供抚养,可以因受怀疑而被褫夺监护的情形。(I. 1,26,9)[1]它属于控告嫌疑监护人之诉的适用情形,此诉的诉权属于一种准公诉,原告资格对一切人开放,它可以由任何人提起,对自身权利能力受限制的妇女也开放。(I. 1,26,3)[2]巴巴塔可以将约翰(John)诉至佩特拉城的总督法院正体现了这一点。档案还提到了巴巴塔的监护人、她的第二任丈夫犹大(Judah),巴巴塔要经由她丈夫来对约翰(John)进行传唤,此系监护人职责所在,《学说汇纂》中有法言曰:对于被监护人每一个法律行为的作出,必须有监护人的有效许可。(D. 50,17,189)[3]对于成年妇女而言,她们自己处理事务,监护人在某些情况下给予其形式上的许可,而且他常常是在裁判官的强迫下充当保证人。(Gai. 1,190)[4]需要获得监护人准许的具体情形就包括诉讼行为,本段中巴巴塔传唤约翰(John)应诉,需要经由其监护人协助,但具体的语言都是由她一人表述,其监护人所

---

〔1〕 参见徐国栋:《优士丁尼〈法学阶梯〉评注》,北京大学出版社2019年版,第171页。

〔2〕 参见徐国栋:《优士丁尼〈法学阶梯〉评注》,北京大学出版社2019年版,第169页。

〔3〕 转引自[意]彼德罗·彭梵得:《罗马法教科书》,黄风译,中国政法大学出版社2017年版,第173页。

〔4〕 参见[古罗马]盖尤斯:《法学阶梯》,黄风译,中国政法大学出版社2008年版,第52页。

给予的正是一种形式上的许可。

(四)妇女的监护权“斗争”:提供担保获得财产管理权

> P. Yadin15 在证人的见证下,巴巴塔向埃格拉斯(Eglas)的儿子约翰(John)和埃卢瑟斯(Ellouthas)的儿子阿多波达斯(Abdoöbdas)[他们是由佩特拉市议会为她的儿子耶稣(Jesus)指定的监护人]发表了正式声明,声明如下:因为你们没有给我的儿子充足的抚养费用,事实上,这种抚养费应当与他财富产生的利息和其他财产所得的收入相平衡,特别是与适合他的生活方式相称。而你们只按照每100第纳里(Denarii)财产0.5第纳里(Denarii)利息的标准支付抚养费给他。鉴于我所拥有的财产价值与你们所管理的被监护人财产旗鼓相当,因此,我预先宣誓,以便你们能够决定把你们所管理的财产交付给我,我将以自己的全部财产作为担保,以此来保障被监护人财产的安全。在这之后,我将以每个月100第纳里(Denarii)财产1.5第纳里(Denarii)利息的标准支付抚养费。我的儿子能够在一种奢华的生活方式当中成长,要感谢尤里乌斯·尤里安(Julius Julianus)当政以来的幸福时光。我先前曾传唤监护人约翰(John)到总督面前,因为他拒绝支付适当的抚养费。(你们要同意我的提议)要不然,这份声明将作为你们从我儿子财产当中谋取暴利的证据。
>
> 巴巴塔通过其监护人科赫图逊(Khthousion)的儿子犹大(Judah)完成了上述声明,他在场并且签署了姓名。由于巴巴塔不识字,经她本人要求,声明的内容由老以利亚撒(Eleazar)的儿子小以利亚撒(Eleazar)进行了相应的记录,经巴巴塔核对无误之后,她的监护人犹大(Judah)进行了签字确认,在场的7名证人也签署了自己的姓名。

本段主要讲的是巴巴塔对自己儿子的两位监护人约翰(John)和阿多波达斯(Abdoöbdas)发表的正式声明,因为他们提供的抚养费用较少,且无法与管理被监护人财产给他们带来的收益相匹配,为了保障其子能够在与其身份和财产相符的方式当中成长,她建议他们将其幼子的财产转交给她,她将以自己所有的财产设保,以保障其子财产的安全,同时将每月支付的抚养费提升三倍。如果他们不同意,她就将这份声明作为他们从其子财产当中谋取暴利的证据,提交到行省总督面前。P. Yadin15 和 P. Yadin13、P. Yadin14 是紧密相连的,P. Yadin13 是请愿书,在收到请愿书之后,行省总督可能确定了具体的抚养费数额,但是其中一个监护人约翰(John)未按时履行义务,故巴巴塔传唤约翰(John)至总督面前。他们之间的争议可能已经得到了解决,但是后来,巴巴塔发现监护人约翰(John)和阿多波达斯(Abdoöbdas)支付的抚养费与其子的财产收益极不相称,且无法让他拥有与他身份、财产相匹配的生活方式,巴巴塔没有选择直接起诉,她提出了一个想让各方都满意的解决方案:自己以全部财产作为担保,且提高抚养费标准,监护人将被监护人的财产都移交她管理。

事实上,母亲通过抵押自己的财产来获得对被监护人子女财产管理的机会,罗马法上有之。在讨论此问题之前,首先要弄清妇女能不能为他人的利益提供担保。根据《韦勒雅元老院决议》的详细规定,禁止妇女为他人实行债务承保。(D. 16,1,1pr.)[1]亚历山大·塞维鲁在公元228年颁布的一项敕令就以此规则为法律基础,且它与监护密切相关,具体规定如下:

C. 4,29,6

> 如果母亲在处理子女的事务时,她给子女的监护人提供安全保障的方式有:提供担保或者履行承诺,因为在一定程度上她被看作是在处理自己的事务,那么她和她所提供的担保都不能利用这项元老院决议(《韦勒雅元老院决议》),她也不能从自己的财产被抵押这一事实中得到任何好处。
>
> (1)当监护人打算摆脱这种监护(义务),母亲试图阻止并出面进行干预,她向他承诺赔偿,此时,她无法阻断这项元老院决议对她的保护。
>
> (2)如果她(为子女)申请一个监护人,并且她自愿承担监护的责任,法律规则的生效会阻止她承担责任。[2]

C. 4,29,6提到了三种情况,第一种情况之下,《韦勒雅元老院决议》无法生效,因为母亲已经答应提供担保以接管财产的管理,在这之后,她管理财产的行为就像是在处理自己的事情。而后两种情况当中,她就要受《韦勒雅元老院决议》效力的保护,因为她是在为监护人的履职行为可能导致的责任提供担保。因此,母亲给监护人提供的担保若要生效,有一个重要前提就是她要直接承担监护的责任,要像管理自己的事务一样,直接管理被监护人的财产。换句话说,妇女提供的担保是以她事

---

[1] 参见[古罗马]优士丁尼著:《学说汇纂·第十六卷:抵销与寄托》,李超译,中国政法大学出版社2016年版,第3页。

[2] S. P. Scott, *The Civil Law including the Twelve Tables, the Institutes of Gaius, The Rules of Ulpian, The Opinions of Paulus, The Enactments of Justinian, and the Constitutions of Leo*, Vol. XIII, The Central Trust Company, 1932, p. 64.

实上独立管理被监护人的财产为成立前提的。罗马法从人身与财产两个方面细化了监护职责。其中,所谓人身方面的职责指抚养和教育被监护人的义务,其主要通过必要的资金来实现,监护人不实际参与被监护人的照料与教育,而母亲要活着的话,抚养费将被交给母亲,由母亲教育和抚养被监护人。在罗马法中,监护人的职责之一是事务经管,包括价值管理和实物管理两种方式。[1] 因此,监护人的职责仅限于管理被监护人的财产。如果母亲独立管理被监护人的财产,此时监护人处于一种什么样的地位呢?这点从被监护人所享有的诉权当中可略知一二,相关规定见于《优士丁尼法典》:

C. 5,51,9

> 你可以在执政官面前起诉先前的监护人,强迫他交还账目,以平衡的方式归还他所亏欠你的。尽管你声称你的母亲接管了你的财产,并且向你的监护人承诺,她将赔偿因这一管理行为造成的任何损失,但你有权根据监护关系产生的诉权起诉监护人,但不能针对你的母亲或者她的继承人提起要式口约之诉。[2]

母亲独立管理被监护人的财产,如果被监护人因其管理行为遭受损失时,被监护人可以通过提起监护之诉(*Actio tutelae*)强迫监护人承担相应的责任,而对于通过提供财产担保允诺来获得独立管理被监护人财产权限的妇女,被监护人不得提起要式口约之诉(*Actio ex stipulatu*),实际上,只能由监护人对母亲提起要式口约之诉。此可以看出,作为母亲的妇女可以通过提供财产担保允诺来获得独立的财产管理权限,这并不意味着她已取代先前监护人的地位,而先前的监护人仍然要承担相应的监护责任,但不可否认的是:妇女靠提供财产担保的方式,事实上发挥着监护人的作用。

四、结论

在古典罗马法中,妇女被视作永久的被监护人。随着永久监护的废除,妇女在满足相应的条件后,可以担任子女的监护人。基于对奴隶社会中妇女屈从地位的狭

---

[1] 黄风:《罗马私法导论》,中国政法大学出版社2003年版,第161页。

[2] S. P. Scott, *The Civil Law including the Twelve Tables, the Institutes of Gaius, The Rules of Ulpian, The Opinions of Paulus, The Enactments of Justinian, and the Constitutions of Leo*, Vol. XIII, The Central Trust Company, 1932, p. 258-259.

隘理解，人们可能认为：处在永久监护之下的古罗马妇女没有监护权，对其子女的监护事务心有余而力不足，《巴巴塔档案》能够刷新我们在女性涉监护权益问题上的认知。由于巴巴塔仍然处于监护之下，她与真正的监护人仍然有区别，但她可以用自己的财产向监护人提供担保允诺，从而获得管理其子女财产的权限，事实上代替监护人履行事务管理的职责。此外，作为母亲，她与被监护人子女之间存在紧密联系，在监护的设立，监护人的职责确定以及监护的监督方面都发挥着重要作用。这些内容，让“古罗马女性处于屈从地位”传统观点不攻自破。与此同时，女性能够通过提供财产担保获得财产管理权，这让罗马法中的女性财产权益保护制度不证自明。从本质上来说，对妇女权益的保护获得彰显了古代的人文主义，它意味着妇女法律上和经济上地位的不断提高，它为后世妇女人权的发展和进步奠定了相应的基础。[1]

（责任编辑：陈晓敏）

---

〔1〕 谭建华、张兆凯：《论〈罗马法大全〉对妇女权益的维护》，载《政治与法律》2007 年第 2 期。

论损失填补保险与定额给付保险之界限

樊启荣*

目　次

一、问题之提出

我国现行《保险法》关于保险之分类,系以"人身/财产"作二元区隔,分为"人身保险"与"财产保险"。〔1〕此种分类方式有其优点,但也造成在法律上权利义务关系有所混淆,致使对于人身保险可否重复保险、能否适用保险代位等问题,在学说与判例上存在见解分歧。故主要国家保险立法例及其新兴学说主张以损失填补保险与定额给付保险作为保险法上的保险分类方式,以期清晰地厘清损失填补原则是否适用于各类保险契约。不过,损失填补保险与定额给付保险在其界定上仍存在模糊空间,而该模糊空间则存在于医疗保险。有鉴于此,以下拟讨论损失填补保险与定额给付保险之界限,期能对我国正在拟议中的

---

* 樊启荣,中南财经政法大学法学院教授、博士生导师、法学博士;中南财经政法大学保险法研究所主任。

〔1〕 我国现行《保险法》"第二章保险合同之第二节人身保险合同,第三节财产保险合同"。

《保险法》第三次修改有所裨益。

二、人身保险与财产保险之区分的实益及其局限

(一)区分人身/财产保险之实益

以保险标的即保险事故发生的客体为标准区分人身保险与财产保险,是我国《保险法》长期以来的区分方式,传统保险法学者亦以之为最重要的区分方式。此种区分方式的实益在于分类清楚,以保险标的是否与人身有关区分,相当符合民法上"非人即物"的概念,界线清晰,不会有难以区分的争议,以此归类各种保险作为保险业营业范围的划分是很明确的,[1]对于各种保险的描述与介绍相当有利,亦不生混淆之虞。

在民法观念上,人身与财物本为最基础的分类。因为人身涉及相当高的道德与哲学层次,需要较深入、细致、繁复的规定与讨论,这也可以说明人身法与财产法总是如此区隔的原因。又财产在人类的价值层面上相对单纯,几乎所有的物品在民法的观点上都是可以被取代的,比如A车可以同款B车替代,即便无法替代,仍得用金钱抵偿,金钱价值的计算,皆可以透过市场或当事人的合意求得其价值。而人身却不同,许多价值不可以金钱替代,甚至当事人自己都不得处分,许多涉及精神层面的价值,不但难以用市场价值衡量,且相同的人身权利或法益在不同的人身上价值也会不同。因此,在计算损失上,财产保险相对于人身保险显得更为单纯,若以此为出发,探讨人身保险与财产保险,不但容易分别,也容易探讨损失、价值、法理原则的适用,至少在财产保险即是如此。

(二)人身/财产保险区分方式之局限

如前所述,人身保险之所以不易探讨"损失"为何,是因为人身包含生命、健康、生理、心理,涉及太多道德与抽象层次。我们无法确切地计算一场大病或人命值多少钱,甚或应该说,不可以用金钱衡量生命。但困难处在于,在保险的给付里,除了金钱,还是金钱。终究无法奢望保险人理赔一条命,或是一个健康无损的身体,如何计算价值显然是人身保险中一门困难却又重要的课题。

然而,更困难的问题是,是否所有的涉及人身的价值都无法以金钱计算?所有

---

〔1〕 我国《保险法》第95条规定:"保险公司的业务范围:(一)人身保险业务,包括人寿保险、健康保险、意外伤害保险等保险业务;(二)财产保险业务,包括财产损失保险、责任保险、信用保险、保证保险等保险业务;(三)国务院保险监督管理机构批准的与保险有关的其他业务。保险人不得兼营人身保险业务和财产保险业务。但是,经营财产保险业务的保险公司经国务院保险监督管理机构批准,可以经营短期健康保险业务和意外伤害保险业务。保险公司应当在国务院保险监督管理机构依法批准的业务范围内从事保险经营活动。"

的保险给付都只是抚慰金而可以无限金额的投保？在高唱人身无价的同时，一个轻微的跌倒挫伤或缝合也可以毫不限制保险金的给付？不会有道德危险？答案似应否定，因此，有许多学者提倡，医疗险应有复保险规定的适用，进而将医疗险归类为“第三类保险”，或称“中间性保险”，[1]试图在财产保险与人身保险中另辟蹊径，将保险区分为三种类型。

姑且无论中间性保险的区分是否合理，可以确定的是，仅区分人身保险与财产保险而径引此探讨复保险、保险代位等问题确有困难，然而传统保险法学说以如此二分法探讨，在财产保险或许可以，但在人身保险却产生许多争议，诸如损失填补原则之于人身保险究竟是“全部”适用还是“一部”适用。这些争议长达数十年之久而依旧热门。

三、定额给付保险与损失填补保险之分类方式

(一)定额给付保险之定义

鉴于单纯区分人身保险与财产保险有保险契约权利义务上探讨的困难，有学者因而提出以保险利益之存在是否为经济上利益(pecuniary interest)，亦即是否得以金钱估计之利益，将保险契约区分为损失填补保险与定额给付保险。其认为财产保险固属于经济上利益之保险而可归类为损失填补保险，惟人身保险中关于限额型医疗给付与限额型失能给付亦可因其实支实付性质而归类于损害填补保险；至于其他关于人身保险中定额型失能、日额型医疗给付、死亡给付、年金给付、满期(生存)给付、残废给付、死亡给付等则为定额给付保险。[2]

定额给付保险系以人之生命身体为保护对象之保险，一般以为人之生命身体无法以具体价值估计，从而保险当事人得自由约定保险金额。于保险事故发生时，保险人依照最初约定之保险金额理赔，例如住院日额或死亡保险金额即是，不必再透过收据审查被保险人实际花费，此乃基于人身无价，不可能因为保险理赔而能填补损失，从而定额给付保险并不适用损失填补原则而得复保险及不得保险代位。

然而，保险最初目的既然为分散风险、“消化损失”，那么人身之损失却无法以金钱计算时，又怎能以金钱“消化”呢？准此，定额给付保险概念下保险金的性质及功能为何？即值得讨论，究竟是填补抽象的精神损害，如同抚慰金一般的功能，或者定额保险金实际上确实是以被保险人在生活上、工作上或其他额外支出造成的损失而概估的总额？如系前者，保险金功能似乎不在于填补损失，但是否能达到“抚慰”的

---

[1]　参见[日]上山道生：《保险》(中译本)，刘淑梅译，科学出版社2004年版，第17页。

[2]　参见江朝国：《保险法》，中国政法大学出版社2002年版，第85页。

功能又是另一个问题,是否和保险最初成立的目的相同,不无疑义;如系后者,则保险金额似应有其上限始为合理,则一般以为定额给付保险不适用损失填补原则的概念则受到挑战。

(二)损失填补保险之定义与损失填补原则

原始的保险精神与意义应是从损失填补原则出发,因为从保险萌芽之初,保险团体就是希望透过分散风险的方式来降低可能发生的损失,使损失得以获得转嫁、获得填补,因此可知保险的最大用意就在填补被保险人因为保险事故所造成的损失。基于此重要目的,在保险制度的发展过程中,损失填补原则一直被当成基本原则。[1]

关于损失填补原则之定义,可由保险目的谈起。保险制度的目的在于填补被保险人因保险事故所生的损失,使被保险人因保险事故发生造成损失的冲击降到最低,同时也含有不使被保险人获得额外利益之消极作用。因此,需要填补的程度需视损失的大小决定,如果没有损失则不必填补,在此框架下的保险契约可以说是补偿契约,而此种保险契约则称为损失填补保险。

损失填补的重心不外是不使被保险人因为保险事故获得高于损失的补偿,毕竟如果高过损失,则不再是补偿,而成为获利。然保险的目的终究不是要使被保险人获利,否则将有道德危险的问题。社会总体经济无法因为保险获得平衡,反而造成损失。保险利益应该是损失填补原则之核心概念,因此,在讨论损失填补原则时应先从保险利益出发,没有保险利益时,保险事故的发生并没有造成损失,没有损失,又何以填补呢?只有具有保险利益的人,于保险事故发生时,会有损害,而保险利益的大小,也决定了损失补偿的规模。

损失填补原则进一步衍生出复保险制度、保险代位制度、保险利益及实际损害理赔等原理原则。复保险制度在于避免被保险人透过对同一保险标的投保,使保险金额大于保险价值而获利的情形;保险代位制度则立论于给予实行给付之保险人适当补偿。有以衡平原则为论述根据,认为引起损失之人或是对损失之发生应负最终责任的人,应对损失之结果负起最终的责任,如此可避免违反损失填补原则,即避免被保险人得重复获得给付,透过损失反而获得更大利益。

财产保险中保险标的必然为物,以民法之观点,物必有其经济价值而得以估计,即便是独一无二的稀世珍宝,亦有其市场的经济价值能够加以衡量。[2] 从而所有

---

〔1〕 参见林勋发:《保险法修正评述与建议》,载《政大法学评论》第68期(2001年)。

〔2〕 这也包含的定值保险契约评估保险标的物价值的方式,故无论是定值保险或不定值保险,保险标的物中就可以用不同的方式计算其价额,被保险人的损失,就得以计算,也就成为保险利益。

的财产保险,应当都可以计算其损失,为填补该损失,也应该有损失填补原则的适用。在民法上也不乏这样的观点,即损害填补,除法律另有规定或契约另有订定外,应以填补债权人所受损失及所失利益为限。

另外,损失填补原则亦有消极禁止被保险人因为保险事故而获得利益之目的,除保险的目的外,从民法债编不当得利之立法精神亦可得知,即无法律上之原因而受利益,致他人受损害者,应返还其利益。

保险有利于分散风险、消化损失、安定经济,即使社会整体(或者应该说危险共同体)共同承担损失。然若有人得以从保险事故中获利,则保险事故想必层出不穷,风险不再偶然,而是必然。社会总体的经济不但没有因为保险而安定,反而增加损失,因此,保险必须要以损失填补原则为核心,始能发挥效用。

然而,有疑问的是,人身保险中,身体的损失,是否得以估计而成为损失填补保险的一环?抑或是基于人身无价,应将其定性在定额给付保险?以当前多数学者的见解,医疗保险是被归类在损失填补保险,而有损失填补原则之适用,然而,身体健康所带来的损失,难道就只是医疗院所提供的收据而已吗?此问题仍有待深入探讨。

(三)区分定额给付保险与损失填补保险之实益

相对于法律上以保险标的分类,却无法清楚地就该分类之权义关系加以阐述。以定额给付保险与损失填补保险之区分,更能够明确地就这两种不同的保险分类确认其权利义务关系以及所适用的法律原则,更进一步可以判断是否有复保险与保险代位的适用。长久以来,人身保险有无复保险与保险代位规定的适用,不断困扰着学界与实务界,但仍无法为此问题作出定论,究其原因,乃是过度拘泥于保险法上以人身/财产此种保险分类方式所致。如以保险利益之存在基础是否为经济上利益而分类为损失填补保险与定额给付保险,则上述问题似已得到答案。

损失填补保险之损失得以金钱估计,财产保险即属之,一般认为也包含实支实付型的健康医疗费用保险或丧葬费用保险而亦有损失填补原则及复保险规定的适用。[1] 由于保险目的本是填补损失,而非使被保险人因保险契约获利,损失填补保险契约之损失可精确地以金钱估计,自无给付高于损失之金钱予被保险人之理,否则使被保险人因保险事故发生而得以获利,则被保险人将会故意使保险事故发生,或者大幅降低自己控管保险事故风险的注意,毕竟眼前的损失总可以换来更大的利益,谁会小心呵护眼前的保险标的呢?所以我们可以确定损失填补保险须有损失填

〔1〕 参见江朝国:《保险法基础理论》,中国政法大学出版社2002年版,第85页。

补原则适用以管控道德危险,从而在法律上须适用复保险及保险代位之规定。

反之,定额给付保险因保险利益较抽象、难以金钱加以估计。以人寿保险为例,一条生命的损失值多少钱是难以衡量的,抑或是不能衡量,甚或有认为定额给付保险中人寿保险的本质并不完全是因为有损失才加以填补,其亦兼含有储蓄的性质,且基于人身无价,金钱势必无法成为生命损失的完全替代品。既然损失无法以纯粹的金钱填补,然保险给付又只限于金钱,自然没有所谓保险给付大于保险事故损失这样的比较概念,因此,大部分的学者认为损失填补原则在定额给付保险中不但是不应适用,也无法适用,从而也没有复保险或保险代位的讨论空间。

综上,如某一保险契约被归类在损失填补保险,则其应适用损失填补原则,投保金额有其限制,不得超额保险,不得复保险,定额给付保险则相反,于是可透过定额给付保险/损失填补保险的分类方式,明确地将正确的法律原则适用其中,避免以人身/财产保险分类方式造成的诸多争议。

(四)定额给付保险与损失填补保险区分方式疑义

以定额给付保险/损失填补保险分类,确实较有利于探讨其所应适用的法律权利义务关系,但何种契约属于定额给付保险?又何种契约属于损失填补保险?其中似乎有模糊地带,财产保险因其损失得以金钱精确计算固然属于损失填补保险,“生命无价”的概念是不是真的就无法挑战而必然将人寿保险归类在定额给付保险?则有疑问,因为“生命无价”可能有两种解释:其一,生命是神圣的,如同“无价之宝”,所有的金钱都不可以也不可能与其等值,其价值是无限大的。其二,没有适当的方法将之加以衡量。如果是后者,一旦能够找到相当之方式衡量则似乎也应有损失填补原则的适用而属于损失填补保险,只是目前通说仍然认为人寿保险属于定额给付保险,此部分争议虽有但不算大。

真正有疑问的是人身保险中的医疗保险(包含健康保险与伤害保险)究竟是定额给付保险抑或是损失填补保险:首先,损失填补保险说[1]。医疗给付的方式分三类,第一类为限额内实支实付的医疗保险,即若实际支付的医疗费用较约定保险金额为高,按约定的金额给付,若低于约定金额,则依收据实支给付保险金;第二类为按主保单保险金额的百分比给付,例如主保单保险金是 100000 元,医疗金额如为 10%,则每次最多给付 10000 元,但仍需检附收据申请;第三类则是按日额给付,例如日额 2000 元的住院医疗险,被保险人住院治疗 5 天,则给付 10000 元予被保险人,只需诊断书证明,不需单据,不问实支多少,都依照约定的金额给付。前两类,很明确

〔1〕 参见应式文:《人身保险是否适用损害填补和复保险原则的商榷》,载《寿险季刊》第 40 期(1981 年)。

都是损失填补契约,兹不赘述。最后一种方式,此说认为亦属于损失填补保险,尽管不问被保险人实际支出医药费用有多少,但实际上是填补医疗期间的其他支出或不能工作丧失收入的损失。从而无论何种给付类型,所有的医疗险皆属于损失填补保险的范畴。其次,区分说。此说认为应将医疗险区分为实支实付型与定额给付型(前述第三种类型的医疗保险),实支实付型的健康医疗费用保险或丧葬费用保险而亦有损失填补原则及复保险规定的适用;定额给付型则因为不是依照收据实支实付,不论被保险人实际支出为何,皆以最初约定之金额给付,从而属于定额给付保险,无复保险与保险代位规定适用。

然而,这两种说法并非皆无问题。损失填补保险说既然认为日额型保险契约亦属于损失填补保险,不但填补被保险人医疗费用支出之损失,亦填补医疗期间的其他支出或不能工作丧失收入的损失,但事实上其于投保时或理赔时根本没有估计被保人是否有工作能力或收入高低。例如,年逾 80 岁的老翁或 3 岁的小孩投保住院日额 3000 元,跟身为家庭经济支柱的 35 岁青壮年上班族投保 3000 元日额,损失的内容系完全不同,此说认为有填补工作上或其他经济上损失性质,岂不应个案考量再给予不同的补偿,怎会一律给相同之保险金?抑或是相同年龄的失业者与企业家,两者住院造成的经济损失显不相同,但投保时保费计算并未加以考量,而仅有以被保人身体健康或年龄作为核保标准,最后又怎能判断保险金的给付能够填补损失?且若有溢付情形又应如何处理?管见以为,未将上述变因加以考量,径认定定额医疗保险金有补助工作或其他经济上损失,稍嫌速断。

至于区分说以保险契约本身设定为实支实付型或定额给付型而区别其性质,似有倒果为因之嫌,似应先讨论医疗保险本身应究竟属于损失填补保险或定额给付保险,才能将在落实保险契约条款时将给付设定为定额给付或实支实付。怎能因为现行保险契约有定额型与实支实付型,径谓医疗险可为定额给付保险或损失填补保险。假设这样的逻辑成立,若实务上有保险人推出“定额”的财产保险,则不啻应承认财产保险亦有定额给付型?从而定额给付保险/损失填补保险之区分也不再有实益,故根本之道仍应从医疗保险契约的性质与特性探讨其应该属于定额给付保险或损失填补保险。不过,可以确定的是,人寿保险与财产保险分别在此种分类光谱的两端,但医疗保险在现行实务及学说上却跨足定额给付保险与损失填补保险,造成此种分类方式界限不明。毕竟欲作“归类”的时候,总不希望有分类不清的情形,造成想将之分门别类的目的不达,进而难以进行更深入的讨论,例如,医疗保险是否有损失填补原则之适用?

(五)小结

综上,人身保险/财产保险分类方式界定明确,以此归类作为保险业营业范围的划分相当有利，但不能因为保险法采用此种分类，在保险法诸多学理的讨论就仅限于如此讨论，原因已如前述，毕竟不同的分类方式皆有其实益所在，若欲讨论法律上权利义务，此种分类方式并不能够完整诠释，反生争议。

损失填补保险与定额给付保险确实能明确其法律义务与权利关系，避免以人身/财产保险分类的争议与困扰，然而却须面对的是界线不明的问题，如果不能将其界线厘清，又何以判断各种保险契约应该属于损失填补保险或定额给付保险？从而又怎能判断是否有损失填补原则之适用或复保险等问题？在保险实务上，医疗险似乎成为这种分类方式最暧昧也最模糊的灰色空间，如不能将之归类，则医疗保险契约之性质将无法厘清，后续的权利义务关系也不能确定，争议亦不会停止，也失去以定额给付保险/损失填补保险分类所欲避免的最初目的，故将医疗保险的性质与内涵加以厘清，确实有其必要。

四、定额给付保险与损失填补保险的底线

我国保险法将保险区分为“人身保险”与“财产保险”。也就是人身保险的保险标的物是“关于人之生命与健康”；而财产保险的保险标的是“人以外之物或责任”，举凡动产、不动产或对他人伤害所必须负担的责任等。因此，我国保险法对于保险契约的分类是人身保险与财产保险之“二元论”，此亦为我国保险业分营的主要依据，即人寿保险公司与产物保险公司分流。

然而，在英、美、德、法与日本等外国保险业者虽也有人寿保险(life insurance)的观念，但是外国的保险二元论基础是根据“损失填补保险”原则区分的“indemnity insurance”(损失填补保险)及“contingency insurance”(非损失填补保险)：将其余不适用损失补偿原则的保险则归为一类，谓之“非损失填补保险”。

(一)损失填补保险之底线

损失填补保险就是根据损失补偿原则所订立的保险契约。损失补偿保险是利用保险填补被保险人因为发生风险所造成的损失，例如火灾保险、汽车保险即是。其特征是“补偿被保险人的损失”，因此被保险人无损失即无保险给付请求权，以避免被保险人因为发生风险损失而获得财产上利益。损失填补保险的保险标的可以是以金钱衡量的物、权利、利益或责任，所以保险业者可以根据被保险人发生保险事故的实际损失，经被保险人提出给付保险金之请求，给付保险金。损失填补保险的被保险人应于保险事故发生时，对保险标的有保险利益；否则无从计算被保险人的损失，如无损失，则无从给付保险金之理，所以被保险人在保险事故发生时若已经丧失保险利益，则不得主张保险金给付请求权。

损失填补保险以填补财产上损失为主要目的，故其损失必须得以金钱计算，无

论是有形或无形的财产皆属之,例如责任保险,其以被保险人对于第三人,依法应付赔偿之责,而受赔偿之请求时,负赔偿之责。即使是抽象的责任,其所赔偿之金额于被保险人受请求赔偿时,该赔偿数额亦随之确定,故仍属于可以计算金钱损失程度的保险契约,而被归类于损失填补保险。

因此,损失填补保险必须符合损失填补原则。损失填补原则的立论基础在于保险制度的目的系在填补被保险人之损失,使被保险人因保险事故发生造成损失之冲击降到最低,因此需要填补之程度将视其损失之大小,没有损失则不必填补,故保险契约可以说是补偿契约。当然任何被保险人也不能够因为保险制度的存在而获得超过其损失的补偿,否则将与赌博无异,因此避免赌博行为发生亦属保险制度重要目的。因为从保险之目的而言,主要在移转因为保险事故所造成之损失给其他具有相同风险的经济单位共同负担,若被保险人所获得之补偿大于其所受之损失,将背离保险制度的原意,也是其他经济单位欲共同承担损害的美意被滥用、社会资源也因而浪费。而且若被保险人可以因为保险事故发生而获得超额补偿,将造成道德危险,使被保险人为贪图超额填补而促使保险事故发生,如此不但影响保险制度之运作,同时也会加重所有经济单位之负担,并增加所应负担之保险费。

在讨论损害填补原则时,可以从两个角度观察:第一,以积极面而言,保险制度目的在填补被保险人因保险事故所受之实际损失,使原受损失之不确定性化为可确定之保费;第二,以消极面而言,禁止被保险人因保险制度而获得超过其损失的补偿,以维持保险制度的运作。而此原则,属于一强制之法律原则,并非当事人约定才适用或可因当事人约定而排除其适用。从而在探讨哪些保险属于损失填补保险,必须适用损失填补原则时,则不应将该风险控管的义务任由保险人自行决定或设控,此终究为保险法上重要之法理,虽保险人在招揽契约时会有一定审查机制,但毕竟为保险人内部的控管制度,亦有可能形成漏洞,法律在此环节并不应交由保险契约当事人恣意决定是否适用损失填补原则。

损失填补原则可分为广义与狭义。广义的损失填补原则认为保险制度的目的即在填补损失,因此不应限制系填补具体损失之损失填补保险,或填补抽象损害的定额给付保险。事实上在定额给付保险中,损失填补原则常成为实务运作的限制,例如意外险中,被保险人之职业与财务状况将作为投保时约定保险金额的参考。而狭义的损失填补原则,只有在填补被保险人具体损失之保险才有适用。定额给付保险因其损失无法具体计算,因此不适用损失填补原则,至于损失填补保险则因损失可以具体化、量化计算,因此需适用损失填补原则。

若损失填补原则之消极面禁止不当得利,即受填补者不得逾实际损失来看广义与狭义的适用结果,可以发现在损失填补保险中,保险标的物之保险价值为法律上最高填补限制,而契约上则是以保险金额为填补之最大限度。但在定额给付保险中,其实无法真正估计保险人之给付是否已超过被保险人之抽象损失,从更高的层次而言,该抽象损失甚至不可以用金钱加以估计或量化,因此关于定额给付保险的抽象损失不应也不能以金钱具体化。准此,应限缩损失填补原则之意义,并只适用于损失填补原则,以免不当扩张造成适用的困扰。

损失填补原则既只适用于损失填补保险,不适用于定额给付保险,则损失填补保险与定额给付保险最大的区分即在于:前者目的在填补被保险人具体的损失而不包含抽象损失,故当保险事故发生,保险人所应填补者为被保险人的财产上损失,又既然为财产上损失,则其损失之金额必然可以计算,剩余的仅是容易估计与否的问题,也因此有定值保险与不定值保险的分别。

因此,损失填补保险之填补内容以可估计的具体损失为限,亦即以财产上损失为限,故损失填补保险的界线在于该保险的填补内容是可以金钱计算的、不含抽象上的损失,故所有的财产保险都应属于这个范畴。至于人身保险,如果仅单纯的在补偿因人身受损而支出的财产损失,亦应属于损失填补保险。相对的,如果人身保险的填补内容涉及抽象的观念上损失,即非损失填补保险的范围。

(二)定额给付保险之底线

定额给付保险,主要系关于人身等损失,通常除了财产上损失外还会涉及抽象的观念上损失,保险法学说上虽有认为保险不应填补此种无法估计的抽象上损失,然多数学说仍然承认保险契约有填补抽象损失的作用,在实务上的保险契约设计亦是如此。

由于人之生命无价,所以人的生命无法适用损失补偿的计算方式,故人身保险中的人寿保险金额是以清偿被保险人的负债与满足其家属日后实际收入的方式,以定值的风险衡量。保险人给付保险金时,不得要求被保险人证明其有财产上损失,而仅以补偿其财产损失为限。定额给付保险的保险标的是人之生命与身体(the life insured 或 the person insured),定额给付保险是以定额给付的方式要求保险人于保险事故发生时,依保险金额定额给付,并无补偿财产上损失的问题,自然无损失填补原则的适用,所以被保险人应于保险契约订定时对保险标的的生命或身体有保险利益,否则保险契约不生效力。

定额给付保险必然为人身保险,但并非所有人身保险皆属于定额给付保险,故有深入分析之必要,以探讨定额给付保险之界线。以人寿保险而言,可分为死亡保险与生死合险,实际的名称包括:终身寿险、储蓄寿险与定期寿险。且均有保险金额递增或递减的商品,其主要是提供受益人发生早期死亡的财务保障以及储蓄累积现金价值的功能。只要被保险人因为疾病或外来的伤害,发生死亡或全部残废时,保险人则依据保险契约中约定的保险金额,给付保险金给受益人。人寿保险以人之生命终止为保险事故,通说以生命无价认为人寿保险并非仅有填补财产上损失之意义,故一般将人寿保险归类于定额给付保险。

问题在于人身保险中,健康保险与伤害保险的定位,究竟应属于何种保险范畴,是否适用损失填补原则。如以定额给付保险的底线出发探讨,则定额给付与损失填补保险最大的区分在于被保险人投保的标的是否为纯粹财产上的损失,抑或是包含了抽象的观念上损失。有观点认为所有的医疗保险皆属于损失填补保险,然而事实上许多关于人身上重大的健康或肢体伤害,对被保险人损失的绝不仅止于财产上损失。因此,定额给付保险的底线应回归其本质,亦即应探讨各种保险金最原始所欲填补的目的为何,如仅是财产上损失的填补,不论其给付方式为何、给付金额多寡,皆应属于损失填补原则;相对的,假设该保险金的给付目的包含抽象的损失,该损失不应也无法以金钱估计时,则属于定额给付保险的范畴。

然而何种医疗保险有涉及抽象损失填补,则应当更详细的判断,并非所有涉及抽象观念上损失的皆得以定额给付保险承保。举例而言,假设甲拥有一辆爱车,其精心改装,且经常开该车带女友游山玩水,对该车已具有特殊情感。假若某日因故毁损,保险所给付的,仍仅是该车在毁损时之价值,并不包含甲因为爱车毁损而所受的精神上、抽象的损失,即便是甲与保险公司当初成立保险契约时,保险人(保险公司)愿意以其精神损失作为保险标的承保,亦非保险法所许。又例如许多人为自己爱犬、爱猫投保,当其宠物死亡时,保险人亦仅能给付“狗”或“猫”的价值,在保险法、保险契约上即将其视为“财产”,而非“宠物”,故并不能再赔偿其精神所受损失。准此,并非所有精神损失皆可以借由定额给付保险承保。

但是,又是哪些抽象损失才得以透过保险契约承保?学说上似乎鲜有专门讨论此议题者,一般仅谨守财产保险有价得以计算、人身无价故有填补抽象损失的观念,然而如此确无法精确讨论在医疗保险面临的界线问题,而使损失填补保险与定额给付保险有混淆的模糊地带。

管见以为,保险契约的本质在填补被保险人因保险事故所遭受的损失,并且以填补财产损失为原则,然而也不排除抽象观念损失的填补功能,但抽象观念上的损失假若并非重大,即便无法具体计算量化,但仍然可以被金钱取代甚至是超越,如此将可能造成虽有抽象损失,但仍然造成道德危险的可能。例如前述甲之爱车,若其汽车损毁时价格为50万元,保险人给付其50万元仅能填补其财产上具体损失,并无法填补其抽象损失,然而若因而开放其对自己的爱车投保5亿元天价,则该车发生事故之概率将必然大大提升。因此,当财产保险之保险金额远高过保险标的价值时,即便被保险人会因为保险事故发生有抽象上损失,仍可能发生道德危险。

上述表明,如保险事故之发生会对被保险人造成抽象损失,并不代表被保险人会因为保险金额过高而产生道德危险。同样的道理,也可以适用在人身保险上,如果被保险人所生之疾病或意外伤害并不太严重,或者有透过医疗痊愈的可能,虽然被保险人可能因此亦遭受抽象上的损失,但若因此使其保险金额得以无限上纲,造成一次感冒门诊得以给付上万元保险金,则道德危险之发生成为必然,也浪费医疗资源。因此,即便在人身保险,亦不能仅因为一句人身无价就使所有医疗保险都归类于定额给付填补,在抽象损失不大的前提下,宜有损失填补原则的适用。

综上,定额给付保险所填补的内容包含抽象的观念上损失,但并非所有抽象的观念上损失都应该借由保险契约填补,故应只有在重大的抽象损失,才有定额给付保险的适用。以人身保险而言,生命为人之所有权利、利益的根本,生命的损失最为重大,对被保险人的精神损失而言,亦是如此,加上生命无价的观念,从而人寿保险之身故保险金,有填补抽象损失之意涵,乃当然之理,此义为通说所采。至于人身保险中的医疗保险,人之健康损失是否有涵盖在定额给付保险,必须要视该健康或伤害对人之身体影响是否重大而定。若非重大或可以恢复,则不宜将该种抽象上损失纳入定额给付保险,而仅应适用损失填补保险;如系重大,甚至不下于生命损失的疾病或伤害,自然可以将其重大的抽象损失纳入定额给付保险,如此也不致被保险人轻易的造成道德危险。因此,定额给付保险的底线,应以人身保险为准,不但不包括所有的财产保险,在人身保险中,亦仅限于对人之健康有重大影响的疾病或医疗,始为恰当。

五、定额给付保险与损失填补保险之交错

前已述及,在法律上区分成损失填补保险及定额给付保险,将较财产保险/人身保险的区分方式更容易认定所应遵循的相关法律原则与规范。至于如何区分此两种保险?以保险利益的存在基础观之,若属经济上利益,并可以金钱估计之利益,则该种类为损失填补保险,否则即为定额给付保险。

在此分类方式上,亦可从保险的目的观察,认为保险契约的目的在于填补被保险人之损失,因此主要在于补偿一定的需要。也就是在被保险人因危险发生产生损失时,希望补偿之期望。此种补偿之需要性,可区分为具体性补偿需要与抽象性补偿需要,不过区分标准,仍应视抽象性补偿需要的重大性加以判断。

定额给付保险与损失填补保险为一体两面,两者可以组成保险的全部,前者不适用损失填补原则,后者则适用。在保险法上所适用的条文与法理及保险契约当事人的权义皆有所不同,理应有一清楚明确的界线,然而在医疗保险,却有着界线不明的问题。

有认为基于人身无价,而将所有人身保险皆归类于定额给付保险;有认为应以医疗保险的给付方式区分,如系实支实付型则属于损失填补保险,如系定额给付型则属于定额给付保险;亦有认为所有医疗保险仅是填补被保险人财产上损失而应独立于人身保险之外,而皆属于损失填补保险。从而损失填补保险与定额给付保险之界线,在医疗保险的部分有着模糊地带。

首先,对于认为所有人身保险皆归类于定额给付保险者,其忽略有部分医疗保险确实以填补财产上损失为目的。如实支实付型的医疗保险,其针对被保险人因为医疗支出之财产损失作为保险标的,因而要求被保险人须检具收据证明其因为医疗行为所造成的医疗支出费用,保险人才依据该医疗收据给付,其中并不包含任何抽象损失的填补。其次,又若将所有医疗保险皆归类于损失填补保险的说法亦有疑问,如罹患癌症保险金或残疾保险金,其并不要求被保险人须要有任何财产损失才给付保险金,而系在被保险人损伤重大健康状态时就给付保险金,且并不排除其后续的医疗支出,仍会依照被保险人住院日数或门诊次数另外给付医疗保险金以填补其医疗支出,从而亦不能将所有医疗保险皆归类于损失填补保险。

至于将医疗保险中实支实付型归类于损失填补保险,而将定额给付型归类于定额给付保险之说法,似乎无法解释定额/实支择优给付的保险契约性质,也无法在保险契约成立时将其定性。故应抛开以给付方式区分定额给付保险与损失填补保险,因为即便是定额给付型的医疗保险,目的亦有可能在于填补被保险人因医疗行为所生的财产上损失,毕竟医疗行为对被保险人的财产损失,绝不仅只于医疗收据而已,也可能包含因医疗行为相关的杂费支出、无法工作的报酬损失,甚至是医疗行为后无法立即工作在家休养的花费及工作损失。其难以确切数额计算,但却可以一定金额范围估算,并非不能计算,而且此类损失,亦仅是金钱上之损失,并非抽象损失。以各类保险金的填补目的来加以区分应当是较合理的方法:具有重大抽象损失的保险应归类于定额给付保险,反之则为损失填补保险。

(责任编辑:樊启荣)

私法研究 27 第二十七卷

论《保险法》格式条款规制规则的完善

——以《民法典》最新规则为鉴

汪 君*

目 次

《保险法》第 17 条、第 19 条、第 30 条，系保险格式条款规制规则。原《合同法》第 39 条、第 40 条、第 41 条，系一般合同格式条款规制规则。前者于立法时对后者多有借鉴，且司法实践中亦以后者为裁判说理之依托。保险法学界，亦视二者于格式条款规制上“同气连理”。《民法典》第 496 条、第 497 条对原《合同法》第 39 条、第 40 条已作更新。〔1〕显要之处，一是于第 496 条即格式条款信息规制规则中，明确违反提示说明义务之后果为“不成为合同的内容”，一改先前司法解释之“可撤销”观点；〔2〕二是在第 497 条及格式条款内容控制规则之第 2 款中，于无效格式条款类型前加一“不合理地”之状语，使“免除或者减轻其责任、加重对方责任、限制对方主要权利”的条款不再如原《合同法》第 40 条一律无效。两处调整，看似轻微，实则多有考量。

---

* 汪君，中南财经政法大学法学院讲师。

〔1〕《民法典》第 498 条原封不动承继了原《合同法》第 41 条之内容。

〔2〕参见《最高人民法院关于适用〈中华人民共和国合同法〉若干问题的解释（二）》（以下简称《合同法司法解释（二）》）第 9 条。

《保险法》第17条及第19条，于学界素有批评，实践中又多见乱象。以《民法典》新规为鉴，求《保险法》完善之道，正当其时。

一、《保险法》第17条信息规制之功能回归及规则完善

《保险法》第17条之意旨，是为促使保险格式条款所载信息向投保人流动，[1]以实现订约公平。虽然《保险法》于1995年初定之时在未借鉴域外立法情形下明列条款，规定保险格式条款之提示说明义务并明确义务违反之法律后果，[2]于立法史上颇受赞誉。但此条运行至今，学界已于实践中窥见其中不足。原《合同法》及其司法解释在格式条款提示说明义务的内容上素来不同于《保险法》第17条，此次《民法典》于说明义务违反之后果上更是改弦更张。原《合同法》尤其是《民法典》中关于合同订立时的格式条款信息规制规则，或可为《保险法》第17条之镜鉴。

（一）功能回归

1.《保险法》第17条"两分法"的逻辑与实践困境

《保险法》第17条同时规定了保险人对格式条款的提示与说明义务。从条文、结构及内容来看，该条在提示与说明对象及义务程度上设置了"分别机制"：[3]对于不涉及"免除保险人责任的条款"，是"提供+说明"；对于"免除保险人责任的条款"，保险人当"提示+明确说明"。（见表1）

表1　《保险法》、原《合同法》和《民法典》中的格式条款信息规制规则对比

项目		《保险法》第17条	原《合同法》第39条	《民法典》第496条
提示义务	负提示义务的范围	（推定为）全部格式条款	免除或者限制其责任的条款	免除或者减轻其责任等与对方有重大利害关系的条款
	未尽义务之后果	其他条款：未规定 免除保险人责任的条款：不产生效力	未规定	未规定

[1] 参见王海明：《〈保险法〉第17条的机制缺失与救济调整》，载《浙江学刊》2017年第6期。

[2] 参见覃有土：《保险法概论》，北京大学出版社2001年版，第157页。

[3] 参见曹兴权：《保险缔约信息义务制度研究》，中国检察出版社2004年版，第223页。

续表

项目		《保险法》第 17 条	原《合同法》第 39 条	《民法典》第 496 条
说明义务	说明的主被动样态	主动说明	按对方要求	按对方要求
	负说明义务的范围	“说明”:全部格式条款;“明确说明”:免除保险人责任的条款	对方要求且负提示义务的内容	对方要求且负提示义务的内容
	未尽义务之后果	其他条款:未规定;免除保险人责任的条款:不产生效力	未规定	不成为合同内容

但是此种两分法的提示说明义务,在逻辑上存在明显问题。首先,两分法的前提是如何有效界定“免除保险人责任的条款”的范围。最高人民法院《关于适用〈中华人民共和国保险法〉若干问题的解释(二)》(以下简称《保险法司法解释(二)》)第 9 条、第 10 条明确“免赔额、免赔率、比例赔付或者给付”等属于“免除保险人责任的条款”,并将法定或约定解除权、因成文法禁止性规定违反而免责的条款排除在外。其中,比例赔付本身属于确定保险人责任范围而非免除责任的条款,即是扩大了“免除保险人责任的条款”的范围。[1] 可见我国司法体系中对“免除保险人责任的条款”的内容划定具有很强的法政策性,而一旦立法依靠司法政策进行法律适用,两分法条文自身的稳定性和严谨性便不复存在。清晰、有效地区分保险人“说明”和“明确说明”义务的范围更不可能。其次,“说明”与“明确说明”二者于本质上并无差异,甚至“明确说明”本身恐怕就构成同义反复的病句。有观点将二者关系类比为“一般”和“重点”、“重要”和“非常重要”的关系,[2] 此种类比,只能更加形象地说明对“说明”和“明确说明”进行有效区分的低把握度和高主观性。有学者指出,“说明”和“明确说明”的做法,实际上是延续了原《保险法》就存在的问题。[3] 而《保险法司法解释(二)》第 11 条、第 12 条、第 13 条仅解释了第 17 条第 2 款的“提示”和“明确说明”,对于具有高度迷惑性的“说明”和“明确说明”却只字未提。可见对于司法机关而言,第 17 条对格式条款的规制重点是格式条款“提示”和“明确说明”义务的履行情况,而非分别机制下不同格式条款的不同说明程度。

两分法的分别机制的逻辑缺陷也造成了保险法司法实践中的困境。《保险法》

---

[1] 参见陈群峰:《保险人说明义务之形式化危机与重构》,载《现代法学》2013 年第 6 期。

[2] 参见于海纯:《保险人说明义务之涵义与规范属性辨析》,载《保险研究》2009 年第 11 期。

[3] 参见王海波:《论保险人说明义务“分别机制”的重构》,载《云南大学学报法学版》2016 年第 6 期。

第17条意在对保险人就某些保险格式条款课以更加严厉的先合同义务,并将这些条款限定为"免除保险人责任的条款",但其范围的开放性和模糊性使司法裁判缺乏确定性。加之"责任"兼含保险金给付责任与其他合同义务履行的可能含义,并因保险合同的专业性,等待期、鉴定标准、折旧计算方法等均会影响保险金给付与否及给付额度,往往也引发是否构成"免除保险人责任的条款"的争议。〔1〕在相对于"说明"的"明确说明"的义务履行上,最高人民法院研究室《关于对〈保险法〉第十七条规定的"明确说明"应如何理解的问题的答复》指出其说明效果应当是"以使投保人明了该条款的真实含义和法律后果",如何证明投保人主观上真正明了则有赖审理法官的主观判断。在法官素质参差不齐、案件积压、"同情弱者"心理的多样因素下,未履行说明义务也成为法官判定保险人承担责任的"法宝",〔2〕最终造成了保险人在此类案件中的低胜诉率。又因违反"明确说明"义务之后果是保险格式条款"不生效",只要保险人无法证明其履行了"明确说明"义务(事实上也很难举证),法院便会倾向于判定保险人不得免除相关保险责任。同时,因违反说明义务的后果(不生效)与《保险法》第19条"内容控制"之最终结果均是判令保险人承担保险责任,实践中第17条、第19条、第30条往往成为法官的"组合拳"用以保护投保人,也难怪学界指出,第17条已然成为投保人滥用权利的挡箭牌。〔3〕可见,《保险法》第17条意欲通过对保险人在合同订立阶段就某些条款施加更加严格的提供和说明义务,从而使得投保人获得充分的信息以谋求公平交易地位和条件。但第17条的分别机制无论是在逻辑还是实践操作上均存漏洞与障碍,对保险人合同订立阶段进行规制的目的也未能科学实现。

2.《民法典》第497条的功能回归与错位

虽然原《合同法》第39条未采类似《保险法》第17条将提示义务与说明义务区分的"二分法",但同样将部分格式条款(免除或者限制其责任的条款)单列,以求严格格式条款提供人的先合同义务(提示并按要求说明)。在原《合同法》第39条的立法下,司法实践同样陷入了《保险法》第17条一样的无法有效认定是否履行了对"免除或者限制其责任的条款"所附说明义务的困境:一是当事人在对说明义务的履行上举证困难而司法机关又缺乏耐心,往往偏向于保护格式条款相对方;二是依据

〔1〕参见张晗庆:《关于保险合同格式条款的裁判思维》,载《法律适用》2020年第10期。

〔2〕参见于永宁:《保险人说明义务的司法审查——以〈保险法司法解释(二)〉为中心》,载《法学论坛》2015年第6期;肖和保:《论保险合同之射幸性——兼评保险合同免责条款的正当性》,载《财经理论与实践》2008年第1期。

〔3〕参见吴永敏、胡斌:《对我国保险人说明义务制度的反思和重构——兼评新〈保险法〉第17条》,载《浙江大学学报(人文社会科学版)》2010年第3期。

原《合同法》第39条和第40条的立法,因两条中均将责任免除的条款作为规制对象,如此,即便依第39条履行了说明义务,亦可依第40条宣告合同无效。并且,原《合同法》第39条未像《保险法》第17条那样明确违反说明义务的法律后果,构成了法律漏洞。王利明教授主张应视为“未订入”,[1]梁慧星教授则主张“可撤销”,[2]《合同法司法解释(二)》第9条采“可撤销”观点。“未订入”与“可撤销”,二者分别属合同成立判断与合同效力判断的不同领域。司法机关选择了“可撤销”而非“未订入”,恰恰反映出了原《合同法》第39条立法舛误之根源:混淆了格式条款订入控制和内容控制的界限,在订入控制阶段规定了本属于内容控制的内容。[3] 所谓订入控制,即格式合同成立过程中的信息规制,其规制对象在于格式合同提供方在合同订立阶段的信息提供目的是保障相对方了解充足信息后在最大合意的状态下订立合同。而格式合同的内容控制,则是合同成立后通过对格式条款的内容审查,排除掉有违合同正义的格式条款。如此看来,《民法典》第496条将未履行提示说明义务条款的效力确定为“未订入(不成为合同的内容)”,这种格式合同成立与生效的区分,既推翻了司法解释关于格式条款可撤销的效力判断,又捋顺了原《合同法》第39条和第40条的逻辑关系,使得对格式条款提示义务的规制回归到“信息规制(《民法典》第496条)——内容控制(《民法典》第497条)——解释规制(《民法典》第498条)”的规制体系之中。

但基于对先前立法路径和成例的遵循或言固守,《民法典》第496条仍然单列“免除或者减轻其责任等与对方有重大利害关系”的条款,此类特殊条款同时属于第497条内容控制之对象。此种在信息规制阶段“掺入”本应属于内容控制对象的立法,仍会为日后司法适用留下隐患:第一,为确保合同的确定性和稳定性,对“不成为合同的内容”的主张必然需要赋予一定的除斥期间,但是即便相对人错过了此期间,仍然可以通过内容控制主张,如此,格式条款提供人终究是“难逃一死”,信息规制有何意义?第二,“免除或限制其责任的条款”的认定本来就是司法实践的难题,《民法典》第496条又增加“等与对方有重大利害关系的条款”这一表述,最终结果,无非是无限扩大格式条款提供者的提示与说明范围。第三,原《合同法》第39条和《民法典》第496条将重点放在对格式条款提供人说明义务的规制上,为保障避免说明义务覆盖到其他“必要”条款上,后者还使用了“等与对方有重大利害关系的条款”。

---

〔1〕 参见王利明:《中国民法典学者建议稿及立法理由——债法总则编:合同编》,法律出版社2005年版,第231页。

〔2〕 参见梁慧星:《合同法的成功与不足》(上),载《中外法学》1999年第6期。

〔3〕 参见贺栩栩:《〈合同法〉第40条后段(格式条款效力审查)评注》,载《法学家》2018年第6期。

二者实质,和《保险法》第17条分别机制的逻辑一致,即对于格式条款,除了提示义务还不够,还必须将部分条款拎出来,课以说明义务或更加透彻、明确的说明义务。既形成了与内容控制间的重复与矛盾,又因难以证明"说明"和"明确说明"的义务履行而造成的司法裁判中的机械主义。故而,《民法典》第496条虽意欲回归到信息规制的本质,即在合同订立阶段,以不成为合同内容的"未订入"规则,敦促格式条款制定方充分合理提供相关信息,以实现立约公平。但在条文设计上仍是对原《合同法》第39条的小修小补,未能充分贯彻并完整展开以信息规制为核心的立法理念。

3.《保险法》第17条功能彻底回归的可能与期待

事实上,《保险法》第17条关于格式条款"不产生效力"的规定,其本身便有作"未订入"理解之空间,[1]相对于原《合同法》第39条的理解及实践离信息规制规则的追本溯源本就更进一步。《保险法》第17条相较于原《合同法》第39条原本即更接近格式条款信息规制之本质。但是在具体的条文设计上,却又未能坚持信息规制之功能核心,意欲在合同订立阶段通过赋予保险人说明义务实现对保险格式条款的内容控制,既与第19条在立法意旨和内容上重复,又为限制内容控制的范围创设了"两分法"的分别机制,人为造成了逻辑混乱和实践困境。同样,《民法典》将条款之说明作为格式条款信息规制的核心手段,并且仍列"免除或者减轻其责任"的、与内容控制重复的条款作为说明对象,难谓真正回归到信息规制的功能定位。《民法典》既成,倘若未来司法实践中意识到第496条问题之所在,能否通过司法解释补足而又能为多大调整空间则不得而知。但就《保险法》而言,其作为民事特别法,不必拘泥于《民法典》之成例,无论是以《民法典》出台为由调整规则,还是未来有机会再对《保险法》条款予以修订,均当有所作为亦可大有作为。况且,保险法学界针对第17条的理论与实践弊端,已借鉴境外民法及消费者权益保护法中关于格式条款信息规制的立法,提出了较为完整的保险格式条款信息规制规则,[2]民法学界尚有较为完整的立法方案,[3]均提供了较好的理论预备。因而,我们有理由期待《保险法》第17条利用好其明显的后发优势,构建契合格式条款信息规制逻辑功能的完整规则。

综上,《保险法》第17条因采取分别机制而带来的逻辑缺陷和实践困境,源于在第17条中规定了本应属于第19条内容控制的内容,其根本是立法导致的第17条信息规制条款功能的缺失与错位。原《合同法》第39条的格式条款订立规则同样如

---

〔1〕 参见樊启荣:《保险法》,北京大学出版社2011年版,第98页。

〔2〕 参见钱思雯:《保险人说明义务之解构与体系化回归》,载《保险研究》2017年第9期;陈群峰:《保险人说明义务之形式化危机与重构》,载《现代法学》2013年第6期等。

〔3〕 参见梁慧星:《中国民法典草案建议稿附理由:合同编》(上),法律出版社2013年版,第74-79页。

此,但《民法典》第 496 条中"不成为合同的内容"的法律后果明确,起到了正本溯源、回归信息规制规则的作用。《保险法》第 17 条应正视并回应此种回归,同时以《民法典》第 496 条的立法缺憾为鉴,以信息规制的逻辑机理为指引,完整构建保险合同订立过程中对格式条款的信息规制规则。

(二)规则完善

格式条款信息规制的本质是促使格式条款提供方提供与合同订立有关的充足信息,以保障相对方的知情权并在信息对等的前提下自主决定订立与否。其关注的重心是信息的提供范围和质量,而非个案中投保人对信息是否真正理解。再者,格式条款信息规制包含的内容并不限于格式条款的提示和提供,从法理和比较法上看,其尚应包含条款外观的显著性、条款语言的通俗化、强制性规范的载入义务、意外条款的排除等内容。再观《民法典》、原《合同法》和《保险法》的立法,既遗漏了信息规制的核心内容又将说明义务作为立法重点,忽视了对格式条款文本本身及其信息提供方式的规制。因此,《保险法》第 17 条信息规制功能的回归,必须舍弃分别机制,将规制重心从说明义务的履行回归到格式条款的信息的合理传递上,构建以信息流向为逻辑的包含"信息拟定—信息提示—信息确认—信息剔除"四个关键节点的保险格式条款信息规制机制。

1. 是保险人在信息拟定阶段以通俗易懂的语言拟定文本的义务。保险格式条款产生的信息不对称,根源在于保险格式条款的专业性,专业性的格式条款既增加了投保人辨识和衡量风险的成本,也因交易成本的增加耗费更多资源。[1] 要求格式条款制定者提供更加通俗易懂的文本是降低信息理解成本更为妥适的路径。[2] 如《意大利民法典》第 1469 条Ⅳ第 1 款规定:"在契约的条款或部分条款是以书面形式向消费者提出的情况下,这些条款应当以清晰和易懂的方式写就。"同时,提高保险格式条款的通俗性与保险条款的专业性并不矛盾。其一,保险合同文本的通俗化除了可以降低投保人信息获取的成本,还有利于减少保险公司的内部展业成本和管理成本,符合保险市场发展和保险社会化发展规律。[3] 其二,保险条款的通俗化也与保险类型的专业化程度及对应的投保人群体专业背景并加以区分。对于消费保险,对其条款进行通俗化改造的成本较低;对于部分人身保险,其中涉及的专业化术语,在符合其专业含义的基础上按照通常理解进行释义补充;对于具有金融属性的保险,因其对应的投保人群体相对一般投保人具有更加充分的专业知识,对保险条

〔1〕 参见王海明:《〈保险法〉第 17 条的机制缺失与救济调整》,载《浙江学刊》2017 年第 6 期。

〔2〕 参见马辉:《格式条款信息规制论》,载《法学家》2014 年第 4 期。

〔3〕 参见王海明:《〈保险法〉第 17 条的机制缺失与救济调整》,载《浙江学刊》2017 年第 6 期。

款的文字表述当然可降低通俗化要求。其三,保险行业监管政策也体现了保险条款通俗化的趋势。如原保监会2004年发布的《推进人身保险条款通俗化工作指导意见》即指出,要积极推进条款通俗化工作,使人身保险条款文字浅显易懂。[1] 保险人提供的格式条款因语言文字表述有碍于投保人理解的,既可适用内容控制和解释规制规则予以救济,也可通过"意外条款不订入合同规则"予以排除。

2. 是保险人在信息提示阶段合理提示即确保提示范围合理、方式合理的义务。《保险法》第17条指出保险人应当向投保人提供格式条款并对其进行说明,但既然"说明"范围已经及于所有保险格式条款,自然应当不限于"提供"而是当作"提示"理解。虽然相对于《民法典》第496条,《保险法》第17条的提示范围明显较大,但在我国保险合同的一般信息提供义务缺乏明确立法条文,[2] 而为凸显保险法领域对格式条款规制之严格,将提示范围定为全部格式条款亦为妥当。合理提示方式之合理,则当体现为如下要求:一是提示之方式当以书面为主且其印刷及字体当便于投保人阅读理解,不得因字体、印刷或其他情事致难以注意其存在或辨识;二是在投保人因身体之缺陷或理解之不便,当以适合投保人理解的方式为提示或向其有权之代理为提示;三是当以"醒目"方式突出某些特殊格式条款,此类条款不以免除保险人责任的条款为限,凡与投保人有重大利害关系者均应为之。

3. 是保险信息确认阶段投保人的同意明示及冷静期设置。我国格式条款的信息规制,并不重视相对人对格式条款的确认和同意。《保险法司法解释(二)》第13条明确投保人的签字盖章等系用以认定保险人履行了提示说明义务,但按照要约——承诺的合同订立过程,投保人的同意明示是基于保险人提供信息所作出之承诺,是格式条款订入合同的必要条件。此种明示,系表明消费者同意受其约束,其中机理有二:一是若格式条款非得消费者同意受其约束方可成为契约之部分,格式条款提供者便得提供更多格式条款有关信息,方使其因相对人承诺而得以订入合同;二是彰显与督促相对人之不真正义务之履行,即相对人有义务阅读格式条款并就其中疑问询问格式条款提供人,若未明条款真意而自行同意,当不得反言。保险合同

---

[1] 如原保监会于2009年发布的《人身保险新型产品信息披露管理办法》第5条、原银监会于2011年发布的《商业银行理财产品销售管理办法》第18条,也要求人身保险或保险理财产品应当采用通俗易懂语言。

[2] 《德国保险合同法》第7条第1款规定了保险人的一般信息提供义务,即在投保人作出承诺前,需以书面形式告知其包括格式条款在内的相关条款以及相关法例规定。事实上,2002年《保险法》修订之第17条第1款、1995年《保险法》制定之第16条第1款,即规定了保险人的一般信息提供义务,只是2009年修订之时,将其与"免责条款的说明义务"合并为第19条。本文以为,无论是从一般信息提供义务角度还是考虑对格式条款信息义务的严格规制,均当将提示之范围扩大至全部格式条款。

中已经有较为成熟的投保人信息确认规则,唯需于投保人确认栏之外,增加单独针对某些对投保人有重大利害关系的条款的确认。所谓冷静期,又称犹豫期或反悔期,是指投保人在合同签订后仍可以反悔并撤销合同的期限,其目标与信息披露之核心一致,即保障投保人辨识和衡量所需的时间和信息供给。[1] 自2000年原保监会以规范性文件的形式明确人身保险中10日的冷静期以来,商业银行代理保险、长期健康保险等均有冷静期的有关规定,2015年国务院法制办发布的《保险法》修改征求意见稿亦增加了人身保险冷静期的内容。[2] 未来《保险法》合同订立制度的完善中,增加冷静期赋予投保人以合同撤销权,未必不可期待。

4. 是信息剔除阶段的对异常条款的排除。所谓异常条款或称出人意料的条款,即若根据具体情况特别是根据合同的外观,格式条款中的个别条款极为不寻常,以致格式条款的相对方无须考虑该条款,则其不得成为合同之内容。[3] 其立法例以《德国民法典》第305条C为典型,《国际商事合同通则》第2.1.20条第1款同样规定:"如果标准条款中某个条款是对方不能合理预见的,则该条款无效,除非对方明确地表示接受。"我国司法实践中已有以异常条款不得可以撤销进行裁判说理的实践:养老公司在收费时单独收取入园费59000元,其中不包括床位费、生活、管理、水电等通信费用,且每次实际入住时还需根据能力评估情况再行确定床位费、管理费、餐饮费等费用。二审法院认为该收费标准为不符合交易习惯的异常条款,老人对异常条款的注意和理解能力明显低下,养老公司当为说明而未履行,故而认定其为不作为的消极欺诈行为。[4] 异常条款之所以构成对信息提供义务之违反,既在于条款本身隐藏了异常之条款,此种隐藏或是因字体不当、[5]文义晦涩所致,或是因格式条款内容众多、表意不明而使相对方签订合同时未能注意其中真意;还在于此种异常条款未能真正获得相对方在了解真实、确定含义后所为之明确同意。如健康保险中有格式条款约定,构成重大疾病的主动脉手术是指实际实施了开胸或开腹的手术,此种对疾病治疗方式的限定,尤其是对开胸或开腹的要求,虽载入保单且看似获得投保人同意,但因明显非投保人签订保险合同时可以预见之内容,当构成异常条

---

[1] 参见王海明:《〈保险法〉第17条的机制缺失与救济调整》,载《浙江学刊》2017年第6期。

[2] 参见尹迪:《从约定到法定:人身保险犹豫期制度的构建》,载《法商研究》2020年第3期。

[3] 参见[德]汉斯·布洛克斯等:《德国民法总论》,张艳、杨大可译,中国人民大学出版社2012年版,第155页。

[4] 参见广东省广州市中级人民法院民事判决书,(2019)粤01民终19170号。

[5] 如购买咖啡机的合同中有被缩印的买受人必须按月购入一定数量咖啡的格式条款。

款而予以排除。[1]

二、《保险法》第 19 条内容控制之机理明确与规则重构

《保险法》第 19 条是保险格式条款之内容控制规则,其在立法意旨、条文结构、文字表述上均可见对原《合同法》第 40 条之借鉴。[2] 但二者在司法实践中之实效并不理想。对于前者,因该条实质性判断标准缺乏,受价值结果导向的"实质正义观"影响,司法机关往往滥用该条以求宣告有关条款无效而维护被保险人利益,《保险法》第 19 条亦与第 17 条、第 30 条呈排列组合样态的混用。[3] 对于后者,司法实践之适用同样毫无章法,原《合同法》第 40 条似乎已成法官可不受限制而作自由裁量之"飞地"。[4] 而保险纠纷中,司法实践除依据《保险法》第 19 条外,更有赖原《合同法》上之格式条款内容控制条款完成裁判。[5] 如此,更使《保险法》本未妥善归置之格式条款内容控制规则捉襟见肘。(见表 2)

表 2 《保险法》、原《合同法》和《民法典》中的格式条款内容控制规则对比

《保险法》	原《合同法》	《民法典》
第 19 条:采用保险人提供的格式条款订立的保险合同中的下列条款无效: (一)免除保险人依法应承担的义务或者加重投保人、被保险人责任的; (二)排除投保人、被保险人或者受益人依法享有的权利的。	第 40 条:格式条款具有本法第五十二条和第五十三条规定情形的,或者提供格式条款一方免除其责任、加重对方责任、排除对方主要权利的,该条款无效。	第 497 条:有下列情形之一的,该格式条款无效: (一)具有本法第一编第六章第三节和本法第五百零六条规定的无效情形; (二)提供格式条款一方不合理地免除或者减轻其责任、加重对方责任、限制对方主要权利; (三)提供格式条款一方排除对方主要权利。

[1] 参见王某国诉中国人寿保险公司淮安市楚州支公司保险合同纠纷案,载《最高人民法院公报》2015 年第 12 期。审理法院指出投保人"不会想到为确保重大疾病保险金的给付而采取保险人限定的治疗方式","保险人以被保险人投保时的治疗方式来限定被保险人患重大疾病时的治疗方式不符合医学发展规律",据《保险法》第 19 条判定对疾病治疗方式进行限定的条款无效。本文以为,其中法理,当契合异常条款排除规则。

[2] 参与 2009 年《保险法》修法工作的全国人大常委会法制工作委员会成员指出:"增加这一内容(第 19 条第 2 款),符合我国合同法的有关规定……"参见袁杰等:《中华人民共和国保险法解读》,中国法制出版社 2009 年版,第 58 页。

[3] 参见王静:《我国〈保险法〉第 19 条司法适用研究》,载《政治与法律》2014 年第 11 期。

[4] 参见杜景林:《合同规范在格式条款规制上的范式作用》,载《法学》2010 年第 7 期。

[5] 在"北大法宝网"上检索《保险法》,第 19 条下之"法宝联想——案例与裁判文书"中,内有大量援引《合同法》第 39 条作为裁判说理依据之判决。

民法学界,对《民法典》完善格式条款内容控制规则颇寄厚望。但观《民法典》第497条开列三款:第1款系原《合同法》第40条前半段引致条款之继承,第2款、第3款系对第40条后半段之拆解与增补;第2款沿袭“免除其责任”“加重地方责任”两项,新增“减轻其责任”“限制对方主要权利”两项,并在四者前加一“不合理地”之限制,如此使得原本依据第40条当确定无效之事项转为对是否“合理”之判定;第3款沿袭“排除对方主要权利”一项,并且于控制后果上仍是确定无效。可见,《民法典》之格式条款内容控制规则基本维持先例,加一“不合理地”状语,于纾解实践困境而言恐怕亦是杯水车薪。但《民法典》既然对格式条款内容规制规则已作更新,《保险法》第19条之民事司法适用亦有因应调整之必要。尤须注意,保险合同之团体属性及技术属性明显,规制理念与裁判标准又自有不同,仍有必要基于对《民法典》第497条之检讨,厘清保险格式条款内容控制之特殊机理,实现《保险法》第19条之司法适用规则的重构。

(一)机理明确

《保险法》第19条系沿原《合同法》第40条例,后者原意鉴德国立法例,但经多次草案变动与审修,第40条之草案或因拆解腾挪或因译解舛误而与所借鉴者相去甚远。原《合同法》起草之时,学者建议草案即“试拟稿第一稿”第57条之格式合同内容控制条款规定:“定式合同款违背诚实信用原则而予相对人不合理的不利益的,无效。有下列情形之一的,核定其违背诚实信用原则而予相对人不合理的不利益:(1)定式合同条款与法律基本原则不相符合或者规避法律强行性规定的;(2)定式合同条款排除或者限制因合同而发生的重要权利或者义务,致使合同目的不能达到的。”〔1〕其与原《德国一般交易条件法》〔2〕第9条前两款〔3〕如出一辙。需要注意,“试拟稿第一稿”第57条第2款中所谓“与法律基本原则不相符合或者规避法律强行性规定的”,对应《德国一般交易条件法》第9条第2款中之“与法律的基本思想意旨不相符合”,其中“法律”一词,于德国法中本应作“任意性法律规范”解,而“法律的基本思想意旨”,则是指格式条款偏离或补充的任意法律规范的基本意旨。因立法借鉴时未查明法规目的而造成的翻译错误,致使对格式条款的规制衍生出“违反

〔1〕 参见何勤华等主编:《新中国民法典草案总览》,北京大学出版社2017年版,第1857页。

〔2〕 该法有关规定已于2002年德国债法改革时并入《德国民法典》。

〔3〕 原《德国一般交易条件法》第9条(现《德国民法典》第307条)第1、2款:“如果格式条款违反了诚实信用原则而给相对方造成‘不合理的利益减损’,该条款无效。第9条第2款规定了两种存在疑义时可推定构成‘不合理的利益减损’的情形:(1)与法律的基本思想意旨不相符合;(2)排除或者限制因合同而发生的重要权利或者义务,致使合同目的不能达致。”

法律原则无效”和“违反强制性规定无效”之意。[1] 同时,又因该意在“试拟稿第三稿”时被并入一般合同条款无效的条文中,且为求简明,又将格式条款的免责无效内容归入一般合同免责条款无效,故才于立法技术上采用条文引致之法。而原《合同法》草案通过时,又在内容控制条款上增加“免除其责任,加重对方主要责任”之内容,终成与第30条、第53条重复之势。加之审议过程中学者们对能否将诚实信用原则作为格式条款效力判定依据产生争议,最终采“担心诚实信用原则的滥用会损害法律的安定性”之观点,[2]而使得“试拟稿第一稿”第57条第1款之意旨亦不复存在。

原《合同法》第40条所借鉴之内容控制,依大陆法系之私法法理,本意当是以诚实信用原则,对违反任意性规范之格式条款之给付均衡所作之判定。但原《合同法》立法者为求条文简明或恐裁判者权力滥用,对第40条之原稿做拆解、删除,殊不知一词之变动、一条文之缺失,都将使第40条背离格式条款内容控制之逻辑与机理。首先,原《合同法》第40条前段混淆了格式合同效力规制与格式条款内容控制,实质上舍弃了对任意性规范之不当违反施以内容控制之内核。《德国民法典》第307条第3款明确,内容控制“只适用于用来约定偏离或补充法律条文的规定的一般交易条款中的条款”,[3]意即内容控制仅限于偏离任意性规范之基本思想之格式条款。合同效力规则以及免责条款无效规则当然适用于格式合同,但其作业当先于格式条款之内容控制前完成。其次,对内容控制之内核把握失当,自然导致无法妥当限定格式条款内容控制之范围。依据传统内容控制理论,个别协商条款、核心给付条款、任意性规范之复述条款、违反强行法或公序良俗等条款当排除于规制范围之内,且对非核心给付条款之识别又属格式条款内容控制之前提。原《合同法》第40条显然遗漏了格式条款内容控制的丰富细节。最后,原《合同法》第40条后段又混淆了格式条款之规制对象与规制标准,且遗漏了诚实信用原则这一判断给付是否均衡之根本标准。“免除其责任、加重对方责任”是格式条款(尤其是保险格式条款)之形式特征,是内容控制之客体而非标准,《民法典》第497条第2项显然已经意识到这一问题并加“不合理地”以凸显客体与标准之区分。但对诚实信用原则的删除,既导致格式条款内容控制之实质标准缺失,还使司法实践陷入何者构成“免除或加重责任”而何者又为“主要权利和义务”之疑惑。

我国格式合同内容控制的实践困境,与立法时的理念疏离和逻辑错位导致的裁

---

[1] 参见贺栩栩:《〈合同法〉第40条后段(格式条款效力审查)评注》,载《法学家》2018年第6期。

[2] 参见梁慧星:《中国合同法起草过程中的争论点》,载《法学》1996年第2期。

[3] 陈卫左:《德国民法典》,法律出版社2010年版,第102页。

判规则混乱和实质判断标准缺失不无关联。《民法典》第 497 条整体而言虽并无有力突破。但“不合理地”的表述增加有使该条成为一般条款并转向对格式条款进行实质审查的功用,更为未来实践规则及标准完善提供了可能。《保险法》第 19 条与原《合同法》第 40 条貌离神合,司法实践中后者已成判定保险格式条款效力之依据,故而保险格式条款内容控制规则之完善仍有赖于合同法中内容控制机理之调整与具体规则重构。但保险格式条款之内容控制亦当体现其特殊逻辑机理与规则要点:保险合同因其团体性、专业性、技术性而明显区别于一般格式合同。保险合同是保险人基于“大数法则”所制定之保险方案之载体,众多投保人通过签订保险合同加入并组成了分担危险之共同体,保险人系投保人所交保费汇集之风险共同体基金之管理者,并于危险现实发生之后支付保金。首先,保险格式条款的设置,并非全然为单个保险合同中双方权利义务之安排,其是基于“大数法则”为特定风险共同体就特定风险分散目的所作之保险方案,具有很明显的保险产品属性。除外责任、免赔率、等待期、生效期等格式条款,看似是对保险人保险责任之免除或对投保人权利之限制,但其可能系基于不同风险及不同保险产品所作之科学计算结果。故而,对保险格式条款不得一概作为内容控制之对象,亦不宜全盘借用原《合同法》体系下所确定之内容控制规则。其次,保险格式条款背后代表的,是由“大数”构成的风险共同体的利益安排,若要求保险人为个别成员不应获赔的损失承担责任,事实上是允许该人从最终归属于全体共同成员所有的基金中不当得利。[1] 因此,保险格式条款内容控制的重点,不再是单个保险合同中应否支付被保险人保险金的问题,而是作为风险共同体的“大数”被保险人的利益能否妥善得到保障的问题。即利益衡量的视角不是个案中的投保人或被保险人,而“须不时以共同体内其他成员之利益为出发点。”[2]最后,司法机关对于个别条款的规制可能导致同行业经营者改变条款,市场中的利益分配格局将会重新划分,而此种划分可能对个案中的消费者有利,却会导致其他消费者分摊成本,从而产生新的不公平交易。[3] 故而,对保险格式条款给付均衡的判断,必须摒弃司法实践中以支持投保人或被保险人理赔诉求而“实现弱者保护”的裁判理念,以保险行业的生态平衡为目标,追求更为宏大的公平价值。

(二)规则重构

格式条款内容控制之机理,是司法机关依诚实信用原则,宣告违反任意性规范

---

〔1〕 参见马宁:《保险格式条款内容控制的规范体系》,载《中外法学》2015 年第 5 期。

〔2〕 参见江朝国:《保险法基础理论》,中国政法大学出版社 2002 年版,第 20 页。

〔3〕 参见[德]卡纳里斯:《债务合同法的变化——即债务合同法“具体化”趋势》,张双根译,载《中外法学》2001 年第 1 期。

而致给付失衡(显失公平)之格式条款无效。以此逻辑为指导的规则重构之关键,是合理界定不同类型格式条款内容控制之范围,并构建“抽象表述与具体列举相结合”的审查标准。《保险法》第19条因应调整完善之道,亦在其中。

1. 保险格式条款内容控制的范围限定

格式条款内容控制的对象,是偏离或补充任意性规范的条款。原《合同法》第40条与《保险法》第19条既混淆了审查对象与审查标准,又一概将所有免责条款或排除、限制权力的条款纳入控制对象,难谓契合法理。基于格式条款内容控制的逻辑机理,下列格式条款当排除于审查范围之外:(1)个别商议条款;(2)可基于民事行为效力规则宣告其无效的条款;(3)任意性规范的复述条款;(4)核心给付条款。个别商议条款默认是经双方充分协商而致之合意,自得尊重双方意思自治,但若依合同订立情况可认定为格式条款者除外。若格式条款可依民事行为效力规则(《民法典》第497条第1项之引致内容)直接宣告其无效,则无须进入内容控制程序。而任意性规范的复述、宣示性条款,不包含实际权利义务之调整者,亦得除外。核心给付条款,即对具体的给付与对待给付进行描述与确定的条款,乃法律行为之要素或必要之点。〔1〕核心给付条款之所以不纳入内容控制,是因此类条款是合同订立时必然需关注并作权衡之事项,若当事人疏于注意而订立了对自己不利的合同,当属于自己责任范畴。〔2〕即此类条款具有或推定具有较高的合意度。再者,正如《德国债法现代化立法说明·总则部分》所指,核心给付条款除了仅受显示公平制度中的暴利行为的规制外,一般认为均应由市场经济自身来决定。〔3〕当然,核心给付条款仍然受民事行为效力制度与格式条款信息规制的约束。

重点是如何区分核心给付条款与非核心给付条款。核心给付条款系记载合同要素的内容,即成立某种类型之合同必不可缺的内容。尽管不同类型之合同其要素各有不同,但通常认为合同之标的及作为对待给付的价格条款系构成合同成立所必备的意思内容,在最广泛意义上应当被视为合同要素。〔4〕或者说,合同之要素或核心给付条款,即使此种合同从根本上区分于彼种合同,且缺少后使此种合同不复成立的条款。对于保险合同,学者主张保险给付事由的风险范围、保险金计算方式或给付标准及保险费等应属于核心给付条款。〔5〕学理上用以界定风险范围的条款主

〔1〕参见贺栩栩:《〈民法典〉格式条款的效力审查规范解读》,载《苏州大学学报(哲学社会科学版)》2020年第4期。

〔2〕参见解亘:《格式条款内容规制的规范体系》,载《法学研究》2013年第2期。

〔3〕参见贺栩栩:《〈合同法〉第40条后段(格式条款效力审查)评注》,载《法学家》2018年第6期。

〔4〕参见王静:《我国〈保险法〉第19条司法适用研究》,载《政治与法律》2014年第11期。

〔5〕参见王静:《我国〈保险法〉第19条司法适用研究》,载《政治与法律》2014年第11期。

要有危险描述条款和危险限制条款两类。[1] 前者系用以描述保险合同所承保的风险种类与范围;后者用以修正、调整危险描述条款,其目的在于对承保之风险种类、范围再作细化限定。保险合同的核心给付条款往往与保险产品设计相关,投保人若对承保风险或保费数额、保金计算方式或给付标准不满,可选择其他竞品方案,故而保险合同的核心给付条款往往可交由市场竞争调制。但众多典型保险格式条款,界定其是否属于核心给付条款却并非易事。如机动车保险中的"零时生效条款",有法院认为此类保险责任开始时间属于保险合同的基本条款,不应否定其效力,但学者指出应当区分首次投保与续保、强制保险与任意性保险的责任开始时间,以投保人是否实质上丧失选择权有区别地进行内容控制。[2] 再如为防止投保人"带病投保"的"等待期条款",亦当区分初次生效和复效两种情形,对于前者,其关于保险责任期间的约定有认定为核心给付条款的空间,对于后者,因缺少双方之充分合意而不应认定其为核心给付条款。[3] 此外,诸如"高保低赔""索赔前置程序""定点医疗或维修"等条款的判断则更加复杂。但反过来看,格式条款内容控制的对象是约定义务条款即非核心条款,此类条款之有无并不影响保险合同之成立,或可通过原《合同法》确定之约款填补规则予以明确。因而学者主张,保险格式条款内容控制之范围当限于具有远期性、不确定性的约定义务条款,并将保险给付事由(危险描述条款或危险限制条款)、保险金计算方式或给付标准及保险费等核心条款,排除在《保险法》第 19 条射程之外。[4]

2. 保险格式条款内容控制的审查标准构建

格式条款内容控制的标准,对应《民法典》第 497 条第 2、3 两项。第 2 项在原《合同法》第 40 条后段有关内容之前增加了"不合理地"这一限制,无疑是对后者的重要修正,使得原先对条款内容是否属于免除责任、限制权利的形式判断转向为对内容的实质判断。同时第 3 项明确排除对方主要权利者确定无效,如此在内容控制的标准上便呈现出"可能无效+确定无效"的结构。但是第 497 条的调整并未从根本上改变原《合同法》第 40 条的实践困境:何为"主要权利"仍需界定,"限制"和"排除"仍需区分,免除、减轻或加重责任之情形仍需交由裁判者自由裁量于个案认定,格式条款中给付失衡之情形又显然远非第 497 条 2、3 两项。故而,对于我国格式条款内容控制规则而言,立法之外的漏洞填补、规则细化甚至创造工作仍有必要。

---

[1] 参见叶启洲:《保险法判决案例研析(一)》,台北,元照出版公司 2013 年版,第 245 页。

[2] 参见沈小军:《机动车保险中的零时生效条款与保险消费者保护》,载《保险研究》2017 年第 12 期。

[3] 参见贺栩栩:《〈民法典〉格式条款的效力审查规范解读》,载《苏州大学学报(哲学社会科学版)》2020 年第 4 期。

[4] 参见王静:《我国〈保险法〉第 19 条司法适用研究》,载《政治与法律》2014 年第 11 期。

《德国民法典》中一般交易条款之内容控制制度对大陆法系国家之立法及实践影响深远,〔1〕我国原《合同法》于立法之时意在以其为蓝本但在审修过程中逐渐背离内容控制之机理,《民法典》第497条2、3两项之"可能无效+确定无效"的判断标准和"不合理地"状语限制,似乎又回归到原《合同法》最初之立法设想。《德国民法典》第307条〔2〕规定了格式条款内容控制的一般标准(违反诚实信用原则不合理地使相对人受不利益),并且规定了推定为有不合理的不利益的两种情形(偏离或抵触任意性规范的基本原则、限制权利或义务而危及合同目的实现)。第308条和第309条规定了个别的条款禁止,乃是对实践中典型存在效力瑕疵的格式条款的类型化,其中第308条列举了6种违反后可能无效的情形,第309条列举了确定无效的13种并含多个小项的违反后确定无效的情形。在司法适用上,则遵循"309→308→307"的先后适用顺序。〔3〕《德国民法典》的内容控制规则提供了较为清晰明确的判断标准和技术路线,将《民法典》第497条中的"不合理地"以"诚实信用原则"作为置换,丰富和细化第2项、第3项中明确列举的可能存在以及确定存在给付失衡(不合理的不利益)的情形,同样可以在维持现有立法体系的基础上通过调整司法适用规则、积累类型化标准及案例,构建"一般条款+个别禁止(可能无效+确定无效)"的内容控制审查标准。

同样,《保险法》可以在《民法典》第497条的既有标准上,发挥后发优势,〔4〕构建符合其特殊机理的保险格式条款内容控制审查标准。《保险法》第19条并没有关于内容控制的一般性规定,仅是列举了格式条款确定无效的情形。相较于原《合同法》第40条中的语言表述差异不大,并在免除责任、排除权利前增加了"依法"的限制,看似所提供之指引和标准更加清晰,但是又会陷入依据何"法"、"法"外如何处理、可能增加举证责任之负担等问题。其实《保险法》第四章"保险经营规则"之第114条第1款规定"保险公司应当按照国务院保险监督管理机构的规定,公平、合理拟订保险条款和保险费率,不得损害投保人、被保险人和受益人的合法权益。"其中所言"公平、合理"即可与诚实信用原则及给付均衡相对,有作为格式条款内容控制

---

〔1〕欧盟、日本、韩国的格式条款规制立法均对德国模式有所借鉴。参见张良:《我国民法典合同法编格式条款立法研究》,载《四川大学学报(哲学社会科学版)》2019年第1期。

〔2〕参见何勤华等主编:《新中国民法典草案总览》,北京大学出版社2017年版,第1857页。

〔3〕参见[德]汉斯·布洛克斯等:《德国民法总论》,张艳、杨大可译,《中国人民大学出版社》2012年版,第157-159页。

〔4〕《保险法》第19条中并没有类似《合同法》的引致条款。本文以为,该种规定更加契合格式条款内容控制的机理,若《保险法》未来有修法机遇,当坚持此种立法例并仿《德国民法典》例充实其他内容。

之一般条款的潜质,但因条文章节位置迥异而实践中亦未意识到其裁判规范之意义,将其列为一般条款并不适宜。至于是否需要在《保险法》中新增"个别禁止"条款,我国台湾地区在制定"消费者保护法"时仅借鉴了德国民法中的一般性条款,为保留学说与实务对内容控制具体内容之发展机会,未继受其个别禁止条款。[1] 本文以为,此言有理。故而,《保险法》格式条款内容控制规则之完善,可以将《保险法》第19条作一般条款之改造为思路,再于司法解释及司法实践中进行"个别条款"之类型化。学者根据《德国民法典》第307条第1、2款拟定了《保险法》内容控制的一般条款,[2]其基本内容具备妥当,只当对细节作调整即可。对于"个别禁止"条款之设置,我国民法学界实践疏于此类研究与总结,原国家工商行政管理总局于2010年发布之《合同违法行为监督处理办法》之第9条、第10条、第11条规定了格式条款内容上的禁止事项,被学者称为我国格式合同内容控制上"黑名单""白名单"的雏形。[3] 以此为基础和指导,全国各地的"(格式)合同监管条例""消费者权益保护办法"制定了大量的格式条款行政规制立法,其中更有包含"禁止免责""禁止加责""禁止除权""禁止扩权"等禁止事项的格式条款"黑名单",[4]内容之详尽具体构成我国格式条款内容控制"个别禁止"事项之实践资源。且此类地方规章、地方性法规、行政规范性文件本就为民事裁判可资为裁判说理之依据,[5]自当可应现实之需。保险格式条款内容控制之"个别禁止"事项完善,一方面可由各级司法机关积极实践总结,如江苏省高级人民法院2011年发布之《保险合同纠纷案件审理指南》于"四、保险免责条款的效力"部分即列举了几类极为具体但无效的保险格式条款。另一方面,保险行业监管部门可充实行政立法,在保险合同示范文本基础上,拟定"黑名单""白名单",从而为司法裁判提供统一且明确之借鉴。保监会2014年发布的《关于侵害保险消费者合法权益典型案例的通报》中,明确约定无证操作专用机械车、特种车发生保险事故后不予理赔的格式条款。此类通报,于实践中既可为司法

[1] 参见叶启洲:《保险法判决案例研析(一)》,台北,元照出版公司2013年版,第15页。

[2] "适用保险人提供的条款缔结的保险合同,若条款违反诚实信用原则,对投保人、被保险人或者受益人的合同权利义务造成显著失衡,则此条款无效。格式条款有下列情形之一者,推定其对投保人、被保险人或者受益人的合同权利义务造成显著失衡:①条款与其所排除适用或补充之任意性规范的立法宗旨明显矛盾;②合同的主要权利或义务因受条款的限制,而使合同目的难以达成。"参见马宁:《保险格式条款内容控制的规范体系》,载《中外法学》2015年第5期。

[3] 参见张良:《我国民法典合同法编格式条款立法研究》,载《四川大学学报(哲学社会科学版)》2019年第1期。

[4] 参见张瑞:《民法典时代格式条款行政规制研究——基于地方性法规文本的实证分析》,载《时代法学》2020年第4期。

[5] 参见最高人民法院《关于裁判文书引用法律、法规等规范性法律文件的规定》第4条、第6条。

实践提供明确指引亦能起到举一反三之作用。

三、余论:构建分工合理的《保险法》格式条款规制体系

格式条款之规制规则,尚包括格式条款之解释规则。《民法典》第498条〔1〕原封不动继承了原《合同法》第41条,《保险法》第30条〔2〕之解释规则条款与《民法典》第498条几无二致,唯一区别在于前者并未规定后者条文后半段之"不利解释规则",但无论是保险法学界还是司法实践,均视"不利解释规则"为保险格式条款解释规制之当然。格式条款规制规则在民法学界鲜有关注,保险法领域却问题突出:一是在所谓"通常理解"的理解上,尚未能达成一致且观点迥异。部分学者指出,无论一般合同还是保险合同,"通常理解"均当归集于原《合同法》第125条所定之合同解释规则,且不以文义解释规则、整体解释规则、目的解释规则、习惯解释规则等为限。〔3〕但另有学者主张,原《合同法》中之一般解释规则、一般合同格式条款解释规则、保险格式条款解释规则当有所区分,原《合同法》第125条规定的合同解释一般原则,以探求当事人真意为目的,并非格式条款解释之目的,《保险法》第30条中之"通常理解"又不得以常人或社会通常之理解为准,而当是保险格式条款"使用的对象群"即理性被保险人的普遍理解,〔4〕或至少是被保险人群体中超过三分之二主体的理解。〔5〕二是在"通常理解"之认定规则不明、清晰标准缺失下的司法乱象。司法实践中法官往往在保险格式条款之解释出现争议时径直适用"不利解释规则",判决采有利被保险人之理解,〔6〕且此种做法占比畸高,约为83%。〔7〕可见,即便《民法典》未对合同格式条款解释规则做更新,但保险法中格式条款解释规则沉疴已久,尚待良方。

保险合同,乃保险人依据"大数法则"所制定之保险产品之载体,系基于风险发

---

〔1〕《民法典》第498条规定:"对格式条款的理解发生争议的,应当按照通常理解予以解释。对格式条款有两种以上解释的,应当作出不利于提供格式条款一方的解释。格式条款和非格式条款不一致的,应当采用非格式条款。"

〔2〕《保险法》第30条规定:"采用保险人提供的格式条款订立的保险合同,保险人与投保人、被保险人或者受益人对合同条款有争议的,应当按照通常理解予以解释。对合同条款有两种以上解释的,人民法院或者仲裁机构应当作出有利于被保险人和受益人的解释。"

〔3〕参见温世扬:《保险法》,法律出版社2016年版,第54页;邹海林:《保险法》,社会科学文献出版社2017年版,第226页。

〔4〕参见樊启荣:《保险法诸问题与新展望》,北京大学出版社2015年版,第70-81页。

〔5〕参见梁鹏:《同气连理:〈民法典〉与〈保险法〉中的"通常理解"》,载《保险研究》2020年第9期。

〔6〕参见贺荣:《司法体制改革与民商事法律适用问题研究》,人民法院出版社2015年版,第1414页。

〔7〕参见曹兴权、罗璨:《保险不理解是原则适用的二维视域——弱者保护与技术维护之衡平》,载《现代法学》2013年第4期。

生概率而取保金与保费之均衡。一方面,在“大数法则”之“大”主导下的保险产品,必然需要采格式合同及格式条款的形式方可在同等条件下汇集科学合理的被保险人群体以组成“风险共同体”。但另一方面,在保险人主导下的保险合同拟定,难免会出现保护保险人利益与侵犯被保险人权益之失衡。故而,对保险格式条款之规制理所当然,但亦当有章可循。合同法理论上之格式条款规制,以信息规制、内容控制、解释规则为体系,三者分别在订约、生效、履约过程中各司其职,以订约信息合理充分流动、权利义务依诚实信用原则均衡确定、争议条款解释依常理而为之任。《保险法》第 17 条、第 19 条、第 30 条憾因未能捋顺各者之分工而致规范配置失当,故生司法实践之困境。以《民法典》之制定为契机,重新审视《保险法》中格式条款规制规则并寻完善之道,正当其时且大有可为。但若欲溯源归正,妥善明晰不同阶段保险人的契约义务,并把握对被保人利益保护的均衡尺度,既以理论、立法与司法之关切为要,又赖于三方勠力。

(责任编辑:樊启荣)

私法研究 27 第二十七卷

论保险利益原则于团体保险中的适用与改进*

——我国《保险法》第31条、第34条之缺失与补正

周　志**

目　　次

一、引言

保险利益原则诞生于18世纪中后期的英国,其"主要的也是最初的目标是防止利用保险合同进行赌博或者对他人的生命及船只进行投机活动"〔1〕,至今已经历时近两个半世纪。良好的目的与悠久的历史,使"保险利益之概念于保险法中所扮演之角色重要性无与伦比"〔2〕。作为保险法以自己语言表达合同法

* 本文为中央高校基本科研业务费专项资金资助项目"团体保险合同法律制度研究"(2662019QD041)阶段性成果。

** 周志,华中农业大学法学系讲师。

〔1〕 Jacob Loshin:《保险法中倒霉的好事之徒——驳可保利益要求》,杨帆译,载易继明主编:《私法》第10辑第1卷,华中科技大学出版社2012年版,第187页。

〔2〕 江朝国:《保险法基础理论》,中国政法大学出版社2002年版,第47页。

一般命题——“合同必须合法”——的方式,[1]保险利益原则在我国因《保险法》的修订发展而变化巨大。自1995年我国《保险法》第52条首次以立法形式将保险利益概念引入人身保险领域以来,保险利益与保险合同效力的关系主要发生了两大变化:(1)从人身保险与财产保险是否适用相同规则来看,经历了从均适用1995年《保险法》第11条的“同一规则模式”向分别适用2009年《保险法》第31条、第48条的“区分规则模式”转变;(2)从以他人生命投保时被保险人同意的形式来看,则经历了从1995年《保险法》第55条的相对严格之“书面同意规则模式”向2009年《保险法》第34条的相对宽松之“同意规则模式”转变。

以上变化主要从个人保险角度观之,若就团体保险而言,最大变化乃在于2009年我国《保险法》修订时,鉴于“用人单位与劳动者通常以团体保险形式出现,需要征得每位劳动者的同意,保险实务中操作烦琐,很大程度上阻碍了用人单位为劳动者投保的意愿,且实务中普遍存在没有经过劳动者同意的团体保险。如果简单地否定合同效力,不利于保护劳动者的权益”,[2]于是在第31条第1款“投保人对下列人员具有保险利益”中,增列第4项“与投保人有劳动关系的劳动者”。此通过立法拟制保险利益的模式,无疑简化了团体保险的投保程序,亦解决了用人单位对劳动者投保团体保险缺乏保险利益之合法性问题,实值肯定。但是,“团体保险之要保团体欠缺保险利益的问题,不限于与投保人有劳动关系之劳动者”,[3]同样存在于与投保人有雇佣关系、管理关系之雇员、被管理者。“随着时间的推移,承保技术的创新和管制的放松都大大放宽了团体保险所涵盖的范畴”,[4]实践中的团体保险已突破了最初的劳动关系型团体保险,正如我国原保监会2015年发布的《关于促进团体保险健康发展有关问题的通知》(以下简称《团体保险通知》)中明确提及的政府为城镇职工等特殊群体投保的团体保险、乘客团体意外伤害险、游客团体意外伤害险等,显然超出了劳动关系的范畴。[5] 因此,如何在我国现行立法基础上,构建团体保险的保险利益规则,以解决非劳动关系型团体保险欠缺保险利益之隐忧,减少此类型团体保险之纠纷,既是保险利益原则自身完善之需求,亦是推动我国团体保险

---

[1] 参见[英]M. A. 克拉克:《保险合同法》,何美欢等译,北京大学出版社2002年版,第80页。

[2] 吴定富:《中华人民共和国保险法释义》,中国财政经济出版社2009年版,第86页。

[3] 陈俞沛、林建智:《两岸人身保险利益之法制研析与建议》,载《保险专刊》2012年第2期。

[4] [美]肯尼思·布莱克、[美]哈罗德·斯基博:《人寿与健康保险》,孙祁祥、郑伟等译,经济科学出版社2003年版,第459页。

[5] 根据2018年3月全国人民代表大会发布的《国务院机构改革方案》,中国银行业监督管理委员会和中国保险监督管理委员会的职责整合,组建中国银行保险监督管理委员会。本文为了区分前后机构之不同,将合并组建前的中国保险监督管理委员会简称之为“原保监会”。

健康发展之迫切需求。

二、团体保险合同权义结构:探讨保险利益问题的基础与前提

(一)团体保险合同权义结构之解析

就保险合同权义结构而言,保险法上有“二分法”与“三分法”之说。“二分法”是指保险合同权利义务围绕投保人与保险人两个主体进行架构,“三分法”则指保险合同权利义务围绕投保人、被保险人与保险人三个主体进行架构。由于英美法崇尚个人主义,禁止干预他人事务,长期坚守合同相对性原则,体现在保险合同领域则为法律预设一般人皆为自己利益投保,投保人即为被保险人,故英美法系保险合同法采“二分法”之架构;反观大陆法系国家,由于较早接受利益第三人合同,故保险合同法采投保人与被保险人分立之制度设计,允许投保人为他人利益投保,保险合同法采“三分法”之架构。[1] 我国保险合同权义结构,依据《保险法》第10条、第12条对“保险合同”、“投保人”、“被保险人”及“保险人”之规定,乃采大陆法系之“三分法”体例。

解析团体保险合同的权义结构,仅仅对“二分法”“三分法”进行诠释是不够的,在此基础上考察以自己生命投保与以他人生命投保、为自己利益保险合同与为他人利益保险合同之区分更具有意义。我国虽然采“三分法”之立法体例,但是我国《保险法》第12条中亦规定“投保人可以为被保险人”,故实务中投保人与被保险人为同一人乃属常见现象。由于“每个人对其生命具有保险利益”,投保人以自己生命投保时,不论指定自己或者他人为受益人,基于善意和信赖提供的充分内在保障,既可防范道德风险行为的发生,亦可排除赌博行为,因此不需要关于保险利益的通常规则。[2] 惟在投保人以他人生命投保时,为了反对赌博、防范道德危险,乃有必要要求投保人对被保险人具有保险利益,或者需要经被保险人同意。投保人以他人生命投保时,根据投保人是否享有保险金请求权,保险合同又可分为,为自己利益的保险合同与为他人利益的保险合同。[3] 二者相比,在为自己利益的保险合同中,因为投保人同时亦为保险金请求权人,无疑发生赌博与道德危险的可能性更高。详言之,在为自己利益的保险合同中,当保险事故发生时,投保人可以凭借受益人之身份请求保险金给付,但是因保险事故而遭受损害甚至丧失生命却是被保险人,获取利益的冲动会促使投保人放任甚至追求保险事故的发生,进而发生社会与法律都极其厌

---

〔1〕 参见吴光平:《我国保险法上要保人定位于功能之检讨与评析》,载《万国法律》2007年第152期。

〔2〕 参见[美]约翰·F.道宾:《美国保险法》,梁鹏译,法律出版社2008年版,第59页。

〔3〕 参见郑玉波:《保险法论》,台北,三民书局2015年版,第42页。

恶的道德危险。与之相比，在为他人利益的保险合同中，因为投保人并非保险金请求权人，无法从被保险人发生保险事故中获得利益，通常缺乏实施赌博或道德危险行为的经济动因。因此，当投保人以他人生命投保时，区分为自己利益的保险合同与为他人利益的保险合同，对探讨保险利益问题具有重要作用。

考察我国团体保险的实际运行情形，以及规范团体保险的相关法规，团体保险合同属于典型的以他人生命投保之情形，属于为他人利益的保险合同。申言之，就保险实践而言，基于人力资源管理的需要，团体通常为团体保险合同的投保人，以便其参与甚至掌控团体保险合同条款的磋商、保险费的收缴或支付、成员加入或退出保险等团体保险合同的订立及管理事务，进而"可以不需支付额外的成本，将团体管理技术整合到人力资源管理程序之中"〔1〕。从规范团体保险的相关法规来看，无论是现行有效的《团体保险通知》，还是被取而代之的2005年《关于规范团体保险经营行为有关问题的通知》，其都在第1条中，将团体保险界定为团体作为投保人为其成员投保。我国《保险法》2009年修订时，第39条增订"投保人为与其有劳动关系的劳动者投保人身保险，不得指定被保险人及其近亲属以外的人为受益人"，又排除了投保团体的受益人资格。因此，我国团体保险合同的投保人为团体，被保险人为团体成员，受益人为被保险人或其近亲属，属于典型的"三分法"体例下以他人生命投保的情形，属于为他人利益的保险合同。

（二）"代理说"之评析

在投保人与被保险人分属不同主体的团体保险合同中，一方面，投保团体作为法律拟制主体，与其成员之间并无家庭或亲情关系；另一方面，由于被保险人人数较多，基于合同签订效率与成本的考量，投保人缺乏严格履行被保险人同意程序的动力。因此，各类投保团体对其成员是否具有保险利益、保险合同是否因欠缺保险利益而无效，成为团体保险健康发展不可忽视的隐患。为消除此隐忧，有观点提出，将团体解释认定为其成员的代理人，进而将团体保险合同的权义结构由投保人与被保险人分立之"三分法"转变为投保人与被保险人合二为一之"二分法"，以解决团体保险合同中的保险利益或同意程序缺失之问题。〔2〕

若仅从消除保险利益与同意程序缺失对团体保险合同效力的消极影响而言，上述"代理说"确实不失为一条解决路径。在保险利益原则发展历程中，代理理论亦曾

---

〔1〕 See Davis W. Gregg, *Group Life Insurance—An Analysis of Concepts, Contracts, Costs, and Company Practices*, Richard D. Irwin, Inc., 1957, p. 15-16.

〔2〕 参见施文森：《保险法判决之研究（总则编 上册）》，台北，三民书局2001年版，第132-133页；吴玉凤：《从当事人论团体保险契约之法律问题》，载《全国律师》2011年第15卷5期；林建智、彭金隆、林裕嘉：《论团体保险当事人之法律问题及示范条款之修订建议》，载《保险专刊》2009年第1期。

发挥了重要作用。但是,“代理说”实际上是与保险合同权义结构“二分法”相匹配的学说,将其适用于在保险合同权义结构采“三分法”体制之我国,与团体保险运作实践以及现行团体保险法制有诸多改革之处。

首先,从团体保险实践来看,“代理说”忽视了团体保险的人力资源管理功能,降低了对团体的吸引力,长期来看不利于团体保险的发展。投保团体愿意支付保险费为其成员购买团体保险,除了税收优惠之外,一个重要的原因就是,团体保险可以作为一项重要的人力资源管理工具。团体可以凭借投保人身份,在与保险人就保险合同条款进行磋商的过程中,在被保险成员的确定、保险费的收取、保险金的数额及支付方式、承保范围的确定等方面拥有广泛的决定权。投保团体可以通过设定被保险人资格条件、同一保险事故发生时不同类型被保险人获取保险金的数额、保险费的收取方式以及保险金的支付方式等,将团体成员进入资格、成员激励机制等人力资源管理技术与团体保险条款相结合,达到管理人力资源的目的。相反,若是将团体界定为成员的代理人,那么团体应当依成员的授权而行为,无法享有如此广泛的权利。在团体成员较多时,每个成员的个人利益难免不同甚至存在冲突,由团体代理众多利益存在冲突的成员来签订与管理保险合同,不仅存在代理成本过高甚至无法实现代理的问题,而且团体的人力资源管理目的亦无法实现,最终会严重降低团体为成员投保的积极性,进而影响团体保险的发展。

其次,从与我国现行团体保险法制契合度来看,“代理说”偏离了我国现行的团体保险法制基础,与我国将团体保险利益规则系建构在保险合同权义结构“三分法”基础之上的立法精神不符。“代理说”的主要提倡者几乎均为美国以及我国台湾地区学者,究其缘由,应与各自保险规定有关。如我国台湾地区相应保险法规定并未对团体是否对其成员具有保险利益进行明确规定,而我国《保险法》2009年修订时通过增订投保人对与其有劳动关系的劳动者具有保险利益,解决了实践中最常见的团体保险类型——企业员工型团体保险的保险利益缺失之隐忧问题,若再采“代理说”无疑与我国现行法相冲突。

再次,“代理说”本身并不能真实准确反映投保团体与其成员、投保团体与保险人之间的关系。“代理说”主要为美国判例中阐述的观点,但是,仅仅将团体界定为其成员的代理人,并非美国法院的主流观点,亦与团体保险的实践不符。美国加州最高法院在 Elfstrom v. New York Life Insurance Company 一案中,就明确指出雇主并不是完全为了自己或雇员的利益而承担保单管理职责,并且最具有说服力且合理的理由是,雇员不知道也无法控制雇主管理保单的行为。[1] 实际上,在美国,“许多

---

〔1〕 See John Dean, *The Group Policy Administrator: Agent of Insurer by Operation of Law*, 7 The Forum 28 (1971).

判决已经认为:至少基于某些目的,雇主在法律上是保险人的代理人,或者陪审团也可以将此作为事实问题进行裁决"。[1] 申言之,即使代理关系成立,对于投保人团体究竟是保险人抑或是被保险人的代理人,"应视团体保险商品发展情形与实务作业决定",[2]意味着存在双方代理之可能,鉴于"双方代理中实际上只有一个人的意思",[3]我国《民法典》第168条规定代理人不得进行双方代理,除非获得被代理双方的同意或追认。因此,在被代理人意思表示欠缺的情形下,以"代理说"来解释团体与其成员的关系,显然过于简单化,不符合团体保险运作的现实。

最后,"代理说"将团体成员定位为投保人,根据我国立法确立的"三分法"之合同权义架构,团体成员将取代团体成为法定的保险费缴纳义务人,将保险费缴纳的法定义务施加给团体成员,恐与团体保险之员工福利初衷相悖。

一言以蔽之,"代理说"虽然可以解决一部分问题,但是亦带来了新的问题,与我国团体保险实践及现行保险法制兼容性较差,实不足取。因此,不论是从团体保险的实践运作需要,还是从我国现行团体保险立法模式来看,抛弃"代理说",赋予团体保险中的团体以投保人的资格与地位,并通过法律技术对投保团体的权利与义务进行合理配置,即将团体保险合同归入权义结构"三分法"下的为他人利益保险合同予以规范,在我国更具有合理性与可行性。在此前提下,讨论团体保险之保险利益亦才具有必要性和现实意义。

三、团体保险之保险利益立法模式选择

诚如有学者总结所言:"人身保险之保险利益向来有英美法系利益主义与大陆法系同意主义之论争"。[4] 但是,"利益主义"与"同意主义"所欲实现的功能是相同的,即反对赌博与防范道德危险。将此两类立法模式,从规范个人保险直接位移至20世纪初才出现的团体保险,是否妥当,以及是否应当根据团体保险的特征与实务需要而有所取舍,值得研讨。

(一)"利益主义"与"同意主义"之分野

在保险利益原则确立之前,由于以他人生命投保人寿保险,在英国不被认为是非法的,亦不需要经过被保险人的同意,因此导致了以他人特别是公众人物的生命投保泛滥,保险被滥用而沦为赌博的工具。为了反对赌博和防范道德危险,英国制

---

〔1〕[美]肯尼斯·S.亚伯拉罕:《美国保险法原理与实务》,韩长印等译,中国政法大学出版社2012年版,第78页。

〔2〕吴玉凤:《从当事人论团体保险契约之法律问题》,载《全国律师》2011年第5期。

〔3〕陈甦主编:《民法总则评注》,法律出版社2017年版,第1192页。

〔4〕陈俞沛、林建智:《两岸人身保险利益之法制研析与建议》,载《保险专刊》2012年第2期。

定并通过了1774年《英国人寿保险法案》,成为最早在人寿保险领域确立保险利益原则的国家。“保险利益规则的合理性就是建立在对赌博的普遍厌恶之上。因为赌博会削弱经济生产力,并且使不聪明的人暴露在不必要的贫困之中。通过保险进行赌博还特别令人讨厌的是,它可能会鼓励赌徒去制造保单理赔所需的事故。”[1] 1774年《英国人寿保险法案》规定投保人必须对被投保的生命具有保险利益,但是未对保险利益进行定义,后来的判例表明保险利益主要分为两类:基于天然情感的非金钱利益与金钱利益。[2] 因此,“利益主义”立法模式乃是从投保人与被投保生命的关系入手,通过情感或经济利益关系,筛选出希望被投保生命得以维持或能从被投保生命持续中获得利益的人,进而实现反对赌博与防范道德危险的目的。后来,“利益主义”立法模式被美国等其他英美法系国家所继受,成为英美法系保险利益原则之主流立法模式。

与上述英美法系的“利益主义”立法模式不同,大陆法系保险法则主要基于以下理由,而采“同意主义”立法模式:(1)保险利益之主要功能于人身保险难以完全发挥,因此大多数欧陆学者认为人身保险不须具有保险利益;[3](2)人之生命具有人格,不能未得本人同意即作为他人之保险标的;[4](3)通过“利益主义”之立法模式,“理论上虽可减少危险的发生,但从实际面而言,与道德危险之高低并无绝对关系,因此即有必要赋予被保险人独立的道德危险评估权,并借以强化对被保险人人格之尊重”[5]。简言之,“同意主义”立法模式通过赋予被保险人同意权,进而将风险评估和控制的权利赋予给被保险人,以达到反对赌博与防范道德危险之目的与功能。

综上所述,在人身保险领域,两大法系采取不同立法进路,“利益主义”通过框定保险利益关系的类型,由法律筛选出与被保险生命具有特定利益关系之人,而“同意主义”则通过赋予被保险人风险评估与控制的权利,由被保险人自己筛选出安全的投保人。实际上,两种立法模式,均以反对赌博与防范道德危险为目标功能,具有殊途同归之效。鉴于“同意主义”与“利益主义”在人身保险领域均服膺于防范赌博与道德危险之目的,受大陆法系和英美法系共同影响的我国《保险法》,将两大法系的立法模式予以整合,在人身保险领域采“利益主义”与“同意主义”之混合立法模式。并同时规定,以死亡为给付保险金条件的合同,投保人以他人生命投保,需要获得被

---

〔1〕 Jeffrey W. Stempel: *Interpretation of Insurance Contracts*, Little, Brown and Company, 1994, p. 13-14.

〔2〕 参见[英]M. A. 克拉克:《保险合同法》,何美欢等译,北京大学出版社2002年版,第84页。

〔3〕 参见江朝国:《保险法逐条释义》(第四卷 人身保险),台北,元照出版有限公司2015年版,第10页。

〔4〕 参见王卫耻:《实用保险法》,台北,文笙书局1981年版,第139页。

〔5〕 叶启洲:《保险法实例研习》,台北,元照出版有限公司2011年版,第373-374页。

保险人的同意并认可保险金额，否则合同无效。至此，形成了具有我国特色的人身保险利益立法体例。

（二）"同意主义"立法模式适用于团体保险之弊端

与个人保险相比，团体保险最明显的特征就是以一张主保单承保多数被保险人，进而免去保险人与被保险人逐个签约之程序，通过规模效应提高效率以降低承保成本。换言之，团体保险承保成本的降低，以减少不必要的程序为前提，是效率原则的重要体现。私法领域的效率原则，意味着把形式上的要求以及不必要的程序步骤降至最低限度。[1] 尤其在商法领域，贯彻效率原则，追求交易便捷，既是商事交易的灵魂，亦是商法所追求的重要价值理念。在作为商事法调整对象的团体保险中，倘若适用被保险人同意规则，则意味着投保人仍需获得每个被保险人同意的证据，与个人保险相比，在承保程序上无法凸显团体保险的便捷特征，亦难达到交易效率之效果，必将减损团体保险的规模效应和成本优势。这也是实务中未经被保险人同意的团体保险普遍存在的重要原因。

正是基于效率与成本的考虑，以及团体保险实务之需求，近年来许多国家修订其保险法规，明确排除被保险人同意规则在团体保险中适用。如2008年1月1日实施的新《德国保险合同法》，其第150条在1908年旧《德国保险合同法》第159条的基础上，增设了被保险人书面同意的例外规定，即在通常情况下，以他人死亡为保险事故订立保险合同且之赔偿金额超过一般丧葬费用的，须经他人书面同意保险合同始能生效，但是在公司养老保险计划的团体人寿保险中，被保险人书面同意规则不予适用。[2] 再如，《韩国商法》在1991年修订之前，团体保险严格遵循被保险人同意规则，团体代表人以所有团体成员为被保险人，签订生命保险合同时，需要得到每个被保险人的同意；但是，修法之时，鉴于团体保险道德危险极小，取得全体成员同意不具有实际意义且增加成本，新法将团体保险作为例外情形，排除了被保险人同意规则的适用。[3]

---

〔1〕 参见［德］克里斯蒂安·冯·巴尔、［英］埃里克·克莱夫：《欧洲私法的原则、定义与示范规则——欧洲示范民法典草案》，高圣平等译，法律出版社2014年版，第72-73页。

〔2〕《德国保险合同法》旧法与新法的条文分别参见江朝国译：《德国保险法》，财团法人保险事业发展中心编印，1993年版，第134页；孙宏涛：《德国保险合同法》，中国法制出版社2012年版，第93页。另外，值得说明的是，《德国保险合同法》之所以未在意外伤害保险部分增设类似条文，乃因为旧法规定，被保险人同意规则仅适用于"以他人所受之伤害为要保人自己利益订立保险者"。团体伤害保险属于为他人利益订立的保险，被保险人即为受益人，依据旧法原本就无须适用被保险人同意规则，故新法不必如人寿保险一般，另行增设被保险人同意规则除外适用之规定。

〔3〕 参见崔吉子、黄平：《韩国保险法》，北京大学出版社2013年版，第231页。

(三)"利益主义"立法模式在团体保险中的采行与改良

反观"利益主义"立法例,通过适用法律将团体对其成员生命认定为具有保险利益,可以免除被保险人同意之烦琐程序,降低交易成本,提高交易效率,较"同意主义"立法例在效率上无疑更具优势,更适应团体保险之一张合同承保多个被保险人、道德危险较小等特征,亦更符合团体保险实务发展之需要。但是,在采"利益主义"立法例的英美法系国家或地区,保险利益的内涵与类型仍过于狭窄,且未能统一。我国虽然采"同意主义"与"利益主义"之混合立法模式,但是若在团体保险领域确立"同意主义"适用除外,则在保险利益界定上,由于受英美法系影响同样面临内涵与类型仍过于狭窄的问题。因此,为了解决团体保险利益缺失之隐忧,为合同各方主体提供确定性的预期,推动团体保险健康发展,保险利益的内涵与类型急需在一定界限内予以扩充。

1.团体保险对保险利益类型予以扩大之需求

保险利益原则虽然经过近两个半世纪的发展,但是在采"利益主义"立法例的英美法系国家或地区,被立法或司法判例所认可的保险利益仍然为两大类:法律承认之经济利益;因血缘或婚姻形成的家庭关系所生之利益。[1] 此两大类利益均无法妥当涵盖团体保险的保险利益。申言之,在团体保险合同中,投保人为法律拟制团体,其与成员之间不存在因家庭或情感所生利益的可能性,依循现有法制所认可的保险利益,团体对其成员具有的保险利益仅可能为法律承认之经济利益。但是,将团体对其成员具有的利益归类为法律承认之经济利益,亦不完全妥当,会带来实务及理论解释上的困难。法律承认之经济利益通常有合理的金额上限,典型的为债权人对债务人享有的经济上利益以债权数额为合理金额上限,而团体对其成员享有经济上利益的合理金额实难确定,不仅团体与成员的关系多样,且同一团体内不同成员对团体的贡献亦不相同,设定合理金额的判断标准将变得异常困难。例如,最主要的团体类型即企业员工型团体保险所涉及的雇主对雇员的利益,实际上很难真实的反映为保险金额。正如英国保险法学者约翰·伯茨所言:"作为一个严格的法律问题,雇主的利益只是雇员死亡时他将失去之服务的价值。……事实上,对雇员的保险金额是同严格的法定价值没有联系的金额。"[2]另外,目前团体保险通常将其成员的家属纳入保障范围,但是将家属与团体之间的关系解释为法律承认之经济利益,明显过于牵强,特别是团体系由成员组成的非经济性团体(如工会、职业协会等)

---

[1] See Robert E. Keeton, Alan I. Widiss& James M. Fischer, *Insurance law: A Guide to Fundamental Principles, legal Doctrines, and Commercial Practices*, West Academic, 2017, p. 152.

[2] [英]约翰·伯茨:《现代保险法》,陈丽洁译,河南人民出版社1987年版,第26页。

时。因此,在采"利益主义"立法例的国家或地区,企业以关键员工生命投保,通常被认定为具有保险利益;但是,企业以普通员工生命投保,是否具有保险利益则仍然存在争议。如美国,由于各个州的保险法对保险利益的定义并不完全相同,有些州允许企业为普通员工进行投保,并作为保险合同的受益人,同时企业还享受税收上的优惠,因此在公共政策、道德保护质疑下存在较大争议。[1] 一方面,商事组织规模日益扩大,雇主与雇员之间的关系亦日益疏远,存在保险利益的可能性也就会日益减少;另一方面,企业以普通员工的生命投保并享有保险金请求权的保单,以美国的企业持有型保单(Corporate Owned Life Insurance)为典型代表,由于被保险人的不满而广受质疑,法院对被保险人遗属提出的企业对普通员工不享有保险利益观点的支持,给传统保险利益原则带来诸多挑战。[2]

正是由于传统保险利益的含义与类型无法完全涵盖团体保险的保险利益,导致保险利益的界定处于一个不确定的状态。保险利益的不确定性,会产生三个意料之外的负面结果,即保险合同因缺乏保险利益而无效的可能性产生了恶意的诱因、不确定性为保险公司非法利用投保人创造了机会、保险利益并非道德危险的完美"代理人"使得保险利益原则妨碍了保险市场经济效率目标的实现。[3] 为了降低这些负面结果对团体保险发展的影响,充分释放团体保险具有的增进员工福利、缓解劳工矛盾等社会公益功能,实有必要对传统保险利益的含义及类型予以扩充,解决团体保险合同缺乏保险利益之隐忧,同时提高团体保险利益的确定性和可预见性,为团体保险的健康发展提供法制保障。

2. 团体保险之保险利益扩大化的界限:团体对其成员的责任或义务

为了适应团体保险健康发展的需要,在对保险利益的含义与类型进行扩大化的同时,还应当确立扩大化的界限,否则不仅无法实现保险利益之反对赌博与防范道

---

[1] 例如在美国,由于各个州的保险法对保险利益的定义并不完全相同,加之企业成为保险合同的受益人且享受税收上的优惠,而被保险员工利益却得不到有力保障,存在违反公共政策与社会道德之嫌,因此在企业对其普通员工是否具有保险利益上,学者存在较大分歧。See Andrea A. Trujillo, *An Employer's Insurance Interest in Rank and File Employees*: *Tillman v. Camelot Music, Inc.*, 59 Tax lawyer, 605(2006).

[2] 企业持有型保单,顾名思义就是企业作为此类保单的持有人。起初是美国企业以关键员工为被保险人进行投保,后来在20世纪80年代末90年代初,逐渐开始以所有全职员工为被保险人进行投保,而不再局限于企业的高级员工和管理人员。See Chrity Rush, *Corporate-Owned Life Insurance (A/K/A Dead Peasant or Dead Janitor Policies)*: *Has Texas Buried the Insurable Interest Requirement*, 41 Houston Law Review 135(2004).

[3] 参见 Jacob Loshin:《保险法中倒霉的好事之徒——驳可保利益要求》,杨帆译,载易继明主编:《私法》第10辑第1卷,华中科技大学出版社2012年版,第185-186页。

德危险的基本功能,并且无法区分团体保险与实质上为个人保险的集体汇缴件,从而诱发逆向选择问题。〔1〕 惟在确立保险利益扩大化的界限时,应当从团体保险的客观历史与发展规律中寻找答案。

起初,团体保险诞生时,人类正在享受由农业文明进入工业文明的成果,但是同时也在经历着社会转型带来的阵痛,工业事故引发的非故意人身伤害的数量急遽上升。如在团体保险的诞生地美国,“在1880年至1910年间经历了世界事实上工业国家当中最严重的工作事故率”〔2〕。长期以处理过错伤害为中心的法律体系,在应对工业事故上的无效率,导致了劳资对立、工会运动等危及社会安全问题丛生。于是政府开始介入,一方面开始逐步构建由政府主导的、企业与劳动者共同参与的社会保障制度,另一方面则日渐正视并接受员工和劳工组织的诉求,通过劳动法甚至宪法等法律,将企业为员工提供福利的义务予以法定化,借此完善社会安全保障体系,增强社会应对事故风险的能力。在此背景之下,既能为团体成员提供福利保障又能以低成本获得大量经济效益的团体保险,不仅满足了企业的要求,而且迎合了政府的需求。〔3〕 换言之,社会安全保障体系构建需求与团体保险本身特征,共同推动了企业员工福利责任的法定化,以及企业借助团体保险来实现员工福利的流行与普及。后来,随着团体保险的发展,团体对其成员的责任类型不断拓展,并呈现了两大趋势。首先,由企业员工福利责任向其他法定责任扩展,典型的如我国《民法典》中规定的承运人对旅客的安全运输责任,是承运人为旅客投保团体保险的基础;〔4〕《民法典》中规定的经营场所、公共场所的经营者、管理者或者群众性活动的组织者对消费者或者活动参与人等主体的安全保障义务,是经营者、管理者或者组织者为

---

〔1〕 “集体汇缴件”之称谓源于我国台湾地区。依据我国台湾地区金融监督管理部门于2004年9月29日发布的相关规定,集体汇缴件是指集合同一团体内所属员工或成员及其家属5人以上,经契约当事人同意,采用同一收费地址或同一金融机构或同一缴费管道之个人保件。在集体汇缴件中,无须考虑团体与个人之间有无保险利益问题。因此,若不对团体保险利益的扩大予以限定,则团体保险与集体汇缴件的区分将变得困难。

〔2〕 [美]约翰·法比安·维特:《事故共和国——残疾的工人、贫穷的寡妇与美国法的重构》,田雷译,中国政法大学出版社2016年版,中译本序言。

〔3〕 参见方明川:《我国团体保险与保险利益新论》,载《寿险季刊》1996年第101期。

〔4〕 如我国《民法典》第819条规定:“承运人应当严格履行安全运输义务,及时告知旅客安全运输应当注意的事项。旅客对承运人为安全运输所作的合理安排应当积极协助和配合。”第823条规定:“承运人应当对运输过程中旅客的伤亡承担赔偿责任;但是,伤亡是旅客自身健康原因造成的或者承运人证明伤亡是旅客故意、重大过失造成的除外。前款规定适用于按照规定免票、持优待票或者经承运人许可搭乘的无票旅客。”

其顾客、活动参与人等主体投保团体意外险的基础。〔1〕其次,逐渐突破有限的法定责任,向意定责任拓展。实务中存在一些依法成立的协会、民间团体等,以其章程或管理规则等形式,向成员承诺提供一定的福利或承担一定的责任,此类意定责任的存在,亦成为保险人向签发团体保单的重要合法性基础。例如《美国团体人寿保险定义与标准条款示范法案》以及《美国团体医疗保险定义与标准示范法案》均规定,协会可以为团体保险的合法投保团体。惟鉴于意定责任较法定责任易于设立,需在对团体的资格上作更为严格之要求。因此,《美国团体人寿保险定义与标准条款示范法案》及《美国团体医疗保险定义与标准示范法案》均在各自第1部分的E条款中规定,当协会作为团体保单持有人时,其应当比雇主、工会或类似员工组织、债权人、信贷协会等团体具备更高的资格条件,如在成员人数上要求协会创建时的成员人数不应少于100人,在运作时间上要求协会应当有效运作至少满1年,并对协会的章程条款作出具体要求。

因此,从历史的角度来看,团体保险的保险利益一直沿着团体责任或义务这条主线在不断发展。这一发展主线的合理性,从运行机制来看,乃在于团体对其成员的生命具有责任或义务,意味着团体不希望其成员发生人身安全事故,即在防范保险事故发生上,团体与其成员具有利益的一致性,进而会在相当程度上过滤掉那些投保动机不真诚的团体,保证保险合同目的的正当性,这与保险利益原则所欲实现的功能与目的是一致的。"要保人以他人之生命投保时,须对被保险人之继续生存存有最善意之愿望,而此种愿望在保险法上为要保人对被保险人具有保险利益之证明。"〔2〕换言之,法律要求投保人对被保险人具有保险利益,是为了保证投保人对被保险人继续生存存有善意愿望,是为了保证保险合同目的的善意性与真诚性。因此,在英国为他人利益的人寿保险中,法院会重点关注合同交易目的是否真诚,是否与法律试图阻止的有害行为有关;同样,美国法院也会关注保单持有人取得保单的动机。〔3〕在团体保险中,由于投保人为法律拟制团体,其对成员继续生存的善意愿望以及合同交易的真诚目的,不可能建立在天然的情感之上,因此团体对其成员的责任或义务成为团体保险合同目的善意与真诚的基础,并借此达到

---

〔1〕如我国《民法典》第1198条规定:"宾馆、商场、银行、车站、机场、体育场馆、娱乐场所等经营场所、公共场所的经营者、管理者或者群众性活动的组织者,未尽到安全保障义务,造成他人损害的,应当承担侵权责任。因第三人的行为造成他人损害的,由第三人承担侵权责任;经营者、管理者或者组织者未尽到安全保障义务的,承担相应的补充责任。经营者、管理者或者组织者承担补充责任后,可以向第三人追偿。"

〔2〕施文森:《保险法总论》,台北,三民书局1985年版,第49页。

〔3〕参见[英]M. A. 克拉克:《保险合同法》,何美欢等译,北京大学出版社2002年版,第83页。

防范道德危险之效果。

法律之所以要防范人身保险中的道德危险行为,从保险人的角度而言,是因为其是一种无法预测、未被精算计入的风险;从被保险人和公共政策的角度而言,乃由于此类行为具有明显的负外部性。根据福利经济学的观点,当一个人从事一种影响旁观者福利并对这种影响既不付报酬又不得报酬的活动时,就产生了外部性,当这种影响对旁观者而言是不利的,就被称为负外部性。〔1〕 就团体保险而言,因其属于典型的以他人身体或生命投保,投保人从事的投保活动会影响到被保险人的福利,但是对于投保人而言,发生保险事故时遭受身体伤害或失去生命之人是被保险人,投保人不需承担任何身体或生命上的损失,所以当投保人故意放任或追求保险事故发生时,对于被保险人而言是不利的,由此会产生负外部性问题。存在负外部性的合同通常达不到帕累托最优。〔2〕 所谓帕累托最优是指,一个合同已经达到不存在再做修改的空间以进一步提高每一个合同当事人的预期福利。〔3〕 改进这种交易,降低负外部性的方法,虽然可以通过利益各方签订合约、外部性内在化等私人方法予以解决,但是往往由于交易成本过高,很难奏效,仍需要通过政府命令与控制政策直接对行为进行管制,或者以市场为基础的政策提供激励,以促使私人决策者自己来解决问题。〔4〕 针对以他人生命投保行为而产生的外部性问题,保险法乃是通过保险利益原则来予以管制。当团体对其成员的生命具有责任或义务时,无论这种责任或义务来自法律的规定,还是合同的约定,团体实施外部性行为的动机都会大大降低。例如在企业员工型团体保险中,"对于已经保险的雇员来讲,雇主的谨慎程度会降低,但是由于雇主与雇员之间存在着合同关系,这种情况下也不存在外部性。"〔5〕这恰恰可以达到法律要求投保人对被保险人具有保险利益的所欲追求的效果。

总而言之,团体对其成员具有责任或义务,无论从团体保险的客观发展历史来看,还是从其防范道德危险的运行机制来看,都可以作为认定投保团体对其成员具有保险利益的基础,并为传统保险利益的发展提供方向与界限。

---

〔1〕 参见[美]曼昆:《经济学原理:微观经济学分册》,梁小民、梁砾译,北京大学出版社2015年版,第211页。

〔2〕 参见张维迎:《经济学原理》,西北大学出版社2015年版,第302页。

〔3〕 参见[美]斯蒂文·萨维尔:《法律的经济分析》,柯华庆译,中国政法大学出版社2009年版,第84-85页。

〔4〕 参见[美]曼昆:《经济学原理:微观经济学分册》,梁小民、梁砾译,北京大学出版社2015年版,第218-228页。

〔5〕 [美]皮特·纽曼:《新帕尔格雷夫法经济学大辞典》(第2卷),许明月等译,法律出版社2003年版,第378页。

四、结语：我国团体保险利益的法制改良之路

从2014年国务院《关于加快发展现代保险服务业的若干意见》提出“把商业保险建成社会保障体系的重要支柱”，到《团体保险通知》在团体最低成员人数、审批备案、承保地域范围等方面进一步放宽，再到2016年《中国保险业发展“十三五”规划纲要》明确提出，“鼓励企业投保补充工伤保险”“创新发展商业团体养老保险”，团体保险迎来了发展的政策春天。基于承保范围广、保险费率低的特征，以及员工福利之属性，团体保险在我国有着广阔的发展前景。

为保障团体保险的健康发展，我国《保险法》2009年修订时，通过第31条和第39条首次对团体保险予以专门立法规范。一方面，消除了企业—员工型团体保险缺失保险利益之隐忧，统一了司法尺度，使我国不至于如美国一般，因法律未明确企业对员工是否具有保险利益，使得各州法院对此持有不同观点；〔1〕另一方面，通过严格限定团体保险的受益人为被保险人或其近亲属，不仅大大降低了赌博与道德危险发生的可能性，亦在相当程度上减少了在保险金给付方面的纠纷，使得我国团体保险实务中鲜有如美国的企业持有型团体保险〔2〕、日本的团体负担保险费的A型团体生命保险〔3〕所引发的理论与实务争议。因此，我国2009年的《保险法》较以往之立法例，在规范团体保险方面具有明显的进步性。

但是，以列举的方式明文拟制保险利益，虽然解决了企业—员工型团体保险的保险利益缺失之隐忧问题，却难免挂一漏万，不利于新类型团体对其成员是否具有保险利益的认定，进而影响团体保险业务范围的开拓。弥补这一缺陷的可行路径，

---

〔1〕例如在美国俄克拉向马州（Oklahoma）发生的Tillman v. Camelot Music Inc.一案中，一审法院认定雇主Camelot对雇员Mr. Tillman的生命具有保险利益，雇主为雇员投保不存在不当得利；二审法院则认为，雇主不能证明雇员生命的延续对公司特别重要，即雇主对雇员的生命不具有实质性的经济利益，因此判定雇主公司对雇员生命不具有保险利益。See Andrea A. Trujillo, *An Employer's Insurance Interest in Rank and File Employees*: *Tillman v. Camelot Music, Inc.*, 59 Tax lawyer, 605 (2006).

〔2〕例如，在美国得克萨斯州，针对企业持有型保单，许多公司的雇员或其雇员的配偶，以雇主对普通雇员不具有保险利益为由，向法院起诉主张保险金受益权。See Chrity Rush, *Corporate-Owned Life Insurance* (*A/K/A Dead Peasant or Dead Janitor Policies*): *Has Texas Buried the Insurable Interest Requirement*, 41 Houston Law Review, 138 (2004).

〔3〕在日本，团体生命保险分为两种：一种是团体负担保险费的A型保险；另一种是个人负担保险费的B型保险。在A型团体生命保险中，保险金受益人是投保团体，保险事故发生后，投保团体领受保险金之后，将一部分保险金支付给被保险人的遗属。实务中，投保团体通常将很小一部分保险金支付给遗属，引发了被保险人遗属的不满，今年来日本这方面的诉讼不断。参见沙银华：《日本保险经典判例评释》，法律出版社2011年版，第58-59页。

就是在我国《保险法》第31条中增订团体保险利益认定的兜底条款,确立以团体对其成员的生命安全是否具有法律上承认的责任或义务作为判断保险利益有无的依据。同时,通过细化完善投保团体的资格要件,对意定责任类型下的团体资格作更为严格之要求,助力保险利益实现防范赌博和道德危险之功能。另外,基于我国《保险法》对团体保险受益人范围的限定,若再将我国《保险法》第34条确立的被保险人同意规则适用于团体保险,从功能发挥上及商业效率上都显得过于烦琐。在立法修改之前,可从解释论的角度对被保险人同意作扩大解释。但更值得期待的应当是,从立法论的角度,即在将来修法之时,能够尊重团体保险的特殊性,顺应国外近年来之立法趋势,确立团体保险被保险人同意规则排除适用制度。

(责任编辑:樊启荣)

私法研究 27 第二十七卷

保险消费者保护理念之形成与发展
——基于保险业发展趋势分析之视角

郭梦圆 *

目　次

一、引言

"保险为人类文明发展至此最佳之制度"。[1] 我国保险业发展势头强劲,保险业务高速增长,经营效益大幅提升,在新冠疫情肆虐的2020年期间,保险业努力克服新冠疫情冲击,稳妥应对各项风险挑战,数据显示,2020年我国保险业保费收入4.5万亿元,有效支持了经济社会发展,提供保险金额8710万亿元,赔付支出1.4万亿元,保险的社会"稳定器"和经济"助推器"作用得到有效发挥。保险业快速发展的同时,保险消费者权益保护问题也日益凸显:根据我国银保监会统计数据显示,保险监管机构统计数据显示,保险监管机构2017年共接收涉及保险公司的保险消费投诉约9.31万件,2019年共接收约9.37万件,2022

* 郭梦圆,中南财经政法大学法学院经济法系2019级博士研究生。

〔1〕 江朝国:《保险法基础理论》,中国政法大学出版社2002年版,"自序"。

年仅第一季度共接收约2.65万件,第二季度共接收约2.86万件。[1] 这些不断上升的保险消费者投诉数据统计,反映出我国保险消费者权益保护之任务仍然艰巨。

2015年国务院办公厅《关于加强金融消费者权益保护工作的指导意见》指出,“加强金融消费者权益保护工作,是防范和化解金融风险的重要内容,对提升金融消费者信心、维护金融安全与稳定、促进社会公平正义和社会和谐具有积极意义”。此外,中共中央、国务院《关于新时代加快完善社会主义市场经济体制的意见》也提出“建立健全金融消费者保护基本制度”,金融消费者权益保护之重要性不言自明。《民法典》时代,消费者成为与未成年人、老年人、残疾人、妇女并列的五类受特殊保护之法律主体。[2] 保险消费者是消费者群体中十分典型的一类主体,由于保险契约与一般民事契约相比具有射幸性与要式性,因此,保险消费者保护之重要性与必要性就更加不言而喻。

我国《保险法》之规定,未能于总则明文指出保险消费者保护之重要性,实为一大遗憾。对于保险消费者保护之研究,学界似乎对具体语境下之保险消费者保护更加青睐,对互联网保险消费者保护、保险人明确说明义务等领域着墨许多,对保险消费者保护理念在保险业及保险法学说中如何形成与发展之讨论却少之又少。但对此基础性问题之探讨不可谓不重要,其关乎消费者保护思潮是如何在保险领域兴起与发展此一不可回避之重要议题,亦可为保险法相关法律对保险消费者保护做出具体规定起到提纲挈领之作用。本文将以保险业百余年之发展脉络为视角,从保险业发展之三个维度,探讨传统保险业与现代保险业规范重点之流变,侧面阐述保险消费者保护之正当性及必要性,以期在保险业高速发展之今天,对保险消费者保护理念之具体适用有所助益,对于我国在立法层面完善消费者保护规则有所参酌。

二、保险业发展维度一:契约双方之利益衡平

(一)海上保险时代:对被保险人一方施以严格限制

海上保险是现代保险业的起源,其源于公元前地中海沿岸的意大利城邦国家之航海活动,并在传至英国时开始发展为现代保险之制度。英国于1906年完成海上

---

[1] 以上保险消费投诉数据来源参见中国银行保险监督管理委员会:“消费者保护”专题专栏工作动态,分别载中国银行保险监督管理委员会网2018年2月12日、2020年3月27日、2022年7月27日、2022年9月28日,http://www.cbirc.gov.cn/cn/view/pages/ItemList.html? itemPId=960&itemId=4099&itemUrl=ItemListRightList.html&itemName=%E5%B7%A5%E4%BD%9C%E5%8A%A8%E6%80%81&itemsubPId=4097。

[2] 《民法典》第128条规定:“法律对未成年人、老年人、残疾人、妇女、消费者等的民事权利保护有特别规定的,依照其规定。”

保险之专门立法(Marine Insurance Act 1906,MIA),将过往数百年间英国法院在处理海上保险案件时积攒之经验,归纳为主要原则并加以法典化,其影响绝不仅局限在英国境内,而是对近代世界各国保险市场之运作都起到了举足轻重之作用,“尽管后者的名称显示其似乎只适用于海上保险,但其实该法的规则被非海上保险广泛复制,进而成为两大法系保险法典化的模板”。〔1〕 在遥远的海上保险初显形态之时代,海上保险法以航海活动为基础,以商人法的角度加以规定,其是为方便海上贸易之商人分散其风险负担所生。“由于保险源起于海上贸易,且这种承保船舶与货物风险的商业形态长期占据保险营业的主导地位,在彼时逐渐成型的保险法也主要表现为海上保险法”。〔2〕

一个多世纪前,1906 年《英国海上保险法》制定时,立法者在设计保险人与被保险人之间的权利义务关系分配时,更多考虑保险人之利益,其原因主要在于以下几点。首先,海上贸易运输的繁荣催生了海上保险之产生,这种承保船舶与货物之风险的形态,占据着彼时保险业经营的主导地位。在海上保险时代,投保海上保险之被保险人一般并非普通松散之自然人,而是从事海上运输的商人,其经营价额较高之航海业务,具有丰富的航海经验,且具有较为雄厚的经济实力。反之,保险人却大多是自然人,或少数自然人的松散联合,相对而言,彼时交易中,保险人在经济实力上处于相对弱势地位。其次,在海上保险业发展初期,投保方精通运输技巧,对船舶与货物等保险标的的风险状况较为了解,但保险人由于承保技术的落后,收集与管理信息能力较弱,仅能通过投保人的告知来了解保险标的之风险状况,而此些保险标的之控制权掌握在投保人手中,距保险人千里之外,风险状况处于不断变动之中,保险人之信息获取成本高昂,评估与理赔花费巨大。因此,由于科技与通信设备不足、保险人承保技术落后等原因的存在,信息不对称问题普遍存在,保险人在信息拥有及力量对比上处于弱势地位。最后,海上保险诞生之初,立法者对保险交易持怀疑与否定态度,认为保险与赌博具有极高的相似性,其交易投机性极高,而此种否定态度反映在立法上,即产生了旨在对投保人之投保行为进行抑制与调整之种种规定,因此,相对于“诡计多端”的投保人,立法者更愿意相信与保护“良善敦厚”的保险人。在此种立法倾向的影响下,为解决逆向选择与道德危险问题,立法与司法更多关注投保人的义务履行,例如,在订立合同时对“保险利益”的严格要求、适用“最大诚信原则”时对投保人施加明显重于保险人的告知义务,以及对海上保险合同采取有利于保险人的逆向解释原则进行解释等。

---

〔1〕 马宁:《消费者保险立法的中国愿景》,载《中外法学》2019 年第 3 期。

〔2〕 马宁:《消费者保险立法的中国愿景》,载《中外法学》2019 年第 3 期。

（二）保险业发展成熟阶段：侧重保护被保险人之合法权益

百余年来，现代保险业的快速发展，导致保险契约双方之力量对比发生了彼时所未曾预料到的逆转，随着消费者保护思潮的兴起，保险消费者的合法权益越来越受到重视。

首先，随着科学技术的飞速发展，保险业日渐繁荣，保险人已从少数自然人的松散联合发展为以公司制为基础的大型企业，他们具有丰富的承保经验，核保手段与风险评估手段亦显著提高，技术进步带来的信息获取之便捷，打破了过去被保险人对于保险标的风险信息的垄断地位。保险人积累了丰富的承保知识和专业经验，已不再需要像保险技术不发达的时代那样完全依赖投保人的告知才能进行风险评估，[1]“可以说，在很多情况下被保险人比保险人更了解风险信息的旧有格局已经逆转”。[2] 保险人已然成为“智而强”的一方，在专业知识及经济实力等方面显然居于优势地位，若仍立于旧有之情况下评判保险契约双方之力量，其弊端显而易见。像保险业发展早期那样，对投保人施以严苛的义务而对保险人予以保护，“已属于额外、过度保护，对保险消费者而言明显不公”。[3]

其次，保险契约之附合性及资讯不对称问题的存在，使被保险人之劣势地位愈加明显。随着保险业百余年间的快速发展，为因应大量增加的保险需求，保险人为提高交易效率，遂提前拟定保险契约之内容，并用以与众多不确定之被保险人订立保险契约，此时之保险契约即具有附合契约之属性。保险合同之内容，一般由保险人单方预先拟定而非契约双方共同协商确定，在保险契约订立阶段，虽然保险契约之订立多由投保人提出投保申请，但在通常情形下，投保人只能选择接受或离开，并无针对保险契约之内容进行磋商之权利。正如英国著名保险法学者约翰·伯茨所言：“保险合同是一个附合合同，换言之，在这种合同中，没有提出格式条款的当事人绝对没有机会对合同条款讨价还价”。[4] 基于保险合同之附合性，若保险人能够立于公平正义之立场，在实现自身利益的同时，兼顾投保人与被保险人之利益，那么保险合同之附合性并非无可取之处，但事实是，保险人作为追求自身利益最大化的商人，大多数情况下皆未能保持公正超然之地位，多利用其丰富的经验制定于己有利而损害被保险人之保险条款，而投保人则只能接受或者拒绝。“所谓契约自由之原

---

[1] 参见韩永强：《保险合同法“最大诚信原则”古今考》，载《华东政法大学学报》2013年第1期。

[2] 谷浩：《全球化背景下的国际海上保险法立法：变革、协调和特点》，法律出版社2011年版，第204页。

[3] 李飞：《保险法上如实告知义务之新检视》，载《法学研究》2017年第1期。

[4] [英]约翰·伯茨：《现代保险法》，陈丽洁译，河南人民出版社1987年版，第134页。

则流于形式上之自由而已,对于内容订立之自由完全被剥夺",[1]相较于其他合同,被保险人需要更多的保护,"没有哪个类型的附合合同像保险合同一样,合同的附合性质带给消费者的危险时如此明显、如此的具有潜在的破坏性"。[2] 除此之外,资讯不对称对被保险人的影响进一步加大,保险商品的不断推陈出新,导致保险技术与保险契约渐趋专业化与复杂化,被保险人对于契约条款内容难以理解,且对于保险制度之运作缺少知悉,"当保险消费者拿到一张保单时,他对购买什么或不购买什么,知之甚少",[3]对于晦涩难懂的保险契约,若非专研保险之学者,即使是饱学之士,恐怕也无法尽窥其貌,更无论一般保险消费者。[4] 保险制度存在一种结构性失衡:一方面是保险信息分布不对称;另一方面是保险人时常滥用优越地位和合同自由导致不平等。[5] 保险市场逐渐呈现单向透明,投保人在面对保险人时,其基本信息接近透明化,鲜有秘密可言,但其却未能确切知悉保险之运作,交易双方存在严重的信息不对称。在保险市场上,信息不对称主要表现在保险知识、技术和实务、经营信息、监管信息以及私人信息等方面的不对称,信息不对称会造成保险市场上的道德危险和逆向选择等问题较其他商品市场更为突出。[6]

最后,保险承保种类的多样化及消费者保护思潮的兴起,使被保险人之权益受到重视。保险最初是为了移转海上贸易风险,承保范围较窄,局限于海上保险等商业风险,而现代保险业中,商业保险依然占据重要地位,但保险也被普通大众越加需要,某些保险甚至已成为个人维护基本生存发展需要之准公共物品,社会大众普遍处于保险保障之中。"这意味着,此类交易的规制重心在于确保普通民众基本的风险保障需求不会因保险人滥用优势地位而无法满足,这在现代风险社会中尤具现实意义"。[7] 消费者权益保护思潮的兴起,促使保险法领域对包括人身保险和个人财产险等消费类保险更加关注,非基于商业目的购买保险的被保险人之合法权益受到重视,各国通过对处于弱势地位的消费类保险被保险人遭受侵害予以事前预防和事后救济,促成了现代保险立法以加强被保险人利益保护为中心的法制变革。

综上,自契约双方之利益衡平角度观察,从海上保险时代保险立法和司法对保险人的倾斜性保护,到现代保险立法以被保险人利益保护为核心的保险法制之发展

〔1〕 江朝国:《保险法基础理论》,中国政法大学出版社 2002 年版,第 38 页。
〔2〕 转引自樊启荣:《保险法诸问题与新展望》,北京大学出版社 2015 年版,第 116 页。
〔3〕 [美]约翰·F. 道宾:《美国保险法》,梁鹏译,法律出版社 2008 年版,第 1 页。
〔4〕 参见潘秀菊:《保险法入门》,台北,元照出版公司 2000 年版,第 216 页。
〔5〕 参见樊启荣:《保险法诸问题与新展望》,北京大学出版社 2015 年版,第 106 页。
〔6〕 参见张洪涛:《保险经济学》,中国人民大学出版社 2006 年版,第 187 页。
〔7〕 马宁:《消费者保险立法的中国愿景》,载《中外法学》2019 年第 3 期。

与变革,其中体现着保险制度对契约双方权利义务和责任的分配,蕴含着法律对于实质正义的追求。“保险从过往以商人保险为主之交易市场转变现今以消费者保险为主之情形,为保护被保险人之利益,政府并积极以各种方式对保险事业为监理,借以维持保险业之顺畅运作,及求取保险人与被保险人之利益平衡”。〔1〕

三、保险业发展维度二:保险契约着重点之变迁

(一)可保风险的分散

“风险的确定和风险的控制是保险合同法的一项永恒的命题”,〔2〕保险制度诞生之初,主要目的在于分散投保人财产及货物之风险,但并非所有的风险都可被保险所承保,危险须具有纯粹性、不确定性、同质性等特征,才被称作“可保危险”进而被保险契约所承保,可保风险对财产与货物产生的波动是单方面的,是一种纯粹风险。生活在纷繁复杂的现代社会,人类每天都有遭遇各种偶发事件之可能,例如车祸、火灾及疾病等,风险或危险的降低应该是人们共同关注的问题,因为我们都置身其中。与不确定性有所不同,风险可以通过精算技术进行预测,但不确定性则完全无法预测。“风险和财富一样是要分配的东西”,〔3〕“‘财富—分配’社会的社会问题和冲突会开始和‘风险—分配’社会的相应因素结合起来”,〔4〕如何把不确定性转化成风险来进行有效处理具有关键性意义。保险制度就是这样一种合理性安排,它提供了将不确定性转换为可计算、可预测的风险以及分散风险的各种技术手段,通过危险共同团体分担费用的方式,补偿部分受害者的损失,达到分散、应对风险的目的,“保险制度源自人类对发生不确定事故的恐惧,借重契约的分摊及转嫁的作用,填补全部或部分损失,从而消弭保险事故发生所导致的不安定”。〔5〕

海上保险是现代保险的开端,多数学者认为,共同海损中的分摊方法是海上保险的萌芽。持此观点的学者认为,共同海损(general average)与海上保险有一共同特点,即损失由众人来分摊,这是很古老的制度……这一共同海损分摊原则可以说是海上保险的萌芽。〔6〕 这种由大家共同承担风险,船东和货主一起分摊损失的方

---

〔1〕 叶启洲:《保险消费者资讯权保障之现在与未来》,载《月旦法学杂志》第 4 期(2017 年)。

〔2〕 李庭鹏:《保险合同告知义务研究》,法律出版社 2006 年版,第 16 页。

〔3〕 [德]贝克:《风险社会》,何博闻译,译林出版社 2004 年版,第 25 页。

〔4〕 [德]贝克:《风险社会》,何博闻译,译林出版社 2004 年版,第 17 页。

〔5〕 刘宗荣:《保险法:保险契约法暨保险业法》,台北,元照出版公司 2016 年版,第 4 页。

〔6〕 参见张湘兰:《海上保险法》,中国政法大学出版社 1997 年版,第 5-6 页,类似观点参见李继雄、魏华林:《海上保险学》,西南财经大学出版社 1997 年版,第 14 页。

法含有海上保险的内核,所以对海上保险的产生起到启蒙作用。[1] 而共同海损之出现,是为解除船舶、货物遭遇的共同危险而有意采取之合理措施,其核心目的即在于分散风险及分担损失。共同海损制度的根本性质在于,从风险均衡分配以及自然法的公平角度出发,对所遭受的损失进行合理分摊,以平衡各方利益,实现共担损失、共担风险。作为现代保险业的开端,海上保险也援用了共同海损分散风险之核心目的,集中海上运输所产生之风险并分散可保风险,是海上保险之本质,因此,保险诞生之初之首要及根本目的,即在于分散海上运输之风险,为海上航行之船舶及货物提供分散风险之途径,以鼓励海上贸易发展。

"所有保险交易都具有风险转移的性质,因为已将赔偿损失的不确定性从个人转向保险基金了"。[2] 保险的重要作用之一即在于转移与分散风险,"保险满足了被保险人减少变化性的目的,方法是通过将结果的变化性置于保险人(风险转移);保险还要求团体成员中所有成员通过缴纳保险费来支付损失(风险分配)"。[3] "通常,保险人为承担风险而收取的保费是用来赔偿那些遭受被保损失的人们的。损失分担是通过保费来实现的,因此,团体损失由团体成员来分担"。[4] 可保风险之分散是保险的核心,通过大数法则的运用,将少数人的损失在整个群体中分担,以平均损失替代实际损失,将大量的风险聚集在一起,并在共同团体中将风险给每一成员分担。正因如此,保险作为风险社会中应对风险的有效方法而被寄予极大的期望,因为它将同质风险通过一种巧妙的方式聚集起来,再通过收取保费将风险分摊给个人,保险制度不仅在事故发生后能够对因保险事故而遭受损失的被保险人予以补偿,也能在保险事故发生前给被保险人以内心上的安宁。

(二)道德风险的防范

传统保险法学说上,保险立法之着重点应置于道德危险的防范之上。保险市场上投保人的道德风险主要指在保险合同订立后,保险人不能观察到投保人的具体行为,致使追求自身效用最大化的投保人的行为受到保险保障而发生变化,导致事故发生机会增加或损失幅度扩大。[5] "道德风险涉及五个基本的因素,每一因素都应予反对:作出摧毁性恶劣的行为是不对的;无辜的人可能遭受损失;摧毁有用的财产

[1] 参见谷浩:《全球化背景下的国际海上保险法立法:变革、协调和特点》,法律出版社 2011 年版,第 7 页。

[2] [美]道弗曼:《当代风险管理与保险教程:第 7 版》,齐瑞宗等译,清华大学出版社 2002 年版,第 54 页。

[3] [美]普雷切特等:《风险管理与保险》,孙祁祥等译,中国社会科学出版社 1998 年版,第 35 页。

[4] [美]普雷切特等:《风险管理与保险》,孙祁祥等译,中国社会科学出版社 1998 年版,第 38 页。

[5] 参见许莉:《非对称信息与保险交易行为研究》,中国金融出版社 2010 年版,第 58 页。

是浪费资源;同时,保险只承保意外损失的原则遭到破坏;最后有违自然的损失使保险费率计算失准”。[1] 故道德危险虽名为“道德”,其实必为“不道德”,为法律所绝对不予容忍。17世纪时的观点认为,为防止保险沦为赌博工具,应着重于防范道德危险的发生,防范被保险人故意造成保险事故。此种观点的形成,与保险制度发源之初,防止保险沦为赌博工具的现实需要有密切关系。据有关资料记载,在保险业发展初期,保险曾被广泛应用于赌博。据一份英文文献记载,17世纪的保险公司,与赌场并无太大区别,被保险人无须证明自己对投保货物具有法律上承认的利害关系,导致别有用心之徒有机可乘,以保险之名行博彩之实。这导致大量的船只连同货物被恶意丢弃或毁坏,甚而蓄意委于敌手,流弊甚广,彼时英国国会认为,这使非法赌博或博彩可以借用货运保险之名大行其道,使保险制度及其精密的框架被滥用了。[2] 在此种保险业环境下,19世纪以来,保险业发展及规范之重点即在于防范道德危险,禁止不当得利。任何于意外事故发生后对被保险人提供其实际所受损害为多之赔偿或责令保险人负确定赔付义务之财产保险契约,等同于赌博契约,因此类契约有违公序良俗而绝对无效。[3] 一个人不能凭借保险获得超出其损失额的额外利益,这已经成为传统保险法上公认的要求,是保险合同有效与否的重要依据。一言以蔽之,传统保险法学说认为,保险之规范重点,在于通过禁止不当得利,遏制道德危险的滋生,以杜绝保险沦为赌博之流弊。

(三)保护被保险大众

随着保险业的发展,现代保险法学说认为,相比于防范道德危险的发生,保险合同应着眼于另一重要目的,即保障被保险人完全受偿。传统保险法学说立于当时环境下,为避免保险之精密制度沦为赌博之工具,而特别强调保险交易过程中对道德危险之防范,具有迎合时代特征之益处,但随着保险制度之发展,技术进步带来信息获取及传播之创新,保险业所赖以营业之基础已发生彻底之变更,承保技术之进步,使得保险人能够更精准、快捷地获取有关保险标的及被保险人之有关风险状况,道德危险之防范较之于百年之前已不再被视为首要难题。由于过去立法及司法中,对保险制度与被保险人持怀疑与审视之态度,早期之立法及司法之规制重点,在于防范被保险人不当得利,彼时之法律规定及司法实践对被保险人及投保人施以更为严苛之义务,对于保险契约双方之利益衡平,实际上明显偏向于保险人一方,实践中不

---

[1] [英]M. A. Clarke:《保险合同法》,何美欢等译,北京大学出版社2002年版,第123页。

[2] 参见[美]小罗伯特·H.杰瑞、[美]道格拉斯·R.里士满:《美国保险法精解》,李之彦译,北京大学出版社2009年版,第101页。

[3] 参见施文森:《保险法总论》,台北,三民书局1985年版,第201页。

免出现矫枉过正之情形。被保险人需要承担较重之义务,而其获得补偿之权利却难以满足,被保险人投保之目的无法实现,保险制度成立之本旨已荡然无存。而此种情况将对保险业之发展产生极大的不良影响,投保人无法获得充分受偿将导致他们慎重对待投保甚至敬而远之,潜在之投保人转化为现实消费者之可能性进一步紧缩,最终将影响保险公司业务之开展,影响保险业之长远发展。意识到保险环境已发生重大变革后,越来越多的保险法学者开始补偏救弊,针对现代保险业发展之环境与特点,提出现代保险业应纠正之前一味地防范道德危险,而导致被保险人无法获得充分补偿之流弊,倡导立法及司法应重新审视保险业发展需着重之点与面。例如,英国有学者曾指出,“就保险合同的目的而言,补偿可以被视为足以使被保险人在遭到损失后恢复到在刚发生损失前所处的经济状况的精确的经济补偿”。〔1〕我国有学者也谈到,“虽然‘禁止得利’依然是很重要的内容,但不再是唯一的核心,如何实现对被保险人损失的充分补偿成为补偿原则的重要内容。无论解释法律还是制度重构,‘禁止得利’与‘充分补偿’二者都应并重,而不可偏于一端,不过,由于过去大多强调前者,所以目前更重要的是强调后者”。〔2〕现代保险法学说下,保险合同之根本目的应在于分散被保险人之风险,使得被保险人受到足额补偿,而不具有惩罚机能,不能因为防范道德危险的发生,而限制、剥夺被保险人于保险事故发生后获得充分补偿的权利,因为被保险人之所以选择对标的物进行投保,目的在于若将来发生不测,其自身可以基于保险得到补偿。因此,保障被保险大众获得充分受偿,是现代保险业之根本及首要目的。

综上,保险业及保险法学说经历了三个阶段之发展,保险发源之初,目的在于分散可保危险,是海上保险分散风险之重要工具;随着保险业由海上保险发展至陆上保险、由财产保险发展至人身保险,传统保险法学说基于彼时之保险环境,为避免保险沦为赌博之工具而遭到滥用,更加注重防范道德危险;现代保险业之高度繁荣,保险已成为保护广泛的被保险大众之基本工具,百年间保险业大环境之变革,引导着现代保险业将规范之重点,置于保护被保险大众之充分受偿的目的上来。对于三者之关系,正如学者所言,“补偿损失和分散风险是保险存在价值的最基本反映,具有内在的统一性,风险分担既是保险价值存在的基础,又是保险任务完成的物质保障;经济补偿既是保险存在价值的根本,也是保险的终极目的。二者是手段和目的的统一,没有分散风险就不可能有损失补偿;离开损失补偿,分散风险也就失去意义”,〔3〕

---

〔1〕［美］约翰·T.斯蒂尔:《保险的原则和实务》,孟兴国等译,中国金融出版社1992年版,第58页。

〔2〕参见朱作贤:《海上保险法补偿原则研究》,法律出版社2009年版,第261页。

〔3〕温世扬主编:《保险法》,法律出版社2003年版,第17页。

而防范道德危险与保护被保险大众充分受偿,同为保险之重要目的,需根据当时之环境施以不同之侧重,因时制宜。分散可保危险、防范道德危险、保护被保险大众三阶段之演进,体现着保险制度及保险业之着重点的变迁,蕴含着保险法理念之循环上升与不断发展。

四、保险业发展维度三:保险法三大基础理论之交错作用

现代保险法学说理念之发展蕴含于保险法三项原则——最大诚信原则、保险消费者保护原则以及对价平衡原则之交错作用之中,保险业百余年来之变迁,使三大基础理论互相协调,被现代保险业赋予新的时代内涵。

(一)最大诚信原则之误读:仅针对投保人与被保险人

1. 最大诚信原则之判例法渊源:Carter v. Boehm 案

最大诚信原则是保险法的基本原则,也被称为最大诚信义务,保险法基本原则是保险法基本价值的体现,是指导保险法各项具体制度的价值坐标。此义务发源于海上保险,并被陆上保险沿用至今。其贯穿于整个保险合同持续期间,其需要履行的程度与其所处的特定阶段相关。[1] 学界一般认为,保险合同法上最大诚信原则之判例法渊源,来自英国曼斯菲尔德勋爵于1766年针对Carter v. Boehm案所作的判决,该判决以罗马法的诚信概念为基础,[2]并以1906年《英国海上保险法》为集大成者,影响了包括我国在内的世界范围内众多国家。作为保险合同法最大诚信原则之滥觞,Carter v. Boehm案中曼斯菲尔德勋爵之判决存在被误读及错误适用之嫌,曼斯菲尔德勋爵之判词所作出的语境以及论证过程被忽略,学界及司法实务界仅对判决中的第一部分中的一段阐述进行片面而频繁地引用。[3] 正如学者所言,这种忽视的结果便是对该案的解读失之偏颇,误以为提供或者披露重要信息完全是被保险人的义务、保险人在这方面只是被动地接受信息,[4]曼斯菲尔德勋爵对于

---

〔1〕 See Malcolm A. Clarke, *The Law of Insurance Contracts*, 3rd edition, London, LLP, 1997, p. 742.

〔2〕 据英国学者Peter Macdonald Eggers之考证,该案判决中所援引的诚信原则,为西塞罗的著作《义务论》中对诚信原则的相关叙述之体现。See Peter Macdonald Eggers & Patrick Foss, *Good Faith and Insurance Contracts*, 2nd edition, London, LLP, 2004, Preface to the second ed.

〔3〕 实际上,该判决由三个部分组成,第一部分为一般原则,并不涉及案件事实,第二部分对案件关键事实进行确认,第三部分则对承保人的抗辩意见进行逐一驳回。从涉及案件事实的第二部分和第三部分来看,判决之重点并非在于对投保人之告知义务施加严苛规定,而在于限制保险人不合理地以投保人或被保险人违反告知与披露义务而拒绝理赔。但后世之判决及学理仅依照该判词之第一部分之一般原则而对曼斯菲尔德公爵之观点进行展示,忽视了其他部分与判决重点,造成了对于判词的误读。具体判决见Carter v. Boehm(1766)3 Burr. 1905。

〔4〕 转引自韩永强:《保险合同法"最大诚信原则"古今考》,载《华东政法大学学报》2013年第1期。

Carter v. Boehm 案所作的判决中,“最大诚信”约束的是保险契约双方当事人,但由于英国后世法官对该判决的狭隘解读,使“最大诚信”在保险法理论研究与司法实践中却主要指向投保人对于重要情况的披露义务,而判断是否属于重要情况的标准为一个“审慎的保险人”之认识,只要是一个“审慎的保险人”在作出是否承保的决策中需要考虑到的情况,即属于重要情况,〔1〕这对于投保人与被保险人而言,显然是十分不利的。“被保险人经常被粗暴地对待,因为保险人收取了保险费然后在丝毫未受被保险人未告知信息影响的情况下却以此为由拒绝赔付,这实在令人震惊”,〔2〕更有学者总结道,“最大诚信原则对投保人是一种不利益的法律约束”。〔3〕

2. 1906 年《英国海上保险法》对最大诚信原则之规定

司法实践中的大量判例,在 1906 年《英国海上保险法》的立法过程中得到体现,该法第 17 条规定,海上保险合同任何一方不遵守最大诚信的,另一方可宣告合同无效,〔4〕即最大诚信原则应被保险契约双方遵守,但该法第 18 至 20 条却进一步规定了被保险人的陈述与告知义务,将矛头指向被保险人。这或许与海上保险发展初期,保险人与投保人之地位不对等有密切关系。彼时,投保方精通运输技巧,对船舶与货物等保险标的的风险状况较为了解,而保险人承保技术落后,收集与管理信息能力较弱,对保险标的之风险状况存在认知上的天然弱势,仅能依赖投保人对风险状况进行披露与告知,信息不对称问题普遍存在,保险人在信息拥有及力量对比上处于弱势地位,法官基于鼓励、扶持航海业及海上保险发展的目的,总是尽力维护保险人之利益。因此可以说,“海上保险法最初设定最大诚信义务就是用来约束被保险人的”,〔5〕其目的在于规范投保人诚信投保,披露有关保险标的物之重要事实。在海上保险发展初期,此种立法及司法倾向具有明显利益偏向,对于各国扶持海上保险业发展具有促进作用,最终被确立下来,“但是,当时代变迁,海上保险的客观环境发生变化时,其不合理性最终尽显无遗,而对其改革也在所难免”。〔6〕 正是基于以上原因,最大诚信原则在之后的演进过程中,受到了极大之挑战,各国普遍对最大诚信原则之相关规定进行了不同程度的修改,以其为依托的告知义务也被软化处

---

〔1〕 参见韩永强:《保险合同法“最大诚信原则”古今考》,载《华东政法大学学报》2013 年第 1 期。

〔2〕 转引自谷浩:《全球化背景下的国际海上保险法立法:变革、协调和特点》,法律出版社 2011 年版,第 223 页。

〔3〕 李玉泉主编:《保险法学案例教程》,知识产权出版社 2005 年版,第 23 页。

〔4〕 MIA1906 S. 17. INSURANCE IS UBERRIMAE FIDEI: A contract of marine insurance is a contract based upon the utmost good faith, and, if the utmost good faith be not observed by either party, the contract may be avoided by the other party.

〔5〕 王海波:《海上保险法与保险法之协调研究》,法律出版社 2019 年版,第 93 页。

〔6〕 王海波:《海上保险法与保险法之协调研究》,法律出版社 2019 年版,第 94 页。

理,摒弃了之前“全有或全无”的法律后果之设定。除此之外,由于在最大诚信原则适用过程中,对投保人及被保险人造成诸多不公平结果,保险消费者保护原则日渐受到重视。

(二)保险消费者保护原则之兴起

保险消费者保护原则的内涵在于改变如实告知义务所造成的强保险人、弱保险消费者的局面,通过具体机制的设置,全面提升保险消费者的法律地位,切实保护其正当利益,实现保险人、保险消费者双方的利益平衡。[1] 保险消费者保护原则受到重视,与保险交易活动中投保方及被保险人受到的不公平对待密切相关。旧有立法所确立的保险人与被保险人之间的风险与利益分配模式,在客观环境发生巨大变化时,日益显现出其不合理的一面,这就必然要求相关立法及司法实践进行相应调整,以建立更为公平的利益分配机制,这是现代海上保险立法出现保护被保险人利益趋势的主要原因。[2] 如果说海上保险发展之初,基于航运水平以及保险人承保技术之落后,对保险人一方加以倾斜保护尚有积极意义的话,那么在保险业飞速发展的百余年来,随着航海科技以及承保技术的显著进步,这种倾斜已经显然不合理,甚至沦为保险人拒绝承保时进行技巧性抗辩之工具,再适用旧有规则,将严重破坏保险契约双方之平等地位,有违保险制度之本旨。法律之价值取向并非一成不变,诚如学者之见,“过去的法律只是当今之人处理当今之事,在规范上的‘出发点’,而非其‘最后的依据’。必如是,才不致以古泥今。所以,法律之适用本身带有演进法律的任务和作用……法律必须随时间之经过而演进,始能符合因时间之经过而变更的社会,应无疑义”,[3]法律之价值取向与利益衡量,是在法律制定时的时间断面上根据具体情况而产生,对于其他时间断面并不一定适合,社会发展带来具体情况的变迁,法律之价值标准与利益衡量也会随之变更,这是法律的历史性之表现,“它所强调的是:任何规定只对特定的时空有其妥适性”,[4]此即所谓“因时制宜”在法律上之体现。“突出保险消费者保护并非完全否定、摒弃最大诚信原则,而是顺应现代法制保护消费者的立法趋势,适时增强保险消费者保护原则的影响力”。[5] 保险消费者保护原则,其内涵在于保护被保险人的利益,其实质是通过对原有立法规定与司法适用进行改变,超越形式公平,追求实质正义,使现代保险法的规定更加合理,对世界

[1] 参见李飞:《保险法上如实告知义务之新检视》,载《法学研究》2017年第1期。

[2] 参见谷浩:《全球化背景下的国际海上保险法立法:变革、协调和特点》,法律出版社2011年版,第204页。

[3] 黄茂荣:《法学方法与现代民法》,中国政法大学出版社2001年版,第82-83页。

[4] 黄茂荣:《法学方法与现代民法》,中国政法大学出版社2001年版,第54页。

[5] 李飞:《保险法上如实告知义务之新检视》,载《法学研究》2017年第1期。

范围内的消费者保护思潮作出回应。

(三)两大原则之中立点:对价平衡原则

由最大诚信原则及保险消费者保护原则之内涵与变迁可知,两大基础理论分别对应保险契约两方之利益保护,由此则难免产生不合之处,“保险消费者保护原则与最大诚信原则皆有价值倾向性,难免因为利益冲突而出现紧张关系。为了防止矫枉过正或矫正不力,仍须得仰赖对价平衡原则发挥匡正扶持之机能”。[1] 对于最大诚信原则、对价平衡原则与保险消费者保护的关系,有学者认为,后者与前两者存在扞格之点,“最大诚信原则及对价平衡原则等理论基础,与消费者保护的思潮之间自始即存在着紧张关系,因为愈贯彻诚信原则及对价平衡原则时,其法律效果将对要保人愈不利;愈强化消费者的保护时,愈容易减损诚信原则与对价平衡的达成”,[2]但依照对价平衡原则之内涵来看,似乎事实并非如此。对价平衡原则虽为解释告知义务之重要法理基础,但其并非立于保险人角度而旨在对保险人一方予以倾斜保护,而应是客观中立之原则,旨在协调保险契约双方之权利义务关系,“盖对价平衡原则乃客观中性之原则,并未掺杂价值判断在内”。[3] 对价平衡原则与保险消费者保护原则并不冲突,对价平衡原则是最大诚信原则与保险消费者保护原则之中立点与平衡点,两者都不应过分偏颇,过于倾向保险契约中的某一方,保险人与被保险人的关系最终应落到对价平衡原则上来。在强调对保险契约双方当事人的平等保护时,保险法所追求的是法律之衡平与正义,因此,即便在消费者保护思潮在全球范围内快速发展的今天,我们也应注意,保护被保险人的利益必须适度,以纠正传统保险法加诸被保险人的不合理限制为限度,而不应矫枉过正,过度保护被保险人之利益,造成新的利益不平衡。保险共同体的利益与保险个体利益紧密联系,并非立于敌对地位,此消彼长,而是一荣俱荣、一损俱损的关系,具有利益共同体的意蕴,不应仅将目光停留在个体的损失之上,过分偏于被保险人,而应从整个共同体角度观察,平衡个体与团体之利益。诚如学者所言,“共同团体之成员和共同团体本身发生权利义务纷争时,彼此应立于整个共同团体之利益之观点,不可纯依民法双务契约之概念将对方置于敌对之地位;判定双方之权利义务归属,须不时以共同团体内其他成员之利益为出发点”。[4] 在对个案进行分析处理时,要考虑保险个体与保险共同体以及保险经营者多方利益,不可使利益天平过分倾斜。既要充分给予相对处于弱势地位

---

[1] 李飞:《保险法上如实告知义务之新检视》,载《法学研究》2017 年第 1 期。

[2] 叶启洲:《保险消费者权益保护之新发展:保险法专题研究(二)》,台北,元照出版有限公司 2015 年版,第 117 页。

[3] 李飞:《保险法上如实告知义务之新检视》,载《法学研究》2017 年第 1 期。

[4] 江朝国:《保险法基础理论》,中国政法大学出版社 2002 年版,第 20 页。

的投保人及被保险人以法律上的保护,但是也不可持“一概而论”之想法,过分偏向被保险人代表的受损害个体,而损害共同团体利益以及保险制度的发展。保险法的相关规定在解释和运用时,“须衡量当事人地位之消长及强弱;其解释不仅尽量保护被保者个人之权益,亦不可偏废承保者之危险共同团体性,唯执两而用中,方达真正公平正义及实质契约自由之法谛”。〔1〕

由保险法三大基础理论之交错作用之视角出发,保险法从重视最大诚信原则,对保险人施加倾斜保护,对被保险人设置严格义务之阶段,过渡到保险消费者保护思潮影响下,保险法学说愈加重视对被保险人利益之保护,保险消费者保护原则受到应有重视,再到以对价平衡原则平衡双方之权利义务关系及主体地位,以追求保险法之公平正义之真谛,此一发展是保险法之法律制度与具体实践不断发展与完善之结果,也是保险法学说及现代保险业对消费者保护之正确道路不断摸索得出的有益成果。对价平衡原则的合理实践,是保险消费者保护的最终落脚点,达致保险契约双方权利义务对等、双方地位之均衡,方为保险契约公平正义之真意所在,“可以说,保险消费者保护原则的呈现方式是以对价平衡原则的合理实践为依托的,这是一种隐性的却更值得关注的保险消费者保护机制”。〔2〕

五、结语

保险消费者保护是保险法研究中历久弥新的课题,这不仅源于在既定保险业发展环境下,斟酌如何在技术层面进一步完善现有法律规定之不间断努力,也会因为其背后承载的公平理念之新时代变迁,而导致原有框架在内容上需要进行持续更新。既往关于保险契约双方权利义务之规定有其存在之理由,但要求其能“放诸四海而皆准,俟诸百世而不惑”,显然为以古泥今之做法,契约双方之权利义务平衡,是民事契约之内在要求,在消费者保护思潮愈加盛行、保险消费者保护理念愈加受重视之今天,更应注重保险契约双方利益均衡,对保险消费者之保护不能逾越对价平衡原则,否则即有权利滥用之嫌。

对保险消费者进行倾斜式保护已成为世界范围内之一大趋势,作为现代保险业发源地之英国,也是最早提出保险消费者保护的国家。其于2012年颁布《英国消费者保险法(披露与陈述)》,完善了保险消费者之告知义务,取代了1906年《英国海上保险法》中的投保人主动告知义务,有效改善了保险消费者的弱势地位,之后又于2015年通过了新保险法,将保险合同区分为“消费者保险合同”与“非消费者保险合

〔1〕　江朝国:《保险法基础理论》,中国政法大学出版社2002年版,“自序”。
〔2〕　李飞:《保险法上如实告知义务之新检视》,载《法学研究》2017年第1期。

同”,进一步在立法上明确对保险消费者之权益保护。英国消费者保险立法相关制度之发展,对我国消费者保险制度之完善意义重大。我国现行《保险法》第 1 条之规定,目的在于“保护保险活动当事人的合法权益”,将保险人一方纳入保护范围,体现着对保险合同交易双方之平等保护,未能将倾斜保护消费者之立法意旨显现出来,有违保险合同交易双方地位明显不对等之现实状况,依前述研究结论,上述规定之缺失已不言自明。因此,在参酌国外立法经验的基础上,为申明保险消费者保护之重要性,明确我国《保险法》保护保险消费者的重要目的,本文建议,在总则之立法目的对维护保险消费者合法权益予以规定,将《保险法》第 1 条修改为:“为了规范保险活动,维护保险消费者合法权益,加强对保险业的监督管理,维护社会经济秩序和社会公共利益,促进保险事业的健康发展,制定本法”。

（责任编辑:樊启荣）